中世九州の政治・文化史

川添昭二

海鳥社

中世九州の政治・文化史◉目次

序章　政治・宗教・文芸……3
第一章　大宰府の宮廷文化……9
一　大宰府官人と天満宮安楽寺……9
二　年中行事の移入……11
三　宗教行事の移入……17
四　平安貴族の菅原道真崇拝……23
第二章　神祇文芸と鎮西探題歌壇……31
一　法楽連歌と託宣連歌……31
二　菅公説話と大江匡房……35
三　天満宮安楽寺と蒙古襲来……39
四　鎮西探題歌壇の形成……44
第三章　蒙古襲来と中世文芸……53
一　蒙古襲来に取材した文芸作品……54

二　神　戦……58
三　軍忠状としての『八幡愚童訓』甲本……64
第四章　今川了俊の教養形成……73
一　父・今川範国……74
二　師・藤原為基……78
三　兼好、師・冷泉為秀……83
四　師・二条良基……90
第五章　九州探題今川了俊の文芸活動……99
一　南北朝期の大宰府と文芸……99
二　九州下向前後……103
三　京都・九州・大陸……118
四　晩年の述作活動……136
第六章　連歌師朝山梵灯の政治活動……165
一　将軍足利義満の近習……166

二　出家行脚と上使下向……173

第七章　巡歴の歌人正広と受容層……183

一　大内教弘の時代……183
二　守護領国下の巡歴……189

第八章　宗祇の見た九州……201

一　大内政弘の寺社対策……201
二　領国支配と連歌……207
三『筑紫道記』に見る大内氏の支配機構……211
四　連歌神参詣……221
五　菊池氏と相良氏……227
六　宗祇と南九州……235

第九章　永正期前後の九州文芸の展開……247

一　天満宮炎上と飛梅伝説……247
二　宗碩の九州巡歴……254

三　貴族と国人の文化交渉……262
第十章　大宰大弐大内義隆……281
一　実隆・宗牧・国人……281
二　月次祈禱連歌……286
三　筥崎宮の奉納和歌……297
第十一章　高橋紹運・岩屋城合戦小考……305
一　研究史略説……305
二　岩屋城・宝満城・高橋紹運略説……307
三　島津氏から見た岩屋城合戦……311
四　小　結……314
第十二章　『高橋（紹運）記』をめぐる諸問題……319
一　書誌的問題……319
二　『高橋記』の梗概……325
三　参考先行書……326

四　『高橋記』の文書利用……327
五　『高橋記』の内在的な問題……333
第十三章　岩屋城合戦関係軍記……339
一　『岩屋物語』と『岩屋軍記』……339
二　牧園茅山『岩屋義戦録』……344
三　和文『岩屋完節志』……346
四　岩屋城合戦関係書の漢訳をめぐる問題……349
第十四章　貝原益軒の菅原道真・太宰府天満宮研究……353
一　太宰府天満宮文庫の創建と貝原益軒……353
二　『太宰府天満宮故実』以前の貝原益軒の神道学習……356
三　『太宰府天満宮故実』以前の益軒の縁起制作……362
四　『太宰府天満宮故実』について……364
あとがき　381
総索引　巻末1

中世九州の政治・文化史

序章　政治・宗教・文芸

文芸研究には、それ自体固有の研究目的・方法があり、歴史研究もまた同じである。よく、両研究を総合して高い学的理解を得る、ということがいわれるが、しかし、安易かつ不用意に結合させても成果はそんなに期待できない。両研究それぞれに、固有の研究目的・方法をぎりぎりに深めつつ、しかもおのずからその限界を克服しようという内的要請が真に自覚的に高まったところで総合がなされれば、両研究は質的な相互媒介を果たすであろう。本書はそのようなことを理想としながら、九州を単位に、中世文芸の史的展開を、歴史研究の立場から考察してみたものである。

使用する史料からいうと、文芸作品の利用はいうまでもない。歴史研究では常道であって取り立てていうまでのこともないのであるが、同時に文書史料を利用した。わざわざ断るのは、中世文芸史の研究に文書史料が利用されることはあまりないからである。作家・作品に直接関係する文書の利用は文芸研究の領域でかなり行われている。しかし個別的に存在する文書を収集して文芸の内外両面にわたる理解に資そうとする研究方向は、そんなに多いものではない。これは歴史研究固有の立場から文芸研究に接近する方法としては妥当なものではあるまいか。歴史の正確な理解――大変に難しいことで、絶えず相対的な段階に止まるが――の中に作家・作品を定置するよう試みること、これが、文芸の史的研究にあって、歴史研究の側の果たすべき責務であろう。

本書で取り扱った素材を時代別・階層別に見てみると、平安時代から戦国時代までを通じて大宰府天満宮安楽寺を主な素材にしながら、平安時代では大宰府官人、鎌倉時代では鎮西探題、南北朝時代では九州探題、室町・戦国時代では大内・大友・島津氏・国人などを、それぞれ主題にすえた。九州の古代―中世文芸展開の枠組みを作るには不可欠だからである。民衆（名主《みょうしゅ》以下）の文芸享受について、どこまで追えるか、その点の配慮もしているつもりであるが、それを史料的に検証することは、中世九州の場合、大変困難である。今後の課題とせざるを得ない。

大宰府天満宮安楽寺を一貫して主な素材にしたのは、同宮寺が古代―中世九州文教の、いわば淵叢的役割を果たしていたからである。同宮寺が関係史料に恵まれているのは、当然のことである。同宮寺に対する大宰府官人・九州探題・大内氏などの文化的・政治的なかかわりの中で、その文芸状況の推移を見てみた。広い意味での「政治」の文芸に与える規定性がどのようなものであるかを具体的に追究してみた。このような方向は、中世文芸の史的研究にあって、必ずしも的はずれだとは思わない。作品の内実を規定する因子の摘出にかかる、むしろ重要な視点だと考える。宗祇の『筑紫道記』など、そのような視点での解明が期待される典型的な素材である。さらに、『野守鏡』などに見られる、和歌を治国の要とするような中世文芸特有の理世撫民体は、九州においては九州探題や守護の領域的支配を、文芸の面から、いわば内面的に支えた。和歌・連歌は陀羅尼（心敬『ささめごと』）、あるいは狂言綺語の類はすべて讃仏乗の縁、つまり文芸は宗教へ昇華すべきものであるという中世文芸の理念は、譬喩的にいえば、九州探題や筑前守護大内氏の支配の維持・拡充のための法楽となった。宗教性を媒介とする文芸と政治の一体化が見られるのである。

天満宮安楽寺文芸の展開にあって特徴的なことは右以外幾つかあるが、その中の宗教的側面に即して、宮寺側の神託連歌・神託和歌、それらの注進をうけての京都における同宮寺神託詩歌など、神託文芸が主調音になっていたことを挙げておきたい。寺社として、当然といえば当然であるが、寺社としてはその永続・繁栄の祈りの文芸的表現であったといえる。神託連歌は連歌説話として増幅し、飛梅伝説などを含みつつ天神信仰を拡大していった。連歌説話形成史の研究は、中世文芸研究の一つの課題となろう。総じて、天満宮安楽寺の文芸が神祇文芸研究の主要素材の一つになることは、いうまでもない。

第一章では、平安時代天満宮安楽寺における年中行事・宗教行事の始行・展開を考え、大宰府長官による宮廷貴族文化の直接移入であったことを述べた。大宰府官人たちは大宰府赴任に伴う京洛喪失を同宮寺において観念的に回復していた、といえよう。在地文芸の自生的展開は、史料的には検証しにくい。

第二章では鎌倉時代の九州文芸を見てみた。鎌倉時代九州の文芸資料の大半は天満宮安楽寺関係であり、鎌倉末期には鎮西探題府を中心とする歌壇など、文芸の自生的展開が見られる。鎌倉時代の天満宮安楽寺文芸資料で顕著なことの一つは、説話作品に同宮寺関係記事が見られることである。前述の神託文芸に関連して考えてよかろう。

蒙古襲来の文芸史的な考察はほとんどないので、第三章として立ててみた。鎌倉末期における寺社をとおしての中世日本人の意識‒信仰構造は、異国降伏のことによって規定されたといっても過言ではない。全国的規模で行われた異国降伏にまつわる寺伝・社伝は祈禱ならびに唱導行為などを通じて民衆の意識に内在化していった。その文字化されたものの一つが『八幡愚童訓』甲本である。本文で述べるように、天満宮安楽寺にも蒙古襲来関係の文芸的所伝がある。蒙古襲来を契機として九州の政治的世界は大きな変化を見せる。鎮西探題の成立によって政治の中心が博多に移され、大宰府は天満宮安楽寺を核とする伝統的な文教の側面が残された感が強い。南北朝時代に入って征西将軍懐良親王や九州探題今川了俊によって政治的権威の復権が行われる。博多は政治的には北条氏による九州支配の拠点としての性格を強め、文化的には対外交渉と不離な関係に立つ禅寺文化の色彩を濃厚にしていった。鎌倉後期以降の中世北部九州の文化は、大宰府と博多を中心とする二元的性格を明らかにしていった。これが、以後の中世九州文芸展開の規定軸となる。鎮西探題北条英時を代表とする鎮西歌壇は、鎌倉後期九州文芸の中心的役割を果たし、鎌倉歌壇・下野宇都宮歌壇・京都六波羅（探題）歌壇とともに、当時の武家歌壇の代表的位置を占めた。

南北朝時代、九州探題今川了俊の活動は、政治・文化両面にわたって、ことにぬきんでている。第四章で、今川了俊の九州探題赴任以前における文芸教養修得の過程について述べ、第五章の考察の前提とした。

今川了俊当時、室町幕府が全き政権たり得るには、ただ一つ南朝方の隆盛を許している九州を制圧しなければならなかった。今川了俊は九州経営に従うこと四半世紀、その内容と経緯については種々問題もあるが、宮方を制圧し、九州経営の側面から室町幕府権力の確立を推進した。今川了俊は和歌・連歌・故実などにすぐれ、武家でありながら冷泉歌学についての体系的な諸著を残している。九州探題在任中、明日をも知れない軍陣行旅の間にあって「真実すき人〔数奇〕などはいくさの中、嘆の中にも、よむげに候」(『了俊一子伝』)と、きびしい作歌態度と研究精神を堅持し、併せて九州の文芸愛好の士に不断の指導を行って著作活動もし、晩年における旺盛な文芸活動の基盤を整えた。九州中世の文芸の型を、仮に、下向・移入型と在地・自生型とに分けるならば、今川了俊は前者の型でありながら後者と不可分であったといえよう。今川了俊は、広義の政治を媒介としながら南北朝動乱の状況にあって京都文芸(文化)と九州文芸(文化)の諸関係を典型的な形で示している。以上のことを第五章で詳述した。

第六章で取り扱った朝山梵灯(師綱)は、離俗法体、西行の規矩を追う漂泊の連歌師と目されているが、将軍足利義満近習としての属性あるいは前歴と不離のものであった。朝山梵灯が将軍派遣の使節として九州に下向したこと、それが朝山梵灯の連歌に与えた影響、朝山梵灯・朝山重綱の九州連歌に与えた影響などを見、梵灯の伝統的文芸政教観を「近習」に即して述べてみた。

第七—十章は、主として筑前・豊前守護ないし大宰大弐大内氏と九州文芸の展開との関係の究明を中心にしている。この四章の主眼とするところは、端的にいえば、大内氏を主な素材とする守護領国文化の解明にある。守護の領国支配における、文化に対する規定性の追究である。追究の主柱として次の二点をあげる。(1)守護の領国支配、とくに寺社に対する保護と統制の問題である。これは逆にいえば、寺社にとって守護は何であったのかという問題である。(2)守護の領国支配に対抗的に内包されている国人《こくじん》領主制の文化的側面(国人文化)の究明である。四章にわたる叙述は、これらを索引として室町・戦国期守護・国人文化の特質を明らかにしようとしたものである。従って、ここでは具体的な事例はあげないが、(1)に関していえば、大内氏の筑前支配に画期をなす大内教弘期に「祈禱連歌」(太宰府天満宮文書「宝徳弐年」〔一四五〇〕二月廿三日筑前守護代仁保加賀守盛安宛大鳥居信顕書状)なる用語が見えることは象徴的である。寛正五年(一四六四)、大内教弘に招かれ、大宰府天満宮参詣を主目的とする歌人正広の事例に具象的に見られるように、京都文化の九州への移入は大内氏の拠点山口を媒介にしており、大内氏の在京性—京都志向は分国筑前の経済的・文化的拠点である博多の小京都化を推し進めていった。いっぽう、在京十年、大内義興がいわゆる管領代として幕政に実権を振っていた永正年間から京都貴族と九州国人との文化的—経済的交流が高まっていく。その理由について解明の展望を十分にはもっていないが、(2)に関連することで、国人領主制理解に不可欠な側面であることは確かである。

京都文化の九州への移入、京都・九州文化の交流など、つまり京都貴族と九州の守護・国人との文化的・経済的交流の媒介項になったのが、守護の保護を背景とする正広・宗祇・兼載・宗碩など、著名な歌人・連歌師の九州下向である。文化の型でいえば、典型的な中央(京都)文化の移入、下向型である。彼らの九州下向は、文芸プロパーでいえば、文道の神・連歌の神菅原道真を祀る大宰府天満宮安楽寺への参詣を主目的としており、旅のもつ自照性を通して文芸人としての自己形成をはかることにあった。そして、彼らは、結果的にいえば、文芸(文化)の地方伝播に大きな役割を果したのであり、各地域(直接的には国人)の文芸(文化)にかかわる志向を結集し、高めたのである。地方文芸の自生的展開に対する彼らの触発度は、現在からの想像をはるかに超えるものがあったろう。

彼らは、それぞれの旅を紀行文・歌集・句集などの形にまとめており、そこでは各地域での国人との文芸交歓が詳しく記されている。報告をうけた守護(大内氏)は、文芸面での喜悦にのみひたっていたわけではなかろう。それらは、一種の政情報告書だといってよい。そのような意味で政治と文芸は一如であった。前述の(1)、(2)を、合わせた形で典型的に示しているのが、小鳥居文書天文四年(一五三五)十月七日月次連歌人数注文である。これはつまり、筑前守護大内義隆による国人支配の神祇・文芸的表現であった。

大宰府の中世は、天正十四年（一五八六）七月の、いわゆる岩屋城合戦による壊滅的な打撃によって、一応終焉したといってよい。九州は近世世界に移って行くのである。第十一章はそのような意義をもつ同合戦を考察したものである。同合戦の画時代性とそれが併有する悲劇性などによって『高橋（紹運）記』をはじめ多くの軍記類が著された。第十二章で、その『高橋（紹運）記』の書誌、参考先行書、文書利用、内在的問題などを検討し、第十三章で岩屋城合戦関係の軍記類について考察し、筑後柳河藩・三池藩が拠って立つ、歴史意識の問題に言及した。

大内義隆期までは、和歌・連歌などを主な素材として叙述しているが、戦国最末期は軍記類の考察でしめくくることとなった。大宰府天満宮安楽寺を中心とする和歌・連歌などは、豊臣秀吉の、いわゆる文禄・慶長の役によって規定され、続いて黒田氏治世下の藩体制文芸に移行する。第十一―十三章の考察が、ほとんど未開拓といってよい近世初期九州軍記の研究にいささかでも資するところがあれば幸いである。

第十四章では福岡藩の儒者貝原益軒（一六三〇―一七一四）の菅原道真・太宰府天満宮研究を詳細に跡付け、近世における大宰府・太宰府天満宮研究の範型、つまり近世からの古代・中世九州文化の総括を考察して本書の終章とした。なお、大宰府天満宮安楽寺の古代・中世文芸資料は編年、整理し、注解と研究を加えて公にしている（『太宰府天満宮連歌史資料と研究』Ⅰ・Ⅱ、一九八〇年三月・一九八一年三月、太宰府天満宮文化研究所）。いまとなっては補正すべき点があるが、参照して頂ければ幸いである。

［**補記**］
本書では第十四章を除き、「大宰府」・「太宰府」の表記を、おおむね「大宰府」としているが、必ずしも厳密ではない。章末掲載書不記入の序・第二・七―十章は『中世文芸の地方史』、第十二―十四章は『太宰府市史』である。本書校正中に『大宰府・太宰府天満宮史料』全十七巻が完結した。併読頂ければ幸いである（「あとがき」参照）。

第一章　大宰府の宮廷文化

一　大宰府官人と天満宮安楽寺

大宰府は「悉く朝廷に同じ」[1]といわれ、八世紀万葉時代における九州の文化―文芸の淵叢であった。九州に赴いた万葉時代のみやこ人は、ひなとしてのつくしを万葉の世界に創造した[2]。防人の歎きを代償にしていることはいうまでもない。九世紀における大宰府は、概して内政・外交に忙しく、文芸面での事績には見るべきものが少ない。十世紀に入ると、菅原道真終焉の地が祠廟・御墓寺として天満宮安楽寺となると、それまで大宰府が担ってきた文化的機能は、大宰府官人自らの手によって天満宮安楽寺に移行されていった[3]。

本章では、平安期十―十二世紀を対象に、大宰府官人と大宰府天満宮安楽寺との関係を中心として、平安期地方文化の性格について若干の考察をしてみたい。ここでいう大宰府官人は、主として大宰府に赴任してきた権帥・大弐以下、監・典までを指すが、実状としては権帥・大弐級の長官―中央貴族について述べることが多い。また、天満宮安楽寺は、安楽寺天満宮あるいは安楽寺聖廟などといい、天満宮と安楽寺とは密接不可分の関係にある。菅原道真の没後、延喜五年（九〇五）をさかのぼらぬ延喜年間[4]、味酒安行によって建立された菅原道真の祠廟・御墓寺である。現在の天満宮境内から奈良時代の様式をもつ古瓦が出土していて、天満宮より以前に寺院が存在していたと推測されるが、菅原道真の御墓寺としての安楽寺は右に始まる。安楽寺は明治初年の神仏分離・廃仏毀釈で神仏混淆の祭典が廃止・整理され、神社―（新）天満宮となるまで（旧）天満宮と同体であった。天満宮安楽寺は、古代における史料的表現としては、多く安楽寺として現れる。本章では、一般的には天満宮安楽寺と記し、その都度史料的表現に従って表記する。

天満宮安楽寺は菅原氏の私廟・私寺（氏寺）として出発し、安楽寺初代別当職は菅原道真の子孫から氏牒をもって選ばれた。(5) これ以降同寺別当は代々菅原氏から選ばれるが、一二代別当鎮延は天徳三年（九五九）太政官符をもって補任され、(6) 安楽寺は早くも官寺的性格をもつに至った。安楽寺は宇佐八幡宮などと異なって、十世紀に入ってから建立された新興の私的寺院であり、その発展のためには大宰府との結び付きが強く望まれた。安楽寺が官寺的性格をもつに至ったことは、大宰府の保護を得るのに好都合であり、天神信仰の普遍化―隆盛と相俟ち、大宰府官人として赴任してきた中央貴族達は堂塔を整備・建立し庄園を寄進するなどして天満宮安楽寺に厚い保護を加えた。(7) また、永観二年（九八四）、円融天皇の御願によって常行堂が建立されたのを始めとして、朝廷の保護も加えられる。寺領は大宰府官人たちの相次ぐ寄進などによって急速に拡大し、筑前西部・筑後・肥前東部・肥後北部などに濃密に分布し、末寺・末社も相次いで建てられていった。宇佐八幡宮・弥勒寺とともに九州の庄園領主として双璧をなした。(8) 安楽寺領は、九州管内のほぼ全域にわたる寄進地系庄園であるところにその特色がある。観世音寺が大宰府に依存し過ぎたために衰運に向かったのに比べ、天満宮安楽寺は同じく大宰府の保護を受けながらも、十一世紀に入ると自らの力で急速に発展していった。(9)

大宰府官人と天満宮安楽寺との関係については、前者の保護による後者の発展という性格から、とくに、宗教施設―経済的基盤―寺官機構の拡充・整備などの面に即して、これまでに幾つかの研究がなされているので、(10) それらの点については触れない。本稿では、関係史料がきわめて少ないためあまり深くは触れられていない大宰府官人達による中央諸行事の移入ならびに宗教行事の始行について論述し、平安期地方文化の性格を考察したい。史料の検索については、主として竹内理三編『大宰府・太宰府天満宮史料』巻二―七の恩恵に浴した。

二　年中行事の移入

大宰府官人による中央貴族文化の天満宮安楽寺への移入として最も典型的なものは年中行事である。それは「天満宮安楽寺草創日記」(11)（以下「草創日記」と略記する）の、いわゆる「四度宴」として知られる。貝原益軒は、『太宰府天満宮故実』巻之下(12)や『筑前国続風土記』巻之七・御笠郡中(13)で、四度宴についてほぼ同文の記事を載せているが(14)、『太宰府天満宮故実』（神道大系本、五一頁）には次のように記している。

又いにしへ、此御神のため、年毎に、四度の宴を行ハる、内宴正月廿一日、曲水、七夕、残菊十月五日、是なり、凡此日は、別当以下社人悉く一所に集り、うたを詠じ、文人詩を献じて、詩歌管絃の会有しとかや、この御神は、きはめて風雅におはしましければ、神の御こゝろをなぐさめまゐらせんとの為成るべし、〇中略中比、乱世となりしよりこのかた、四度の宴もたへて久しくおこなはれず、今はただ、七夕の和歌の会のみぞ残り侍る(15)、

「草創日記」によると、その始行の年次と始行者は分かるが、具体的内容に至ってはほとんど不明である。始行年次に従って四度宴がどのようなものであったかを考えていきたい(16)。

天徳二年（九五八）三月三日、前大宰大弐小野好古（天徳四年大弐再任）が安楽寺に曲水宴を始めた。菅原道真没後、大宰府官人が安楽寺と直接関係をもった明証の初めであり、鎮延が太政官符をもって二代目別当に補任される前年のことである。曲水宴は、中国では水の精霊に対する祭の一つで、不祥を流水に託して除去することから始まったといわれ、水辺に出て穢れをはらう日本の思想と結合したものである。顕宗天皇紀元年の条に見え、令にも規定された公の儀で、平城天皇の時一時中絶したがすぐ復活し、平安期に入ると、清涼殿の庭に設けた曲水の水溝に盃を浮かべて盃が自分の前を流れ過ぎぬうちに歌を詠むという風流な宴になり、貴族の間でもてはやされた。

天満宮安楽寺に移入された曲水宴の規模もこのようなものであったろう。ただ、民間で行われていた水の精霊祭としての三月三日の祭がこれとどうかかわっていたかは、一般的にも不明であるが、天満宮安楽寺の場合はさらに分からない。おそらく官人・神官・僧侶などの範囲内での貴族的遊宴であったろう。小野好古は承平・天慶の乱に追捕使として藤原純友を敗り武名高かったが、詩人として著名な篁の孫で、三蹟の一人道風の兄であり、和歌をよくし、『後撰和歌集』に四首、『拾遺和歌集』に一首入っており、『大和物語』にもその歌が見える。安楽寺への曲水宴の移入は、その文人大弐の側面からも見るべきであろう。小野好古の曲水宴始行を始めとして、これ以降かつての大宰府がもった文化的機能は天満宮安楽寺に移行するが、曲水宴の始行が承平・天慶の乱後の大宰府再建とほぼ期を一にしている点が注目される。大宰府から天満宮安楽寺への文化的機能の移行と承平・天慶の乱後における大宰府再建とは無関係ではないように思われる。菅原道真に曲水宴関係の詩があることはいうまでもない。(17)

長元九年（一〇三六）三月、大宰権帥藤原実成と安楽寺との間に闘乱が起こっているが、この事件は丁度曲水宴の日に起こっている。曲水宴が闘乱を惹起するほど盛大に行われていたともいえよう。大江匡房は、康和四年（一一〇二）正月、交替を得て大宰権帥を解任されるが、帰京を前にしての三月三日、安楽寺聖廟に曲水宴を行っている。『本朝続文粋』巻第八に収める大江匡房の「七言、三月三日陪二安楽寺聖廟一、同賦三縈流叶二勝遊一詩一首 以レ多為レ韻、幷序」がそれであり、大江匡房のころの曲水宴が活写されている。以上のように、曲水宴は、承平・天慶の乱後、天満宮安楽寺の基礎ができ、大宰府の再建がなされたころ、小野好古によって始行され、碩学の大宰権帥の大江匡房によって張行された。ただ、大江匡房以後の曲水宴については、少なくとも平安期においてはこれを語る史料には恵まれない。

三月三日の曲水宴とかかわりのあるものに花宴があった。花宴については『大弐高遠集』に見える。藤原高遠は寛弘元年（一〇〇四）十二月大宰大弐に任じ、(18)翌年六月十四日に着任している。(19)書陵部所蔵『大弐高遠集』に、

三月三日、安楽寺花宴、僧都元真のもとにいひやりし

みちとせにはなさくもの、けふことにあひくるきみをためしにぞみる

返

こゝの空けふやかぎりとおもふ身をきみがいのりにおなじくやへむ

とある。安楽寺別当元真は寛弘五年（一〇〇八）十二月に八十歳で没しているから、[20]この歌は寛弘三年か同四年、死没直前の、まさに「けふやかぎり」という時のものである。ふつう花宴という時は、『日本後紀』嵯峨天皇の弘仁三年（八一二）二月十二日の条に、

幸二神泉苑一覧二花樹一、命二文人一賦レ詩、賜レ綿有レ差、花宴之節始二於此一矣

とあるのを起源とする。つまり二月の行事で、花は桜である。しかし『大弐高遠集』にいう花は、詞書に三月三日とあり、歌に「みちとせに」とあるところから、明らかに桃の花である。「みちとせに」は、三千年に一度花を開き実を結ぶ桃という意味を踏まえたものである。安楽寺の花宴は三月三日の曲水宴と抱合した形で行われたものであろう。『全唐詩』（『王右丞集』）に収める王維の「桃源行」――春来遍是桃花水、不レ弁二仙源一何処尋――以下三月の桃李に関する詩が『和漢朗詠集』巻上に収められて[21]広く愛唱されていることは冗説するまでもあるまい。安楽寺の花宴もこの一般的風潮をうけ、おそらくは大宰府官人（大弐高遠を擬することも可能）によって始められた、桃花を賞翫する宴であったろう。[22]三月三日桃花酒を飲むと病を除き長寿が得られるという中国の風習をうけ、桃酒を飲むことを交えた詩歌の宴ではなかったろうか。『大弐高遠集』から見て、和歌の贈答が行われていたことは明らかである。元真は、祈雨の法験がなかったため、長徳二年（九九六）権少僧都を辞任し、出自が菅原氏であるところから、[23]安楽寺の別当になっていた。真言宗小野流・東大寺の僧侶（元杲の弟子）である。筑紫僧都とも鎮西僧都とも呼ばれた。元真にとって、この花宴は敗残のそれであったことが、返しの歌によっても如実に窺える。なお、桂宮本『江帥集』に、

廟前桃花　安楽寺宴

みづかきにくれなゐにほふも、のはなひかりもいとゞまされとぞおもふ

とあるのは花宴の折の歌であろう。廟前で行われた宴であることがはっきりする。これ以後、花宴に関する史料は管見に入らない。

康保元年（九六四）十月、大宰大弐小野好古は、さきの曲水宴に引続き安楽寺に残菊宴を創始した。[24]「草創日記」は、

四度宴　席内　内宴
（○中略）
残菊
曲水壇〔小野好古〕〔檀〕那始レ之、御供、人供、酒殿役、請僧四十人、供料土師庄立用、文人廿人

と伝えている。酒殿は筑前国糟屋郡（現在、粕屋町）にある。安楽寺領のほとんどが寄進地系である中で、ひとり安楽寺自らによって長寛二年（一一六四）に開発された所領である。だから残菊宴が酒殿役となったのはこれ以後である。供料を立用する筑前土師庄は万寿元年（一〇二四）大弐藤原惟憲が往生院を建立してその維持のために寄進した安楽寺領である。だから「草創日記」の記述は、小野好古創始当時の状況を伝えるものではなく、長寛二年（一一六四）以後の状況を記したものである。その段階での人的規模でいえば、請僧四十人・文人二十人[25]で、大宰府長官の主催により天満宮安楽寺の神官・僧侶達の参加があったことが知られる。

源相規[26]は『本朝文粋』巻第十一・序丁詩序四・草で「初冬、陪二菅丞相〔道真〕廟一、同賦三籬菊有二残花一」と題して文を成している。その中で「元年〔康保〕十月都督〔小野好古〕相公率二一府之群僚一、命三合宴於其下一、蓋改二彼仲春射レ鵠之礼一、以展二初冬玩レ菊之筵一也」と述べているから、小野好古が大宰府官人を率いて安楽寺に行ったことが知られるが、同時に、それまで行われていた射策の儀[27]を改めて残菊宴が創始されたことが判明する。残菊宴は延暦十六年（七九七）十月十一日を初見とし（『類聚国史』七十五歳時六）、その後約百五十年、文献に見えず、天暦四年（九五〇）十月になってその

ことが見える。[28]『本朝文粋』巻第二・詔によれば、その儀式は重陽に準ずるとあるから、文人をして詩を賦せしめ、賜宴があったのである。安楽寺の場合もほぼ同様で、源相規の詩・文が残っているのである。『菅家文草』には残菊詩が巻第一3、第二153、第四305、第五356、第六451・461、第七542などに見られる。『文草』にこのように多く残菊詩があることが、射策の儀を改めて、残菊宴を創始するに至った一つの原因になっているのかも知れない。

長徳元年（九九五）正月二十一日、安楽寺に内宴が始められた。「草創日記」は「大弐有国卿始レ之」としているが、この年次が正しいとすれば、大宰大弐は藤原佐理の在任中である。佐理は宇佐宮神人と闘乱して、長徳元年十月十八日に大弐を罷め、勘解由長官藤原有国がこれに替り、翌年八月二日赴任している。「草創日記」の有国創始説が正しいのであれば、この時以後、長保三年（一〇〇一）二月十九日京都に召された時までの間ということになる。いずれとも、にわかには決し難い。長徳元年というのは、長徳三年を誤ったものかと考えられなくもない。三は元のくずしとまぎらわしいので誤写しやすい。また、藤原有国の大弐在任中の長保元年と考えることも可能である。つまり長保元年を長徳元年と誤ったのかも知れないのである。藤原有国は長徳元年二月十七日には、藤原道兼の長男兼隆の元服の儀に列しており、少なくとも、長徳元年正月に九州で内宴を始めることは無理である。藤原有国については今井源衛「勘解由相公藤原有国伝」（『文学研究』七一輯、一九七四年三月）に詳しい。

内宴は内裏で行われた宮中の私宴で、仁寿殿で正月二十一・二十二・二十三日中に行う。『河海抄』は弘仁四年（八一三）唐太宗の旧風をうけて創始されたとするが、『年中行事秘抄』では弘仁三年に行われたと記しており、弘仁四年より以前にすでに行われていたらしい。正月の公の儀式が一段落ついたところで、天皇が群臣を慰労する意味で開く私的な宴会であった。天皇は仁寿殿で文人に詩を賦せしめ、御前においてその詩を披露し、饗応となる。長元（一〇二八―三七）以後中絶、『平治物語』によれば藤原通憲によって再興されたというが、まもなく廃絶している。藤原有国（あるいは藤原佐理）は宮廷での右の内宴を、ほぼそのままの形で天満宮安楽寺に移したものであろう。『菅家文草』に見える内宴関係の詩は、他の曲水宴・残菊宴・七夕宴関係の詩に比べると断然多い。巻第一

27、第二83・85・148、第三183・216、第四285、第五364、第六430・446・453・468、第七530・535・537などがそれである。天満宮安楽寺の内宴創始の原因を考える上に無視できない比重である。

内宴の状況を最もよく伝えるのは、『本朝続文粋』巻第八に収める大江匡房の「七言、早春内宴陪㆓安楽寺聖廟㆒、同賦㆓春来悦者多㆒詩一首以㆑心為㆑韻、並序」である。安楽寺は菅原道真の聖廟で形勝四海に冠絶し、菅原道真は社稷の昔臣であり、大江匡房は「累葉廊下（菅家）の末弟」だとして、菅原道真崇拝の主な担い手が大江家自らであることを示し、末尾を「仰いで神眷を望み顧みて郷心を動かすというのみ」と望郷の思いで結んでいる。[29] 四度宴は京都貴族にとって京都と西府との精神的な通い路であったわけである。『江談抄』には、右の詩序を作る時、近くに人の詠ずるような声を聞き、その中の句を府官などが見聞していると書いている。大江匡房の菅原道真崇敬は只ならぬものがあり、それは自らの学才詩才を誇示することでもあったが、その神秘的な性格と相俟ち、しばしば、自己の詩作が天神に感応することを述べている。右の話もそうである。菅原道真の文神としての神格化は、大江匡房に負うところがきわめて多い。

永承元年（一〇四六）七月、大宰権帥藤原経通が安楽寺に七夕宴を始め、同年、二季勧学会（後述）と五節供を始めた。七夕はいうまでもなく、七月七日の夜、牽牛・織女の二星が、天の河を渡って一年一度の逢瀬を楽しむという漢代の伝説から二星を祭るという風習が始まり、日本古来の棚機姫の信仰と結合して星祭となったものである。中国の二星会合の説話が渡来する以前から日本では七月七日の日に宴や相撲を行っており、七夕は季節祭としての第一次収穫感謝祭ないし第二次予祝行事に淵源して成立したといわれる。[30]『延喜式』によれば、七月七日織女祭は神祭的な行事である。平安期に入るとこの織女祭が唐の乞巧奠の儀と結合して乞巧奠が主となり作詩文が末となったといわれる。[31] 安楽寺の七夕宴の規模を考える場合の参考になる。ちなみに菅原道真は寛平三年（八九一）、同七年七月七日の七夕宴に応製の詩を賦していて『菅家文草』巻第五346・427に収める。

藤原経通は七夕宴を始めるとともに、それを含めて五節供を始めた。「草創日記」には、

五節供、永承元、経通始〻之、御供、人供者五綱所司役、七月七日御節供、別当調備也

とある。五節供は五季節の行事の意であろうが、七月七日御節供以外は分からず、右以外関係史料がなく、具体的なことは不明である。

三　宗教行事の移入

寺社の隆盛は外的・経済的には堂塔の整備・建立あるいは庄園の拡大などによって表示されるが、その隆盛を内的に支えるのは、何よりも神官・僧侶の宗教心である。それは形としては一応宗教行事の執行などに顕現される。もちろん、宗教行事（神官・僧侶の宗教行為）が庄園からの収取に支えられていることはいうまでもない。このような意味で、宗教者でない貴族たちが主体的に宗教行事にかかわることは原則的なことではないし、また事例として多いものではない。しかし、天満宮安楽寺の場合、大宰府官人の主導によって重要な宗教行事が始行されている。たとえば後述の六庚申・二季勧学会・神幸祭など、そうである。ここでは大宰府官人の主導による宗教行事を天満宮安楽寺全体の宗教行事の中で位置付けるために、まず、寺社側の主体的な宗教行事について触れておきたい。しかし史料的には、年中行事の場合と同様、「草創日記」以外見るべきものがない。

天元二年（九七九）十月十二日、安楽寺別当松寿は、同寺に法華会を始めた。「草創日記」によれば、その規模・経済的基盤について、

請僧四十人、供料四十八斛、口別壱石二斗、布施紙四百帖、人別十帖、諸庄之立用、火桶火筋者、小中庄役、

料米十二斛

と記している。請僧四十人、その費用は安楽寺庄園諸庄の立用である。小中庄は筑前国糟屋郡にあり、延喜十九年（九一九）、崇尼観算によって寄進された庄園で、安楽寺領としては最も早い成立である。法華会は天台系寺院では

中核をなす法会である。その性格については明らかでないが、他の法華会の場合から推して、(32)大宰府管内―安楽寺庄園を具体的な地域対象とする鎮護国家性に裏付けられた法会であったと思われる。また法会が、具体的には八講か十講か三十講か長講か、あるいはそれ以外か、なども全く不明である。なお、菅原道真が貞観十一年（八六九）九月二十五日、従五位下安倍宗行の亡母のために法華会の願文を作っており、『菅家文草』巻第十一願文上642に収まっていることを付記しておく。また、菅原道真は貞観十八年（八七六）四月二十三日、前陸奥守安倍貞行のために山階の華山寺（元慶寺）において法華八講の願文を草している。(33)時代は下るが、「草創日記」によると、建永元年（一二〇六）四月十四日―七月十三日の一夏九旬の間、法花結衆三十人に薩摩鹿児島の所当二十六斛が供料として寄進されている。

十一世紀後半における安楽寺別当の中では寺門派に属する基円の宗教活動が顕著である。「草創日記」によれば、延久四年（一〇七二）安楽寺に食堂を建立、承暦元年（一〇七七）一切経蔵を建立し、同年十月二十七日、一切経供養を行っている。また同年には温室を始めている。温室は温堂・浴堂・浴堂院とも呼び、僧尼の潔斎と保健衛生のために設けられたものである。(34)

「草創日記」によれば、応徳元年（一〇八四）五月十二日、基円は安楽寺に示現五時講を始めた。五時は天台教門において釈尊一代の化導を華厳時・鹿苑時（阿含時）・方等時・般若時・法華涅槃時の五時期に分けることをいい、天台の基本教理である。『三宝絵詞』中巻・法宝の巻の冒頭に記され、『梁塵秘抄』の法歌類聚が天台五時教によることなど著聞するところである。五時講は『日本紀略』や『本朝文粋』巻第十三大江匡衡の「為二仁康上人一修二五時講一願文」によって知られるように、正暦二年（九九一）三月、仁康が京都河原院で初めてこれを興したといわれ、それ以後広く行われた講会である。大江匡衡の願文によれば、釈尊在世の日に値《あ》わず、正法の時に生まれなかったことを悲しみ、釈尊在世の昔をあこがれ、金色丈六の釈尊像を造り、五時所説の経典を写し供養演暢して釈尊一代の五時説教の旧儀を移し、これを今の世に再現して衆生の見仏聞法の便りにしようとするものであった。つまり、当時広く受容されていた天台五時教を基礎に末法思想を媒介とした講会である[35]。天満宮安楽寺の場合も、ほぼ右の信仰規模に則ったものであろう。平安期九州における五時講実施の例として貴重である。仁康の例を追うものであるならば、造仏写経が行われ、六日の大会が設けられたことと思われる。史料には全く見えないが、会衆の法悦を類想することは許されよう。

寛治五年（一〇九一）三月二十三日、安楽寺別当定快は、同寺に大乗講を始めた。その具体的内容は明らかでない。定快は山門派であるから、その系統を負うものであろう。

「草創日記」によれば、応保二年（一一六二）三月六日、法華千部会が始行された。願主は天台山住侶宰相法印相実。法華経千部ならびに開結二経は平清盛の施入であり、清盛は会料として肥前牛島庄の別当分六十斛を寄進している。法華千部会としては、貞観八年（八六六）七月十四日、延暦寺総持院で行われた千部法華の供養など早い例である[36]。法華経のみならず他の経典を千部供養する例はしばしば見うけられる。

仁安三年（一一六八）正月朔日、安楽寺別当安能は、同寺に日別供を始めた。筑前国早良郡入部庄所済五十二斛をもってこれに充て、御菜菓子は諸庄の備進とした。『太宰府天満宮故実』下（神道大系本）には、

六条院仁安三年、はじめて神前に日別の神食を備ふ、今に至て毎日怠る事なし、今も其法、大なる神器に、斗米の御饌をうづたかくもり、いろいろの供物御酒など供へ奉る、凡十五饌、三十六器、神厨有てこれをと、のへ、烏帽子白張着たる役夫是を荷ふ、朝ごとに、祭祀の行る、事かくのごとし[37]

と日別供を具体的に記述している。

以上、天満宮安楽寺側の主体的な宗教行事の始行について述べてきた。以下、大宰府官人の主導による宗教行事の始行について述べよう。

康保元年（九六四）、藤原佐忠は安楽寺に六庚申を始めた。「草創日記」によると、

六庚申、昔者国衙弁府役、季別三ヶ度宛、康保元年大弐佐忠始レ之

とある。藤原佐忠が大宰大弐に任じたのは康保三年正月で、[38]赴任したのが同年十月であるから、[39]右の所伝には若干疑問の余地がある。京に召されたのは天禄元年（九七〇）三月のことである。[40]六庚申というのは、庚申の日は、六十一日目に廻ってくるので一年に六回（多くても七回）であるからというのであろう。菅原道真は『菅家文草』巻第四、詩四318に「庚申夜、述レ所レ懐」と題して、寛平元年（八八九）讃岐守の時、

故人詩友苦相思　霜月臨レ窓独詠時
己酉年終冬日少　庚申夜半暁光遅
灯前反覆家消息　酒後平高世嶮夷
為レ客以来不二安寝一　眼レ開豈只守二三尸一

と詠じており、三・四句は『和漢朗詠集』巻下・庚申にも採られて広く愛唱されている。菅原道真に即していっても、天満宮安楽寺で庚申待を行事化するいわれはあったのである。管見の限り、九州での庚申待に関する最古の所見である。ところで、六庚申を宗教行事の範疇で律するには問題があろう。後述のような、その遊宴性・定期的執行などを考えると年中行事の項に入れてもよいものであるが、庚申を守る信仰性や官寺的執行に重点をおき宗教行事の範疇で扱うこととする。

すでに指摘されているように、円仁の『入唐求法巡礼行記』承和五年（八三八）十一月二十六日の記事に「夜、人はみな睡らず、本国の正月の庚申の夜と同じきなり」とあるのが、日本で庚申待が行われていた初見である。[41]窪徳忠氏は、『続日本紀』神亀元年（七二四）十一月庚申の条に見える行事は庚申の御遊ではなく、『続日本後紀』承和元年（八三四）七月庚申の条の行事は庚申の御遊であろうと述べ、『文徳実録』天安元年（八五七）正月庚申（二十一日）の条に内宴を行い、「楽を命じて詩を賦すこと自ら旧儀のごとし」（原漢文）とあるのは、この庚申の御遊が宮中の定例行事の一つになっていた証であるとし、日本では平安時代の初めごろ、八世紀の末か九世紀の初めごろから庚申待が行われていたであろうとしている。[42]宮廷における庚申待の状況は、『侍中群要』や『西宮記』の

「御庚申」、「御庚申御遊」、『新儀式』の「御庚申事」に詳しいが、三尸虫を守ることを中心に、終夜詩歌を作り歌合せを行い、碁・すごろくをし、管絃・舞楽を奏し、飲酒する、文字通りの「御遊」であった。

天満宮安楽寺で始められた六庚申も、宮廷における庚申待を引移したものであろう。府・国の役で季別三カ度という課役の性質・規模から、この六庚申の「公」的性格（官寺的執行）・宮廷模倣性と、規模の大きさが推測される。それは天満宮安楽寺周辺の、農時の大切な日に精進して夜を徹し、謹慎して祭祀を行うという農民の信仰を直接に摂取したものではなく、宮廷の遊宴的宗教文化の直接移入であった。六庚申の頻度・規模とその文芸的営為は、大宰府を中心とする文芸的素材の収集・選択・京都への移出にとって、こよなき場となったことと推察される。数多くはないが、往生伝類に見られる大宰府周辺の宗教説話の伝存などを考える時、安楽寺六庚申はとくに九州説話のプールの役割を果したように思えてならない。なお、『重之集』に、

　八月十五日夜、かうしん《〔庚申〕》のよ、大に《〔佐理〕》のみたちにて、さうのことにかりの心あるうたよみていだされたり、

　　ことのうへにひきつらねたるかりがねのをのがこゑごゑめづらしきかな

とあり、大宰大弐藤原佐理の御館で庚申待が行われていたことを付記しておく。

永承元年（一〇四六）二月、大宰権帥藤原重尹が府官及び管国の愁いによって罷めたあと、権中納言正二位藤原経通が大宰権帥となり[43]、同年七月、経通が安楽寺に七夕宴を始行したことは前に述べた。同年、着任早々に藤原経通は安楽寺に二季勧学会と五節供を始めた。「草創日記」によると、二季勧学会の饗膳は筑後楽得別符の役で、給人は大鳥居氏の先祖大輔法橋信快であり、人的規模は文人二十人、請僧二十人である。勧学会の創始については、『扶桑略記』や『三宝絵詞』に明らかである。康保元年（九六四）三月十五日、大学堂北堂学生らが叡山僧とはかって西坂本で始めたものである。その内容は、毎年三月・九月の二季の十五日に共に相会して（全体としては十四日の夕から十六日の暁にわたる）、僧がまず『法華経』を講じ、ついで学生らが『法華経』の中の一句を題して讃歎の詩文を作り、夕に念仏をする、というものであった。つまり、講経と念仏と作詩歌とから成るものである。

勧学会の盛衰については、桃裕行氏の『上代学制の研究』（目黒書店、一九四七年五月、修訂版を『桃裕行著作集』1〔思文閣出版、一九九四年六月〕に収める）第三章第四節に詳しい。桃氏に従えば、第一期は康保元年から寛和二年（九八六）頃まで、第二期は長保四年（一〇〇二）から寛弘八年（一〇一一）頃まで、なかんずく寛弘元年前後、第三期は長元（一〇二八—三六）頃から保安三年（一一二二）頃までの、三期約百五十年間に分けられる。安楽寺の場合は、もちろん第三期に属する。桃氏の指摘のように、藤原経通は文人としてはあらわれず[44]、また勧学会の結衆であったとも考えられないが、第三期の長元末年、随願寺の勧学会の詩序を書いた菅原定義は、延久三年（一〇七一）安楽寺別当になった基円の兄であり、藤原経通とも何かの関係があったようであるから、安楽寺に勧学会を創始するに至ったのであろう。『本朝文粋』による第一期メンバーの大江以言は伊予国司に任ずるや、その地の楠本寺で勧学会を行い、地方における勧学会の先蹤をなしているが、今ここ九州の地においても、見仏聞法の宗教性と白楽天の後を追う狂言綺語—讃仏乗の文芸性との融合した勧学会が創始されるに至ったのである。康和二年（一一〇〇）八月、大宰権帥大江匡房は安楽寺に詣で、「参二安楽寺一詩」と題する詩を賦した[45]。その中に「二季勧学会、結縁極二素緇一、九秋念二仏筵一、利生待二僧祇一」とある。匡房の時にも引続き行われていたことが判明する。二季勧学会は長官主催であるから、この時も匡房の主導によって行われていたと思われる。

康和三年八月二十一日、大江匡房は、夢想によって安楽寺の神幸式を始めた。『古今著聞集』四・文学によれば、同日、「天神の御車をとゞめられし地」ということで、天満宮の神輿を浄妙寺（榎寺）に駐めて翠花をめぐらし[46]二十三日に天満宮に還御する。この間、僚官・社司はみな騎馬で供奉。廟院の南の頓宮旅所に神輿をやすめ、その前で神事を行い、翌日詩宴を張り、「神徳契二遐年一」の詩序を披講している。この詩序は『本朝続文粋』巻八・廟社に収める「七言、秋日陪二安楽寺聖廟一、同賦二神徳契二遐年一詩一首并序」である。同詩序の末尾に「匡房五稔の秩已に満ち、春を待ちて漸く江湖の舟を艤いせむとす、再観の期知り難し、何れの日かまた廟門の籍に列ならん」と述べているように、大江匡房は権帥の秩満を前にして、菅原道真に寄せる深甚な崇敬を祭礼化してそのしめくくりとしたのである。この、大江匡房による浄妙寺への御神幸が、周知のように、現在太宰府天満宮で最も大きな祭典として営まれる、秋九月に行われる神幸式大祭である。(47)

四　平安貴族の菅原道真崇拝

大宰府官人によって、何故、天満宮安楽寺に手厚い保護が加えられ、京都貴族文化が移入されたのか。その前提としては、摂関家藤原氏及び学者文人―一般貴族の北野信仰を考えねばならない。北野信仰の成立過程、菅原道真の雷神信仰との結び付き、怨霊信仰から学問の神への変化などについてはすでに多くの指摘がなされているので今は触れない。

延長元年（九二三）四月二十日、故大宰権帥従二位菅原道真は本官右大臣に復し正二位を贈られ、大宰権帥に左遷した時の詔書は焼却された。(48)正暦四年（九九三）五月二十日、菅原道真に左大臣・正一位が贈られ、(49)閏十月二十日には太政大臣を贈られている。(50)天満宮安楽寺に曲水宴・残菊宴・六庚申などが始められ、大宰府官人の保護によって堂塔が整備され庄園が拡大するのはこの間のことである。

天徳三年（九五九）二月、右大臣師輔が北野の神殿を増築して形観を整えたのを契機として、(51)北野の性格は「摂籙の家」の守護神に変化していく。(52)しかもそれは藤原忠平が菅原道真左遷の謀計に与さなかったから、その子孫は摂政として続いていくという内容のものであるが、その画期をなしたのは天満宮安楽寺の発展に一時期を画した菅原道真四世の子孫菅原輔正の大弐在任中における永観二年（九八四）六月の安楽寺託宣、(53)殊には正暦三年（九九二）十二月の安楽寺天満天神の託宣であった。(54)その結果が菅原道真への太政大臣追贈である。

次に、学者文人―一般貴族の間における菅原道真崇拝について述べよう。高階積善は『本朝麗藻』巻下、七言、九月尽日侍二北野廟一各分二一字一詩一首探得并序において、菅原道真は「兼佩二将相之印一、末葉作レ鑒、忝顕二詩書之功一、況乎文学争鋒之初」と述べ、慶滋保胤は『本朝文粋』巻第十三・願文上・神祠修善賽二菅丞相廟一願文において、天神は「文道之祖、詩境之主」であるといい、同巻第十三・祭文北野天神供二御幣幷種々物一文において大江匡衡は天満自在天神は「或塩二梅於天下一、輔二導一人一、或日二月於天上一、昭二臨万民一、就レ中文道之大祖、風月之本主也[55]」と鑚仰している。大江以言に至っては菅原道真を孔子に比し、『菅家後集』を『春秋』に比しており、その詩は『和漢朗詠集』巻下・文詞に収められて広くもてはやされた。こうして、北野や吉祥院の菅廟で法楽の作文会が催されて菅霊が慰められたのである。ここで次の二点を注意しておきたい。

(1) 菅原道真崇拝が京都の北野社を中心に、京都における学者文人―貴族によって支持されていること。

(2) これらの学者文人―貴族は主に受領層であり[56]、菅原道真が「兼ねて将相の印を佩び」、「天下を塩梅し、一人を輔導」した、文道の祖・詩境の主であることが彼等の菅原道真崇拝の根源である。つまり政治と文教を理想的に一身に具現したものとして菅原道真は崇拝されているのである。その悲劇的終末が受領層の政治的不安定性に重なって、彼等の菅原道真崇拝の念はいっそう高まったのである。

京都から西府に赴任してくる大宰府官人の、菅原道真終焉の地天満宮安楽寺への保護ないし京都貴族文化の移入を考えるには、やはり右のような摂関家藤原氏及び学者文人―一般貴族の北野信仰―菅原道真崇拝を考慮しなければならない。小野好古による曲水宴の始行が前述の右大臣藤原師輔の時であるのも偶然ではない。中央貴族の対外貿易の利を媒介とする天満宮安楽寺保護の面についてはすでにしばしば指摘されているので今は触れない。さらに、いちいちの挙例は避けるが、権帥・大弐などにすぐれた学者文人が相次いで任ぜられ赴任してきたことは、天満宮安楽寺の文化的機能を確立させることに作用した。文化的にすぐれた歴代官人（長官）の文道の神菅原道真に対する追慕崇拝が天満宮安楽寺をして十―十二世紀の九州文化の淵叢たらしめたのである[57]。また、天満宮安楽寺の形勝がすぐれていることは、その崇敬をいっそう深いものにしていた[58]。本章では、その大宰府官人の天満宮安楽寺に対する文化的なかかわり合いを年中行事・宗教行事を通じて考察してきた。

両者、とくに天満宮安楽寺に対する文化的なかかわり合いと年中行事の始行を通じていえる特色は、それがまさに宮廷貴族文化の大宰府長官による直接移入であり、しかも文芸的色彩のきわめて濃厚なものであったことである。そしてそれらはいずれも菅原道真が宮廷（あるいは地方国衙）における年中行事として参加し詩に賦していたものばかりであった。さらに、宮廷―中央貴族の行事が次々に天満宮安楽寺に移入された理由は、朝野にわたる菅原道真崇拝を背景とする安楽寺の官寺的繁栄によるものであるが、大宰府官人たちが菅原道真崇拝を媒介として僻辺の地において小宮廷を再現し、しばし僻地に居ることを忘れ、京洛に遊ぶ観念にひたる場を設定した側面も看過できない。いわば、任大宰府官人にともなう京洛喪失を天満宮安楽寺において回復しようというのである。大江匡房においてこのことを事例的に指摘したが、これは匡房一人に止まることではあるまい。なお、曲水宴に付随して花宴があり、残菊宴が始行されるまで射策の儀があり、あるいは五節供が行われていたことを述べたが、すでに現在では知られなくなったいくつかの年中行事が、かつて行われていたのであり、年中行事の移入は単に四度宴に尽きるものではないことを注意しておきたい。

一方宗教行事の形成は、大別すると二つの系譜を引いている。一つは天満宮安楽寺側を主体とする宗教行事の形成で、それは多分に山門・寺門の系譜を引くものであり、天台系寺院としてむしろ当然であったろう。他の一つは大宰府官人の主導によるそれで、年中行事と同様、京都貴族文化の直接移入の色彩が濃厚である。両行事が九州の文芸展開に占める意義は高いが、六庚申の場合について、九州の説話文芸の集約―伝播（とくに京都への移出）の結節点になったのではないかとの推測を立ててみた。これは民衆文化との交流を考えていく上に一つの手掛りにはなろう。京都の御霊会は「会集の男女幾千人なるを知らず、幣帛を捧ぐる者、老少街衢に満てり[59]」といわれたが、天満宮安楽寺の宗教行事（とくに神幸祭）における民衆の参加を史料的に検証し得ないのは残念である。

長元九年（一〇三六）曲水宴最中における大宰権帥実成と安楽寺との乱闘事件あたりを転機として、大宰府と天満宮安楽寺との関係は漸次変化していく。天満宮安楽寺はいよいよ経済的基盤を拡充し、あるいは武力をたくわえ、自らの力で急速な発展をとげていき、それまで最大の外護者であった大宰府は最大の干渉者へと変化する。[60] 両者の文化的側面における交渉も、単純な保護・被保護の関係では律せられない状況を見せ始める。そのこまかな検討は別の機会を期さなくてはならない。また、『太宰府天満宮故実』は「中比、乱世と成しよりこのかた、四度宴もたへて久しくおこはれず」というが、四度宴衰退の過程を如実に示す史料には恵まれない。

註

（1）赤星文書長保六年（一〇〇四。七月寛弘と改元）十一月十九日大宰府牒案（『平安遺文』四三〇号）に「当府是悉同二朝廷一、名忝二外朝京洛一」として小京都視されていた。また、都督の政は朝廷に同じともいわれている（調所氏文書天喜二年〔一〇五四〕二月廿七日大宰府符案。『平安遺文』七一二号）。

（2）高木市之助「天ざかるひな――九州万葉とところぐ〵」（『にぎたま』一九四七年一月号以後数回連載、『古文芸の論』に再録、岩波書店、一九五二年五月）参照。

（3）長沼賢海『邪馬台と大宰府』（太宰府天満宮文化研究所、一九六八年九月）第三編第十三章参照。

（4）小田富士雄「筑前安楽寺史――古代末期まで」（『九州史学』一二号、一九五九年五月、『九州考古学研究歴史時代篇』〔学生社、一九七七年一月〕第七章に再録）。

（5）初代別当平忠は、菅原道真の子淳茂の一男（「菅原氏系図」）、天暦元年（九四七）八月十一日、氏牒をもって補任された（東寺文書・太宰府天満宮文書）。

（6）東寺文書甲号外、安楽寺別当次第、『最鎮記文』官符。もちろん氏人の言上が前提にある。

（7）恵良宏「大宰府安楽寺の寺官機構について」（『宇部工業高等専門学校研究報告』6、一九六七年六月）。

（8）恵良宏「安楽寺領について」（『史創』九、一九六六年三月）。なお、安楽寺領については片山直義氏の先駆的業績「古代末期における安楽寺領」（『福岡学芸大学紀要』五、一九五五年）があり、参照した。

（9）註7・8の恵良論文。

（10）註4・7・8の各論文。

（11）「草創日記」は太宰府天満宮所蔵。その史料的性格について註7・恵良論文に「安楽寺草創の経過乃至古代末期における寺領成立の事情などを知る唯一の史料で、宇佐宮の所謂『宇佐大鏡』や観世音寺における『資財帳』に相当するのであるが、二者に比して、この史料より、寺領個々の成立事情、在地の情勢、構造などは窺えない。現在は、永禄二年（一五五九）天満宮留守大鳥居信渠によって写し改められたものしか伝っていない。元来の成立はその記載によって鎌倉時代中期頃と推定される。異本や古断簡があるところより、そのもととなる史料が存したのであろう」と説明されている。大要従ってよいが、書写者は大鳥居信渠ではなく角東北院信順で、正文は鎌倉末期の成立であろう。「天満宮安楽寺草創日記」については、田鍋美智子「天満宮の歴史」（『大宰府の歴史』4、西日本新聞社、一九八五年六月）参照。大鳥居信顗の時代に編纂された可能性が強いと見ている。

(12)『益軒全集』巻之五所収。第十四章参照。

(13)『益軒全集』巻之四、『福岡県史資料』続第四輯所収。

(14)天満宮に関する両書の記述はほとんど同じであるが、『筑前国続風土記』の方にあって『太宰府天満宮故実』に見えない重要な記事がままある。

(15)『益軒全集』巻之五、八四九－五〇頁参照。

(16)以下四度宴については、和歌森太郎『年中行事』（至文堂、一九五七年三月）、山中裕『平安朝の年中行事』（塙書房、一九七二年六月）、とくに後者を参照した。

(17)『菅家文草』巻第四324、同巻第五342。『菅家文草』は岩波書店『日本古典文学大系』72（川口久雄校注）による。

(18)『日本紀略』、『公卿補任』、『御堂関白記』、『権記』、『二中歴』、『扶桑略記』、『百錬抄』、『中古歌仙三十六人伝』。

(19)『小右記』、『権記』、『中古歌仙三十六人伝』、『大弐高遠集』、『夫木和歌抄』。

(20)『僧綱補任』乾、『密宗血脈抄』中、『血脈類集記』三、『真言伝法灌頂師資相承血脈』上、『醍醐報恩院血脈』、『尊卑分脈』菅原氏。

(21)岩波書店『日本古典文学大系』73、五六頁（川口久雄校注）。

(22)花に即していえば、三月三日越中守大伴家持が詠んだ『万葉集』巻第十九（四一五三）の歌が想起される。本文にいう花宴と、民間における春山の行事、とくに「花見」との関係など知りたいところである。いわゆる「花祭」（十二－一月）とは違う。

(23)『僧綱補任』は和気氏と伝えるが、誤りであろう。

(24)『本朝文粋』巻第十一・序丁・詩序四・草、『江談抄』六長句事、「天満宮安楽寺草創日記」。

(25)文人《もんにん》は『宇津保物語』、『源氏物語』など平安期の文芸作品には多く見られ、漢詩文を作る者、文章生などを指すが、ここでいう文人がそのような意味なのか、天満宮安楽寺の神官・僧侶の漢詩文を作る者を指したのか、不明。文人の名称は天満宮祠官小野氏に伝わっており、後に祠官の一職名になったことは明らかである。ここでいう文人が職掌化したものであろう。なお、註7所掲論文参照。

(26)源相規については、柿村重松『本朝文粋註釈』下(冨山房、一九二二年四月初版、一九六八年九月新修版)付録二一一頁。

(27)註26・柿村重松著五五八頁による。射策の語は『日本後紀』弘仁六年(八一五)六月丙寅(廿七日)条に見える。

(28)『九条殿記』その他。註16・山中前掲書、二四七－四九頁参照。

(29)川口久雄『大江匡房』(吉川弘文館・人物叢書、一九六八年五月)二三七頁参照。

(30)註16・和歌森前掲書、一五二頁。

(31)註16・山中前掲書、二一九頁。

(32)法華会については高木豊『平安時代法華仏教史研究』(平楽寺書店、一九七三年六月)第四章に詳しい。

(33)『菅家文草』巻第十一願文上647。

(34)武田勝蔵『風呂と湯の話』(塙書房、一九六七年四月)。

(35)五時講については硲慈弘『日本仏教の開展とその基調』(上)(三省堂、一九五八年一一月)三六－四四頁参照。

(36)『慈覚大師伝』、『山門堂舎記』、『九院仏閣抄』(『日本天台宗年表』)。

(37)『益軒全集』巻之五、八四九頁参照。

(38)『二中歴』二・都督歴。

(39)『西宮記』臨時八・大宰帥大弐赴任事。

(40)『類聚符宣抄』八・召大弐事、安和三年(九七〇)三月二十三日太政官符。「草創日記」によると、藤原佐忠は康保元年安楽寺東法華堂に筑後国御原郡高樋庄百町を寄進している。

(41)窪徳忠『庚申信仰』(山川出版社、一九五六年一一月)一二五頁、なお同『庚申信仰の研究』年譜篇(日本学術振興会、一九六一年)。

(42)註41所掲『庚申信仰』一二五－二六頁。庚申信仰の成立については柳田国男『年中行事覚書』以来、庚申信仰日本固有説があり、多くの人々によって継承されている。

(43)『扶桑略記』、『公卿補任』、『二中歴』二・都督歴。

(44)藤原経通は、永承元年(一〇四六)二月大宰権帥に任じ、同五年五月辞して上京。時に六十九歳。

(45)『本朝続文粋』巻第一。

(46)翠花とは翡翠《かわせみ》の羽で飾った天子の旗をいう。このところは大江匡房の詩序を踏まえている。

(47)平安時代大宰府周辺の宗教状況については別に述べたい。

(48)『日本紀略』、『政事要略』二十二・八月上、『扶桑略記』。

(49)『小右記』、『日本紀略』、『公卿補任』、『帝王編年記』、『政事要略』二十二・八月上。

(50)『日本紀略』、『扶桑略記』、『本朝世紀』、『小右記』、『百錬抄』、『帝王編年記』、「江見左織氏所蔵文書」、『北野縁起』下、『北野天神御縁起』、『菅家御伝記』、『江談抄』四。
(51)『菅家伝記』、『年中行事抄』、『最鎮記』、『荏柄天神縁起』、『元亨釈書』。
(52)『愚管抄』三、笠井昌昭『天神縁起の歴史』（雄山閣、一九七三年一〇月）一〇八頁。
(53)『百錬抄』、『天満宮託宣記』。なお、『本朝麗藻』下・神祇部、北野廟に侍しての高階積善の詩序に「今之吏部相公〔菅原輔正〕是其四葉孫也、○中略、昔受二任於海西之府一、誠求レ拝二其先霊之神一、今設二宴於城北之祠一」とあるのは、この託宣と菅原輔正との関係を考える上に注目される。
(54)『扶桑略記』、『江談抄』四、『帝王編年記』、『天満宮託宣記』。
(55)『北野天神根本縁起』に引かれる。
(56)もちろん、北野信仰の支持層を受領層のみに求めているのではない。ここでは受領層に支持された北野信仰を問題にしているのである。学者文人の中でも大江匡衡のように、菅原氏と並ぶ紀伝道の大江氏が菅原道真崇拝を強く推進しているのは笠井昌昭氏の指摘のとおりである（註52所掲書、一〇六－一〇七頁）。
(57)ただし、そのような崇敬・保護が『古今著聞集』巻第三政道忠臣第三－八二「大江匡房道非道の物を各一艘の船に積む事」で象徴されているような収奪の面と不可分であることも見逃せない。
(58)『本朝続文粋』巻第八・詩序時節に収める大江匡房の安楽寺聖廟に陪りての詩序など。
(59)『本朝世紀』正暦五年（九九四）六月二十七日条。
(60)註7に同じ。

〔補記〕本章三では、示現五時講の「示現」は、仏の示現で、天台教理に立った五時講を、信仰的に形容した語と解して記述した。ただ、「五時」を時刻か季節の区分とし、示現と結び付けて解することもできよう。しかし、今はとらない。

（初出、『菅原道真と太宰府天満宮』吉川弘文館、一九七五年二月）

第二章　神祇文芸と鎮西探題歌壇

一　法楽連歌と託宣連歌

鎌倉時代九州の文芸資料を整理してみると、その大半が大宰府天満宮安楽寺関係であることと、それ以外の九州における文学の自生的展開に関するものが主として鎌倉後期から見られること、の二点に気が付く。前者について、まず源平合戦期の資料から述べていこう。

安徳天皇を奉じた平宗盛ら平家一門は京都を出て西海に赴き、寿永二年（一一八三）八月十七日、大宰府に至った。この間の状況は『平家物語』巻第八名虎・『源平盛衰記』賦巻第三十二平家大宰府に著く付北野天神飛梅の事に詳しい。安楽寺に参詣した平家一門は法楽のために和歌連歌を詠んだことを伝え、本三位中将重衡の「すみなれしふるき宮この恋しさは神もむかしにおもひしるらむ」という歌を掲げ、「人々是をきいてみな涙をながされけり」と記している。平重衡は清盛の四男、『玉葉』では「堪二武勇一器量」と記されているが、語り本系『平家物語』では虜囚の人としての印象が強く出されている。平家悲運の滅びを平知盛とともに象徴させられている人物である。南都焼打ちが因で、最後に高声に十念を唱えつつ斬られるが、この箇所も滅びに至る平家の悲運をきわだたせている叙述の一つである。ただこの歌は『平家物語』、『玉葉和歌集』巻第八では平重衡の歌とするが、『源平盛衰記』では皇后宮亮経正の歌としている。平経正は経盛の嫡男、『新勅撰和歌集』、『新拾遺和歌集』入集の歌人で、家集に『経正朝臣集』がある。『平家物語』では琵琶の名手として描かれ、それが平家一門の悲劇的運命と結び付けて描かれている。一谷の戦いで河越小太郎重房に討たれたという。

この後『平家物語』は豊前宇佐宮への行幸を記して夢想の告げの歌を掲げ、大宰府還幸の後の平忠度・経盛・経正らの歌を掲げている。安楽寺別当安能・宇佐大宮司公通らは九州における平家の有力支柱であり、大宰府、豊前国衙などは平家の支配下にあったから、『平家物語』の如上の記事は史的事実に背くものではない。続いて寿永二年十月二十日、豊後の緒方惟義などが兵を発して大宰府を侵したため、平家は安徳天皇を奉じ、筥崎を経て遠賀川河口の山鹿城に遷り、ついで豊前柳浦から西海に浮かび、讃岐の屋島に至るのである。

鎌倉幕府開創後間もなくの天満宮安楽寺関係の文事としては以下のようなことが知られる。

(一)『新古今和歌集』巻第十九・『沙石集』巻第五末に「なさけなく折る人つらしわが宿のあるじ忘れぬ梅の立枝を」(引用は前者)という歌が掲げられており、前者は「この歌は、建久二年の春の頃筑紫へ罷りけるものの、安楽寺の梅を折りて侍りける夜の夢に見えけるとなむ」と左注し、後者は「安楽寺ノ飛梅ヲ、或武士、子細モ不レ知シテ、枝ヲヲリタリケル其夜ノ夢ニ、ケダカゲナル上臈ノ、彼殿ノ挺《えん》ニテ詠ジ給ケリ」という前説明をしている。どうしてこのような説明の相違が出てきたのかは分からないが、この二資料や『北野天神縁起』、『源平盛衰記』賦巻第三十二・『十訓抄』第六・『古今著聞集』六七一などによって、鎌倉時代に飛梅伝説が流布していたことが知られる。[1]

(二)『菟玖波集』巻第七神祇連歌に大宰府安楽寺関係の次のような連歌が収められている(福井久蔵本)。

建久五年夏の頃、安楽寺破損して侍りけれども、修造の沙汰なかりけるに、彼寺へ参りたる人の夢に束帯したる人のけだかげにてのたまひける

天の御戸くつとも誰かあはれまん

その後また一人の所司通夜したりけるに、空に声ありてのたまはせける

世をみな知れる君にあらでは

此両句宰府より奏聞し侍りければ、年頃は寺家の沙汰にて侍りけるを、はじめて公家より彼寺を造営せられ侍りけるとなん

『菟玖波集』は、いうまでもなく二条良基と救済によって編まれた連歌集で、文和五年（一三五六）三月の序文。神祇連歌は全部で五十八句あり、そのうち北野関係が十句ある。これは同集の一つの特色であり、北野信仰と連歌が強く結合した時代の状況を反映している。本句は巻第七の巻頭に掲げられており、同巻の巻軸は撰者二条良基自身の北野の句で押さえるという排列がとられている。北野信仰強調の意図は明らかである。大宰府安楽寺が建久五年（一一九四）夏の頃破損して修造の沙汰云々ということは、安楽寺に早くから伝承されていたものらしい。安楽寺託宣連歌の意味は、天下を治める君以外には、天神の宮居の荒廃を憐れむものはいないということで、天神の宮居を修造する者こそ天下を統治する者だ、ということにもなるのである。[2]

㈢天台座主・歌人として有名な慈円（一一五五－一二二五）の歌集『拾玉集』第三冊に「送二佐州一親康也」と題する百首歌が収められている。前佐渡守親康が鎮西に下向する時の無事再会を祈念しての歌である。その最後に「いにしへの光にもなをまさるらし鎮むる西の宮のたまがき」と大宰府天満宮を詠んだ歌があり、早く『筑前国続風土記』にも引用されている。前佐渡守親康は鎮西に下向し、おそらく慈円歌のように天満宮に参詣したのであろう。親康の鎮西下向は「旅泊」、「斗藪」と書かれているが、目的は明白でない。親康は「随分歌人也」といわれるが、その伝は必ずしも明らかでなく、『尊卑分脈』、『明月記』などにも見えない。『玉葉』建久二年（一一九一）六月二十五日条に無官として「藤原親康忠弘男、中宮侍二臈也」とあるが、同一人であろうか。『吾妻鏡』建暦二年（一二一二）五月七日条によると、北条（名越）朝時が女のことで勘気を蒙っているが、その女とは佐渡守親康の女で、源実朝の御台所（坊門信清の女）の官女であった。同書同年十二月二十一日条によると、去る十日の除目で藤原親康は従五位

上となっている。

㈣『十訓抄』第十に、菅原長貞が宇佐使[3]として下向の途次大宰府安楽寺に詣で、作文の序を書いたという本書独自の説話が次のように見えている（岩波文庫本）。

近くは建保の比、菅長貞、うさの勅使として下向の時、安楽寺にまうでて、作文の序をのべけるに、みづから其序はかきたりけり

青雲入レ手　遙持二使節於百万里之西一

玄風染レ心　泣拝二祖廟於十一代之後一

此句詠吟のあひだ、文人につらなる祠官等、涙をおとしけり、神もさだめて御納受ありけんかし

菅原長貞は『尊卑分脈』によれば為長の子、「侍読後深草・亀山、大内記、従四位下、東宮学士、越前権大掾、長門守、早世、母中原師茂女」とある。宇佐使は伊勢神宮における公卿勅使に次ぐ国家的な官使である。『西宮記』臨時六進発宇佐使事によれば、天皇一代に一度発遣する一代一度奉幣使、天皇が即位の後にそれを奉告する勅使、二年あるいは三年毎に発遣される恒例使、その他事にふれて発遣する臨時の奉幣があった。天平三年（七三一）の奉幣以降鎌倉末期の元亨元年（一三二一）で中絶。『仁和寺日次記』、建保四年（一二一六）十二月七日条によれば、宇佐勅使として大内記菅原長貞が発遣されている。文人は『宇津保物語』、『源氏物語』など平安時代の文芸作品には多く見られ、漢詩文を作る者、文章生などを指している。ここでは天満宮安楽寺の祠官の漢詩文を作る者を指している。「草創日記」によると、康保元年（九六四）十月、大宰大弐小野好古が曲水宴に引続き安楽寺に残菊宴を創始した時、請僧四十人・文人二十人と定めている。文人の名称は天満宮祠官小野氏に伝わっており、後に祠官の一職名になっている。その職掌化の過程は天満宮文芸の展開にとって重要な意味をもっている。今後の解明に期したい。

以上、鎌倉前期における天満宮安楽寺関係の文芸事例を見てきた。㈡は、建久五年云々の年次はともかく、神託

連歌で、修造などに関する寺社側から公家（武家）へ向けての神託和歌・神託連歌の系脈に属するものである。天満宮安楽寺では後述するように、いくつかの事例が知られる。神託文芸であるが、あえていえば、一種の在地型文芸である。㈢・㈣は京都からの鎮西下向－天満宮安楽寺参詣に関するもので、㈠も『新古今集』の方に従えば明らかにこの系列に属する。下向型文芸とでもいうべきもので、鎌倉初期の九州の文芸は、やはりこの型が優勢である。

二　菅公説話と大江匡房

鎌倉時代の天満宮安楽寺文芸関係資料で顕著なことの一つは、先述の『平家物語』などの軍記物語に続いて、『十訓抄』第十、『古今著聞集』第一・第四、『沙石集』巻五などの説話作品に同宮寺関係記事が見られることである。説話作品に九州がどのように取り扱われているかをまず検討せねばならぬが、やや多岐にわたるので、それは後日を期する。『沙石集』は無住（一二二六－一三一二）の著になる仏教説話集、弘安二年（一二七九）起筆、同六年成、内容は広本系と略本系とで差があるが、巻五までの構成はほぼ共通している。すでに同書に飛梅伝説が見られることは前述した。前述の『菟玖波集』巻七神祇連歌に見られる安楽寺修造関係の神託連歌も連歌説話形成史の中で検討してよい素材である。また前述の『十訓抄』第十の宇佐使菅原長貞の作文序のことのように、いわゆる実録に類するものもある。

右以外の鎌倉時代の説話作品に見られる天満宮安楽寺関係について、語られている内容の古いものから順に事例をあげてみよう。

『古今著聞集』巻第一神祇第一に「北野宰相輔正安楽寺に塔婆を造営の時聖廟託宣の事」が見える。天神四世の苗裔、円融院の侍読として文道の名誉高かった菅原輔正が、天元四年（九八一）大宰大弐に任じて翌五年九月大宰府につき、安楽寺を巡礼し、塔婆のないのを見て多宝塔一基を建て、胎蔵界の五仏を案じ、法華経千部を納め、東の御塔と名付け、禅侶を置いて不退の勤行をさせた、輔正在府の間、寺家仏神事の儀式、寺務のあるべき次第などを詳記して三巻書と名付け宝蔵に納め、今に伝わっている云々というものである。菅原輔正は在躬の子、道真の曾孫、円融・花山の侍読で天元四年正月大宰大弐となり、[4] 任中安楽寺の興隆をはかり、「草創日記」によると永観二年（九八四）常行堂・宝塔院及び中門廊・回廊などを建てている。右文中に、安楽寺別当松寿が記した永観二年六月廿九日の、菅原輔正の造塔写経発願のことを記した「天満宮託宣記」を引いている。『本朝麗藻』下神祇部の高階積善の詩序に「今之吏部相公（菅原輔正）是其四葉孫也、○中略 昔受ニ任於海西之府一、誠求レ拝ニ其先霊之神一、今設ニ宴於城北之祠一」とあり、天満宮託宣に果たした菅原輔正の役割を示している。

『古今著聞集』は序・跋文によって建長六年（一二五四）十月橘成季によって編まれたことが知られる。古きよき時代を百科全書的博識で描きなしている。この記事も尚古的傾向の中での叙述である。同じく『古今著聞集』の巻第四文学第五には「源相規安楽寺作文序を書し天神御感の事」の条が見える。源相規が安楽寺作文序を書いたが、その中の句「王子晋之昇レ仙、後人立ニ祠於緱嶺之月一、羊太傅之早レ世、行客墜ニ涙於峴山之雲一」が殊にすぐれていたので、後に月の明るい時安楽寺で直衣の人がこれを詠じたが、それは天神が感服のあまり現れたのだ、というのである。菅原道真の文道の神としての属性がいや増しに高まっていく過程での説話であるが、源相規の『本朝文粋』巻第十一詩序所収の、この「初冬、陪ニ菅丞相廟一、同賦ニ籬菊有ニ残花一」[5] 中の句は広くもてはやされ、『和漢朗詠集』巻下には「安楽寺序　相規」として引かれている。『古今著聞集』のここの箇所は、『江談抄』第六長句事の該当条の和訳（漢詩は原文のまま）である。『江談抄』は大江匡房の談話を筆記した説話集で、筆録者は『今鏡』第十敷島のうちぎきの文によって藤原実兼（通憲の父）と目されていたが、複数であろうと推定されている。成立は長治・嘉承（一一〇四―〇七）の頃といわれる。菅原道真の文神としての神格化は大江匡房によって大きく推進されるが、この説話もその一例である。加うるに大江匡房の神秘的傾向も窺いうる説話である。菅原道真の文神化は鎌倉時代にも継承され、さらに広められていったのである。

大江匡房（一〇四一―一一一一）は、いうまでもなく平安後期の代表的学者。成衡の子、永長二年（一〇九七）三月大宰権帥となり、康和四年（一一〇二）六月帰京。長治三年（一一〇六）三月大宰権帥に再任したが赴任しなかった。『本朝神仙伝』、『続本朝往生伝』、『江家次第』などの著がある。家集に『江帥集』（桂宮本叢書三）があり、中に「廟前桃花　安楽寺宴」と題する、「みづかきにくれなゐにほふも、のはなひかりもいとゞまされとぞおもふ」という歌がある。初度の大宰権帥在任中、天満宮安楽寺関係を始め、その文化的活動は著しく、平安後期の九州文化を見る際、まさに不可欠の存在である。[6]承徳二年（一〇九八）十月大宰府に下向、翌年二月二十九日宇佐御許山で法華三昧を営んだ。康和二年（一一〇〇）九月安楽寺内に満願院を建立して庄園を寄進し供養。この前後「参二安楽寺一詩」、「西府作」の大作を詠んだ。「西府作」古調一千言の五言長篇は、赴任して間もなくの作であろう。

鎌倉時代の説話作品中、天満宮安楽寺と大江匡房との説話としては次の例がある。現在、太宰府天満宮で最も大きな祭典として営まれている神幸式は、康和三年（一一〇一）八月二十一日、大江匡房が夢想によって始めたものである。その経緯は『古今著聞集』巻第四文学「第五大江匡房夢想によりて安楽寺祭を始むる事」に記されている。

鎌倉時代の説話作品中、天満宮安楽寺と大江匡房との関係を語ること最も詳密であるので、「日本古典文学大系」84（岩波書店、一九六六年三月）一二七―一二九頁により、次に引用しよう。

江中納言匡房卿、承徳二年（一〇九八）都督に任じてくだりけるに、同康和三年（一一〇一）に都督夢想の事ありて、安楽寺の御祭をはじめて、八月廿一日、翠華を浄妙寺にめぐらす、此寺は天神の御車をとゞめし地也、治安の都督惟憲卿、彼跡をかなしみて、一伽藍を其跡に修復して、法花三昧を修す、同廿三日、宰府に還御、僚官・社司みな馬にのりて供奉、廟院の南に頓宮あり、神輿をその内にやすめて、神事をその前におこなふ、翼日に宴をはりて、夜に入て才子ひきて宴席をのぶ、これをまつりの竟宴といふ也、神徳契二遐年一、といふ題を、はじめて講ぜられける、序を都督かゝれけるに、「桑田縦変、日祭月祀之儀長伝、芥城縦空、配レ天掃レ地之信無レ絶、況亦崐崘万歳三宝之桃矣、便充二枌楡之珍羞一、崆峒一劫一熟之瓜焉、更代二蘋蘩之綺饌一」とかゝれて侍る故にや、此祭礼としをへてたゆるなく、いよ〳〵脂粉をぞそへられ侍る、同序云、「社稷之臣、政化雖レ高、朝闕万機、未三必光二姫霍一、風月之主、才名雖レ富、夜台一掩、未三必類二祖宗一、彼蕭之暮雨、花尽二巫女之台一、嫋々秋風、人下二伍子之廟一、古今相隔、幽奇惟同、匡房五稔之秩已満、待レ春漸艤二江湖之舟一、弁観レ之期難レ知、何日復列二廟門之籍一」と、かゝれたりける、詩にいはく、「蒼茫雲雨知レ吾否、其奈三将レ帰二於帝京一」となん作られたり、この序を講じける時、この中の句を、御殿のかたに人の詠ずるこゑのきこえけるは、うたがひなく、神感のあまりに、天神御詠吟ありけるにこそ、と人〴〵申ける、今年都督秩満のとしにあたれり、明春帰洛せんずる事を、神もなごりおほくおぼしめして、かく倡吟ありけるにや、同四年、都督すでに花洛におもむくとて、曲水宴にまいりて序をかゝれけるに、夢の中に人来てつげけるは、「この序の中にあやまりあり、なをすべし」といふとみてさめぬ、そのゝち件序を沈思《ちんし》ありけるに、「柳中之景色暮、花前之飲欲レ罷」といふ句ありけり、柳中は秋の事也、春の時にあらずと覚悟して、すなはちなをされにけり、同序に、「潘江陸海、玄之又玄也、暗引二巴字之水一、洛妃漢如、夢而非レ夢也、自動二魏年之塵一、堯女廟荒、春竹染二一掬之涙一、徐君墓古、秋松懸二三尺之霜一、右軍既酔、蘭台之席稍巻、左驂頻顧、桃浦之駕欲レ帰」、かやうの秀句どもを、かきいだされたりけるに、尊廟のふかくめでさせ給にけるにこそ、講ぜらるゝ時、御殿の戸のなりたりけるは、満座の府官僚管〔ママ〕、一人ものこらずみなこれをきゝけり、そのこゑ雷のごとくになん侍ける、此卿、嘉承二〔一一〇七〕年、又都督になりたりける、これも神の御計にこそ、かたじけなき事也

文中引くところの詩序は『本朝続文粋』所収のものである。ただ「蒼茫雲雨知レ吾否、其奈三将レ帰二於帝京一」は『本朝続文粋』中には見えない。曲水宴にかかわる話柄はすでに『江談抄』第六長句事の「江都督安楽寺序間事」に見え、同条はさらに大江匡房が内宴序を作った時感応して人の詠があったことを伝えている。「蒼茫雲雨知レ吾否」の詩について「神感のあまりに、天神御詠吟ありけるにこそ」というのも『江談抄』の右の記事を踏まえているようである。大江匡房は天神との感応の中で天神の文神としての神格を高め、自分が天神の文道の後継者である

ことを闡明しているのである。大江匡房の神秘的性格はそれをさらに有効ならしめた。

前引『古今著聞集』後半の曲水宴にかかる話の後半に引く句は、もとより『本朝続文粋』巻第八詩序上所収の「七言、三月三日陪二安楽寺聖廟一同賦二紫流叶勝遊詩一一首」中のものである。これは『江談抄』第五詩事の「都督自讃事」に引かれており、さらに『十訓抄』第十に右の中の「蕘女廟荒、春竹染二一掬之涙一、徐君墓古、秋松懸二三尺之霜一」を掲げて「披講のとき、御廟ひらきなれりけり」と記している。『江談抄』の影響下に書かれたものであろう。『十訓抄』は十の教訓徳目に従って様々の説話を集めたものである。建長四年（一二五二）十月半ばの成立。作者として橘成季、六波羅二郎左衛門（湯浅宗業）、菅原為長、後藤基綱、北条氏重時流被官ら（『十訓抄』小学館・新編日本古典文学全集51、一九九七年十一月）があげられているが、未詳。大江匡房に関する右の記事は、教訓と説話の間で王朝世界を描くという『十訓抄』の基調に根ざすものである。

なお『十訓抄』には、菅原道真をとりあげている箇所が次のようにある。橘広相（八三七－九〇）が草した藤原基経を関白に任ずる勅書にからんで藤原佐世が広相の失脚をもくろんだ阿衡事件について菅原道真が橘広相にはあやまりなしとしたこと（第四）。昌泰三年（九〇〇）九月十日の宴で「君富二春秋一臣漸老」の詩で叡感をうけ、のち大宰権帥に左遷されたこと（第六）。大宰府に赴く時に詠んだ、飛梅伝説のもととなった「こちふかば」の歌などのこと（第六）である。

三　天満宮安楽寺と蒙古襲来

鎌倉時代天満宮安楽寺の文芸関係で逸することができないのは蒙古襲来との関係である。史料的には次の二例を検出することができた。

一つは、鎌倉末期の成立と目される『関東評定伝』の「文永六年九月、蒙古高麗重牒状到来、牒使金有成・高柔二人也、還二対馬人答二郎・弥二郎一、高柔依二霊夢一、献二所持毛冠於安楽寺一、即叙二其由一呈レ詩」という記事である。同書は、鎌倉幕府の執権・連署・評定衆・引付衆の各伝で、評定衆設置の嘉禄元年（一二二五）から北条時宗卒去の弘安七年（一二八四）に及ぶ期間を叙している。北条時村の嘉元三年（一三〇五）四月二十三日の討死のことなどをも記しているから、成立はそれ以降であろう。本条は蒙古の日本遠征すなわち蒙古襲来（元寇）における日蒙交渉の一こまを示すものでもある。蒙古の命をうけた高麗が金有成・高柔を使者に立て、蒙古の国書に高麗の国書を添え、対馬から連れ去っていた二人の日本人を伴って日本招諭を試みたのである。金有成一行は、文永六年（一二六九）九月大宰府に到着。大宰府守護所（武藤資能）は国書を鎌倉幕府に報告し、幕府はこれを朝廷に進達した。大宰府に来た使者の高柔は霊夢によって自分の持っていた毛冠を大宰府の安楽寺に奉献し、そのいわれを詩にして同寺に納めた。詩そのものがどのようなものであったかは不明。

京都正伝寺開山の東巌慧安は蒙古降伏の熱禱を行ったことで知られる禅宗僧侶であるが、文永六年十二月二十七日から翌年三月一日まで六十三日間にわたって蒙古降伏の祈願をこらした。その結願の日、夢に蒙古の使者が現れて神国日本の君臣上下に対し和親を強く希望して蒙古の毛冠を献じよう、といった。慧安は蒙古が降伏するまえぶれだとよろこび、使僧を石清水八幡宮に参詣させて祈願文を奉った。これは正伝寺所蔵文永八年大歳辛未九月三五酉時慧安祈願開白文の記するところであり、『関東評定伝』の本条と同じようなことである。ともあれ日本―高麗の文化交渉史上における安楽寺の位置を見るのに興味深い事実である。高麗人高柔の文神菅公に対する崇敬が背景にあったのであろう。

他の一つは、太宰府天満宮所蔵の「天満宮縁起」中の次の箇所である。

弘安四年、蒙古国より軍兵数万人、兵船六万艘にて、はかた・平戸に来りて、たゝかひあり、これにより諸社にて御祈あり、宰府天満宮にては大般若経を転読し、又連歌を興行し奉る時、童ども白沙にあつまり、連歌とて、木葉をあつめあそびけるに、虚空に声有て

大般若是も道はありながら木葉連歌にひくこゝろかな

と御託宣あり、連歌の席、初めハ日本武尊の御影を懸奉りけるが、これより菅神の尊像をかけ奉るとなり

「天満宮縁起」は、原本三巻、元禄六年（一六九三）九月廿五日高辻前大納言菅原豊長の奥書があり、安楽寺への奉納の経緯が知られる。すなわち菅神の縁起は昔からあるが、筑前国主黒田綱政の年来の願望によって今度追加をし菅原長義が書功を遂げて安楽寺に奉納する、というのである。小鳥居権宮司家には天明頃の執行坊第三十世信誠の写本があり、追加・奉納の経緯をさらに詳しく記している。元禄六年国君綱政の命により、安楽寺宮司検校坊快鎮（延宝四年〔一六七六〕に天満宮文庫を創設）と亀井戸天満宮別当大鳥居信祐とが上洛し、幕府の連歌宗匠里村昌陸や松下見林などと相議し、従来の天神御縁起に追加して本書を成し、高辻前大納言豊長が周覧し、菅原長義が染筆したものだ、というのである。ここに掲げたものは『筑前国続風土記拾遺』巻之八御笠郡天満宮付安楽寺の条にも収めている。同書の主な編者青柳種信は本書を披閲・利用しているのである。

　以上のように本史料は近世初頭のものであり、蒙古合戦の折のこととしてそのまま信ずるわけにはいかない。しかし古来からの縁起を踏まえたものであり、蒙古襲来時における祈禱のあり方から考え、筑前の大社寺である天満宮安楽寺で異国降伏の祈禱がなされたことは間違いあるまい。ところが、現在、太宰府天満宮にはそのことを証する直接史料は残っていない。小鳥居文書（応永二十五年〔一四一八〕七月十三日松梅院宛菅原在宣書状）によって正応三年（一二九〇）筑前国衙職が天満宮安楽寺に寄進されたことが知られ、あるいは同宮寺の異国降伏祈禱に対する報賽かもしれないが、明確なことはいえない。本縁起は蒙古襲来時における天満宮安楽寺の異国降伏の祈禱を、間接的ではあるが推知させるものである。大般若経の転読は当然として、同祈禱に勝軍連歌をしたこともあり得ることだと思われる。木葉連歌のことは、前述の『菟玖波集』巻第七神祇連歌に見える建久五年（一一九四）の安楽寺修造関係の連歌とともに天満宮安楽寺の維持・発展にかかわる連歌説話であるが、同宮寺内だけでなく広く連歌説話展開に関する資料としても注目しておいてよいものであろう。

前述の『平家物語』巻第八や右の二資料などを参照し、天満宮安楽寺では平安末－鎌倉初期から連歌が行われていたと見られるが、いつからどのような形で行われ始めたのか、いま一つはっきりしない。確かな材料を得たいところである。このことに関連する資料として金子金治郎氏が紹介された太田武夫氏所蔵『連証集』がある。[7] 初めに「去ぬるなが月のすゑに、安楽寺にまうで、、廟院のかたはらに通夜をし侍しに、まぢかきほどに都より下たる好士とて、黒衣の僧ひとり、同かたはらにねんじゆして侍あいだ」云々で始まる長文の序がある。つづく本文は、寄合のことばを掲げて、それの典拠となる本歌を引き、それを寄合とする例句をあげる、という三要素で、連歌の寄合を一六八項集め、いろは別に類集排列したものである。著者は不明だが、連歌に関心の強い公卿歌人だろうという。寄合の発達史を見る上から重要な資料であり、例句は鎌倉期の作品として貴重である。島津忠夫氏は、『連証集』は冷泉為相か、為相にごく近い人の著で、右の序文は二条良基・救済のあたりで作られ、後から付されたものではないかと推測している。[8] 鏡物風の叙述で、北野信仰と連歌との結び付きを示す早期の資料である。北野信仰の原点たる大宰府安楽寺を舞台としている点注目すべきであり、鎌倉時代の天満宮安楽寺における連歌を推知させる関係資料としても重要である。

　鎌倉時代九州のなまの連歌資料としては、鹿児島県川内市の新田神社の元応二年（一三二〇）六月十一日の「何目百韻連歌懐紙」、元亨三年（一三二三）正月五日の「何人百韻連歌懐紙」が知られるぐらいである。これは一九六五年二月の『語文研究』十二号に大内初夫氏が「薩摩新田神社所蔵の鎌倉末期連歌懐紙」として紹介し、鹿児島県史料刊行会『薩摩国新田神社文書』（一九六三年二月）、川内市郷土史編さん委員会『薩摩国新田神社文書㈠』（一九七二年一〇月）に収められている。鎌倉末期－南北朝期に活躍した日蓮宗富士門流の日叡の五箇条の制誡（日向・定善寺所蔵、『富士宗学要集』第八巻史料類聚㈠所収）のうちに「一、月に三度連歌有るべき事」と規制しているのは、同時期九州の寺社等における連歌盛行の一端を示しているものであろう。

　鎌倉時代天満宮安楽寺の文芸関係として、次の二つのことを付け加えてこの項を終わりたい。

一つは、南山士雲（一二五四―一三三五）の事績である。南山士雲は円爾・大休正念・無学祖元に参じ、永仁六年（一二九八）三月博多承天寺に出世し、延慶三年（一三一〇）北条貞時の推挙により東福寺に住した。その後、寿福寺・円覚寺・建長寺などに住し、上洛して荘厳蔵院に憩し、元亨三年（一三二三）の春博多承天寺に再住し、在居十一年、元弘三年（一三三三）八月上洛し荘厳蔵院に帰り、建武二年十月七日卒した。承天寺再住[9]の元亨三年癸亥春「遊￢安楽寺￢」長篇をものしている。『南山和尚行実』（『続群書類従』九下）の伝えるところである。ただし、詩そのものは残っていない。このような事例は外にもかなりあったのであろうが、僅かに知り得る一例である。無準師範の法を嗣いだ円爾に学んだ南山士雲が安楽寺に遊んで作詩していることは、渡唐天神信仰の展開を考える上でも注意しておいてよいことであろう。

いま一つは、元徳三年（一三三一）四―九月の間に成ったと見られる『臨永和歌集』巻第五神祇（『群書類従』七）に、

安楽寺にたてまつりける百首歌中に読人しらず
跡たれし北野の宮のひとよ松ちもとは君が万代のかず

と見えることである。百首歌は、あらかじめ題を定め、または時を限って百首の和歌を詠作するものであり、歌道修練その他の動機によるが、この場合は法楽百首歌であろう。安楽寺は、後述のことから大宰府安楽寺と見てよい。『臨永和歌集』は二条系歌人によって編まれたと見られる私撰集[10]で、当時の現存歌人と思われる一八〇名の作七七〇首を四季・神祇・恋・雑に部類したもの。二条派の平淡な歌風で、鎌倉最末期の歌壇状況を知り得る好個の資料である。大覚寺統・二条派の人の歌が多く、とくに鎮西探題北条（赤橋）英時をはじめ九州在住者の歌が多い点が注目される。後述のことから、この百首歌には九州に下向していた浄弁がかかわっていたのかもしれない。大宰府安楽寺に百首歌が奉納されたという事実も、そのような北九州の歌壇状況を背景にして理解できることである。それらを含め、次項において鎌倉後半期九州の文芸状況を見てみたい。

四　鎮西探題歌壇の形成

次に中央（京都）の有名文（歌）人・実力ある文（歌）人の九州下向を軸にした京都文芸の九州文芸への影響を見てみよう。

京都の貴顕・文人の九州下向にはさまざまな場合がある。藤原（葉室）光俊[11]（一二〇三―七六）のような配流の例もある。父光親は後鳥羽院無双の寵臣で、承久の乱において京方謀議の中心と見られて斬罪され、光俊は連座して流刑となった。『吾妻鏡』承久三年（一二二一）七月二十五日条によれば、阿波宰相中将信成（母経子の妹の夫）とともに配所に赴いている。その配所が筑紫であったことが『藤原光経集』（『群書類従』九、桂宮本叢書第六巻所収）によって分かる。桂宮本を引こう。

前右少弁光俊、筑紫に配流後、文遣し侍しつゐでに

月のいるそなたの空を詠《ながめ》てもきみゆへ袖のぬれぬよぞなき

返事

月影の山のはいでしよなく〳〵はかはきやはせじふぢのたもとも

右の光俊の歌は光俊の現存歌中の初出である。光経は光俊より約十歳年長の叔父で、おそらく光俊の和歌の手引きをした人物であろう。光俊が筑紫のどこに配流されたのか分からないし、光俊は承久以前に和歌を詠んでいる形跡もなく、配流も一年足らずであり、光俊の九州配流が九州の文芸に影響を及ぼしたなどとはいえない。ただ光俊は、その後、御子左派に拮抗して数々の歌業を残し、清新な空気を歌壇に与え、とくに源実朝なきあと宗尊親王の和歌師範として鎌倉歌壇の発展を大きく推進した。法名真観の名において鎌倉時代歌壇史上の逸材として知られる。光俊十九歳の折の九州配流は、鎌倉時代史の一挿話にすぎないかもしれないが、光俊の精神形成にとっては大きな

意味をもったろう。九州が配流地として、鎌倉時代の代表的歌人となる人物の精神形成に影響を与えたのではないかという意味で、ここであえてとりあげてみたのである。承久の乱という運命への悲傷、政治から文芸・宗教への晶華の決意など。これは推測にすぎないが、仮にこれを影響と呼んでおこう。三十四歳で出家することとも無縁ではない。

京都の著名な歌人で九州に下向していることが知られるのは鎌倉最末期における能誉・浄弁の場合である。『了俊歌学書』によると、二条為世門の四天王として浄弁・頓阿・能与（誉）・兼好をあげている。『正徹物語』では能与に代って慶運が入っているが、鎌倉最末期の段階では能誉はいわゆる和歌四天王の一人として当代を代表する歌人と目されていた。『井蛙抄』に「能誉は故宗匠〔二条為世〕の被ㇾ執し歌よみなり、故香隆寺僧正〔守誉〕の愛弟の児なり」とある。仁和寺の僧で二条為世が嘱目した地下の法体歌人である。井上宗雄氏は「高雅な数寄者で、何物をも残さぬ、純粋な気持の法体歌人であったと見える(12)」と評している。同じく『井蛙抄』によれば、鎌倉末、頓阿が東山にいたころ、能誉は頓阿を訪ね、物語などして筑紫へ下っている。九州下向の目的も理由も、下向後の状況も一切分からない。和歌数寄者の懇請によるものかもしれないし、仁和寺系の寺院や庄園を縁として下ったのかもしれない。いずれにせよ、能誉の九州下向は九州数寄者の文芸愛好と無関係であったとは思われない。九州における二条系歌風の伝播に一役買ったことと思われる。

京都歌人の九州下向が九州の文芸に意味をもったことが確かに知られるのは、鎌倉末期の浄弁の場合である。浄弁の九州下向については、『続草庵集』巻三雑(イ)と『兼好法師家集』(ロ)に次のように見える。

(イ)　法印浄弁、老後につくしへ下侍し時、名残惜て人々歌読侍しに、祝の心を
　末とをくいきの松原ありてへばけふ別とも又ぞあひみん

(ロ)　浄弁法師つくしへまかり侍しに火うちつかはすとて
　うちすて、わかる、みちのはるけきにしたふおもひをたぐへてぞやる

浄弁は前述のように、二条為世門四天王の一人で鎌倉末―南北朝期の代表的歌人である。尊経閣所蔵の浄弁筆『後撰和歌集』、『拾遺和歌集』奥書によると、浄弁は嘉暦二年（一三二七）四・五月は京都にいて両集を書写し、その後九州に下って鎮西探題匠作（北条英時）と大友江州禅門（貞宗）に三代集を相伝している。この、九州での事績を伝える尊経閣所蔵浄弁筆『拾遺和歌集』奥書は次のとおりである。[13]

嘉暦二年五月三日申㆓出師之御本㆒、於㆓河東霊山藤本庵㆒拭㆓七十有余老眼㆒終㆓数十ケ日書功㆒

権律師浄弁（花押）

此集於㆓宗匠御流者㆒当世委細相伝之人稀者歟、傍若無人之由所存也、世間又無㆓其隠㆒乎、爰云㆓稽古㆒云㆓機根㆒抜群之間、不㆑残㆓一事㆒所㆑伝㆓授運尋㆒也、何況乎鎮西探題匠作弁大友江州禅門三代集伝授之時、読手度々勤仕、諸人不㆑可㆑貽㆑疑之状如㆑件

正慶二年正月十五日

浄弁（花押）

北条（赤橋）英時は最後の鎮西探題として鎌倉幕府滅亡とともに博多で誅滅された。武家歌人として相当に高く評価されていたらしく、勅撰集への入集は、『続後拾遺和歌集』二、『風雅和歌集』一、『新拾遺和歌集』一、『新後拾遺和歌集』二という数である。私撰集では『続現葉和歌集』一、『臨永和歌集』七、『松花和歌集』四（内閣文庫賜蘆拾葉」巻一、国文学研究資料館、福岡市住吉神社、久曾神昇氏など所蔵）が知られる。

大友貞宗は大友氏第六代の当主で豊後守護。鎮西探題の評定衆及び三番引付頭人。官途は左近大夫将監を経て元亨三年（一三二三）頃近江守に任じ、嘉暦元年（一三二六）頃出家し具簡と称した。また道庵と号する。平姓を称していた。『続現葉和歌集』二、『臨永和歌集』六、『松花和歌集』一の歌が知られる。『明極楚俊語録』（「五山文学全集」三）によれば、宋朝風の公案禅に理解があり、かつ中国の儀礼に習熟していたことが知られる。[14] 禅宗を外護し、筑前国糟屋郡多々良に顕孝寺を建立し闡提正具を開山としている。当時、武士としては第一級の文化人であった。浄弁の九州下向は、北条英時・大友貞宗らが三代集の伝受、和歌指導などのために招いたのかもしれない。

大友氏の文芸に関して、井上宗雄氏紹介[15]の次のことを付言しておきたい。井上氏は、『歌学大系』の解題に『和歌大概』（『近代秀歌』）の奥に、文永三年（一二六六）十一月為顕は大友太郎時親にこの書を授けた、とあることを引き、『和歌大概』がしばしば『和歌肝要』・『和歌口伝抄』と一括されて伝わることを述べ、上田図書館本（「歌書雑弁藤川百首」の内）の『和歌口伝抄』にその奥書があることを、次のように紹介されている。

奥書は沢山ある。まず

文永三年十一月日依二器量之仁一書二授大友太郎時親一畢

勅撰作者十五代後胤五代撰者　末葉為顕判

及び為顕・時親の贈答歌（以上、年時はとにかくとして為顕のものとして認められよう）、次に

正応元年七月二十七日雖レ為二相伝秘本一、依二此道志深一授二理達法師一了、更々勿二他人一見一而已

沙弥道恵判

とあって贈答歌を記す。

として、道恵につき、「丹鶴本日本紀奥書嘉元二年六月写に見える釈道恵か」とされている。さらに櫛田良洪氏の『真言密教成立過程の研究』（山喜房仏書林、一九六四年八月）二五八頁には、同書奥書に見える「源羽林」ではないかという、と記されている。そして、大友太郎時親は「北条時貞男、続古今・夫木作者か、或は続千載の藤原時親か、何れにしろ武士であろう」とされている。筆者は、この『和歌口伝抄』を見ていないので、確かなことはいえないが、井上氏の紹介の範囲内でいえば、大友太郎時親は、豊後大友氏の庶流戸次時親ではないかと推測する。田北学編『増補訂正編年大友史料』三二一・諸家系図所収の入江家蔵本「大友戸次氏系図」によると、大友第二代の親秀から重秀―時親となっており、時親について「太郎、法名道恵、相模守時宗加二元服一、正応三年（一二九〇）四月三日於二箱崎執行所一死去畢」と割注されている。従って前掲奥書の道恵も戸次時親の法名ということになる。ただ、戸次時親に関する史料はほとんどなく[16]、系図の記述が年次・排行・実名・法名などにおいて符合するというのが推測の根拠であるから、

さらに精査を期さねばならない。もし戸次時親と認められるならば、時親は冷泉為相の異母兄為顕から歌道を伝授されていることになる。場所は鎌倉か京都か、定かでない。

さらに、さきの浄弁に続いていえば、権律師浄弁は日本大学図書館所蔵『古今和歌集』奥書によると、元徳二年（一三三〇）二月二十二日『古今和歌集』相伝の説を大蔵丞藤原貞千に伝えている。[17] 井上宗雄氏は貞千を『臨永和歌集』第十雑下の歌人藤原貞千（群書類従本は藤原貞子とする）と同一人物で、少弐の一族か被官であろうとしている。少弐氏の一族あたりが近かろう。浄弁の九州下向は、以上のように、九州在地における自生的な文芸愛好を幇助指導するものであった。その、自生的・主体的な文芸活動の主流は、博多におかれていた鎮西探題を中心とするものであった。その指標となるのは『臨永和歌集』と『松花和歌集』（後述）である。両集は成立もほぼ同時期で、作者も当代現存歌人でしかも共通するものが多く、二条派の浄弁が両集に関係していたと見られる。

『臨永和歌集』の内容については前に述べているので、ここでは武家歌人の入集状況について見てみたい。すでに井上宗雄氏が触れておられるが、参照しながら述べていく。北条英時・同守時女英時姪・大友貞宗・東氏村・斎藤基明・斎藤基夏・二階堂行朝・島津忠秀・安東重綱・足利高氏というような状況である。全体的に見て、武家歌人は、北条氏一門・得宗被官・有力御家人・法曹系御家人などであるが、とくに九州関係者が多いことが注目される。平（北条）英時・平（北条）守時朝臣女・平（大友）貞宗・宗像氏長・平（下広田）久義・平（渋谷）重棟・藤原（斎藤）利尚・藤原（少弐）貞経・藤原光章・藤原（飯河）光兼・藤原光政・平（渋谷）重棟女・藤原（少弐カ）貞千など、そうである。これらのうち藤原貞千、宗像神社の大宮司宗像氏長（のちに氏範）を除くと他はすべて鎮西探題関係者である。

そのうち少弐貞経は、大宰少弐、筑後守、筑前・壱岐・対馬の守護、[18] 鎮西探題の評定衆で二番引付頭人。藤原貞千も少弐氏か、としておく。大友貞宗については前述。他は平守時女・平重棟女を除き、いずれも鎮西探題の職員である。[19] 鎮西探題は、蒙古合戦後、九州の御家人を異国防禦に専念させるため鎌倉幕府が博多に設けた裁判機関である。約四十年間、鎌倉幕府の九州支配の出先機関としての役割を果たす。鎮西探題には好学をもって知られた金沢氏一門の実政・政顕らがいるが、文化的側面はほとんど知られない。最後の赤橋英時に至って文芸面の事績が知られるのである。赤橋家は北条氏の中でも文事にすぐれた家柄であり、前述のように、英時自身勅撰集の作者である。『臨永和歌集』においても、鎮西探題府の武家歌人中鎮西探題の北条英時とその姪（守時の娘）の歌数が多い。武家としての家格の高さによるところもあろうが、やはり力量のしからしむるところでもある。『新拾遺和歌集』第十九雑歌中一八七七によれば、英時の姪は英時とともに九州に下ってきていた。

『松花和歌集』についてもすでに先学の研究があり[20]、今それらに付け加えるものはない。『臨永和歌集』と同じく十巻であったらしく、歌数はそれを下廻り、元徳三年（一三三一）四─七月の間に成立したといわれ、撰者が二条派歌人であることは確かで、島津忠夫氏は浄弁を擬定しておられる。浄弁の九州下向、同集に九州関係者が目立つことなどを考えると、島津氏の擬定は確度が高いと思う。少なくとも、『臨永和歌集』、『松花和歌集』の形成に浄弁の九州下向は大きく影響している。『松花和歌集』の九州関係者としては、平英時・藤原貞経・平貞宗・平重棟・平久義・藤原利尚・平守時朝臣女・宗像氏長らが見える。宗像氏長を除き他はいずれも鎮西探題関係で、『臨永和歌集』について述べたことが同集についてもいえる。

以上のことから、九州においては鎮西探題歌壇ともいうべき状況が形成されていたといってよい。しかも勅撰集作者としての実力をもつ鎮西探題北条（赤橋）英時が自らその指導的地位にあった。鎌倉幕府の二大地方統治機関である六波羅探題と鎮西探題は、それぞれ歌壇を形成していたのである。ただ、鎮西探題の場合、六波羅探題のように探題奉行人が勅撰集作者であることは見えない。入集系路の問題もあろうが、やはり力量の差があったのであろう。鎌倉幕府が京極・冷泉派の色彩が濃厚であったのに対し、鎮西探題は奉行人の人事面で六波羅探題からの出向に多く仰いでいること、地理的に近いこと、京都の文化伝統の影響などが相乗してであろうか、下野の宇都宮歌壇とともに京都歌壇の影響下に二条派の歌圏にあった。だから歌風としては二条派の平明な歌風で、別にとりたてていうほどのことはない。なお、宴曲（早歌）に「袖湊」や「脊振山霊験」などがあるが、その製作過程に鎮西探題の媒介は考えられないであろうか。

鎌倉時代九州の和歌・連歌に即していえば、その中心は大宰府の天満宮安楽寺であった。蒙古合戦を契機として博多に鎮西探題が設けられ、政治の中心は博多に移った。博多の禅宗文化と抱合する鎮西探題は文化的にも大宰府と対峙するようになり、和歌の面でも鎮西探題歌壇と称してよい勢力を有するに至った。九州―筑前の文化圏は大宰府と博多の二元的要素を明瞭にした。南北朝期以降も、この二元的傾向が引継がれていくのである。[21]

註

（1）田鍋美智子「飛梅伝説について」（「第十四回福岡県地方史研究協議大会報告」一九八〇年九月）。

（2）安楽寺託宣連歌については金子金治郎『菟玖波集の研究』（風間書房、一九六五年一二月）。第二編第一章を参照。安楽寺の修造宣下のことは『三長記』建久六年十二月一日・二日条に見える。

（3）宇佐使については、宮崎道生「宇佐和気使小考」（『史学雑誌』五六―一二、一九四五年一月）、高瀬重雄「宇佐和気使に関する考察」（『富山史壇』三五・三六、一九六六年一〇月・一九六七年二月）、恵良宏「宇佐使についての一考察」（『史淵』九八、一九六七年三月）などがある。

（4）『尊卑分脈』、『新訂増補国史大系』第六十巻下五九頁。

（5）この詩については柿村重松『本朝文粋註釈』（冨山房、一九六八年三月復刊）五五七―六〇頁に詳しい注釈がある。

（6）川口久雄『大江匡房』吉川弘文館・人物叢書、一九六八年五月。

（7）以下、金子金治郎「連証集について」（『国文学攷』三一、一九六三年六月）、及び同『菟玖波集の研究』を参照。『連証集』の本文は広島中世文芸研究会の中世文芸叢書4『鎌倉末期連歌学書』（一九六五年一一月）に翻刻されている。

（8）『太宰府天満宮連歌史資料と研究』Ⅱ（太宰府天満宮文化研究所、一九八一年三月）一一五頁。

（9）南山士雲に対する北条氏得宗貞時・高時の帰依厚く、承天寺再住はそのことを背景として北条氏一門の鎮西探題（赤橋英時）を補佐すること、肥前国彼杵庄など東福寺領経営とも関係があったのかもしれない（広渡正利『博多承天寺史』〔文献出版、一九七七年三月〕四三八頁参照）。さらに推測をめぐらせば、鎮西探題滅亡直前の博多合戦の経緯を詳記している「博多日記」の成立にも、南山士雲が何程か関係があったのではあるまいか。

(10) 冨倉二郎「続現葉和歌集と臨永和歌集」（『国語国文』六―六、一九二七年九月）、『群書解題』七「臨永和歌集」（福田秀一氏執筆、続群書類従完成会、一九六一年七月）、井上宗雄『中世歌壇史の研究南北朝期』（明治書院、一九六五年一一月、一九八七年五月改訂新版）三一六―三二二頁。

(11) 以下、安井久善『藤原光俊の研究』（笠間書院、一九七三年一一月）を参照。

(12) 註10・井上前掲書、三〇六頁。

(13) この奥書は松田武夫『勅撰和歌集の研究』（日本電報通信社出版部、一九四四年一一月）一七五―七六頁、註10・井上前掲書、三二五頁に紹介。

(14) 玉村竹二『五山文学』（至文堂、一九五五年五月）七二頁。

(15) 註10・井上前掲書、八二―八三頁。

(16) 戸次時親については、弘安八年（一二八五）十月の後藤碩田本「豊後国図田帳」に、「速見郡由布院六十町　戸次太郎時頼、大分郡戸次荘九十町　本家宜秋門院御跡　地頭職　戸次太郎時頼」とある戸次太郎時頼は、本文にいう戸次時親とする他本があり、それがよいのではないかと思われる。戸次時親については今のところ他に史料的所見を得ない。時親の子貞直は鎮西探題の評定衆であり、使節としての活動も知られる（川添昭二「鎮西評定衆及び同引付衆・引付奉行人」〔川添昭二編『九州中世史研究』第一輯、文献出版、一九七八年一一月〕）。

(17) 註10・井上前掲書、三二五・三二九頁。

(18) 川添昭二「鎌倉時代の筑前守護」（『日本歴史』二七四、一九七一年三月、『九州中世史の研究』〔吉川弘文館、一九八三年三月〕に再録）。

(19) そのいちいちについては註16所引川添論文に考証を加えている。

(20) 佐々木信綱『竹柏園蔵書志』慶松堂書店、一九三九年一月。安井久善「松花和歌集攷」（『古典論叢』七、一九五七年三月、『続中世私撰和歌集攷』〔自家版、一九五八年五月〕に再録）、島津忠夫「松花和歌集続攷」（『和歌文学研究』一四、一九六二年一〇月）、註10・井上前掲書、三二一―二三頁、福田秀一「続現葉・臨永・松花三集作者索引」（『国文学研究資料館研究紀要』一〇号、一九八四年三月）。

(21) 鎌倉文化全般の概括としては、川添昭二『日蓮と鎌倉文化』平楽寺書店、二〇〇二年四月。

第三章　蒙古襲来と中世文芸

中世の画期をなす内乱及び外寇として、源平争乱・承久の乱・南北朝の内乱及び蒙古襲来がある。それぞれの内乱は、全国的規模に及ぶ変革性を背景として、それぞれ『平家物語』、『承久記』、『太平記』などのいわゆる軍記物を生んでいる。『承久記』の文芸的評価は決して高いとはいえないが、『平家物語』、『太平記』については今更喋々するまでもない。これら各作品の成立・諸本・伝来・享受などについては精緻な研究が進められ、『平家物語』と『承久記』、あるいは『平家物語』と『太平記』との影響関係などについてもすでにいくつかの研究がある。三者それぞれの成立・諸本などについてはまだ研究者の間にかなり相違が見られ、三者間の相関関係の究明や文芸史的位置付けについては多くの困難が横たわっているが、各作品の即自的な研究を土台にしただけでも、総体的な把握の可能性は出てきている。

各内乱に見合って各軍記物が生まれたように、蒙古襲来(1)についてもその規模・影響に見合う文芸作品―軍記物が、まさになかるべからずである。アジア・太平洋戦争にかかわる、いわばアジア・太平洋戦争文芸とでもいってよいほどの数多くの戦争文芸作品をもつ現在の我々の感覚からすれば、かなりの、いわば蒙古襲来文芸―元寇文芸とでもいうべき作品群が予想される。しかし、周知のように、我々の手許には、質量ともに『平家物語』、『太平記』に匹敵するような作品はおろか、『承久記』と比較できるような「軍記物」もない。たとえば、「蒙古合戦記」とでもいうべき、同時代の文芸作品は現実には残っていないのである。強いてあげれば『八幡愚童訓』甲本があるが、この作品の系列なり評価なりについては、量はともかく、『平家物語』や『太平記』と同一基準で論じることはできない。その点については後で述べよう。まことに素朴な疑問であるが、右の疑問をいくらかでも解消すべく、蒙古襲来が中世文芸の世界にどのようにかかわったか、広くいえば蒙古襲来を媒介とする中世の文芸状況はどうであったか、ということを問題としたいのである。そのことの究明をとおして鎌倉後期文化の性格の一端に迫り得れば幸いである。そこでまず、蒙古襲来が直接に中世文芸の素材・対象として、いかに取り扱われたか、形の上から直ちにそれと理解できるものについての検出作業から始めてみたい。それには数的に検討しやすい和歌から手掛けてみるのが得策であろう。

一　蒙古襲来に取材した文芸作品

蒙古襲来当時の蒙古襲来関係の和歌として著名なのは、正伝寺（現・京都市北区西賀茂）住持東巌慧安の文永八年（一二七一）九月十五日の蒙古降伏の祈願文の奥の余白に記された次の和歌であるが、慧安の和歌かどうかは分からない。

すへのよの末の末までわが国はよろづの国にすぐれたる国

弘安四年（一二八一）蒙古の再度の来襲が大風のために潰え去った直後のことを叙した『増鏡』第十老のなみに載せる伊勢公卿勅使藤原為氏の和歌、

勅として祈るしるしの神かぜによせくる浪はかつくだけつゝ

も有名である。この作者は、『弘安四年日記抄』から、為氏ではなく中御門経任だといわれている。従来伊勢にかかる歌語として使われた「神風」の語が、弘安蒙古合戦の現実の神風として歌い込まれていることは注意しておいてよい。(2)また、『八幡愚童訓』甲本の文永蒙古合戦のときの少弐入道覚恵（資能）と大友頼泰との臆病や敗北、笘崎社の留守の子のことを歌った落首三首もよく知られている。さらに嘉元三年（一三〇五）十二月、醍醐寺報恩院の二人の児の手によって成った『続門葉和歌集』[3]に、異国降伏のための公卿勅使発遣に関する前権僧正通海の和歌が一首収められている。蒙古襲来関係の和歌として現在管見に入るのは、実は右に亀山上皇の和歌を加えた程度である。勅撰集には全く見えない。

永仁三年（一二九五）九月に成ったと見られる『野守鏡』[4]には、

和歌よく礼楽をととのふるが故に、国おさまりて、異敵の為にもやぶられず

とあって、和歌は治国のかなめと認められていたのに、まさに「異国の為にやぶら」れようとしていたとき、和歌による異国降伏の祈りがほとんど見られないのはどうしたことであろう。宮廷貴族などは、蒙古襲来について一過性的認識しかもっていなかったから、それを詠歌の素材にすることは少なかったとしても、異国降伏の祈禱を長期間にわたって担った神官・僧侶にそれがほとんどないということは何としたことであろうか。国家の凶事として和歌の題材になりにくかった、ともいえまい。私的感懐を或る程度自由に吐露できるはずの私撰集にほとんど見えないのは不可解である。和歌資料残存の問題に主として起因するのであろうか。ともあれ右の程度では和歌を素材として蒙古襲来と中世文芸のかかわり合いを云々するのは無理である。[5]

正安三年（一三〇一）八月を第一回集成（永仁四年〔一二九六〕一一月以前成立）として次々に編まれていった中世歌謡の宴曲（早歌）については、外村久江氏や乾克己氏などによって、蒙古襲来との関係が明らかにされている。[6]その成果を要約しておきたい。「真曲抄」の祝に、

藻塩草掻てふ文字の関の外、西戎は浪路の末の、泡と消えては跡無沫

と歌われ、「宴曲抄」中の文武に、

凡北闕いよいよ安全に、東関ますますおさまりて、武威おもく、文道すなを成ければ、四夷又おこる事なく、
この三韓はやくしたがはむ

と歌われているのは、すでに指摘されているように、ともに蒙古降伏の祈禱を背景にして歌われたものである。石清水八幡宮の由来と霊験を歌った「石清水霊験」には、本曲の中心というべき「三韓征伐」を歌った部分に「蒙古はるかに是をみて」云々の歌詞があり、はしなくも、作者が蒙古襲来を念頭において本曲を作ったことを明らかにしている。本曲の「三韓征伐」を歌った箇所は、蒙古襲来の重要な資料として知られる『八幡愚童訓』にその素材を得ており、本曲の作者は鎌倉幕府讃美の姿勢をもとに、三韓を指して蒙古としたのである。「同社檀砌」、「鶴岡霊威」、その他「宇都宮叢祠霊瑞」、「諏訪効験」、「鹿島霊験」、「補陀落霊瑞」など、関係史料から見て、蒙古襲来を機とする異国降伏の祈りを背景として作られたことについては、すでに乾克己氏の研究がある。

ともあれ、宴曲では蒙古襲来だけを素材・対象として直叙した曲はないが、「三韓征伐」に八幡神の加護があった佳例を述べた歌詞が多く見え、寺社の霊威・霊瑞を期待することを主題とした曲が多く、これらは、「三韓征伐」の佳例と蒙古降伏の祈りとが重ね合わされたところに生まれたものである。[7] このことは、蒙古襲来と中世文芸とのかかわり合いを考える場合、何よりも神仏を媒介として考えを進めなければならないことを示唆している。

ところで、蒙古襲来が国の存亡にかかわる重大事件であったという事柄の性質上、蒙古襲来が中世文芸の素材・対象となるならば、おのずから歴史物語かあるいは軍記物の形をとるのではないか、と想定される。純然たる軍記物が残っていないことは頭初述べたとおりであるから、ここでは歴史物語について見てみたい。

もちろん蒙古襲来だけを素材・対象として完結している歴史物語はない。蒙古襲来を取り扱っている著作に『五代帝王物語』がある。同書は乾元元年（一三〇二）以降嘉暦二年（一三二七）に至る間に成立したと目され（岩波書店『日本古典文学大辞典』第二巻、一九八四年一月）、内容は『六代勝事記』に続く時代を扱っている。承久三年（一二二一）の後堀河天皇の践祚から筆をおこし、四条・後嵯峨・後深草を経て亀山天皇の代の文永九年（一二七二）における後嵯峨法皇の崩御とその百箇日の仏事までの間の事蹟を編年的に記している。しかし純然たる編年体史書ではなく、物語的要素を多分にもっている。記述はおおむね正確である。史書的性格が強いが物語性もあるので、ここではいちおう歴史物語に準ずるものとして取り扱っておこう。

同書が扱っている蒙古襲来関係記事は次のとおりである。文永五年（一二六八）閏正月、蒙古の牒状が来て御賀が止められたこと。それに伴う仙洞の評定、大神宮への公卿勅使の発遣などを記し、菅原長成が返牒の草案を書いたが、武家によって止められたこと。文永六年、蒙古の使者が対馬に着き島人二人を蒙古へ連れ去り、のち帰国させたこと。同八年、趙良弼が筑前今津に来着し、牒状の案を書いて差し出したこと、蒙古が国号を元と改めたこと、同年の末の異国降伏のこと、公卿勅使の伊勢への派遣、などを記している。同書が扱っている時代範囲から、文永十一年（一二七四）・弘安四年（一二八一）の蒙古合戦には触れていない。記事そのものは簡潔正確で、文永蒙古合戦以前の日蒙交渉を記した史料としても有用であるが、文芸性には乏しい。

歴史物語として蒙古襲来を取り上げているのは『増鏡』である。同書は、暦応元年（一三三八）以後、蓬左文庫奥書に見える永和二年（一三七六）卯月十五日までの間に成立したと見られている（『日本古典文学大辞典』第五巻、岩波書店、一九八四年一〇月）。内容は治承四年（一一八〇）後鳥羽天皇の誕生から元弘三年（一三三三）後醍醐天皇の隠岐からの還幸まで、十五代百五十余年間の記事を記したものである。この期間中には種々の重要な歴史的事件があるが、『増鏡』はとくに承久の乱と元弘の変について詳しい記述をしており、一篇は両事件を軸にして「見事な構成」をとっているといわれる。(8)

『増鏡』に見える蒙古襲来関係記事は、㈠第八あすか川。むくりの軍によって後嵯峨院が御賀を止められ、ほどなくしずまったという記事（『一代要記』にも見える）。㈡第九草枕。文永十一年（一二七四）十一月十九日の官の庁への行幸が蒙古のことで止まったこと。㈢第十老のなみ。蒙古のことによって後深草・亀山両院が関東へ下られるとの風聞があること。伊勢への公卿勅使発遣のこと。亀山院のいわゆる殉国の祈願。弘安合戦で蒙古軍が潰滅したこと。そのとき石清水社で霊威があったこと。クビライが日本の帝王に生まれかわって日本を滅ぼすといって死んだ……と。以上である。

㈠蒙古来牒のことは『五代帝王物語』ではかなり詳細に書いているが、『増鏡』第八あすか川では「むくりのいくさといふ事おこりて御賀とどまりぬ」と極めて簡単に記している。『増鏡』の作者がこの箇所を記すにあたって、『五代帝王物語』の記事を簡略化し、意を取るという形で引用したのか、参照せずに記したのかは、はっきりしないが、『増鏡』の性格から、前者としても不可はない。(9) ㈢のうちの亀山院の祈願のことは、本書にのみ見える記事である。(10) また、クビライの死にまつわる話は当代の他史料には見えない。(11)

蒙古襲来のことを記した歴史物語(12)は、『五代帝王物語』は文永蒙古合戦以前の日蒙交渉を簡潔に記し、『増鏡』は、事件の推移については蒙古来牒から弘安の役の結末まで、いちおう要領よく記述している。しかしこれらの書は、宮廷のことを中心に表面的に書いたものであり、この事件を一過性的な認識のもとに記述しているにすぎない。直接には合戦の場に立たず、長期間にわたる異国警固（蒙古防備）の負担を担わなかった貴族の手になる作品に、蒙古襲来がもたらした日本社会の構造的矛盾が文芸的に形象化されることはむずかしかったろう。とくに『増鏡』は二条良基（元応二年―嘉慶二年、一三二〇―八八）作者説が有力であるが、作者の身分からいっても、同時代的な危機の共感をもって蒙古襲来を文芸的に描きさることはできなかったろう。蒙古襲来が直接に素材・対象として取り扱われた中世文芸作品から蒙古襲来を媒介とする中世文芸状況を探ることは、結局、当を得たものではなかった。宴曲のところで指摘したように、神仏の問題を媒介として考えを進めざるをえない。それは、潜在的・基層的なもの――中世日本人の思考様式そのものを追求することを基調とする。

二 神戦

神仏の問題を介して広く蒙古襲来の文化史的意義を考える場合、その理解の前提となるのは異国降伏の祈禱に関する問題である。蒙古の侵略に対して日本がとった防御の態勢は、大別すると二様になる。神仏に対する祈禱と軍事力の動員による防御である。後者に属する異国警固番役は、鎌倉幕府末期になるに従って多少のゆるみを見せたが、少なくとも幕府倒壊まで続けられた。防御態勢としてそれに表裏する異国降伏の祈禱も、幕府倒壊まで続いたと考えられるが、史料的には、京都における朝廷中心の祈禱は永仁元年（一二九三）以降は見られず[13]、幕府の祈禱は延慶四年（一三一一）六月以降は見られない。異国降伏に関する史料は、個人的にはともかく官制的には、延慶四年六月以降は見られないのである[14]。

異国降伏の祈禱については、周知のように相田二郎氏の精細な研究がある。相田氏が明らかにされた事実の中でとくに重要なことは、幕府による異国降伏の祈禱について、守護の各国一宮・国分寺及び管内主要寺社に対する命令権の存在が論証され、地方国政の統治機能が国司から守護へ移ったことを明らかにされたことである[15]。同時にそのことは、少なくとも文永五年（一二六八）から延慶四年（一三一一）に至るまで、約半世紀にわたって官制的に全国寺社に異国降伏の祈禱が行われたことを意味する[16]。この時代における、寺社をとおしての中世日本人の意識―信仰構造は、異国降伏のことによって規定されたといっても過言ではない。

全国規模での異国降伏の祈禱を通じて、各国の国分寺・一宮をはじめ各主要寺社は、異国降伏にまつわる寺伝・社伝を再生・再編（ないし新生）させ、その歴史と効験を強調して眼前の異国降伏の祈禱の効験をきわだたせた。それは直接には寺社興行に資するものであった。同時に、再生・再編（ないし新生）された異国降伏にまつわる寺伝・社伝は祈禱ならびに唱導行為などを通じて民衆の意識に内在化していった。その祈禱・唱導などの形象化が問題である。とくに祈禱は造形的なものを要請し、唱導は文字化を随伴することがある。つまり、蒙古襲来に触発されて祈禱対象―神像などが造形され、縁起・縁起絵・説話などが作成されなかったか、ということである。

蒙古襲来に媒介されての祈禱・唱導などの形象化の問題を明らかにするためには、蒙古襲来に媒介されて形成された中世日本人の思考様式についての究明が先行する。それに迫る方法と素材は多様であろうが、ここではその一つとして、著名な「神風」という用語をはじめ、それと不可分な関係にある「神軍」（「神兵」）・「神戦」・「神国」などの用語の意味内容の検討から始めてみたい。

文永蒙古合戦の結末を告げた「逆風」について、『兼仲卿記』は文永十一年（一二七四）十一月六日の条で「神明の御加被」といい、河上神社文書乾元二年（一三〇三）四月の河上社座主弁髪解状は文永・弘安両蒙古合戦に「風雨の神変」があったといっている。国分寺文書建治元年（一二七五）十二月三日の官宣旨案、翌年正月の大宰府庁下文案には、文永の役に「神風が荒れ吹」いたといっており、文永蒙古合戦の直後から、それまでのような歌語的用法ではない、現実に神の加護によって幾多の賊船を波濤に摧いた「神風」という用法が見られるのである。中世日本人にとって、この「神風」の「風」は、「神」が物理的に吹かせた風ではなく、「神」の働きそのものであった。そのことを端的に示すのが「神軍」、「神戦」という用語である。『八幡愚童訓』（筑紫本、菊大路本も同表現）に、

去文永ニモ味方已落ハテ、万死一生ニ責被」成タリシニ、八幡大菩　之神軍ヲ率シ給テ降伏速也

とあるのは、「神軍」用語の直接の典拠である。文永八年（一二七一）九月の慧安の蒙古降伏の祈願文は、神功皇后の事績を蒙古襲来の危機迫る中で回想し[17]その威徳を仰いで異敵の降伏を祈った直接史料として早期のものであるが、その中で、国中の一切の神祇が神功皇后の志念を知り皆悉く随従した、と述べている。これは神が悉く兵（神兵）として戦ったという「神戦」の信仰形式を典型的に示すものである。ではその「神戦」とは、どのような意味をもつ用語であろうか。直接の典拠を示そう。国分寺文書元亨元年（一三二一）七月日薩摩国天満宮国分寺所司神官等申状がそれである。

去る文永（年）中蒙古の凶賊等、鎮西に襲来せしむと雖も、神戦に堪えざるにより、或いは乗船を捨てて海底に沈む、希には存命せしむる凶賊有りと雖も、遂に合戦の本意を遂げずして、空しく帰り畢んぬ（原漢文）

これは日本から一方的に神が出兵して戦い、勝利を得たということではない。少なくとも神祇信仰の伝持者たちにとっては蒙古合戦は蒙古の神々と日本の神々の戦いであり、祈禱・唱導などを通じてこの認識を民衆に内在化させることに努めた[18]。次に述べる中村令三郎氏所蔵文書永仁元年（一二九三）八月十五日の他宝坊願文は、干支記載

を誤っているので検討を要する史料であるが、参考になるので、史料に即して述べておこう。

正応五年（一二九二）十月、高麗からの来牒をきっかけとして、日本は、蒙古からの初度の来牒を受けた文永五年（一二六八）当時とほぼ変わりないような極度の緊張を示し、全国的に異国降伏の祈禱が行われた。他宝坊は、「他国より調伏をおこないて日本を傾けんとする」ものと解し、諏訪大明神・鹿島大明神・三島大明神・厳島大明神・出雲の社・筥崎八幡・住吉大明神・河上淀姫・高良大菩薩・八大龍王・海龍王など、もろともに「他国の調伏をかへすべし」という熊野権現の夢想をうけ、これを関東に申し上げた。関東から得宗被官（肥後守護代ヵ）長崎氏の手を経て、肥後国の石築地築造・異国警固番役の分担地区である生の松原に熊野神を勧請することになり、軍装束の肥後国御家人を従えて他宝坊は勧請を行い、「日本国息災延命」を祈った。すなわち、他国の調伏に対して、神勧請により異国警固の現場で調伏を返すことをはかったのである。宗教的には呪術的効験を期待する多神観を典型的に示すものである。それは幕府の共鳴を得たものであり、御家人の神祇信仰を対外危機に即して強化することとなった。他宝坊の御師的教線拡張は、まさに自利利他の宗教行為であったといわねばならない（一九六頁参照）。

『増鏡』第十老のなみが伝える、蒙古王が日本の王に生まれ変わって日本を滅ぼそう、というのも、また『八幡愚童訓』甲本が伝える、西大寺思円上人（叡尊）が異国の王子に生まれ変わって王位を継ぎ日本遠征を止めさせた、というのも、ともに「神戦」と同一の思考に発するものである。当時においては祈禱もまさしく戦闘行為であったのである。[19] 異国防御における神仏への祈りの意味がおしはかられよう。この「神戦」をさらに中世日本人の基層的な場面で今少し掘り下げてみたい。

『花園天皇宸記』正和三年（一三一四）閏三月十九日の条を素材とする。如円上人が花園天皇に次のようなことを語った。住吉社の第三の御殿に宝殿の扉が開いて鏁が切られていた。その鏁は鉄で廻りは六寸もあり、たやすく人が祈《わ》ることのできないものだった。そこで如円上人は自ら住吉社に赴いて、これを見てみた。事実だったのだ。この話を聞いた天皇は、まことに不思議なことだ、これは異国降伏のためである、先々の蒙古襲来の時にも、住吉社では同様な奇瑞があった、と書きとめている。そこに神意の発現を感得している。夜に入って東坊城茂長がやって来て、天皇に次のような話をした。筑前国青木庄[20]は北野社を勧請しているが、その社の中に疵ついた蛇が一疋出てきた。だが、人々は驚かなかった。巫女に神託があっていうには、異国がすでに襲来してきたので、香椎・筥崎・高良が我らとともに合戦し、香椎はすでに半死半生になっている。我は大自在の徳により、人に告げ知らせんために蛇身を現じたのだ、また祈禱があれば重ねて発向し異国を征伐する、と。このことは、『鎌倉年代記裏書』（『北条九代記』下）に「今年、正和三五月ころ神々異賊に対して合戦有るの由、鎮西よりこれを注進す」とあるのと何らかの関係があろう。

また、花園天皇は正和六年（一三一七）正月二十二日の日記に隆有の語った次の話を書きつけている。去る三日の夜、石清水八幡宮において、宮籠りと号して千松女が託宣して、蒙古が競い来るので、諸神はこれに向かい、大菩薩は明暁進発する、地震があるだろう、小神らは三月に向かう、といった。託宣の中、頗る信用されないことがあるので、奏聞しなかった、と隆有は述べているが、天皇は「但し事の様頗る厳重か」と書きつけ、二十六日に同宮に行幸をすると書き添えている。

ところで、薩摩新田神社（鹿児島県川内市宮内）関係の史料を見てみると、同社に神王面と呼ぶ仮面が、少なくとも承久元年（一二一九）以前から暦応元年（一三三八）十一月までであり、同面の破損・奪取などに関する事実が知られる。現在も十面の仮面があり、右の年代範囲にいう仮面そのものではないが、中には元文五年（一七四〇）十一月に古い仮面を模して作成したという刻銘をもつものもあり、技法的にも製作精神としても中世仮面の系列に属するものである。[21]この神王面は新田八幡神社にまつられている八幡大菩薩の御躰＝変化（化身）と考えられており、[22]この年代で仮面を神とする具体的な民間史料は珍しいという。[23]『薩隅日地理纂考』の新田神社の摂社二十四所神社の条によると、五体の神王面は天孫降臨の時に随従した五神そのものであり、別に大王（猿田彦）面があった、というのである。

ここで取り上げたいのは、神王面に関する「神代三陵志」所収の文永十二年（一二七五）の新田宮所司神官等解文である。[24]大王（猿田彦）面の虫損と蒙古人叛逆と新田宮炎上廃亡とが一連の因果関係で把握されている。同時に、「悪魔降伏変化所作神」である神王が、蒙古人降伏のために悉く闘戦に赴くということが「諸人の口に乗り、或は夢想の告げが有り」、蒙古人征伐は疑いないものと信ぜられ、新田八幡神社の鎮護国家性―厳重の奇特が仰がれているのである。神王面を中心として執行される蒙古降伏の神事―ないし神事芸能[25]を媒介として右様の信仰はいよいよ深まっていったことであろう。この信仰が前述の『花園天皇宸記』の記述と軌を一にするものであることが注目される。新田神社のみならず、香椎でも筥崎でも高良でも、あるいは筑前青木庄の北野社でも、ともかくもろもろの神社で同様な事態が進展していたのである。この事態が「諸人の口に乗り」、唱導化・説話化の好個の素材となったことはいうまでもない。

以上述べてきた、「神軍」によって「神戦」が行われ、「神風」によってわが国土が守られたというのは、[26]「神明擁護の国」、「神明の在す国」として日本国土を神聖視する土俗的・日常的な神祇信仰を内実とする「神国」思想が、外寇の危機を契機として宗教的な信念として高揚されたものである。先の他宝坊願文からも分かるが、武士の神祇信仰もこの埒外に出るものではなかった。この思想―信仰の伝持者・喧伝者が寺社側にあることはもちろんである。[27]一方、日蒙交渉の開始以後、朝廷では、元に対して外交的に対等な立場を確保すべく、天照大神以来、その神孫が日嗣を継承しているとの「神孫君臨」の神国思想を高く掲げるに至った。[28]

このように、神社・朝廷・貴族などによって喧伝・伝持・再編された神国思想は、少なくとも結果的には、武家に対する抵抗の宗教的観念形態となった。蒙古合戦に即していえば、武士の軍功を凌駕する効験が神仏に期待されたのである。『八幡愚童訓』甲本が弘安蒙古合戦を叙した段に「神明仏陀ノ御助ニ非ズヨリ外ハ人力武術ハ尽果ヌ」と述べ、正安三年（一三〇一）薩摩国甑島に異国の兵船（元船）が一艘来着し、海上に二百艘ばかり見えたということで、すわ異国襲来と、朝野が深い危機感につつまれた時、『吉続記』の筆者は十二月十日の条で「国家の重事何か之にしかんや」と述べ、その対策として「異国の事、内に徳を治め、外神に祈るの外、他有るべからず」（原漢文、右同十一日）と述べているのは、右のことを端的に表明している。

三　軍忠状としての『八幡愚童訓』甲本

以上述べてきたような、蒙古襲来を媒介とした神仏にかかわる思想・信仰の展開とその形象化―唱導化の道筋によって生まれ現在残っているのが『八幡大菩薩愚童訓』甲本である。[29]そのような意味で、以下『八幡愚童訓』甲本を指標として、同書が成立した蒙古襲来以後の鎌倉後期の文化史的位置付けについていくらかの試見を述べてみたい。

『八幡愚童訓』甲本の内容は、神功皇后の「三韓征伐」から八幡大菩薩のいわれ、宇佐八幡のこと、文永・弘安蒙古合戦のことを述べ、さらには武内宿禰や神功皇后のことに及んでおり、八幡の威徳、時に石清水八幡及びその別宮である筥崎八幡の異国降伏の神威を愚童にも分かるように説き示したものである。とくに神風が西大寺思円上人（叡尊）の祈禱の結果であることが強調されている。[30]また、神の威徳を説くために、神の加護がなかった歴史的な諸事例が説明されており、それは承久の乱（後鳥羽上皇の謀叛）批判を中心としている。

『八幡愚童訓』甲本の成立は、蒙古合戦以後における寺社・武士などの幕府に対する恩賞要求とその実施を背景にして考えるべきである。同書の原形は異国降伏祈禱の報賽を期待（あるいは要求）したところに成立したものであったろう。同書の唱導的性格もこの事実と分離して理解してはならない。蒙古合戦勲功賞配分が実施された伏見天皇の正応元年（一二八八）・同二年・同三年・後二条天皇の嘉元三年（一三〇五）・徳治二年（一三〇七）などは、同書の成立を考える際の重要な目安になろう。同書の成立と内的な関連性をもつ『八幡宇佐宮御託宣集』が、宇佐宮の異国降伏の祈禱に対する報賽としての正和の神領興行法実施を背景にして成立していることは、この意味で注目されねばならぬ。だから、蒙古降伏祈禱のことの見える『諏訪大明神』、『宇都宮大明神代々奇瑞之事』、『伊予三島社縁起』などの成立にも、蒙古襲来に際しての霊験を書き上げ、幕府に注進して恩賞に与ろうとした事情が介在していよう。

一方、蒙古合戦に関する武士の勲功賞要求の事実はよく知られており、そのために幕府に提出した申状＝軍忠状は弘安の役の直後からみえている[31]。著名な『蒙古襲来絵詞』成立には、甲佐大明神への報恩、子孫への戦功伝達などとともに、蒙古合戦における竹崎季長の戦功記念つまりその武功を幕府に認めさせることも含意されていたろう。いってみれば、『蒙古襲来絵詞』は絵巻物様式を借りた軍忠状である。また、異国警固番役勤仕の忠は、各国守護（守護代または守護所関係者）が出す覆勘状によって立証された[32]。軍忠状が軍忠者の自己立証だとすれば（もちろん他者の見知、その起請文提出による立証を伴うが）、覆勘状は軍事指揮者側からの軍忠者に対する立証である。合戦における討死・分捕・手負などの軍忠と、長期間にわたる異国警固番役勤仕の忠とは、忠であることにおいて本質的な相違はなかった。ともあれ、軍忠状－覆勘状は、現実の「忠」行為に見合う報償を認めさせる精神の発現形態である。

『八幡愚童訓』甲本は八幡の神威を歴史的に広範に説示しているが、とくに蒙古襲来時におけるその神威を説くことが眼目であった。神功皇后の「三韓征伐」、とくにその戦闘場面の叙述も蒙古合戦の投影だといってよかろう。同書は、とくに文永蒙古合戦の対馬・壱岐の戦闘過程に関する史料としてはほとんど唯一のものである。同書を成すにあたって原著者が、少なからず蒙古襲来関係の当時の記録類や見聞をもとにしたであろうことは推察に難くない。

『八幡愚童訓』甲本が「三韓征伐」や、なかんずく文永・弘安の蒙古合戦などを叙述し、その叙述にあたって説話的手法を駆使し、「語り」の性格をもっていることは、同書は軍記物あるいは歴史物語の系列で捉え得る可能性を示すものである。しかし、同書にあっては、蒙古合戦は八幡の霊威を説くための素材で、説話的手法も「語り」

の性格も、その方向において理解すべきものなのである。しかも同書は、異国降伏の霊威に対する報賽を期待する精神が基調になって作成されたものである。[33]同書が相応に備えている実録性もこの観点から理解される。『八幡愚童訓』甲本を内面から本質的に規定しているのは軍記物あるいは歴史物語としての属性ではなかった。

いってみれば、『八幡愚童訓』甲本は異国降伏祈禱の軍忠状であった。そのために説示される神々の霊威と、霊威の具体的な現象としての軍・合戦の叙述とは、一応止揚され、叙述は均衡を得ており、そこに一定度の文芸的達成が認められる。他の蒙古降伏祈禱に因由する寺社の諸縁起とは類を異にしている。『八幡愚童訓』甲本を文芸的作品としての側面から見るならば、軍記物への傾斜や歴史物語的傾向性を不可分なものとして把握せねばならないが、右のような意味から、本質的には宗教文芸の範疇[34]で見るべきで、やはり本地物の本流である。

以上述べてきたように、鎌倉後期の時代精神を特色付けるものは、かりに便宜的・譬喩的な表現でいえば、軍忠状的精神であったといえよう。そして、『八幡愚童訓』甲本は神の側からそのことを如実に具象する作品であったといえよう。ところで、全国的規模での異国降伏祈禱の長期的な実施、神戦によって国土が守られたとする神国思想の横溢などは、寺社側にとり、在地領主制の進展に伴って喪失していた精神的・物質的基盤の回復によなき利器となった。朝廷・幕府は相次いで寺社の興行を保証する立法を行った。[35]蒙古襲来に対する軍事的事実のうち、実際に応戦の場に立ち、長期間異国警固番役[36]を担った武士（基底的には農民）の軍忠は、僅かばかりの恩賞の孔子配分と覆勘状の受給として報いられたにすぎない。それに比べ、寺社の興行に寄せられた朝廷とくに幕府の保証は、武士がそれまでに築いてきた領主制の破壊を引き当てにするほどの大きなものであった。

鎌倉後期における軍忠状的精神は、主として寺社と武士によって形成されたが、右のような事情で、武士の軍忠的事実は寺社の興行によっておおわれた。鎌倉後期はそのような意味で神仏の世紀であった。そのような神仏の霊威を荘厳し説示する形象化のうち、鎌倉後期の時代精神を具象化した文字的遺産として『八幡愚童訓』甲本は我々の眼前にある。このようにして、蒙古襲来がもたらした日本社会の構造的変化の多様性を総合的・統一的に形象化する作品が生まれる可能性はなかった。以上のことは、蒙古襲来が『平家物語』や『太平記』のような文芸作品を生まなかったのは何故か、という冒頭の疑問に対する応答の一つにはなろう。

武士たちは軍忠事実に見合う報償が約束される世界の実現を強く期待した。南北朝時代はまさにそのようなものとして現れた。このことは、軍忠状の広範な出現と、『難太平記』が語る『太平記』成立の事情を振り返るだけでも理解できよう。[37] このようなもろもろの事情を踏まえた上で、『太平記』出現の前提的時代として、『八幡愚童訓』を指標とする鎌倉後期文化はさまざまな検討が試みられねばならない。[38]

註

（1）「蒙古襲来」という語義の含む年代は、蒙古国書の到来、蒙古合戦を経て、異国警固番役がついに解除されなかった鎌倉幕府倒壊までの期間をさす。「元寇」という用語は中世では見当たらない。管見の範囲では『大日本史』を初見とする。いわゆる「文永・弘安の役」の用語については、当時の史料表現に従って「文永・弘安蒙古合戦」と表記する。

（2）井上宗雄「『歌語』としての神風」（『歴史読本』一九七二年一一月号）参照。

（3）『群書類従』七・和歌部、三一四頁。

（4）『群書類従』十七・雑部、五〇六頁。

（5）蒙古襲来前後の歌人として著名な京極為兼は正応六年（一二九三）七月には公卿勅使として伊勢に赴き異敵の撃攘を祈っているから、和歌の一首でも残していてよさそうであるが、その関係資料のどこにも蒙古襲来に言及した箇所を見出すことができない。この点すでに土岐善麿『新修京極為兼』（角川書店、一九六八年六月）、同『京極為兼』（筑摩書房・日本詩人選15、一九七一年二月）に指摘されている。

（6）外村久江『早歌の研究』（至文堂、一九六五年八月）・乾克己『宴曲の研究』（桜楓社、一九七二年三月）ほか。「脊振山霊験」（玉林苑下）に「神功皇后の以往《そのかみ》、新羅を責給しに、祈誓のために草創」と歌い、同山弁（同）に「源氏将軍の白旗を、あらたにたてまつりて、三所の御殿に納めらる、末代までのしるしも、げに有難き山なれば、山万歳と喚て、君ぞ祈たてまつる」とあるのを、外村氏は「この詞章からみて、新に設置された異国防御の鎮西探題と関係のある作品と考えられる」としておられ（右同書一七八頁）、源家将軍を惟康親王だと推定しておられる（右同書一八二頁）。神功皇后云々が、いわゆる「三韓征伐」の「佳例」を歌っているのは事実であるが、源家将軍の白旗云々の将軍は、惟康親王ではなく源頼朝であろう。修学院文書一六号長享三年（一四八九）正月廿二日脊振山上宮東門寺文書紛失状案（『佐賀県史料集成』第五巻所収）に「建久年中為㆓奥州凶徒征伐御祈禱㆒、御寄進一流」とあるのに対応するもので、源頼朝が奥州征伐の祈禱のために寄進した白旗のことをいっている。だから鎮西探題と直接関係のある作品ではない。

（7）『八幡愚童訓』甲本や『前田家本水鏡』その他に見られる神功皇后の「三韓征伐」の説話が、建治元年（一二七五）末同二年初め及び弘安四年（一二八一）に計画された異国征伐（高麗征伐）に触発されていることは、すでに指摘されているとおりであるが（後註12）、それには歴史的前提として、それまでの日本からの倭寇行為があったろう。また、改めて逆進攻しようという発想には、神功皇后の「異国征罰」（『八幡愚童訓』甲本）が働いていたのではあるまいか。

（8）『日本古典文学大系』87（岩波書店、一九六五年二月）二三二頁、木藤才蔵氏執筆。

（9）木藤才蔵「五代帝王物語と増鏡」（『日本女子大学紀要』一五号、一九六六年三月）参照。

（10）和田英松「増鏡の研究」（『国史説苑』三九〇頁、明治書院、一九三九年三月）。

（11）和田英松・佐藤球『重修増鏡詳解』（明治書院、一九二五年七月）三八二頁には、南北朝時代の『体源抄』に載せる聖徳太子瑪瑙石記文に同様のことを記していることが指摘されている。

（12）平田俊春氏は、『水鏡』における流布本と前田家本との関係について、後者を前者の増幅本とし、その増幅の著しい部分のうち、神功皇后の高麗征伐のことに触れて、そこに激烈な敵愾心が溢れていることに注目し、蒙古襲来当時の高麗征伐の反映だとしておられる（『日本古典の成立の研究』（日本書院、一九五九年一〇月）四二四頁）。

（13）相田二郎『蒙古襲来の研究』（吉川弘文館、一九五八年二月）七七頁。異国降伏の祈禱についての研究としては、南基鶴『蒙古襲来と鎌倉幕府』（臨川書店、一九九六年一二月）がある。

（14）右相田同書、一二二頁。

（15）右同書、佐藤進一氏補訂記、三四二―四三頁。

（16）蒙古襲来を機として「さがみのかうの殿のいのり」（前

田家所蔵文書正応四年〔一二九一〕二月十七日清水谷禅尼置文案）「かまくらのいのり」（右同元応二年〔一三二〇〕十月廿日某置文案）をなす関東御祈禱所が増加することは注意せねばならぬ。鎮西関係では、筑前−雷山千如寺、筑後−浄土寺、肥前−東妙寺・正法寺・水上寺・高城寺・仁比山神社・武雄神社、肥後−大慈寺、大隅−台明寺などが管見に入る。肥前に多いのは、肥前守護職が北条氏一門、及び北条氏一門の鎮西探題の手中にあったことと関係していよう。関東御祈禱所は、原則的には関東下知状をもって認定し（高城寺文書）、御家人に準じた取り扱いをし（台明寺文書）、同時に朝廷の勅願寺である例があり、得宗の鎮西支配の精神的支柱をなしていた（関東御祈禱所については別稿を期するつもりでいたが、精緻な研究が相次ぎ、その必要はなくなった。湯之上隆『日本中世の政治権力と仏教』思文閣出版、二〇〇一年三月）。

(17) 蒙古襲来を契機として神功皇后の威徳に対する敬仰の念が日本人一般に強くよみがえり定着していった事情については、久保田収「中世における神功皇后観」（神功皇后論文集刊行会編『神功皇后』皇學館大学出版部、一九七二年五月）に詳しい。本文に説く薩摩新田神社の神王面とも関連するが、神功皇后崇拝の状況の中で、神功皇后の神像が作られていったのではないかと推察される。時代はやや降るが、福岡県久留米市高良神社所蔵の聖母神像（西田長男『古代文学の周辺』〔南雲堂桜楓社、一九六四年一二月〕第一章第二節の二に紹介）、福岡県筑上郡吉富町・八幡古表神社所蔵の木造女神騎牛像（社伝神功皇后像、浜田耕作、平井武夫、筑紫豊の各氏によって調査・報告がなされている）など、蒙古襲来を契機とする神功皇后崇拝の状況を究明する資料となろう。

(18) 豊後柞原八幡宮文書四五号（『大分県史料』(9)）に、弘安四年（一二八一）七月十五日の採題持範注進状写がある。「合戦最中奇特神変不思議の事一篇ならず」ということを注進したものであるが、このような仮託の文書は、八幡神威を説く際のテキストになったものであろう。この文書は広く流布したのではないかと思われる。応永二十六年（一四一九）六月、朝鮮の兵が対馬を襲撃した時（応永の外寇）、蒙古襲来に次ぐ外寇として騒がれたが、この時右の注進状が取沙汰されていることは（『看聞日記』同年八月十三日条）、よく知られている。同状の史料的価値については、三浦周行『日本史の研究』第二輯（岩波書店、一九三〇年四月）一一〇四頁以下に触れられている。

(19) 長沼賢海『日本文化史の研究』（教育研究会、一九三七年七月）三五一頁。

(20) 『荘園志料』は下座郡青木荘をあげ、「和名鈔下座郡青木郷の地なり、今郡中其地名を存せず」として「安楽寺草創日記」を徴証にあげている（下巻、一二二九頁）。『改正原田記』付録応永五年（一三九八）卯月十五日源頼秀安堵状に筑前国青木庄が見える。

(21) 後藤淑『民間の仮面』（木耳社、一九六九年一二月）九九頁。

(22) 新田神社原蔵文書宝治元年（一二四七）十月廿五日関東下知状。

(23) 前註21初掲書、九七頁。

(24)『鹿児島県史料集』（Ⅲ）所収。

(25) 神功皇后の「三韓征伐」の伝説に伴う干珠・満珠の説話及び安曇の磯良にまつわる細男の舞楽は、蒙古襲来を機とする神功皇后崇拝を活力として再編したと思われる。

(26) 蒙古問題を軸として自己の教説を社会化した日蓮の神祇観は、本文に説いた一般の神祇観と対照的である。日蓮は法華経至上主義の折伏門の立場から蒙古襲来を謗法日本に対する宗教的天譴だとし、善神捨国論を展開している（川添昭二『日蓮とその時代』山喜房仏書林、一九九九年三月、同『日蓮と鎌倉文化』平楽寺書店、二〇〇二年四月）。これに近い発想が『野守鏡』、『八幡愚童訓』甲本にも見えるが、バトゥの蒙古軍接近の噂がヨーロッパに達した時、人々は「破戒者」を懲らしめるために「天罰」が近づいていると語っていて（佐口透編『モンゴル帝国と西洋』〔平凡社、一九七〇年一〇月〕五〇頁）、日蓮と全く同じことをいっている。ただ、日蓮には「国の亡ぶるが第一の大事」（「蒙古使御書」）という思いも底在していた。蒙古襲来の宗教的意味を問い続け、説き続けた日蓮の遺文は、蒙古襲来がもたらした新文体の創造という面からも注目される。道行文の形式で、異国警固の任に赴く武士の労苦を表現している点については、川添前掲書で触れている。日蓮の道行文は、宴曲における道行ものとの連関で考えるべきものがある。

(27) 黒田俊雄「中世国家と神国思想」（『日本宗教史講座』第一巻、三一書房、一九五九年六月、『日本中世の国家と宗教』〔岩波書店、一九七五年七月〕に再録、さらに『黒田俊雄著作集』第四巻〔法蔵館、一九九五年六月〕に収録）参照。

(28) 田村圓澄「神国思想の系譜」（『史淵』七六輯、一九五七年七月、『日本仏教思想史研究』〔平楽寺書店、一九五九年一一月〕に再録、さらに『日本仏教史』2〔法蔵館、一九八三年九月〕に収録）。

(29) 本来ならば、これまでにあげてきた事実や話柄と『八幡愚童訓』甲本のそれとを逐一比較検討し、その前後関係・影響の度合等をこまかく測らねばならないが、今は精神構造史的連関性の位相のもとに、大摑みな把握で述べている。

(30) 日蓮遺文の弘安四年（一二八一）十月のものといわれる『富城入道殿御返事』（『昭和定本日蓮聖人遺文』一八八六頁）にも見え、当時のいわば通念であった。

(31) 弘安五年二月、薩摩国御家人比志島時範が前年六月二十九日の壱岐島の防御戦、閏七月七日の鷹島合戦における軍忠を上申した申状が軍忠状の初見であり、これ以後蒙古合戦におけるこの種の申状＝軍忠状はかなり残っている。漆原徹『中世軍忠状とその世界』吉川弘文館、一九九八年。

(32) 川添昭二「覆勘状について」(『史淵』一〇五・一〇六合輯号、一九七一年八月、『中世九州地域史料の研究』〔法政大学出版局、一九九六年五月〕に再録)。

(33) 『八幡愚童訓』撰述の目的について池内宏氏は「戦陣の間に功を立てた武人と同様、鎌倉幕府に向って要求する勧賞其のものであったらう」(『元寇の新研究』一三三頁)と述べているが、朝野へ向けての八幡の効験を説く唱導性を看過してはなるまい。

(34) 狭義の仏教文芸あるいは神祇文芸の枠を取払い、中世日本人の信仰状況に即して、その文芸的形象性の特質を追究していく「宗教文芸」研究の立場が要請される。

(35) 川添昭二「鎮西探題と神領興行法」(『社会経済史学』二八巻三号、一九六三年二月)、薗田香融「託宣集の成立――思想史的試論」(『仏教史学』一一巻三・四合併号、一九六四年七月、『平安仏教の研究』〔法蔵館、一九八一年八月〕に再録)。

(36) 異国防御体制維持のために設けられた鎮西探題を中心にして、鎮西探題歌壇とでもいうべきものの存在が想定される(川添昭二「九州探題今川了俊の文学活動」〔『九州文化史研究所紀要』一〇号、一九六三年一〇月〕、井上宗雄『中世歌壇史の研究南北朝期』改訂新版、明治書院、一九八七年五月)、いわば元寇文芸の一分枝として理解される。

(37) 軍忠状を指標とする時代精神は、通例いわれているような、元弘以後ではなく、本文で述べてきたように蒙古襲来を画期とすべきである。『太平記』成立の精神史的要因としての軍忠状的精神については論証を要するが、ここでは『太平記』成立について、今川了俊が『難太平記』で、父・兄・一族の武功忠節を、太平記に正確かつ十分に記入すべきであると再三強調している事例を、典型的なものとして引用しておくに止める。

(38) 『太平記』巻第三十九「神功皇后攻二新羅一給事」は、蒙古襲来を契機に高揚された神功皇后崇拝の遺産を継承するもので、『八幡愚童訓』甲本から『太平記』への理解の架橋的素材たるを失わない。

［**補記**］『八幡愚童訓』関係の論文として、同書が『八幡宮寺巡拝記』をうけて成立したことを論じた新城敏男「中世八幡信仰の一考察――八幡愚童訓の成立と性格」(『日本歴史』三二一号、一九七五年二月)がある。同論は、『八幡愚童訓』は群書類従系統の本(甲種)と続群書類従系統の本(乙種)とをセットにして総合的に理解すべきであると

して、甲種の系統を類別し、甲乙の関係を検討して、乙種から甲種へ連続したのではなく、独自性をもつ甲種の撰述につづいて乙種の撰述がなされたとする。川添らの論は甲種だけによってなされていると批判している。それらの点については別の機会に考えたい。

なお、蒙古襲来の影響下に成立した『宗像記』(金沢文庫所蔵)についても別途の考察を期する。

(初出、『日本歴史』三〇二号、一九七三年七月)

第四章　今川了俊の教養形成

今川了俊（嘉暦元年・一三二六－？）の全生涯とその文芸活動は、応安四年（一三七一）四十六歳から応永二年（一三九五）七十歳までの九州探題時代を中心に、出生から九州下向まで、探題離任後没年までの三期に区分することができる。

今川了俊は足利一門として引付頭人・侍所頭人の要職を経、細川頼之の推薦によって九州探題となり、九州南軍を制圧して足利政権の基礎を作った武将であるが、また同時に、冷泉派歌人として九州探題離任後、二条派攻撃のため活発な歌論[1]を展開し、二条良基の正風連歌の継承者として沈滞期にあった応永連歌壇を朝山梵灯と共に支えた文人でもあった。

武将として政治思想の面でも注目すべきものがあり[2]、文芸の指導啓蒙を通じて一個の教育思想家の風貌も具えており、後世における今川状の夥しい流伝はそのことを立証している。また武家故実家としても当代の第一人者であった。

このようにきわめて多面的な文化的個性がいかにして形成されたか、まず、今川了俊の父及び師友との関係を探ることによってその形成過程を考察したい。

続いて、このようにすぐれた文化的個性が、一般的に見て文化の面では京都に比べ低位にあったと思われる九州の地に移入された場合の、今川了俊の指導啓蒙を通じて見られる中央－地方文化の相互媒介、及び受入側の文化的変容、了俊自体の、文化的低位という否定的契機を自己の文化的成長にいかに取り込んだか、などの諸問題は、中世文化全体の問題に直接関連するものとして、重要な研究課題となろう。それらの点については次章で検討したい。

今川了俊の文化的活動はいうまでもなく文芸活動を主軸としているが、和歌や連歌の論を通して九州中世の文芸乃至文化一般を考えようとするのは、一つには史料的制約もあるが、また中世の和歌・連歌論がその「論」の形式を通して、中世における文芸の普遍的問題を取り上げており、文芸及び文化一般を考察する際便でもあるからである。(3)

なお、今川了俊の九州探題としての政治的諸活動については、ここでも次章でも詳しくは触れない（別著『九州探題の研究』で詳説するつもりである）。

一　父・今川範国

今川了俊の『難太平記』にはその父範国（法名心省）の幼時について、

基氏御在世の時より故入道殿をば、兄弟の中には一跡可二相続一と被レ仰けり、故香雲院殿の語給ひし也、御童名松丸、五郎範国と申き

と述べている。了俊の祖父基氏やその室香雲院(4)の愛情を一身にうけ、他の兄弟をさしおいて今川家を継ぐべく予定されていたようである。幼時の教育も今川家の棟梁たるべき意図を以て行われたことであろう。

香雲院が、孫の了俊の十二、三歳の時、歌を詠むべきことをさとした言葉の中で、自分が子息範国にほどこした歌の教導について、

君達の様なる御身は、歌と云物を不レ詠してはあさましき事也、かまへてよくもあしくもよませ給へよ、歌よまぬ人は、面をかきにしてたてらんがごとしと申也、よまず数寄給はでは（過し給はば）恥にて候べきぞとよ、

父御れうも七八歳より、あまがをしへ申てよませ給候ぞ

（『了俊一子伝』、日本歌学大系第五巻所収、『了俊弁要抄』として『群書類従』十に収む）

といっており、今川範国は七、八歳の時から母香雲院に和歌の手ほどきを受けていたのである。

和歌の師承関係については、

取たて、是を先達にも不レ被二申合一、用捨の分もおはしまさで過給ひし也

（『了俊一子伝』）

と伝えているけれども、貞和二年（一三四六）、春部の成った『風雅和歌集』撰集の折、冷泉為秀や京極為兼の養子為基入道玄誓（玄哲）が、今川範国の作品の仲介をしてやろうとしたりしているから、冷泉・京極派の圏内にいたことは明らかで、和歌に関する所論もこのことを裏付ける。

母香雲院の歌風もおそらく冷泉派風のものであったろう。冷泉為秀の父為相が関東祗候の廷臣としてその生涯の多くを鎌倉で過ごし、関東武士の和歌指導の中心であったことを考えると、香雲院・範国の歌風を冷泉派としてとらえることにさしたる難はなかろう。

今川了俊の歌人・武将としての生涯の性格を基本的に決定したのは、何といっても父範国であった。今川了俊の著作から父の人となりや作歌精神をうかがい、父の言説・性格が了俊にどのような形で影響を与えたかを探ってみよう。

今川範国が子息了俊に語っているところによると、「人は必ず才のあるべきなり、万事不レ知ものは、木石よりもつたなし」（『落書露顕』）という研学精神の堅持が、親の教えとしての根本であった。今川範国自身の学習態度は、「道辻の口伝もえつれば、稽古のひろく成るなり」といって、一切のことを聞書と号して、古反古の裏を大草子にこしらえ、知らないことは誰にでも尋ね問い、その説々を書き付けていたのである（『落書露顕』、『師説自見集』下）。今川範国の知識探求欲は多方面にきわめて旺盛であった。今川了俊が「学問は道の辻」（『了俊日記』）といって、謙虚に広く誰にでも尋ね問うところに学問の形成と成就とがあることを指摘し、後年歌句についての諸説を挙げ煩わ

しいまでの注解を施した歌論をものしているのは、父範国のこのような研究的性向を多分に受けていたからであろう。

『了俊一子伝』に見える今川範国の和歌習作の基本的態度は、朝な夕なに心に浮ぶことを詞に表現し、いつわらず、かざらず、一切のてらいを排して、対象を素直に詠いこむことにあった。だからつきつめていえば、どの風の師にとらわれるということはなかった。この自己の詩心に忠実であろうとする態度は、母香雲院から受け継ぎ、子の了俊へと伝え相続した道統である。自己の詩心に忠実である限り、詠草をえらび残していたずらな形骸を堆積することを拒むのは当然であろうし、勅撰集に採択されて声誉を獲得しようという、詩以外の世界を望まないのも、また当然である。範国の詠歌が現在わずか五首(5)しか見出されない理由の一斑はこの辺にあろう。また精神史的には、撰歌の望みをもたなかった西行の在り方に追随するものである。範国は名聞づくことを嫌って『風雅和歌集』への詠進を謝絶し、初歩的な意味で、名聞にひかれ数寄の心のつくこともあればとの配慮で、代りに了俊を推薦した。

今川範国にあって、歌を詠むということは、「ただ心を養ふ」ことに帰結するものであった。「心省」の法号は、今川範国に最もふさわしいものであった。範国における〝無冠の帝王〟は「歌をよくよまんと存給はば、必定うたよまぬ人になり給べきなり」(『了俊一子伝』)という境涯に住するものをいうのである。

今川範国は悪念に支えられて獲得された「名聞」は嫌ったが、「数寄」の心から、おのずから詠み出された歌の「名聞」については肯定的であった。範国における一歌人としての「名聞」は、武人としてのそれにも相即するものであった。『落書露顕』に今川了俊は亡父の教えとして、「福徳はねがはざれ、名聞はのぞむべし、先祖までの名をかゞやかす事なり、且弓矢の家にむまれぬれば、名を不レ存者、いふがひなきなり」という言葉を引いている。

作為や技術だけに裏打ちされた悪念名聞を排する精神が、次元を高くした「名聞」として肯定され、弓矢の家の名聞を願う決意へと翻転している。この庭訓は、今川了俊にとって絵の無い額縁にはならずに、武将としての生涯の心理と行動に生き生きとした内容を与え、豊かな肉付けを施した。名を存ずることは武将としての当為であるが、それは規範の形式と内容とのおのずからなる止揚の上に現れるものである。形式的側面にのみ終始するならば、それは単なる虚名に過ぎない。内容のみに屈折するならば、それはたかだか自己満足の限界を出ない。「名聞はのぞむべし」とは、いかにも張りと内容のある宣言である。『今川家譜』のいう、「武ニ於テハ只誠ヲ本ト可レ存事也」という言葉は、平板かつ常識的であるようであるけれども、今川範国・了俊父子の武の本質をついている。

今川範国は武家故実にも詳しかった。『了俊大草子』には、範国が矢口開を足利義詮に教え、自ら勤めたことを記している。「故御所（義満）の御時は、亡父の蒙レ仰奉行仕き」というような了俊の実力は父範国によって培われたものであろう。今川範国は了俊から「尤弓は、亡父上手にて、更に物を射はづさざりし」（同上）といわれるほど射芸には熟達しており、その故実にも通暁していた。

『了俊大草子』の「弓を握様」の条には、「我々は亡父のますするなり、当摩源三入道と云し上手も、亡父の申ごとく教し也」、同じく「主人の的場にたたせ給て」の条には、「其（直義）相手に畠山大蔵少輔、一色宮内大輔、愚身勤し間、亡父教られし也」といっており、また犬追物、笠懸についての故事などもつねに了俊に語りきかせていたようで、射芸の故実に関し、今川範国が了俊に対し、巨細にわたって教授していたであろうことをうかがわせる。今川了俊の故実学は父範国によってその基礎がつくられたと見てよい。

同書の兵法の条に「亡父が申ししは、兵法と云は仁義礼智信也」と伝えているところからすれば、今川範国の武家故実に関する態度は、末端の技術的成果だけを目的にしていたものではなく、種々の規範の格守や技術的練磨を通じて高め統一される精神態様をこそ最も問題にしていたのであり、儒教倫理的形式を借りることによってそれを表現していたとみるべきである。

今川範国の和歌・兵法に関する所説に共通にいえることは、儒教宋学の人格主義の影響が見えることで、範国の兄弟・仏満禅師の存在などは、この方向を誘導・助長せしめたことと思われる。

二　師・藤原為基

今川了俊は祖母香雲院の「歌と云物を不レ詠してはあさましき事也」という教えを念頭におきながら三、四年を過した頃、一種文芸的回心ともいうべき心理現象を自覚している。

　昔十六歳の時にて侍しにふしぎの幻をみて侍しに、人は必哥をよむべき事ぞとをしへられたりしより、すき初て四五年やらむの後、おもわざるに風雅集に名をとゞめて侍しかば、誰も〳〵すくべきぞとおぼえ侍る

（『了俊日記』）

というのがそれである。ふしぎの幻を見たというのは源経信（一〇一六―九七）のことであった。

　十六歳にて侍りし時やらん、経信卿をまぼろしに見奉しに、歌をば必人のよむべき事也とほのかに被レ仰しを、夢ともまぼろしともなくて見聞しより、いとゞ心をはげましき

という、符節を合する回想を『言塵集』第七で述べている。祖母香雲院の訓戒が「歌をば必人のよむべき事也」という幻覚上の源経信の教えとなって緊張を得たことは明らかである。今川了俊十六歳、暦応四年（一三四一）のことであった。

十二、三歳頃から十六歳に至る間に今川了俊は源経信の歌風に傾倒していたのであり、源経信の幻覚上の励ましが、いわば了俊の文芸的出発の決意となったのである。源経信については同時代の中御門宗忠が『中右記』永長二年（一〇九七）閏正月二十七日の条で、

　今年閏正月六日於二鎮西府一薨、兼二倭漢之学一、長二詩歌之道一、加レ之管絃之芸、法令之事、能極二源底一、誠是朝家之重臣也

と称賛しており、その才学のほどがしのばれる。源経信の作風については、『後鳥羽院御口伝』の「大納言経信、

殊にたけもあり、うるはしくて、しかも心たくみにみゆ」という評語がもっとも要を得ていよう。しかし、今川了俊は、後年、詠歌のすがた、心むけは源俊頼（一〇五五?―一一二九）の歌ざまを根本に学ぶべきである（『了俊一子伝』）、と強調している。経信から俊頼へと傾倒を移していったのである。今川了俊歌論の全体系からいえば、経信の影響よりも、むしろその子俊頼の与えた影響の方が大きい。

このようにして今川了俊の本格的な歌道精進が始まる。今川了俊十六、七歳の和歌の上の直接の指導者は藤原為基であった。「風雅集あつめし時、冷泉為秀卿、玄誓僧執申し候よし申され」（『了俊一子伝』）た、というように、玄誓入道為基と今川了俊の父範国とは早くから歌の上での交渉があり、そのようなことから藤原為基は今川了俊の和歌の指導をするようになったものであろう。その指導振りの一端を示す挿話が『了俊歌学書』に見えている。

愚老が十六、七歳の時、為兼卿の養子為基入道殿は僧に成給て、立《〔玄カ〕》誓と云し人のかたり給しは、故為兼卿の哥を教えられしに、都より伏見殿に馬にて参られしに、馬ねぶりして法性寺の三橋のあなたにて、小家の竹垣にてかたをつきかゝれたりける時、道の辺のしづか垣ねのさし（き）出て肩つきかきぬ馬あゆみよりてと詠たりし也、歌をば如ㇾ此たゞ有のまゝを可ㇾ詠也との給しとかたられしを、心に納得して其比は稽古せし也

為基は為兼から師承した作歌の基本的態度を、為兼の逸話に即して了俊に教えているわけで、それは結局「歌をば如ㇾ此たゞ有のまゝを可ㇾ詠也」というところに帰着する。今川了俊はそれを心に納得して稽古に励んでいたのである。

「有のまゝを詠ずる」というのは、言葉のつづけがら（花）だけを偏重して対象を固定化することではなく、自己の詩心（心・風情）にあくまでも誠実であろうとすることである。境に従って生きた感性を躍動させ自己の実感をたしかめることである。

花にても、月にても、夜のあけ、日のくるゝけしきにても、事にむきては、その事になりかへり、そのまことをあらはし、其ありさまを思ひとめ、それにむきてわがこゝろのはたらくやうをも、心にふかくあづけて、心

にことばをまかするに、有レ興おもしろき事、色をのみそふるは、心をやるばかりなるは、人のいろひ、あながちにくむべきにもあらぬ事也、こと葉にて心をよまむとすると、心のまゝに詞のにほひゆくとは、かはれる所あるにこそ
（『為兼卿和歌抄』）

という万葉的素朴美を歌の理想としたといわれる為兼の教えは、為基を通し十六、七歳の今川了俊の詩心の基盤となった。「我々ハ為秀の門弟、又為兼のながれも伺候之間」（『今川了俊書札礼』）といっているのは、この間の事情を最も雄弁に物語るものであろう。

しかし、「心のまゝに詞のにほひゆく」ところまで表現をたかめるにはたゆみない努力が必要である。今川了俊はその努力の過程を次のように回顧している。

愚老が此道に入そめしには、よみたけれども、そのてうはふ更になかりしかば、只八代集を日夜朝暮目ならして、歌の心言のおもむきを、心に入て見もてゆき、心をもたどる〳〵味行候程に、不審もおほく又さとりけりとわづかに納得の事も侍しかば、不審をば歌よむ人々に問聞、又わづかによむ歌も、古歌の口まねのごとくによみもて行し事十七八歳迄也
（『了俊一子伝』）

「よみたけれども、その調法、更にな」し、という、了俊の心のはたらきの詩型化に随伴する苦渋の感懐は、さこそとうなずける。その打開法を八代集披見という、もっとも基本的な学習方法に求めたのである。

『了俊歌学書』に京極為兼の養子としている為基について『尊卑分脈』を検すると、為兼の条下には直接出てこないが、二条為世の弟為言の条を見ると俊言の子に為基があり、正四下、内蔵頭、法名玄哲、遁世などと出ている。ただし俊言の子とあるのは、その活動年代から考えて無理であり、『公卿補任』俊言の条の尻付けに照して、俊言の弟とすべきかと思われる。俊言、為基は二条家庶流の出身でありながら宗家に対しては批判的であり、京極派に与同していた。

京極為兼の事によって解官になっているが、正安元年（一二九九）か正和四年（一三一五）の事件、恐らくは後者

に連座したものであろう。『風雅和歌集』巻第十七雑歌下に、

文保の比つかさ解けて籠り居て侍りける比、山里にて

心とは住み果てられぬ奥山に我が跡うづめ八重のしら雲

藤原為基朝臣

と詠んでいるのはこれを裏書きしている。文保元年（一三一七）は正和四年の翌々年である。今川了俊の出生を嘉暦元年（一三二六）にとると、十一年前のことになる。今川了俊の十六、七歳の頃といえば、藤原為基は相当な年配であったろう。法名は『了俊歌学書』、『了俊一子伝』では玄誓とあり、『尊卑分脈』では玄哲となっている。

出家したのは、『風雅和歌集』巻第十七雑歌下に収むる永陽門院左京大夫と為基の応答歌によって、正慶二年（一三三三・元弘三）、今川了俊八歳の時と知れる。同集巻第十五雑歌上に、

世をそむきて後、山里にすみ侍りけるに、歳暮れて、庵の前の道を樵夫どものいそがしげに過ぎ侍りければ

という詞書をもつ歌を収めていて、為基の隠棲後の生活の一端がしのばれる。

『了俊歌学書』以外に、藤原為基が今川了俊に対して直接に何を指導したかを知る材料はほとんど無いが、『西公談抄』（何種かの諸本がある）の奥書は、間接ながらこのことを窺うに足るもののようである。右奥書によると、西行の弟子蓮阿（保安元年・一一二〇－？）の自筆本を為基が写し、元亨三年（一三二三）の何人かの転写を経て、それが今川了俊に相伝されている。

同抄は歌学思想を表明することの少なかった西行の直話を伝える書として珍重されているが、京都大学平松家旧蔵本『西行上人談抄』には、応永十二年（一四〇五）十二月日尊明宛満八十徳翁了俊の識語があり、数寄なき人々には伝えないようにと断っていて、今川了俊の同抄に対する敬意と愛着には並々ならぬものがある。『了俊一子伝』には同抄を引用している。ともかく、今川了俊が西行に深く傾倒するようになったのは[6]、為基の手引きによるものといえよう。しかし了俊は西行に対して深い関心を示していたが、西行の歌を芸術性において尊敬するよりも、その歌を通じて表現された西行の生活、人間への深い同感と尊敬を基調とするもののようである。[7]

作者	歌数
永福門院	71
伏見院	68
為兼	52
花園院	46
定家	36
後伏見院	34
進子内親王	32
光厳院	30
従二位為子	30
俊成	29
貫之	27
為家	26
永福門院内侍	25
後鳥羽院	24
徽安門院	24
儀子内親王	24
公蔭	24
為基	22

風雅和歌集作者の入撰歌数

（『日本文学大辞典』〔新潮社，1936年12月〕風雅和歌集の項による。20首以上）

『風雅和歌集』について歌人の入撰歌数を見ると、藤原為基のそれは上表のように偶像視された先人などと並んで数的にも遜色がないし、家隆、良経、順徳院、俊頼、西行、慈鎮、阿仏尼、式子内親王など、当代にあって一種の意味的存在にまでなっていた名手よりも数多くの歌が採録され、同集中の有数の歌人であったことが知られる。

同集は康永三年（一三四四）十一月頃から、花園院の監修で光厳院が中心となり、編集撰進が開始された。冷泉為秀とともに公蔭・為基が寄人として参与しており、同集撰進における為基の権限は相当に強かったと思われる。

『風雅和歌集』編集開始の頃は、今川了俊二十余歳で、冷泉為秀の門に入った頃に相当する。了俊は同集に「散る花をせめて袂に吹きとめよそをだに風の情と思はむ」の一首を採択され、「すき初て四五年やらむの後、おもわざるに風雅集に名をとゞめて侍しかば、誰も〳〵すくべきぞとおぼえ侍る」（『了俊日記』）と望外の栄に感激し、さらに一層数寄の心を深めていっている。

『風雅和歌集』入集が今川了俊の歌歴上まさに画期的なことであったことは明白であり、この頃、これまでの了俊の作歌上の指導者であった為基は同じ寄人で同一歌系に属する為秀に了俊指導の後事を依頼したのではないかと考えられる。今川了俊の側における師をえらぶ主体性は十分に考えられるけれども、歌壇に占める為秀の地位向上とその力量に着目した藤原為基の仲介も考慮に入れてよかろう。

三　兼好、師・冷泉為秀

この前後の今川了俊の文芸的環境で興味をひくのは、『徒然草』の著者卜部兼好との交わりである。宮内庁書陵部所蔵の『源氏物語』第一巻桐壺の巻末によると、同書は、延元元年（一三三六）三月藤原定家筆の青表紙本によって書写し、康永二年（一三四三）七月に校合を加えた兼好本に、後さらに句点・指声（をこと点）のある今川了俊本を、日下部忠説をして校合せしめたものの転写本である。[8]天理図書館本『師説自見集』第六（及び書陵部所蔵『源氏六帖抄』）に、兼好が堀川俊房の黄表紙本に藤原定家自筆の青表紙本をもって対校した時、今川了俊はその青表紙本を一見した、[9]という記事があって、前記『源氏物語』第一巻巻末の記事と符号する。校合の時一見したというのは今川了俊十八歳の時である。兼好の校合は京都で行われたであろうから、康永二年頃今川了俊は京都にいたのであろう。

今川了俊が兼好と交渉をもつようになった直接の縁由は定かでない。兼好が足利尊氏・直義や高師直ら武家方の間に、歌僧として、また有職故実通として出入りしていたことや、今川了俊の和歌の師藤原為基と兼好の間に交友関係があったらしいこと（書陵部所蔵『歌晴御会』合綴「玄恵追悼詩歌」）などがおおまかに考えられる。今川了俊が直接に兼好のことについて述べているのは、和歌の師冷泉為秀を通してである。今川了俊によると、頓阿も慶運も冷泉為秀の門弟になったというが（『二言抄』）、東山御文庫所蔵の『了俊歌学書』で、兼好は為秀の家を殊の外に信じ、為秀家本の『後撰集』・『拾遺集』などを兼好が書写するのを実際に見ていた、といっている。右の事実は今川了俊が冷泉為秀の門に入った時から兼好死没までの間であろうから、了俊の為秀入門をかりに貞和二年（一三四六）二十一歳頃（『了俊一子伝』）とすると、それから観応元年（一三五〇、一説観応三年なお生存）了俊二十五歳の頃、あるいはそれから少しあとぐらいまでの間の出来事である。とにかく兼好の冷泉家への出入りは今川了俊との交わりを深くしたものと思われる。兼好晩年の貞和の頃は、京都では毎月三度の月次百首会が催され、冷泉為秀や兼好はその定衆で（二条良基『近来風体抄』、頓阿『草庵和歌集』第十）、冷泉為秀を介する今川了俊・兼好の和歌の上の交わりも、浅くはなかったろう。

今川了俊と兼好との交渉で古くから言い伝えられているものに、了俊が兼好の『徒然草』成立に関係があった、という所伝がある。すなわち、兼好の従者命松丸が兼好の死後今川了俊とともに家集や『徒然草』を整理したというのである（三条西実枝『崑玉集』）。頓阿の『草庵和歌集』には、兼好法師の忌日に命松丸が追善供養を営み三十首の歌を催したことが見える。『塵塚物語』巻一、命松丸物語事には、

いにしへ命松丸といふもの歌よみにて兼好の弟子也けるが、兼好をはりて後、今川伊予入道のもとにふかくあはれみてつねぐ〳〵歌の物がたりなどせられけるとなん

とあって、兼好の没後、弟子命松丸が今川了俊のもとに引取られていたと伝えている。事実、了俊自身『落書露顕』に、鎮西にいた時、「二条家の門弟、兼好法師が弟子命松丸とて童形の侍りしかば」といっており、命松丸は今川了俊の九州下向に随行し近侍していたのである。

以上のような兼好と今川了俊の交わり、命松丸の存在を媒介とする兼好―了俊の関係、及び正徹が了俊に和歌の指導を受けていた事実などを併せ考えると、了俊が兼好の遺稿『徒然草』（兼好自筆本もしくは第一次編集本系正徹本の祖本）を整理した、ということは、考えられないことはない。近時、『徒然草』正徹本の研究からこのことを積極的に肯定する論稿も出ている、[10]もとより確証はなく、さらに今後の検討にまたねばならない。

二十余歳の頃になって、今川了俊は冷泉派歌人としてのはっきりした師承関係をとることになった（『了俊一子伝』）。冷泉為秀[11]の門弟となったのである。了俊みずから「いかさまにも一切の能は相構て明師に逢てまなぶべし」（『今川了俊歌学書』）といっているように、師をえらぶことは、自己を決定することである。了俊が「子孫までも、此御門弟にてとをるべきよし、ふかく思をき候」（『二言抄』）とまで、思い切って、冷泉為秀の門に深く自己を没入

させたのは、為秀の、

なさけある友そこかたき世なりけれ、ひとり雨きくあきの夜すがら

（『正徹物語』では初句が「哀しる」になっている）

という佳什に出合って感動したからだという。このことは了俊の自著『落書露顕』や『了俊一子伝』に見えているから、正徹は直接了俊から聞いたものであろう。この歌の気持は、正徹の解釈を通すと、

哀しるとも有ならば、さそはれて、いづちへも行語もあかさば、かく雨をば聞べからず、いかんともせぬ所が殊勝におぼえ侍る也、独雨聞く秋のよは半ともあらば、はつべきが、秋の夜すがらといひ捨て、はてざる所が肝要也、独雨聞秋のよすがらおもひたるはと云心をのこしていへるなり、されば独雨聞秋のよすがらが上句にて有也、下の句ならば、させるふしも無哥にてあるべき也

（『歌論歌学集成』第一巻所収『正徹物語』）

ということになる。ともあれ、今川了俊の歌の好尚が、当初からしみじみとした心に染み入る歌にあったことが知られる。了俊の幼時からの冷泉派的環境、冷泉為秀の歌壇における地位の向上、為秀の作歌技量、及び藤原為基の仲介などを背景として、為秀と了俊の出合いは必然であったといえる。

今川了俊は冷泉為秀の指導を受けるようになってから言葉の続きようが容易になり、風情も心にうかぶに任せて、その体を的確に表現できるようになった。その際の作歌の基本的訓練として為秀が教えたのは「替詞」ということであった（『了俊一子伝』）。替詞というのは『落書露顕』を引けば、次のようなことである。

歌にも連歌にも、替詞は干用なり、かへことばとは、其の歌、其の句の心風情はかへずして、言のわろきをき、よきに取りかふるを、かへことばといふなり

（『師説自見集』上にも同意の文あり）

「替詞」というのは作歌上の技術論であるが、歌形式において、心風情はそのままにして歌語に反省を加え、究極においてただ一つのことばに選び尽くす、ということである。初学の学びであると同時に、歌の淵底を究むべき厳しい指導である。これは、エドガー・アラン・ポオの詩論などにも同様のことが見えており、詩における根本

的な問題である。今川了俊がその諸著作で、詳しい歌詞の注を書いているのも、用語の取捨選択や句の配置に資するためのもので、「替詞」論の基礎資料をととのえたのである。了俊はこの師の教えを積極的に主張して歌論体系の重要部分とした。「替詞」論は他の歌論に見られない了俊歌論の特徴である。[12]

今川了俊はこのようにして、本格的に歌人として作歌活動に入ったのであるが、晩年の回想に従えば、二、三十歳以来、自分で良い歌だと思って書き集めていた詠歌を、晩年の今になってみると、一首も良い歌は無いので、皆破り棄てて火中にした、という。そして今もはかばかしい歌は詠み得ないけれども、他人の詠歌のよしあし、わが歌のよしあしは分明にわきまえられる、と付言している(『了俊日記』)。青空を求めて大地を掘ったと思われる悔悟の堆積の中にも、詩の真贋に対する眼はおのずから冴えていった。歌一首も残すまいとする、歌人としての自己否定と、「真実の数奇のあはれ」を弁別し得る鑑賞批判眼とは、今川了俊の詩精神の楯の両面であった。詩は志なりとして、詠草全部を破り棄てるまで、詩の形式と真実との一致を求めてやまなかった武家歌人が中世文芸世界の一隅にいたことだけを確認して、冷泉為秀に焦点を合わせ、当代「歌壇」の実態について少しばかり述べておこう。

『風雅和歌集』は、京極派の勝利、冷泉家の優位、二条家の敗退、武家歌人の優遇ということを示しており、建武三年(一三三六)から貞和(一三四五—四九)末に至る十余年の京都歌壇は京極派の指導下にあったが、康永(一三四二—四四)頃から二条家は武家と結合してその地盤を回復してきた。しかし貞治(一三六二—六七)末から、二条為遠に代って歌壇の中心人物となったのが冷泉為秀であり、その没する応安五年(一三七二)までは冷泉家復活の時代であった。[13]

『兼熙卿記』を見ると、冷泉為秀を中心として、しきりに活発な作歌活動が行われ、『河海抄』の著者で源氏学者として著名な四辻善成や、松殿大納言入道観意(忠嗣)、卜部兼熙らの宅で月次和歌会が催され、二条良基も参会している。貞治五年(一三六六)十月十四日の条によると、武藤楽阿の宅でその和歌会があり、参会者には冷泉為秀、同為邦、今川伊予守貞世、同中務大輔氏家(了俊の兄範氏の子)、渋谷遠江守重基、頓阿、経賢僧都、行経法眼、卜部兼熙、町野遠江守信方ら当代一流の歌人が名を列ねている。この会は、たまには「人数冷然」のこともあるが、百首終夜、暁鐘に及んで披講を終わるような熱心さで営会され、紅葉合せや『平家物語』を聴くなどの清興も行われた。頭役を勤める者は料足百疋程度を使っていたようである。

冷泉為秀を中心とする、この和歌の集いは、和歌の世界だけでその交わりが終わっているのではない。たとえば吉田神社の卜部兼熙の場合はこうである。

卜部兼熙は吉田社領の維持に苦慮しており、若狭守護一色範光の亭に自ら出向いて、直接、若狭神領を押妨しないように申し込み、侍所頭人今川貞世（了俊）の斡旋方も依頼して、その対策を補強している。[14] しかし、武藤楽阿が代官職である能登国富来院も守護一色範光が一円押領しているとの報を受け、維持策が必ずしも成功しないので狼狽を重ねている。[15]

そこで和歌の師匠である冷泉為秀を仲介とし、二条良基を動かして、佐々木高氏へ働きかけるなど八方手を尽している。[16]

兼熙が冷泉為秀に対し八朔の贈物を厚くしているのも、[17] あるいは、為秀の命によって『日本書紀』の歌を全部注出してこれに釈をつけた『日本書紀和歌決釈』一巻を不本意ながら書き出しているのも、[18] 為秀が単に「和歌之師匠」であるからばかりとはいえないようである。

このように冷泉為秀を中心とする文芸サロンの実態は、政治的にも経済的にも微妙な形で相互扶助の体制を形成していたのであるが、この時侍所頭人今川貞世（了俊）がその重要なメンバーの一人であったということの意味はきわめて象徴的である。侍所は洛中の治安・警察を担当することによって王朝側の市政権に深く交渉し、特定の商業組織をもその支配下に収める傾向を有しており、公家・寺社の利害関係には常にじかに触れる存在であった。[19] 公武混合のこのサロンが政治的にも経済的にも強く依り合う所以であろう。

ところで、今川了俊の勅撰集入集は、先の『風雅和歌集』を最初として、『新拾遺和歌集』がこれに次いでいる。

同集は貞治二年（一三六三）後光厳院の綸旨で、二条為明が撰進したが、同三年十月為明が没したので、頓阿がその後をつぎ、同年十二月に成ったものである。今川了俊の歌は巻十三恋歌三・巻十四恋歌四に「題しらず」として二首入っている。

侘びぬれば今宵も独ぬるが内に見えつる夢や強て頼まむ

追風にまかぢしげ《じカ》ぬきゆく舟の早くぞ人は遠ざかりぬる

続いて至徳元年（一三八四）に撰集の功を終えた『新後拾遺和歌集』巻六冬「鷹狩」に、永享十一年（一四三九）に完成した『新続古今和歌集』巻四秋歌上に、それぞれ一首、源貞世の名で入集している。

はし鷹のと返る山の木の下にやどり取るまで狩暮しつゝ

秋きぬと荻の葉ならす風の音に心おかるゝ露のうへかな

貞治五年（一三六六）十二月、冷泉為秀が二条良基に勧めて行わさせ、自ら判者となった「年中行事歌合」に今川了俊は五首出詠し、二十六番「御灯」の、

手向する星のひかりにまがふかな峰にかくるゝ秋のともしび

は、「歌ざま優に侍よし一同に称し侍り」と称讃を得ている。いささか過褒の嫌いがあるようで、当時の「歌壇」の社交状況から見て、また故なしとしない。了俊、時に四十一歳、歌人としてすでに円熟の境に入っていたことは確かである。

貞治六年という年は、今川了俊の歌歴上重要な年であった。この年には新玉津島社歌合や中殿御会のような歌会の盛事が行われた。

三月二十三日の新玉津島社歌合の番数は九十九、出詠者は六十六人である。今川了俊は前伊与守貞世として、浦霞、尋花、神祇の三題に出詠した。

春の色のいまひとしほやこれならむみどりに霞わかの浦まつ

けうも猶うはのそらにやまよはまし花みて帰る人しあかずば

九重にちかきまもりと玉津島光をわけて神やすむらん

最後のやや類型的な詠歌を除いて、前二者は構成の安定した格調ある作歌といえよう。

三月二十九日の中殿御会は将軍足利義詮の発議によるものであり、義詮の冷泉為秀に対する深い傾倒は、この歌会の御製講師として宮中で初めに予定していた二条為遠を、三宝院光済を使者として為秀に変更せしめてしまうことになった。

この時宮中から、先例なきによって変改し難い旨の沙汰があったが、義詮から、冷泉為秀は自分の歌の師範であり、師範が面目を失う時弟子が出仕することはできない、と圧力を加え、中止になるかと思われるばかりの悶着を起こし、結局、日野時光の挙用でようやく事態が収拾されたものである（『愚管記』、『後愚昧記』）。頓阿の、

人ならばはかなくぞ見む八十まで和歌の浦波立ちまじる身を　（『続草庵和歌集』巻三）

という深いなげきも、このような歌壇の情勢の中にかもし出されたのである。

中殿御会は典拠を建保六年（一二一八）御会にとり、三月二十九日夜挙行され、冷泉為秀は別勅を以て講頌となり、今川了俊は侍所としてその全警固に当たり「一場之偉観」を守った[20]。

頓阿の『続草庵和歌集』巻第二秋、巻第三恋・雑などの詞書によると、この頃今川了俊は京都の自邸でしばしば歌会を開いている。将軍足利義詮の信任厚い冷泉為秀の優れた門下の一人として、冷泉派内部だけでなく、広く当代の京都歌壇にその力量を認められ、九州探題としての在任中、とくに晩年における縦横の活動を行う基盤を固めていたのである。

四　師・二条良基

今川了俊は、その回想によると、三十歳頃から連歌を学び始めている（『了俊日記』、『了俊歌学書』、『下草』）。了俊が本格的に連歌を学ぶようになったきっかけは、恐らく了俊三十一歳の延文二年（一三五七）、二条良基が『菟玖波集』二十巻を撰集したことにあろう。同集は、初め二条良基と救済との私的な企画として、「勅撰に非ず、自由の沙汰」（『園太暦』延文元年八月廿日条）といわれていたが、足利政権の大立者で当代の風流人といわれた佐々木道誉（高氏）のとりなしで「武家奏聞」という形をとり、翌年閏七月准勅撰の綸旨を得たものである。連歌の広範な流行と、その文芸性確立の機運をつかみ、関白執柄の撰集、武家執奏の重みで准勅撰の権威を得、和歌勅撰と比肩するだけの立場を確立したのであるから、同集の撰集が、文芸愛好の士をいやが上にも連歌へ吸引したであろうことは否めない。今川了俊が「形の如く数寄初めて」と述懐しているのも、この一般的風潮に従ったからである。

今川了俊の連歌歴を師に即していえば、地下連歌の巨匠から、地下連歌をふまえた堂上連歌の総帥二条良基へと遍歴している（『了俊日記』）。了俊は連歌の大様を、まず善阿の門下である順覚に学んだ。善阿は、「ことを広く心得んとて万葉を好んで口伝あり」（『古今連談抄』）と伝えられ、法輪寺千句の名吟「見し花の面影うづむ青葉かな」で知られた。並びなき上手（『筑波問答』）で、鎌倉末期花下連歌界の先達である（『さゝめごと』）。『建治式目』に由って新式目を作ったといわれている（書陵部所蔵『連歌初学抄』古写本）。

善阿門下には救済・信昭・順覚・良阿・十仏など、一時期を画するに足る俊足が揃っており（『密伝抄』）、「堂上にも少々名誉の人々侍れども、いかにも当時は地下の中に達者はある也」（『僻連抄』、『僻連秘抄』）といわれた。今川了俊は順覚を柿本人麻呂や山部赤人のような万葉歌人に伍して高く評価している（『了俊一子伝』）。二条良基は順覚の句風について「かゝり幽玄なりき、其もたゞ付たるを本意として、一句をもむ事はなし」（『十問最秘抄』）と評し、心敬はその「寒く痩せた風姿」を称揚している。今川了俊三十一歳の時、順覚は八十一歳の高齢であった。了俊はつづいて救済に連歌を学んだが、立ち入って習ったわけではない。句作上の指導を長く深く受けたとは思えないが、受けた指導内容について「救済は只和歌の心言のかゝりを仕て、前句を和歌の題を心えてせよとばかりをしへき」（『了俊歌学書』）と述べている。救済は古今に冠絶する当代随一の名手といわれ（『九州問答』）、「大成の将聖」（『下草』）、「此道の聖」（『密伝抄』、『さゝめごと』）と仰がれた連歌師で、「天下の師」（『了俊歌学書』）として、二条良基を弟子とし『応安新式』、『菟玖波集』撰成の助成をした人であるから、この時点では今川了俊への影響は稀薄であったかもしれないが、晩年には二条良基を通し、了俊はむしろその後継者的な地位に立ったといえよう。

今川了俊がもっとも親炙したのは救済の弟子の周阿であった。「ひたすらにかれが風躰を如レ形まなび得て侍き」（『了俊日記』）といっている。周阿は「坂の小二郎と云しより上手也」（『密伝抄』）といわれ、文和四年（一三五五）の二条殿千句あたりから頭角を現わし、応安五年（一三七二）の『連歌新式』制定には師の救済とともに二条良基の相談を受けている。この前後から周阿の句風が盛んに行われるようになった。応安七年末にその草案が成った『知連抄』で、二条良基は周阿の句風の流行を、

　近日人〴〵の吉体と思は、大略周阿が意地を学也、されば此十ケ年が間の連歌、諸方より点を乞ひしをみて吉連歌と思は、皆周阿が風体也

と述べている。周阿は救済・二条良基と並んで三賢とよばれたが（『梵灯庵主返答書』、『初心求詠集』）、後二者とは句風を異にし、その性向にもより、師救済とは「心ソバソバシ」（『長短抄』）といわれ、「風体ハ各別」（『連歌十様』）であった。周阿の句作は「コマカニクダキタル」を好み（『連歌十様』）、「毎度一句に心を作り入れ」（『十問最秘抄』）、一句の仕立てにも彫心鏤骨し、会席に臨む前にかねて作句をしておき、その席上では、ただ「てにをは」だけを修正して出句するという（『九州問答』）、技巧による華麗な表現を得意とし、その着想の新奇さと相俟ってまさに一世を風靡した。「侍公は道にあひ、周阿は人にあふ、愚老（良基）はたゞ面白きにあふ」（『梵灯庵主返答書』）といわれ

ているように、周阿は世人の意を迎えるのにも積極的であり、その句風は地下連歌の特色である寄合中心の傾向に一段と拍車をかけることになった。

二条良基は救済・周阿両者の句風の相違について、救済は天性の躰であり、周阿は稽古の躰であるといっている(『下草』)。周阿の影響を受けた連歌師たちは、当時流行の勝負連歌に勝つために、寄合中心に句作し、確実に点を取ろうとして、亜流化していった。宗祇の『吾妻問答』は、周阿の影響とその亜流化を的確に指摘している。このようにして救済没後応永(一三九四—一四二七)末頃まで、周阿の流風が地下連歌を席捲していたのである。

こうして今川了俊は連歌の大様を順覚に学び、ついで周阿に「ひたすらに」(『了俊日記』)学んだのであるが、その内容は「寄合を第一に存て、其内にて我一句の理を云あらはせと申き」(『了俊歌学書』)とあるように、寄合第一主義をモットーとしたもので、「心風情を第二」(『下草』)としていた。付合(前句と付句との関連)のうち、前句の詞とか物とかに関連あるものを寄合という。今川了俊が周阿について寄合第一主義の指導を受けたのは、康暦二年(一三八〇)了俊五十五歳の時の『下草』の回想から逆算すると、了俊三十七、八歳、貞治元(一三六二)、二年頃のことであった。

周阿の寄合主義を克服していく機縁になったのは、周阿の行き方に批判的で(『落書露顕』)、「我風躰は寄合をもあながちもとめず、さながら心を第一に付也、句のすがた花やかにさゞめきて興のある様を存也」(『了俊日記』)という風情主義をとる二条良基について学んだことにある。二条良基は初期の連歌学書において、すでに寄合第一の行き方には次のように批判的であった。

心を第一とすべし、骨のある人は意地によりて句がらの面白き也、只寄合ばかりを多く覚て、古材木をさし合はせて取立てるばかりにて、我が力の入ぬは、返々面白き所のなき也、連歌には小宛といふ事あり、それを心得ぬ人は只寄合ばかりを覚えて、幾度も古物をくさりたるまでにてある也 (『連理秘抄』)

康暦元年(一三七九)、将軍足利義満に進遣したといわれる『連歌十様』には、当代流行の周阿の風体について

「心キハメテ正体ナクシテ、人ヲ威サントワ、シクシタル計也」と、厳しくきめつけている。
二条良基について連歌を学び、今川了俊の連歌内容は大きく旋回したのであるが、その変化の質が問題である。『落書露顕』に、この間のことを次のように述べている。

　愚老も、連歌道の事は、周阿を信じてまなびしかば、寄合も一句のかざりも、如レ此まなびえて侍ると存ぜしを、摂政殿より蒙レ仰しに付けて、歌に仕るべき心風情を、さながら連歌に仕りし後、摂政の仰せに、はやおのれが連歌は至りたるぞと承りき　（彰考館本）

今川了俊は、周阿の秀句・縁語で巧緻をつくす寄合主義から出発し、結局連歌を純粋に文芸として考えようとして、和歌的風尚でそれを克服したのである。詩の本質を錬金術師的な表現技巧の絢爛さよりも、詩を支える心情そのものにおいた冷泉派歌人今川了俊の本来辿り帰るべき道であった。しかしこれには、連歌文芸としていえば若干問題がある。このような、いわゆる和歌連歌は、一座の運行よりも個人的な一句の文芸性に力点をおくのであって、共同意識にもとづく連歌の文芸的本質に対しては否定的な方向を内包しているといえよう。九州における今川了俊の連歌活動が、このような方向において一定の成果を収め、しかし本質的には孤高な行き方であったことについては次章で述べよう。

　今川了俊がいつ頃から二条良基について本格的に連歌を学び始めたのか、はっきりはしないが、貞治五年（一三六六）頃が一応の目安になろう。『兼煕卿記』によると、貞治五年四十一歳の了俊は、しきりに公家の月次和歌会に出席し、二条良基との交渉が密接になっているようである。すでに『菟玖波集』を編み、『僻連抄』、『連理秘抄』、『撃蒙抄』などの連歌学書を公けにし、地下連歌と堂上連歌とを統一集大成した、連歌に酔える風流関白の影響を受けぬ筈はない。今川了俊が二条良基に本格的に連歌を学び始めたのは、この貞治五年頃であろう。『下草』に見られる周阿についての連歌学習の時期、貞治元、二年頃につづく時期として年代的にも矛盾しない。

　ところで、連歌において今川了俊が二条良基に対し、師弟関係をとった理由には、良基が連歌界乃至公家文化の世界においてもっとも高い地位にあり、政治的には関白の最高栄誉の座にあったこと、ことに了俊の連歌に対する関心の高まり、ということが動機になっているのはいうまでもないが、二条良基の側からの理由もあろう。二条良基の連歌活動は、北朝方公家としての地位を動乱のさ中においても揺るぎないものに保持していくという立場と不可分の関係にあった。『菟玖波集』に北朝方武家の句を数多く撰入させていることなど、その一例である。足利一門で、幕府部内に枢要な地位を占め、歌壇的にも一応の地位を築いていた了俊に対し、師の立場をとることは、二条良基の政治的・文芸的立場を決して不利にするものではなかった。

このことは、今川了俊の公家的・伝統的教養の摂取を著しく速やかなものにしたであろうし、反面また二条良基は今川了俊のもつ武士的活力を吸収することによって、その連歌内容を「歌ニモ連歌ニモイマダナカラン風情コソ大切ニ侍レ」(『九州問答』)と、さらに清新なものになし得たであろう。当代における連歌の会席は、公家武家両者の、このような相互影響をもち合うのに恰好の社交の場でもあった。

今川了俊は冷泉為秀に和歌を学びつつ、二条良基の門に入って正風連歌を本格的に学んだのであるが、この頃、和歌の師冷泉為秀は、今川了俊が連歌の道におもむいたのを、歌心がいかになるか、ということで心配し、二条良基にこの旨を問うている。「此の仁(了俊)が事は、歌と連歌とのけぢめを、はやよく納得して侍るなり、いづれも無㆓相違㆒なり」(『落書露顕』)というのが、冷泉為秀に対する二条良基の返答であった。冷泉為秀の、連歌学習によって今川了俊の歌心が損われはしないかという危惧、つまり冷泉歌学の総師としての冷泉為秀の連歌観、今川了俊の和歌・連歌に対する二条良基の観察などを物語るものとして興味深い。今川了俊にとって、和歌と連歌とは文芸上の形式上の相違であって、その区別さえはっきりさせておけば本質においては同じものであると把握されていたのである。

貞治五年(一三六六)という年は、今川了俊の『万葉集』研究の深化についても特筆すべき年であった。この頃、二条良基は冷泉為秀を使いとして由阿を相模の藤沢から上洛せしめて『万葉集』を講義させている(『詞林采葉抄』)。

今川了俊は、藤原俊成が『万葉集』の成立年代を論じた『万葉時代考』の冷泉為秀自筆本を所持していて、後に弟子の正徹に与えているから（『正徹物語』）、了俊が為秀から『万葉集』に関する諸説を学んでいるのは事実である。由阿の上洛が今川了俊の万葉研究に一つの画期となっていることは認めてよかろう。今川了俊の周辺には、文芸上・宗教上の交友として、また了俊の使僧として多くの時衆が存在し、応永の乱の時、時宗の本拠である藤沢に隠遁しているのは、由阿及び時宗教団と今川了俊との関係の深さを示すものである。今川了俊の文芸形式と信仰生活に与えた時宗の影響の強さは、決して看過できない。当時、万葉談義が連歌会の席上でよく行われているが、これは連歌や和漢連句の制作に資するためのもので、今川了俊の連歌学びとその万葉研究は不可分のものであった。今川了俊は九州探題在任中、肥前のひれふり山に登って、松浦佐用姫に関する『万葉集』五の八七四の歌に寄せ、「雪ぞちるはらふ袖ふる山おろし」という発句を詠み、二条良基から称賛されているが（『師説自見集』）、今川了俊の連歌制作と万葉研究との一体化を示すものである。

今川了俊は和歌の才覚に「万葉の説」を挙げ、自分の万葉研究の学系が、仙覚―由阿のそれであること、仙覚新点の万葉研究史上に占める意義の大きいこと、及びその流布の時期や、連歌の寄合に誰しもがこれを用いることなどを述べている（『落書露顕』、『了俊歌学書』）。今川了俊当時、仙覚―由阿の説は京都ではすでに一般化していたのであるが、了俊は九州探題在任中、この説を九州の数寄の人々に自由に開陳して、その一般化を推し進めている。『師説自見集』料簡言の項について見ると、転戦した先々で歌枕を尋ねており、それもとくに『万葉集』を中心にしている。今川了俊は万葉研究を連歌制作の資としたばかりでなく、積極的に和歌制作上の資とすべきことを強調し、実作し、九州の歌詠む人々を啓蒙している。

註

（1）今川了俊の歌論については、小島吉雄「了俊の歌論に関する覚書」（『国語国文の研究』二五号、一九二八年一〇月）、児山敬一『今川了俊』三省堂、一九三四年六月、荒木尚『今川了俊の研究』笠間書院、一九七七年三月、水上甲子三『中世歌論と連歌』全通企画出版、一九七七年八月、などがあるので、今川了俊の歌学体系全体についてこまかく触れることはしない。

（2）川添昭二「室町幕府成立期における政治思想――今川了俊の場合」（『史学雑誌』六八編一二号、一九五九年一二月）。

（3）釘本久春「中世歌学の問題」（『文学』九巻九号、一九四一年九月）。

（4）今川基氏については『難太平記』に見え、「無徳の人」であったらしい。祖母香雲院清菴については『無涯仁浩禅師語録』に、今川範国が駿河興津承元寺で延文三年（一三五八）二月十三日、その三回忌を修したことが見える。時に今川了俊は三十三歳であるから、祖母も相当高齢であったろう。

（5）今川範国の歌として現在管見に入っているのは次の五首である。

⑴四方の人君になびけと松の尾の神もすすむる山《大和》と言の葉（観応二年九月十一日近江醍醐寺にて、東文書二）

⑵うら風の吹上のはまもなのみして霞にこもる春のあけぼの（貞治六年三月廿三日「新玉津島社歌合」二十九番左）

⑶けふも猶なにはなくていたづらに雲のみわくる春のやま道（右同六十二番左）

⑷おろかなる我ことのはもたまつ島みがくひかりをたのむ計に（右同九十五番左）

⑸朝な夕なそれよ〱と眺むれば花もときはの峰の白雲（『了俊一子伝』故定光寺殿の詠歌）

（6）『二言抄』中の「珍しく見え候古歌」の項（五八首）のうち「水草まじる菱のうきつるとにかくに乱れて夏の池さびにけり」は、西行の歌として新加されるものであり（窪田章一郎『西行の研究』〔東京堂、一九六一年一月〕八四―八五頁）、今川了俊の西行傾倒を示す資料としても意義がある。

（7）渡部保「西行の歌の評価について――中世歌論書を中心として」（『佐賀龍谷学会紀要』3号、一九五五年一二月）。

（8）『図書寮典籍解題文学篇』（国立書院、一九四八年一〇月）一四三頁参照。

（9）本文に述べているように、延元元年（一三三六）頃には青表紙本『源氏物語』は全揃いが伝わっていたのであるが、応永十五年（一四〇八）五月の『源氏六帖抄』では今川了俊は「青表紙と中正本今は世に絶たる歟」といっている。青表紙本に対する了俊の評価は「如何様にも詞は青表紙の本、猶面白く存也」というところに要約できよう。

(10) 小山敦子「徒然草の編集とその背景――現存各系統諸本の発生と伝承」（『文学』二六巻九号、一九五八年九月）。

(11) 冷泉為秀の伝については井上宗雄「南北朝歌壇の推移と冷泉為秀」（『和歌文学研究』七号、一九五九年三月）。

(12) 水上甲子三『中世歌論と連歌』、さらに荒木尚『今川了俊の研究』に詳説されている。

(13) 井上宗雄『中世歌壇史の研究室町前期』（風間書房、一九六一年一二月、一九八四年六月改訂新版）二二一―二二四頁。

(14) 『兼熙卿記』（『吉田家日次記』）貞治五年十月廿日、廿一日条。

(15) 同記十一月三日条。

(16) 同記十一月二十一日条。

(17) 同記八月一日条。

(18) 同記十二月五日条。

(19) 佐藤進一「室町幕府論」（岩波講座『日本歴史』7 中世3、一九六三年五月、『日本中世史論集』（岩波書店、一九九〇年一二月）に再録）。

(20) 『貞治六年中殿御会記』、『太平記』巻第四十中殿御会の事、古懐紙。『太平記』巻第四十中殿御会の事は、後藤丹治『太平記の研究』前編第三章、平田俊春『吉野時代の研究』（第三部　太平記の成立）の指摘のように、二条良基の『貞治六年中殿御会記』（雲井の花）をその資料に仰いでいる。

［補記］第四・第五章引載の『了俊歌学書』、『下草』、『了俊日記』は、伊地知鐵男『今川了俊歌学書と研究』（未刊国文資料刊行会、一九五六年九月）を参照。藤原為基については井上宗雄『中世歌壇史の研究南北朝期』に触れられている。

本章四の二条良基については、福井久蔵『二条良基』（青梧堂、一九四三年二月）、伊藤敬『新北朝の人と文学』（三弥井書店、一九七九年一一月）、木藤才蔵『二条良基の研究』（桜楓社、一九八七年四月）などが指針になる。

（第四・五章初出、『九州文化史研究所紀要』一〇号、一九六三年一〇月）

第五章　九州探題今川了俊の文芸活動

一　南北朝期の大宰府と文芸

南北朝期に入ってからの九州の文芸関係で中心的な役割を占めるのは、やはり大宰府天満宮安楽寺である。その最初に、鎮西管領一色範氏[1]の天満宮安楽寺和歌所に対する寄進行為が知られる。建武四年（一三三七）九月十三日夜、大宰府原山で厳重の瑞夢を被った鎮西管領一色範氏は、筑後国御原郡岩田庄内田地三十町を天満宮安楽寺和歌所に寄進した[2]。暦応三年（一三四〇）五月十二日、鎮西管領としての任務につき一色範氏が幕府に注進した条々の中に見える「天満宮安楽寺和歌所寄進地事」はこれに関するものであろう[3]。貞和二年（一三四六）十一月十六日、一色範氏は筑後国岩田庄の替りとして筑後国三潴庄内安武村南北内田地弁びに豊後国日田郡大肥庄内吉武小犬丸田地を天満宮安楽寺和歌所に寄進している[4]。岩田庄の本主が一色範氏方にでもついたのであろうか。ところが、またもって相違したので、観応元年（一三五〇）六月五日、岩光七郎入道跡肥前国鳥屋村内田地八町・同国山浦村内田地五町・古庄下野権守跡豊後国球珠郡飯田郷内賀伊曲村田地十町・同国大肥庄吉武小犬丸名田地七町地頭職を替りとして寄進している[5]。この寄進状をうけて、肥前の松浦飯田左近将監集が肥前国鳥屋村内田地八町岩光七郎入道跡内・同国山浦内田地五町を天満宮安楽寺和歌所料所として、その下地を同宮寺雑掌に渡付している[6]。大鳥居文書によると、さらに文和三年（一三五四）十二月十七日、一色範氏は豊後国玖珠郡書曲村の替りとして筑前国穂波郡国次名田地十町地頭職を天満宮安楽寺和歌所に寄進している。寄進地が替わっているのは、おそらく寄進地の本主の南朝・北朝への政治的向背にかかわるものであろう。

右の間の文和元年（一三五二）十二月十三日、豊後国日田郡の日田永敏は、天長地久・国土安穏・将軍家繁昌・心中所願のため天満宮安楽寺に和歌料所として田地十町を寄進している。(7) 一色範氏は足利氏の一門で室町幕府成立期の鎮西管領（九州探題）である。建武三年（一三三六）六月から文和四年（一三五五）十月にかけて、九州幕府軍の最高指揮者として各地の国人を指揮し、宮方と各所に戦っている。その間、天満宮安楽寺をはじめ肥前武雄神社・河上神社等に祈願・報賽のために田地などを寄進している。和歌所は、元来勅撰集の撰集に際して設ける役所である。ここではもちろん天満宮安楽寺の私設の和歌所を指している。大鳥居文書観応元年（一三五〇）六月五日一色範氏寄進状・太宰府天満宮文書応安六年（一三七三）九月廿一日今川了俊奉書などによると月次講会を営んでいたことは明らかである。後述の和歌会所につながっていくものであろう。一色範氏には外に文事に関する史料は見当たらないが、和歌の嗜みがあったことは確かで、そのあらわれがこの寄進行為となっているのであろう。寺社への寄進は、一種の恩賞であるから、和歌所に寄進しているからといって、文芸的側面だけで割り切ってよいものではあるまい。宮方討滅の祈願と報賽を含んでいたのである。ともあれ、天満宮安楽寺の文芸的営みの核に対して、内戦当初、まず鎮西管領が保護を加えている点に注目しておきたい。日田永敏の寄進は政治的目的がもろに表出しているが、(8) またその反面、同宮寺に対する文事的求心性を見せている点も見逃せない。

以前、『太宰府天満宮蔵書目録』（一九七〇年四月）が編まれており、所蔵の連歌資料として、太宰府天満宮文庫蔵七十九点、西高辻家蔵六十四点、小鳥居家蔵百三点が知られ、その他若干の未整理分がある。天満宮には伝来の中世連歌懐紙が数多く蔵されていたと思われるが、現存最古の原懐紙は、後述の今川了俊一座の千句連歌第五百韻で、慶長三年（一五九八）九月朔日、豊臣秀吉の家臣山中長俊が天満宮福部社に奉納した百韻連歌がこれに次ぐ。

天満宮には「湯山三吟」、「連歌新式追加并新式今案等」、「長六文」など、著名な中世連歌資料を蔵しているが、南北朝期関係では「文和千句」（小鳥居氏蔵、室町末写）が殊に知られており、近世末の写しではあるが「灯庵主袖集」は『梵灯庵袖下集』の異本のうち一番ととのった形をもっているものとして注目されている。[9]

「文和千句」[10]は、文和四年（一三五五）五月、時の関白二条良基の邸で、彼の側近（藤原親長、同家尹、菅原長綱、大江成種《しげかず》）と連歌師救済とその門人たち（周阿・永運・素阿・暁阿・木鎮もか）とが会合して興行したものである。この年は二条良基が救済の協力を得て『菟玖波集』を編む前年に当たっており、同集に「文和千句」現存五百句中の八句が入集している。この千句が『菟玖波集』の撰集資料となっていること、十一名の連衆がいずれも同集に入集された当代の代表的な連歌作者であることなど、この作品の価値の高さを示している。

「文和千句」は一句を一行に書いていて普通の連歌懐紙と異なっている。懐紙の表裏を示す「一ウ」、「二」、「名」の記号があることとあいまって、転写本であることを示している。もとは袋綴の草子本ではなかったかと推測されている。[11]転写者・伝来の経緯などは不明であるが、連衆に菅原長綱がいて二句出句していることは、「至徳二年石山百韻」[12]に菅原長遠（長綱の孫）が三句出句していることと、あわせて注目される。[13]この二人は二条良基の側近である。二条良基が連歌に酔える風流関白として地下連歌と堂上連歌を集大成し、連歌史上に輝く存在であることはいうまでもない。二条良基側近公家で連歌作者として知られるのは、藤原家尹及びその子秀忠・藤原（鷹司）宗平及びその子忠頼、藤原（法性寺中将）親忠・大江成種などであるが、菅原（東坊城）氏としては長綱－秀長－長遠の三代が歴代相次いで知られる。二条良基の側近公家に菅原氏・大江氏など文道関係者がいるのは当然であろう。とくに菅原氏は歴代天皇の侍読、大学頭、文章博士で、二条良基譜代の側近である。菅原長綱は『菟玖波集』に四句、菅原秀長は同集に一句入集している。[14]菅原氏ゆかりの天満宮小鳥居家に「文和千句」が伝来しているのは故なしとしない。後述するように、当代の九州－大宰府連歌は間接的にではあるが二条良基側近の連歌師周阿や今川了俊などを介して二条良基の影響が見られる。それと関連して天満宮ゆかりの菅原氏の影響があったろうことも推測されるところである。その事実関係は、南北朝期における京都文化の九州に対する影響という視点から発掘されねばなるまい。その際、南北朝期において菅原道真が連歌神として広く信仰されるようになったことは忘れられない。

京都と大宰府天満宮安楽寺との文芸的交渉で逸することができないのは『後愚昧記』（貞治二年（一三六三）六月八日・十六日・廿一日条に見える安楽寺神託詩歌の一件である。大宰府安楽寺から神託詩歌が足利二代将軍義詮の許に注進され、義詮は法楽のために親王執柄大臣家などに詩歌奉納を勧進し、頓阿がその意をうけて人々に触れた、というのである。勧進の題は「社頭祝」であった。頓阿は鎌倉末には二条為世門の四天王の一人とうたわれ、足利尊氏・義詮・二条良基・後光厳院など権貴の信任が厚く「当時第一歌人也」（『後愚昧記』）といわれ、死後、偶像視[15]された。『草庵集』その他の作品がある。『後愚昧記』には、記主の三条公忠が足利義詮の勧進に応じて北野奉納歌を頓阿の許に送ったことが記されており、『新拾遺和歌集』十六・神祇歌には「権大納言義詮北野の社に奉りける歌に、社頭祝」とする源（土岐）直氏の和歌が入っている。大宰府安楽寺神託詩歌の注進に応じて北野社奉納歌の勧進が行われたものなのか、北野社奉納歌勧進が安楽寺神託詩歌と別個に同時に行われたものなのか、不明であるが、ここでは前者に解しておこう。大宰府安楽寺に奉納されていず、北野社に奉納されているのである。いずれも菅神であり、北野神に対する京都人士の信仰の深さを考えれば、当然といえよう。また当時九州では鎮西管領斯波氏経が九州経営を放棄して中国に遁れた頃で幕府方が劣勢であったことも背景にあろう。貞治二年（一三六三）頃は、大宰府天満宮安楽寺は征西将軍懐良親王の支配下にあった。神託詩歌がなぜ幕府方に注進されたのか分からないが、大鳥居文書によると同年三月二十五日、北朝方の高辻国長が法印大鳥居信高を筑前国衙目代職に補しており、高辻家あたりを通じてのことかもしれない。

貞治二年には二条家の中心人物である為明によって『新拾遺和歌集』の撰進が開始されており、この時期は京極派の指導性が崩れ、二条派が武家と接近してその歌壇勢力を盛り返していた時である。安楽寺神託詩歌が、二条派勢力の回復を背景とする頓阿の手によって結縁詠進の勧誘がなされているということは、安楽寺神託詩歌を中心として、今川了俊下向直前の大宰府歌圏が、少なくとも二条派とのつながりを強くもっていたことを示していよう。九州―安楽寺がまさに宮方に統属されたかに思えた時に、歌壇的には武家―二条派的なものが希求されていたのである。

二　九州下向前後

救済・周阿の九州下向

一色範氏のあと、九州探題で大宰府天満宮安楽寺の文事関係が知られるのは今川了俊ぐらいである。一色氏のあとの九州探題である斯波氏経は勅撰歌人（『新千載』、『新拾遺』、『新後拾遺』）で『草庵集』により二条派の頓阿との交わりも知られるが、九州での文事は知られない。天満宮安楽寺関係ではないが、足利直冬に筑前国大悲王院文書観応弐年（一三五二）七月十三日の和歌詠進状[16]があって祈雨報賽の和歌がわずかに知られる程度である。直冬は観応政変の折九州にあり、足利尊氏と弟直義との一時的和平の産物として「鎮西探題」になっていた。南北朝期九州文芸の展開にあって、もっとも高い峰を示しているのは九州探題今川了俊である。今川了俊の九州における文化的活動は、南北朝期における京都文化の九州への移入影響と、それに伴う九州文化の地域的展開を典型的に示すものである。

九州下向以前、今川了俊がどのようにして文芸教養を身につけたかということについては前章で詳しく述べた。了俊は、歌人としてようやく円熟期に入り、指導的立場での作歌活動が期待されていた時、九州探題に任命されたのである。了俊自身の文芸的達成にとって、これは大きな問題であった。狭くは冷泉派、広くは当代京都歌壇にとって少なからぬ打撃であったろう。二条派では中心人物為明・為定の没後は、地下歌人頓阿が長老として事実上二条派を代表していたが、今川了俊の九州下向の翌年、応安五年（一三七二）三月に没した。為定の後を継いで二条家の嫡流となった為遠は、性格は粗放怠惰で、しかも大酒飲みであり、歌壇の中心人物となっていたのは、今川了俊の師冷泉為秀であった。しかし、為秀も頓阿の後を追うようにして、応安五年六月に没した。京都歌壇は沈滞を続けることになる。今川了俊が遠く九州の地に在ったことも、その一因に数えてよいであろう。冷泉歌学は、ほかならぬ今川了俊によって伝えられるが、了俊の文芸的達成に即していえば、九州の地に在ったことは、それに多くの内容的加算をしている。辺境にあるという負の面ばかりではなかったのである。以下、天満宮安楽寺の文事と今川了俊との関係を明らかにし、さらに次節で、九州における今川了俊の和歌・連歌に関する研究と指導との面を明らかにしてみたい。

今川了俊が応安五年（一三七二）八月、九州南朝軍の総師懐良親王を大宰府から追い落して以来、大宰府は今川了俊の九州経営上重要な役割を果たした。大宰府天満宮安楽寺は文道の神を祀る所であり、その保護は筑前―九州の精神的結節点を掌握することを意味し、とくに筑前経営の中心的位置を占めていた。今川了俊は文芸を嗜む者として北野信仰に厚かった。[17]今川了俊が同信仰の根元たる大宰府天満宮安楽寺を崇敬し厚い保護を加えたことはいうまでもない。大鳥居文書六月十八日今河（了俊）宛菅氏長者菅原長衡書状によって長衡が将軍家文道師範であったことが知られるが、長衡は天満宮安楽寺領の維持について今川了俊に深く依頼しており、文事に堪能な今川了俊が将軍家文道師範の意向に沿うよう努力したことはいうまでもない。一般的にいって今川了俊に天満天神の冥鑒を仰ぎ借ることによって九州経営を円滑に進めようという、信仰と政策との共存が見られるのは確かであろう。大宰府天満宮中世文書中に占める今川了俊文書の比率は高く、[19]同宮文書の一つの特色をなしているが、このことを端的に示すものである。大宰府天満宮安楽寺の和歌・連歌が今川了俊を媒介にして興隆をみたことは、推察に難くない。ところが数ある今川了俊文書のうちに天満宮安楽寺の和歌・連歌に直接関係していることを示す文書はほとんどない。その意味で、大宰少弐冬資をして天満宮安楽寺修理少別当信哲に大宰府本屋敷を還補し、月次講演を勤行せしめるように命じた太宰府天満宮文書応安六年九月廿一日今川了俊奉書は貴重である。

月次講演（会）については、前述のように大鳥居文書観応元年（一三五〇）六月五日一色範氏寄進状に見える。実情について具体的に述べた中世史料は見当たらない。一般に天満宮では菅原道真の卒去（延喜三年〔九〇三〕二月二十五日）にちなむ毎月二十五日、文道上達その他諸種の祈願をし天神講を行って天神礼讃の祭を営み、法楽のために詩歌や連歌の会席を催す。貝原益軒も『太宰府天満宮故実』巻之下で「二十五日には、歌の会所に社司あつまり、月次の連歌有りて、としく／＼月々におこたる事なし」と書いている。近世初期のことを書いているのであるが、中世にさかのぼってもいえることである。今川了俊当時、菅神は連歌の神として広く崇敬されており、詩歌・連歌が月次講演（会）の中心的役割を果たしていたことは確かであろう。そのような意味で、右奉書は、今川了俊が政治的側面から天満宮安楽寺の和歌・連歌の興隆を推進していたことを示す貴重な史料だといえる。

今川了俊の天満宮安楽寺に対する政治的・経済的・文化的な保護によって有名・無名の歌人・連歌師の同宮寺への参詣が頻繁になったことと思われる。南北朝時代における連歌師の同宮寺への参詣事例を見てみよう。『菟玖波集』巻第二十に「安楽寺社頭にて連歌し侍りける」という詞書をもつ救済法師の句「紅を忘れぬ梅のもみぢかな」が入れてある。金子金治郎氏は救済の生涯のうち北野と連歌との結合を重視し、『菟玖波集』撰集予祝の文和四年（一三五五）北野千句興行以前に救済が大宰府安楽寺に詣でたとしている。[20] 伊地知鐵男氏は京都大文字山麓鹿ケ谷の安楽寺かもしれないとして大宰府安楽寺と決め込んでしまうことを留保しているが、[21] 大宰府安楽寺としてよかろう。二条良基の『撃蒙抄』ではこの句のあとに「安楽寺の宝前にて、其便あり、句がら尋常也」と注記しており、『梵灯庵主返答書』にもこの句を収めている。心敬・智蘊などと並んで中世連歌師の七賢と呼ばれた高山宗砌の『古今連談集』に、

其句のたけの高き事、天暦の帝の御時、五人の撰者の歌（〇中略）

侍公の句躰は、此おもかげを残さる丶としるし給へり、愚意にも此内に入給ふと覚えたり、安楽寺にて

松ふりて見ぬ秋のこす嵐哉

九州の人〴〵めずらしとて、ざゞめき、一同にほめり

とあり、大阪天満宮文庫本『古今連談集抜書』には、ここのところを「救済《キウセイ》は貴之《(ママ)》・躬恒・西行・俊成・定家ノ道ヲ可継としるし玉ふ」として摂家へ初参の時の句をあげ、「安楽寺にて、松ふりて見ぬ秋残す嵐哉」としている。救済が九州下向の折に大宰府安楽寺で詠んだものであることは明らかである。この句をめずらしとてざゞめき一同にほめた「九州の人〴〵」の存在には注意しておかねばならない。さらに『菟玖波集』巻第十二には佐々木道誉の月次連歌で「八幡にますもかの国のぬし」に付けた「箱崎や明けのこる月のにしの海」という筑前の筥崎八幡宮を詠み込んだ救済の句がある。救済が大宰府安楽寺に詣でた一支証としてよいのではあるまいか。また同集巻十三の「唐土舟の旅の夜とまり」に付けた「風かはる春と秋との時を得て」という救済の句は、西海の対外交渉についての認識が背景にあるようで、救済の九州下向を考える際の傍証になろう。下向の年次については金子氏の前述の意見がある。今川了俊が大宰府を手中にした以後という意見が出てくる余地が全くないわけではないが、救済は九十歳代の高齢になるから、(22)今川了俊の九州下向以前と見る方が無難で、金子氏の意見に従ってよかろう。

救済は普通「ぐさい」と呼んでいるが、室町末期写の『和歌集心躰抄抽肝要』に「救済《キウ》」とあり、江戸期書写の『古今連談集』には「きうせい」と仮名書きされている。(23)侍公・侍従公などとも号している。二条良基とともに『菟玖波集』を撰んだ。地下連歌と堂上連歌の統一をはかり、(24)「天下の師」(『了俊歌学書』)「此道の聖」(『密伝抄』、『さゝめごと』)と仰がれた連歌史上の偉材である。和歌を冷泉為相に、(25)連歌を善阿に学んだ。(26)救済の句風について二条良基は『僻連抄《へきれん》』(康永四年〔一三四五〕三月成立・長谷寺蔵、『連理秘抄』の草案本)で「救済は十方より付て、如何なる風躰を執すともいひがたし、幽玄に巧みに余情妖艶の恣(姿カ)あり、生得の上手ならびなしと見えたり、詞細やかにして当座の感を催す事最上也」と評している。救済の大宰府安楽寺参詣が北九州の連歌好士に少なからぬ刺激を与えたことは前掲の『古今連談集』によっても明らかである。

救済の天満宮安楽寺参詣は今川了俊の下向以前であったと考えられるが、今川了俊が大宰府を陥落させて間もな

く、周阿が九州に下ってきたことは確かである。今川了俊の『落書露顕』（彰考館本）には、

周阿法師身まからんとての前の年、鎮西にくだりて侍りしに、語りていはく、年来、老僧が連歌のかゝり浦山しく存じて候へども、更におよびがたく候、今度、下向の時分一句仕り候、是やもし老僧が句ざまに似て候や、御意如何といひし句、

故郷の松や野かぜに成りぬらむ

となり、老僧とは、救済が事なり（〇前後略）

とあり、周阿が没する前年に九州に下向していることが知られる。書陵部本『知連抄』奥書には、

抑此の御抄者、去応安第七、二条大閤依二当関白殿御所望一、抽二和歌肝要一被レ遣レ之、周阿九州下向之時、最初計御草案時分申下令二所持一云々、但上洛之後、被レ召二返於御前一以焼失了

とあり、「和歌肝要」を抽出した応安七年（一三七四）末二条良基作の『知連抄』草案を携えて周阿が九州に下り今川了俊を訪ねていることが知られる。[27] それがいつであったかが問題である。二、三の意見があるが、永和元年（一三七五）九州へ向けて発ち、同年冬周防にあって大内義弘に『知連抄』を相伝し、翌二年夏大宰府にあり、この前後に今川了俊を尋ね、ついで筥崎宮に詣で、同年五月末頃帰洛した、とする、木藤才蔵氏の説を踏まえた米原正義氏の意見[28]に従っておきたい。この間の周阿の句をあげておこう。

(1)筑紫神功皇后ニテ、干珠・満珠ノ心ヲ

浪ヤチルシホノ満干ノ玉アラレ（『九州問答』、『梵灯庵主返答書』下にも収む）

(2)安楽寺法楽ニ

ハレニケリ花ノナキ名ノ梅ノ花（『九州問答』）

(3)安楽寺にて

五月きぬ神の真菅の御笠山（『初心求詠集』）

(4)宰府ノ山ノ井ニテ
山ノ井ノ陰サヘシゲル木ズヱ哉（『九州問答』、『初心求詠集』には「奥州浅香にて」とある）
(5)筑紫箱崎ノ宮ニテ
箱崎ノマツ夜ハアケヌ不如鳥（『九州問答』、『梵灯庵主返答書』下にも収む）

宗砌の『初心求詠集』がいうように、周阿は二条良基・救済と並んで連歌の三賢ともてはやされた連歌師で、救済晩年の貞治（一三六二―六七）以降その作風は、まさに一世を風靡した。[29] 周阿が九州に下ったのは、連歌の門弟である九州探題今川了俊がいたからで、旧誼をあたため、その庇護のもとに文道の祖・連歌神を祀る大宰府天満宮安楽寺に詣で大宰府―博多などの歌枕を尋ねることを主眼としたのであろう。救済とともに、大内氏における正広・宗祇らの先蹤といってよい。九州の連歌好士には強い影響を与えたと思われる。今川了俊における影響については第三節で述べよう。

了俊一座の千句と『和歌秘抄』奥書

ところで、今川了俊の大宰府天満宮安楽寺に対する保護から見て、同宮寺で連歌を興行したであろうことは、当然考えられるところである。しかしその資料を見出すことはできなかった。ところが、あるいはそうではないかと思われる資料が伊地知鐵男氏により、「今川了俊一座の千句、第五百韻の一巻」（『連歌俳諧研究』五二号、一九七七年一月、「伊地知鐵男著作集」Ⅱ〔汲古書院、一九九六年一一月〕に再録）として紹介された。同資料は三島市の辻一蔵氏の旧蔵にかかり（現在、太宰府天満宮所蔵）、鳥の子紙を横に半折した折紙四紙からなる今川了俊一座の千句連歌第五の百韻一巻で、端書によれば永徳二年（一三八二）正月二十二日の興行である。この資料について、興行の場所が記してないので、この時今川了俊はどこにいたのか、がまず問題になる。小鹿島文書・深堀家文書などによると、永徳元年六月、今川了俊・仲秋らは菊池武朝の本拠である肥後の隈部城を陥し、斑島文書写永徳元年十月十五日佐志寺田阿訪〔波〕次郎宛書下写・青方文書同年十月廿一日青方豊前権守宛安堵状・宗像神社文書同年十一月三十日宗像大宮司宛施行状などを残している。『歴代鎮西要略』、『北肥戦誌』などによると、今川了俊は肥前の宮方を攻略し高来で越年したとしているが、今川了俊の肥前攻略が事実であったとしても今川了俊自身が肥前高来で越年したかどうかは不明である。太宰府天満宮文書によると翌永徳二年二月二十日、今川了俊は天満宮安楽寺領筑後国水田庄に対する押妨人を退けさせ、被官の長瀬尾張守をして来たる二十五日の天神の忌日以前に下地を社家に返付するよう命じている。さらに、この百韻の作者には後述のように天満宮安楽寺・大宰府・博多関係と思われる人物がいる。とすれば、この千句は、大宰府天満宮安楽寺で興行されたと見てよいのではあるまいか。今川了俊の発句[30]「今日いくか我此花の御かき守」は、伊地知鐵男氏の解釈に従えば、「此の花」とは、もちろん梅花、大宰府の警固役を任じた詠である」ということで、右の理解を支える。

この百韻に見られる連衆を、可及的に考証して、この千句連歌興行の性格を明らかにしてみよう。

句上げの了俊十一句・直忠十・義範一は、伊地知鐵男氏の指摘のように、詠句順でなく、他の連衆の署名より一字高い擡頭書きにされていて、今川了俊一族を中心にした晴の興行であったらしいことが知られる。直忠は今川了俊の弟氏兼の男で、日向伊東文書六月廿一日（二通）・十月十日・入来院家文書正月廿五日書状などにより、南九州（日向）での活動が知られる。詳しくは一九八八年一月、鹿児島県歴史資料センター黎明館刊行『旧記雑録拾遺家わけ一』月報の拙稿「南九州経営における九州探題今川了俊の代官」に述べている。義範は今川了俊の男、のちの貞臣である。肥前・肥後などに多くの史料を残している。満盛院文書には明徳三年（一三九二）十二月八日陸奥守今川貞臣書下・（年欠）九月廿三日今川陸奥守宛光長書状があり、今川貞臣（義範）と天満宮安楽寺との関係の一端がうかがわれる。その他、仲政は弟仲秋と、直藤・直助・直輔は氏兼（本の名直世）との関係がありそうにも思われる、と伊地知鐵男氏は推測しておられる。そのことを直接に立証する史料はないが、通字から考えると蓋然性はある。後考にまとう。

この一座の連衆は、次の句上げのように二十五名である。

了俊	十一句	玖阿	一
直忠	十	豪阿	四
義範	一	来阿	二
明真	六	与平	一
仲政	八	直助	二
乗阿	六	範助	二
元千	十	快厳	一
覚阿	六	長阿	一
法助	十	直輔	一
直藤	一	信誉	一
良守	三	笠直阿	一
喜悦	五	性光	一
		仙賀	五

今川氏一族以外で、当たりのつきそうな人物について見てみよう。

前述の、今川了俊の発句に対して、明真なる人物が、「おさまる風は松のはつ春」という脇句をつけている。世情も安定しているこの正月、という意である。明真は今川了俊の被官でその側近にいた奉行人である。斎藤六郎左衛門入道という。詳しい考証は別にするが、大隅の禰寝文書その他に関係史料を残している。今川了俊被官（九州探題奉行人）斎藤明真が九州探題今川了俊の九州経営による政情の安定化をたたえた句である。第四句「こほりは雲に在明の月」の乗阿（全六句）については、藤沢清浄光寺の『時衆過去帳』を参照して、博多の土居道場の時宗僧侶（時衆）ではなかったか、と推測しておく。第八句「くれてもゆかむ関のなき道」の覚阿（全六句）も、同帳延文五年（一三六〇）十一月十一日の箇所に見える宰府の覚阿弥陀仏が想起される。応永六年（一三九九）十一月廿一日博多常住との記載もある。この百韻中には、他に玖阿（一句）・豪阿（四句）・来阿（二句）・長阿（一句）・直阿（一句）などの時衆が見えるが、なかに大宰府・博多の時衆がいたのかもしれない。第二十四句「松あるかたは猶秋の風」の快厳は、満盛院文書（年欠）今川陸奥守宛光長書状中に見える安楽寺の僧侶（雑掌）快厳と同一人物であろう。福岡県立図書館所蔵太田資料「太宰府神社旧神官家系」には「貞治元年（一三六二）ヨリ康暦二年（一三八〇）迄奉仕」とある。信誉は小鳥居氏であり、仙賀は六度寺の僧であろう。

以上のように、この千句連歌は、今川了俊及びその子弟一門・被官（九州探題奉行人）・天満宮安楽寺僧侶・大宰府－博多の時衆などを連衆として大宰府天満宮安楽寺で興行されたものと考えられる。この百韻で見る限り、今川了俊に即していえば、九州下向後十年がたち、支配の矛盾も顕在化してきた難しい時期であり、九州経営の達成を天満宮安楽寺に祈り、その保護を誓った千句連歌興行であったといえよう。伊地知鐵男氏の指摘のように、第五十句目に「しほまちげなる野古のうら船」と筑前国の名所能古をおき、仙賀の挙句には「清見が関の高き名所」と駿河国の名所清見が関をおいている。今川了俊以外の連衆に即していえば、駿河を拠点とする九州探題今川了俊の九州経営による政情の安定化をたたえたものである。大鳥居文書に収める（永徳年間）六月十八日今川了俊宛大宰府天満宮領家菅原（高辻）長衡書状に「九州追日寧謐之由承候、殊以目出候、併　天神冥鑒候歟、珍重々々」とあるのは、あたかもこの千句連歌興行の意味を代弁しているようなものである。

この千句連歌については島津忠夫氏による詳細な注解があり（『太宰府天満宮連歌史資料と研究Ⅱ』〈一九八一年三月、太宰府天満宮研究所〉一二八頁以下）、連歌の作法付け様については有川宜博氏の解説がある（『天神さまと二十五人』大宰府顕彰会、二〇〇二年三月）。

なお、太宰府天満宮所蔵の明和二年（一七六五）六月二十五日の大鳥居延寿王院の福岡藩庁への指出書によると、永徳二年（一三八二）の箱入の百韻連歌一巻が今川仲秋によって天満宮安楽寺に寄進されていたことが知られる（『太宰府天満宮連歌史資料と研究』Ⅳ〔太宰府天満宮文化研究所、一九八七年三月〕四九二頁）。『筑前国続風土記拾遺』御笠郡二に「今ある所の」神宝として「連歌百韻一巻永徳二年今川仲秋寄進」とあるので、少なくとも江戸末期まで同宮にあったことは確かである。明治三十六年（一九〇三）十二月刊行の『太宰府史鑑』六三〇頁にも同様の記事があり、これ以後社外に出たのかもしれない。これが千句連歌第五百韻なのか、千句連歌のうちのそれ以外のものなのかどうかは分からない。今川仲秋寄進分が同宮から姿を消していることは事実である。

文芸の面で、天満宮安楽寺と今川了俊の関係につき、逸することのできないものに名古屋市徳川美術館所蔵『和歌秘抄』がある。全巻今川了俊の自筆で、内容は藤原為家の『詠歌一躰』[46]である。筆者は拙文「九州探題今川了俊の文学活動」（『九州文化史研究所紀要』一〇号、一九六三年一〇月）でこれを紹介したが、一九七一年二月、三弥井書店刊『歌論集』㈠（中世の文学）で翻刻公刊された。問題にしたいのは、その奥書である。次に引こう。

此一帖以二祖父入道大納言為家卿自筆本一具令二書写校合一了、尤可レ為二証本一矣

羽林枯株判 為秀卿也〔朱〕

此一帖或人以二相伝之本一書写者也、愚身所持之抄物等皆以此卿自筆也、雖レ然於二鎮西安楽寺社頭一紛失之間、先書留也、彼本等安楽寺宮師律師如レ申者尋出云々、路次静謐之時分可二召上一、若愚老存命中不二到来一者、子孫之中数奇志之輩可二伝取一、仍後証如レ此申置者也

其預置抄物等

詠哥一躰 為秀卿筆同奥書

詠哥大概 同筆同奥書

和歌秘々 同筆奥書

千載集一帖 俊成卿自筆 後鳥羽院勅筆 御奥書也

古今説奥書 為秀卿筆 同加判
古来風躰抄 上下 了俊加判
書札和哥説一帖 為秀卿筆 同奥書
伊勢物語　一帖 定家卿 大輔 家隆卿 三人之説 了俊加判也
新古今集一帖 為秀卿筆同奥書
万葉集 貫書為家卿撰同説等 為秀卿十八歳時筆也、同奥書
新勅撰 同卿筆
　此一帖更ニ無二写本一之間、殊ニ〔万葉注詞（朱）〕秘蔵物也
後撰・拾遺秘説一帖 同筆
　以上皆以奥ニ以二了俊自筆一書付了
相伝乗阿 代三
此外二条摂政家御書
　以下数通在レ之、連哥当道之可レ鏡之由御伝記也
一夫木抄一部 正本也 勝田備前入道 本也
　此内二帖預二置他所一之間、今所持也
応永九年八月日　　了　俊（花押）七十七
浜千鳥たち居のまなく跡つけしかたみをいかで身にしそへまし
一古集と書たるは万葉集の事也、無二左右一人のしらざる事なれバ、此次に注付者也、たしかなる師説也、定家卿説也

九州にてしぜんと御尋有べきために、此草子を土居之御道場ニ進者也

珠　阿（了俊花押）
多々良（大内教弘）（花押）

今川了俊は、『六百番歌合』のうち最古の写本といわれる花渓本や『和歌秘抄』をはじめ冷泉為秀相伝の和歌抄物を多数携行して九州に下っている。ところがこれらを安楽寺社頭で紛失してしまった。さいわい安楽寺の宮師律師[31]が尋ね出したので、路次静謐の時分に召し上げよう。もし自分の存命中にそれらが鎮西から到来しなかったら、子孫のうち数奇の志ある者が伝取せよ、として預け置く抄物などを書き列ねているのである。今川了俊が天満宮安楽寺と文芸面で深い交渉があったことが推察される。同時に、今川了俊が戦陣の間、いかに和歌・連歌の研究・張行に励んでいたかを示すものとして貴重である。今川了俊が勝間田長清の『夫木和歌抄』の正本を伝持していたことが知られるが、『夫木抄』は了俊歌論形式の重要な素材であった。勝田備前入道は勝間田長清の一族であろう。二条良基の御書を伝持していることを書いたあとに、「連歌当道之可レ鏡之由御伝記也」と記しているが、これは今川了俊がその歌論書にしばしば述べているところである。乗阿の名が見えるが、これは前述の永徳二年（一三八二）の千句連歌第五の百韻に見える乗阿と同一人物ではなかろうか。だとすれば博多・土居道場の時宗僧侶である。本奥書末尾に「九州にてしぜんと御尋有べきために、此草子を土居之御道場ニ進者也」として珠阿の名が見えるが、土居道場（現在の福岡市東区・称名寺）の乗阿と関係があろう。

使僧・歌僧

以上をもって天満宮安楽寺と今川了俊との文芸的交渉に関する説明を終わるが、末尾で述べた珠阿に関し、今川了俊の側近にあって文芸的事績を残している僧侶二人について書き添え、今川了俊の文芸活動の理解に資したい。

康暦二年（一三八〇）、今川了俊は日向国諸県郡志布志の名刹大慈寺が、九州第一の偉観として有名でありなが

ら、題詠のないのを惜しみ、境内の美景八景を選び、京都の公卿や詩僧に請うて「大慈八景詩歌[32]」を作らせた。使者となって上洛したのは宗久である。詠歌の動機は今川了俊の「山水を愛する」ところに発していることになっているが、今川了俊は日向の地には遂に足を入れておらず、真実の動機は別のところにあった。このころ、今川了俊・満範は島津氏対策に腐心しており、今川満範は日向城ケ崎に陣を取って、日向の諸族を誘い、大隅の禰寝氏と連絡を密にし、これらの力を結集して南方島津氏を攻略しようとしていた。島津氏と呼応している都城の北郷誼久を撃破することは主要戦略の一つであったが、そのためには志布志との連絡を断つことが極めて有効であった。このような状況の中での題詠であるから、志布志大慈寺の絶景を文芸的に保証することが、高度な政治的効果をもつことは言わずして明らかである。

　この時使僧となった宗久は、従来大友氏の出身といわれているが[33]、先の『空華集』巻第十三「大慈八景詩歌集叙」によると、瞬庵と号して詩歌を善くし、九州においては重んぜられた歌人で、今川了俊とは親しかったという。観応（一三五〇—五一）の頃、京都から関東を経て奥州方面にまで旅をし、帰洛後、二条良基の跋文を付した『都のつと』を著し、京都でもすでに知られた歌人であった。『吉田家日次記』によると、彼は貞治五年（一三六六）九・十月、四辻善成や卜部兼熙の宅で行われた月次和歌会に出席しているから、今川了俊との交わりもこの頃に始まるものであろう。同年十二月の『年中行事歌合』には、「筑紫僧」として和歌四首が入っている。

　仮に『道ゆきぶり』によると、今川了俊が九州に下向しつつあった応安四年（一三七一）九月には、今川義範の使僧として軍事上の連絡のため、豊後高崎城から舟で周防下松を経て、今川了俊を訪ねている。今川了俊の南九州経営に際しては、薩摩渋谷氏・大隅禰寝氏の誘致に奔走し、今川了俊の意を体して戦略指導にも当たっている。大友氏支流出身説は真に近いのかもしれない。大慈寺の美景を今川了俊に推賞したのも、彼が今川了俊の南九州経営の耳目として日向を巡周した折に実際に見て感歎したからであろう。宗久を単に西行の行儀を追う、自然と旅を愛する歌人としてのみ理解することはその全容をつかみ難くするものである。後で述べるように、軍務連絡上の今川了俊の使いとして、ともあれ自然と旅とを愛せざるを得なかった歌僧は宗久の外にもいて、今川了俊を中心に、地方文芸のよき媒介者となっている。

次に、先の珠阿について述べよう。備後浄土寺文書によると、応安四年（一三七一）七月十六日、この珠阿が今川了俊の意をうけて高野山領備後尾道浄土寺・曼陁寺免田畠在家に関し、本寺下知及び淵信法眼の寄進状に任せて煩いを成さぬよう施行している。今川了俊は、応安六年閏十月、高野山領尾道の領家半済のことに関し長瀬入道に指令を出しているが、その使者になっているのも珠阿である。(34)『萩藩閥閲録』巻七十一に（年欠）六月廿五日付け斯波義将宛の今川了俊挙状があり、了俊に従って九州に転戦した小野掃部助の本領安堵の推挙をしているが、同じく（年次）八月十一日古山珠あミだ仏宛今川了俊書状があり、長門所在の小野掃部助の本領が相違して不便であるからと、大内方に折衝させており、「びんぎ〔便宜〕の御ことばをそへられ候ハヾ悦入候」と述べている。珠阿の姓と、今川了俊の政務における珠阿の役割を明瞭に示している。高野文書宝簡集八（応安六年）壬十月三日、今川了俊書状では珠阿弥陀仏が備後尾道半済のことを取扱っている。高野山文書又続宝簡集一一二は、康暦元年（一三七九）五月一日の珠阿の備後大田庄文書御影堂奉納注文である。

康応元年（一三八九）三月、将軍足利義満は安芸厳島に詣でた。その意図はおそらく親しく中国の状況を視察し、九州に渡り、その形勢をみて経略をめぐらさんとし、あわせて一時疎隔の間にあった細川頼之との旧交を温めようとしたものであろう。(35)今川了俊はこの行に供奉して『鹿苑院殿厳島詣記』を書いているが、その供人の中に古山珠阿の名が見える。同行者の一人、丹後守護古山十郎満藤(36)の縁辺の者かもしれぬが、応永七年（一四〇〇）九月の信州更級郡布施郷の合戦を描いた『大塔物語』に頓阿弥という物語僧の師として見える古山珠阿弥と同一人物ではなかろうか。同書は頓阿弥について、古山珠阿弥の弟子で、洛中における名仁であり、連歌は救済・周阿の古様を学び、早歌にも通じ、弁舌宏才は師を凌いだと記している。このことから逆に古山珠阿の身につけていた芸能がうかがえる。なお、宝鏡寺文書によると応永元年（一三九四）三月二日、崇光法皇は珠阿弥陀仏をして近江船木庄年貢の内を崇賢門院に進納させている。高野山文書（又続宝簡集一一七）の応永六年（一三九九）二月十一日の西塔供僧評定に珠阿弥陀仏が見える。

珠阿に関する以上の諸事実を総合してみると、次のようなことがいえる。珠阿は時衆で、和歌・連歌・早歌等の諸芸に通じた物語僧で、冷泉歌学に関係ある者であった。今川了俊の側近にあってその文芸活動の一翼を担い、物語を今川了俊らの諸将に聞かせることによって陣中の無聊を慰め、使僧として各地を往来して今川了俊の政務連絡に当たっていた。時宗（時宗は室町期からの呼称）に属するところから、各地点在の時宗道場を文芸活動の拠点にしていた。遊行漂泊の形をとった文芸探求・地方文芸の媒介は、政務連絡を背景にすることが多かった。禰寝文書などによると、今川了俊の周辺には多くの時衆がいて軍務連絡に当たっているが、みな多少とも珠阿のような性格をもっていたと想像される。今川了俊は文化度の低いところで、継続的合戦に明けくれながら自己の文芸を築き、周囲の好士を指導していたが、今川了俊だけが独り高く孤立していたのではない。珠阿のような性格の人物を送迎しながら、自己の文芸を育てる滋養分を、多様・豊富に吸収していたのである。

今川了俊と交わりのあった連歌好士として有名な人物に朝山梵灯がいる。同人については、次の第六章で述べる。

以上、今川了俊の九州における文芸活動のうち、まず、特記すべき大宰府天満宮との文芸的交渉について述べ、了俊側近にあって文芸活動を行っていた宗久・珠阿のことを述べた。以下、今川了俊の九州における文芸活動を、さらに和歌・連歌の研究と指導、述作活動、その対外交渉の了俊文芸の形成に占める意義などに分けて述べてみたい。

三　京都・九州・大陸

歌枕・万葉研究、三代集口伝

今川了俊の和歌・連歌を中心とする九州での文芸活動の本質は、その九州統治政策と表裏をなすのであるが、これについては金子金治郎氏のすぐれた研究[37]があるのでそれに譲り、ここでは今川了俊の九州における文芸活動を、自らの文芸研究と、地方作者に対する指導啓蒙との二面にわけて以下若干の考察を試みてみたい、これについてもすでに金子氏の卓説があるけれども、なるべく重複を避け、前に述べたような筆者の問題点に沿って述べてみたい。

『了俊一子伝』に「真実の数寄人などは、いくさの中、なげきの中にも、よみげ〔む〕に候」と記しているところからも分かるように、今川了俊は九州探題としての軍陣行旅の忩劇の間にも、厳しい作歌態度と研究精神を堅持した。その真実数寄の追求は今川了俊の求道であったといえる。事実、今川了俊の名所・歌枕などに関する作歌上の既得の諸知識は、軍事行動の間に実見実証され、作歌基盤の広がりと批判的精神の充実とをもたらした。『師説自見集』料簡言の項について見ると、転戦した先々で歌枕を尋ねていた様子が窺える。それも『万葉集』を中心にしていたようであるが、次に実例をあげてみる。『万葉集』（五の八一四）の、山上憶良が詠んだ鎮懐石に関する歌「天地の共に久しく言い継げとこの奇しみ魂敷かしけらしも」について、

　くしみ玉とは、昔神功皇后の御裳のこしにはさし給し二の石の事を云り、今は筑前国い〔怡土〕との郡内深江の社に有云々、私云、我等鎮西に有し時尋しかば、此二石当時国大分の社に申たりと云々

と述べ、「とぶさたつ足柄山に船木きり木にきりかへつあたら船木を」という『万葉集』（三の三九一）の、筑紫観世音寺造営の時の別当沙弥満誓の歌に関し、「足柄山は相模国なり、不審云々、私云、若足北山歟、宰府近所にあしかりと云所もあり、それは木やまと云近所なり[38]、足北郡に野坂浦と云所を万葉には読たれども、今は此名なきな

り、我等鎮西にて尋しかども、地下の古老人もしらざるよし申き」と述べている。野坂浦云々は、『万葉集』（三の二四六）の「葦北の野坂の浦ゆ船出して水島にゆかむ波立つなゆめ」について述べたものである。野坂の所在に関しては古来異説が多く、未だに決着を見ていないようで、森本治吉氏『万葉肥後の国歌講座』の佐敷説も決定的ではない。不明の歴史は古い。

松浦佐用姫に関する『万葉集』（五の八七四）の歌について、「私云、ひれふるやまにのぼりし時、発句、雪ぞちるはらふ袖ふる山おろし、此発句二条摂政家より預御感き」と述べている。今川了俊の数少ない連歌遺作の一つであるが、発句があるからには、今川了俊がここで一座の連歌を興行したであろうことは推察に難くない。

肥前のこの地は『万葉集』中でもとくに知られた所であり、今川了俊がこの地を訪れぬ筈はなかった。玉島の歌（五の八五四）についても、「私云、我等玉島にて尋ねしかば、玉島川上に廿余町東に君尾と云小山有と云り、是はかの歌に付て、後の人の造いだせる名所かと存き」といっている。師説を尊重することの極めて強い今川了俊が「私云」という自見を確固たる態度で提出しているのは、実際の見聞を基礎とする自信に由来するものであろう。この歌を本歌にとって詠んだ『了俊歌学書』の「あらはさぬ霧のまがきや玉嶋のこの河上の家居成らん」も、この時に詠まれたものか、もしくはこの時の体験をもとに詠まれたもので、単なる観念的操作の所産ではなかろう。「遠つ人松浦の河にわかゆ《〔若鮎〕》つるいもが袂を我こそ巻め」（五の八五七）を本歌にした「つりたる、いともかしこし遠つ人松浦の河の昔思へば」にしても同じようなことがいえる。

『万葉集』中の松浦の歌は、大別して、玉島のおとめと松浦佐用姫関係の二群作となっているが、今川了俊の関心も勿論この二点に的確に集約されていたようである。いずれも『文選』と『遊仙窟』の影響をうけたものであるが、これらの歌がかもし出す適度の幻想性を酵母にして発句に仕立てる今川了俊の手腕と関心の在り方は確かに凡ではない。また、歌句が転生して名所を作り、民間伝承が生起していくことにも着目していて興味深い。今川了俊は和歌の才覚に「万葉の説」を挙げているが、又万葉集の秘事、口伝事なり、昔の仙覚律師が説とて、由阿法師といひし者、あまたの人々に教へしより、此秘説も今は帯〔昔〕に下たる上は、我等ばかり非レ可レ秘なり

（『落書露顕』）

万葉集は仙かくが流とて、由阿法師が説等、又は同説とて、此一両年京都の人ぐ〳〵口伝有云々

（『了俊歌学書』）

万葉集は和歌の根本なれどもあまたの説不同なる故に、そむかぬ正説を知事大事也、凡は順が注第一也、俊成、定家、顕照ばかり也、其後撰覚律師と云広才の物、号二新点一て、ことぐ〳〵く注たり、其以前には未考の哥二百よ首有けり、されども新点をば後鳥羽院の御代まではあまねくは不レ用、雖レ然、今連哥の寄合ばかりには毎人用レ之歟、詠哥にはあまねくは不レ用也

（『了俊歌学書』）

とあって、今川了俊の万葉研究の学系が仙覚―由阿のそれであること、仙覚新点の研究史上の意義及び流布の時期、適用のジャンルなどについて述べている。

今川了俊が由阿及び由阿を通じての仙覚の研究に触れたのは、おそらく二条良基が冷泉為秀を使いとして由阿を相模藤沢から上洛せしめて『万葉集』を講義させた貞治五年（一三六六）頃であろう。今川了俊は二条良基や冷泉為秀を介して直接由阿からその万葉研究を指導されたものではあるまいか。『正徹物語』に、藤原俊成の『万葉集時代考』（正徹は藤原定家の作とする。誤解か）の冷泉為秀自筆本を今川了俊が所持していて、それを自分（正徹）に与えたと回想しているから、今川了俊が冷泉為秀から万葉の説を聞いているのは明らかな事実であり、由阿への遡源系路も当然予想されるのである。徳川美術館所蔵『和歌秘抄』に「此一帖、更ニ無二写本一之間殊ニ秘蔵物也」として「万葉注詞」の朱があるのは、冷泉為秀自筆本の今川了俊への伝来に関するものであるから、右のことにかかわるものではあるまいか。今川了俊は九州探題在任中、この説を九州の数寄の人々に自由に開陳して、その一般化を九州の地にまで広めたと見てみかろう。ちなみに仙覚の説として『下草』に二カ所、『言塵集』に二カ所挙示している。[39]

ところで、今川了俊が九州における地方作者、いわゆる「数寄の人々」に対して、何をどのように啓蒙指導していたかを示すのは『落書露顕』の次の箇所である。

鎮西に侍りし比、三代集の説、又、万葉等の不審を、数寄の人々問ひ聞きしかば、存知の分を、あらく〳〵申して侍りしを、二条家の門弟、兼好法師が弟子、命松丸とて童形の侍りしは、歌よみにて侍りしが、出家の後に、愚老がもとに扶持したりしが云ふ、如㆑此の秘説等を、無㆓左右㆒人に仰せらるゝ事、無㆓勿躰㆒存ずるなりと云ひしかば、愚老返事に云ふ、尤しかり、但、此の道に心ざしある人々に、あながちに可㆑秘事にはあらず

今川了俊が九州地方作者に三代集をどのような方法で指導していたか、立ち入った直接の明証はないが、『了俊一子伝』に「三代集は、打聞にやすき様にも覚え、又不㆓心得㆒事も有間、安き様におぼゆる哥のさまを、初心の時は、毎度よむなり」とあるのは、このことを窺う一つの手掛りにはなる。さらにその注解指導については『言塵集』第七に「三代集の口伝[40]をつたへたる人も我一子などなればとて自由にはおしへぬ事也」といい、『師説自見集』下に「三代集説等は口伝する事なれば無㆓左右㆒註がたし、大かたは顕注密かんに多分見えたるうへは、それにていづれの説をも可㆑知歟」といっているから、その精髄ともいうべきものは、一般的風潮に従って口伝[41]し、大要は『顕注密勘』[42]をもって教導したもののようである。

なお、『了俊一子伝』に「三代集の歌の外にも、常に可㆓披見㆒抄物事、三十六人の家集等、伊勢物語[43]、清少納言枕草子、源氏物語[44]等也、此等は歌心の必々付物なり、又は詞ため稽古には、初学抄、俊頼秘抄、顕注密勘、一字抄など也」、「和歌の抄物の事、〔略〕和歌秘々〔近代秀歌〕[45]、詠歌の一体[46]、愚見抄、詠歌大がい[47]、古来風てい、毎月抄等也」、『落書露顕』に「和歌の才覚とは、万葉説、三代集の説、伊勢物語注、光源氏の口伝、又顕注密勘、袖中抄、俊頼抄等をばいでざるべし、大かたは八雲抄にもあらはれたり」、『了俊歌学書』に「当時の和歌の才学は、顕昭秘抄、けんちうみかん、八雲抄、清輔抄、色葉抄、此内のさいかくども也」などとあるのは、今川了俊の作歌指導の基準を示すもので、その言説は主として今川了俊の九州探題離任後晩年のものであるけれども、九州探題在任当時の九州地

方作者に対する指導と背馳するものではあるまい。今川了俊の作歌指導は右にあげられたような古典抄物の学習を基本にしていたと思われる。

以上、九州における今川了俊の和歌に関する研究と指導について触れてみたので、以下連歌に関するそれを述べてみたい。

良基・了俊・田舎人

連歌はその遊戯性・娯楽性及び一座性の故に、創作と鑑賞を共同に楽しみ、その流行は堂上貴族から地下の庶民に至る上下の階層に及び、地域的には全国的な広がりを見せた。今川了俊が九州に下向してきた時の享受面から見た文芸的環境は、和歌のそれよりも連歌の流行が圧倒的であったろう。九州探題時代の今川了俊の文芸上の言説が、和歌に関するものよりも連歌の方がむしろ多いのもその反映であると見られる。

今川了俊よりも後期に属するけれども、中世連歌会の階層的広がりは、「さればあやしのしづ屋、民の市ぐらなどにも千句万句とて耳にみてり」という心敬の『さゝめごと』下に端的に表現されており、『狂言記』の「盗人連歌」が伝えているような連歌稽古の寄合である「初心講」は在々所々に開かれたであろうし、その結果『狂言記』「箕かづき」が記しているように「只さへならぬ身代で、今日連歌明日も連歌というて、連歌にばかり係ってござるによって、この如くに、身代おちぶれた」という者も続出したであろう。右は今川了俊以後の資料に見える畿内の連歌人口の広がりを示すものであるが、今川了俊時代の九州の連歌環境を類推する参考にはなる。

二条良基が永和年間（一三七五―七八）の地下連歌の状態について述べた『九州問答』によれば、「筆モ取アヘヌ程早ク出」す、めまぐるしいほどの連歌会がもたれていたようで、二条良基は「弥邪路ニヲモムクベキ也」ときめつけているが、今川了俊下向当時の九州の地下連歌会もおそらく類を同じくするものであったろう。

今川了俊を囲繞する地方連歌の実態は、『連理秘抄』にいうように「ゐ中連歌などいふ物を聞に如何にも〳〵寄合をもらさじと付て詞を思はざる故に、下すしくこわく聞ゆる」ものであり、地方連歌のそれぞれの中心に位する点者についての「田舎連歌ノ点者ナドノ、上手顔シテ、サノミ点少アフ事比興也」という二条良基の『連歌十様』における批判も、不幸にして的を得たものであったろう。

永和二年、今川了俊は京都の二条良基に対して「近比、洛中名発句ナド候ハバ、少々可㆑被㆓注下㆒候」と要請しており、これに対し、二条良基は『九州問答』で「発句能は皆同類也、新ラシキハ又秀逸ニアラズ、コノ一両年ノ間ノ発句、少々是ヲ注ス、上品ニアラザレドモ、進上ノ句計ヲ書付侍也」と答えている。

今川了俊は、九州探題として下向してくる以前の在京時代には、文壇の中心に身を置き、数多くの秀れた歌人・連歌師などに接し、有形無形、直接間接に多方面からの刺激をうけ、意識しなくても文芸的知識を広め、詩嚢を肥すこともできたのであるが、九州下向後すでに六年間を経、九州平定についてもまだにわかには目安をつけ得ないこの段階では、地方作家として一応九州に根を下し、地道な場面から自己の文芸を育てていかねばならぬ立場を強く自覚していたと思われる。地方での生活――それも内戦遂行に明けくれる――を文芸活動の基盤に見すえるということは、中央文壇の動向に無感覚になり、小宇宙での自己満足に完結することを安易に許容するものではない。

一般的にいって『連理秘抄』、『僻連抄』に記されているように「如何にすれども、堪能に交らざればあがる事なし」というのは動かし難い事実であり、「達者猶しばらくも辺土に隠居しぬれば、やがて連歌の損ずる」ものであり、『初心求詠集』にいうように「田舎にては連歌の下ると申候」というのが実情であろう。そのような地方文芸の後進性の中に身を置いて、なおかつ誠実に自己の文芸を探求し続ける場合、文芸において地方性は本質的問題ではない、といい得ても、文芸的苦悩と努力が倍加されるのは必然である。その解決の方途の一つが『初心求詠集』に見られるように「ゐ中の塵に身をまじへたりと言ふとも、心を京洛の花に遊ば」せることに求められるのも、中世という時点においては殊に無理からぬことである。

良い発句と思われるものは独創性がなく、新味や珍しさを感じさせるような句はどこかに欠点があり、秀逸の作といえない、という先の二条良基の答えは、当代京都連歌界に対する彼の批判であるとともに、今川了俊の地方での文芸達成の可能性を認めるあたたかい励ましをも内に秘めるものであった。

右の今川了俊の問いは『九州問答』に収められたものであり、同書は康暦二年（一三八〇）の『下草』と相まって、二条良基に対する今川了俊の質問及び意見を開陳した連歌学書で、前者から後者へと今川了俊の連歌に関する理論深化の発展が見られるものである。『九州問答』は、

一、連歌ノ有文無文ニ付テ御点ナドモ候由先年蒙レ仰候シ、重々可レ被二注下一候
一、周阿ガ連歌ニ、多ク当座ニテセヌ連歌ノ、兼日ニ案ジタルト覚候句多候シ、加様ニモ仕候ベキヤラン
一、歌ノ同類ヲ連歌ニ仕候事、周阿ナドモ常ニ候シト覚候、（〇中略）此事苦シカラズ候ヤラン
一、連歌ニ、サシタル寄合ニテモナキ時、名所ヲシ候ハン事、如何候ベキヤ
一、名所ノ寄合ニ、須磨ノ山里ト云ニ柴ト云物ハ能候、高塩ナンド付候ハンズルハ、山里ニハ去キタル様ニ候バ、イカヾ候ベキ
一、付ニクキ連歌ヲバ何ト付候ベキヤ
一、人ノ連歌ヲ待テ可二斟酌一候哉覧、押テ可二出ス一候哉ラン
一、詩ノ心ヲ連歌ニ取ラン事如何候ベキヤ
一、古連歌ヲチトテニハ等ヲカヘテスル人ノ候、如何様ニ候ベキヤラン
一、連歌ノ意地ハ何ト用心仕候ベキヤラン
一、連歌ノ詞ハ如何様ナルヲ能ト申候ベキヤ
一、寄合ハ毎度、都ト云ニサカヒ、荻ニ古郷ヲ案候ベキヤラン、又同ハ新キ寄合ヲ案ジテ仕候ベキヤラン
一、連歌ノ点ノ不同ニテ、或ハ七八句十句、或ハ無ナド仕候事ハ、連歌ノ稽古ノタラヌ故ト先年蒙レ仰シヤラン、委細可レ被二仰下一候

一、歌ノ難題ノ様ニ連歌ヲモ廻シテスル事候哉
一、当時ノ連歌、真実秀逸ノ体ハ何様ニ候ベキヤ
一、古語ヲ用ル事、歌ニハ俊成・定家ノ説ヨリ外ハ今ハ用事ナシ、連歌ニハ俊頼朝臣、顕昭ナドガ説モ用候ベキヤラン
一、連歌ニハ稽古、何書肝用タルベク候哉
一、近比、洛中名発句ナド候ハヾ、少々可レ被二注下一候
一、脇句ハ何ト仕候ベキヤラン

の十九項(48)にわたる、連歌の本質とその技術に関する不審を、はるばる「九州ノ風波ヲ分テ」京都の二条良基に質し、その回答を求めたものである(49)。

ここで周阿の連歌の仕方について質問をしているが、それは、もともと周阿の作風が一世を風靡していたことにもよろうが、殊に周阿が直接九州に下向し、今川了俊を訪ねたため、周阿を迎えて大宰府を中心に連歌の会席がしばしば開かれ、周阿の作風が九州連歌界に直接影響を及ぼしたためと思われる。この時点における今川了俊の連歌に対する二条良基の評価は「オソルベキハ後生也、若天性ノ器用アラバ、ナドカ自後ノ秀逸モナカラントゾ」という同書の末尾に付された二条良基の言葉によって端的に窺える。二条良基の眼から見れば、周阿連歌の克服過程にあった今川了俊は、まだ「自後の秀逸」を期待される「後生」の段階であった。第十三項に点のことを質問しているから、今川了俊が武士・僧侶などの連衆を周囲にもって、すでに点者的活動をなしていたことは明らかであるが、二条良基が今川了俊を九州連歌界の最高の点者として許したのは『下草』においてである。『下草』は『天理図書館善本叢書和書之部第七巻連歌論集』（八木書店、一九七三年七月）に影印本を収める。

その奥書に、

もとより九州の境は神代数百千の都也、彼余風のこりて候へば、事葉〔言カ〕の花のにほひなおちらず候けるも、はじ

めて目をおどろかし候也、当世点者なく候、貴殿よく和哥の口伝をうけて天性筆に物をいはせ、事ばに花をさかせられたる事、誰人比レ之哉、尤点者の器にかなひ候也

とあるのは、『了俊歌学書』に「さすがに二条殿より、たしかに当道の事愚身当時の師匠たるべしと云支証を給しかば」とか「されどもいかなりける事にか、自今以後は此道の師匠と成べしとの御証状を愚老給て侍れども、もとより不堪也」とあることや、徳川美術館所蔵の『和歌秘抄』に「此外二条摂政家御書　以下数通在レ之、連歌当道之可レ鏡之由御伝記也」とあることに照応するもので、連歌界最高位の二条良基から今川了俊が点者としての承認を得たことを意味している。当時、二条良基は「大樹（義満）を扶持するの人[50]」といわれて足利義満と親しく、政界における重みはその連歌界における地位を最高不動のものにしていた。このような最高位からの点者としての保障がこの上もなく確かなもので、今川了俊の文芸活動を極めて有利なものにしたことはいうまでもない。

　正風連歌の点者としての今川了俊の立場は、地下連歌師の性格と対比することによって際立ってくる。今川了俊は『落書露顕』で、地下の連歌師たちの間に真の上手がいないのは、彼等が渡世のために他の同じ連歌師たちをそしり、自分一人の名声を得ることに汲々としているためであると評している。悪い意味での連歌師の職業化こそが、連歌の低俗化、数寄精神の崩壊を意味するものと把握されている。地下連歌師たちのこのような性格は、京都といい九州といい異質のものではなかったろう。

　今川了俊が直接九州地方の連歌作者に対する指導について述べているのは、『下草』に、連歌も作者の個性に応じて一体を授けてよいか、と二条良基に質している箇所と、『落書露顕』で、次のように彼らの「自由の言」をいましめた、といっている箇所ぐらいである。

　近日、田舎人の懐紙を見及び侍るに、我等、鎮西に侍りし比、自由の言どもを、初心の人々おさへ〳〵仕りしを、自由の言とていましめ侍りし事どもなり

「自由の言」というのは、「春さめ」を「夏さめ」といいかえたり、「夕月夜」という言葉があるから「朝づくよ」

といってもよかろう、といった類の言をさしている。右の箇所は、直接には、

> 近日、田舎人などの、連歌の点とて、こはる、次に、わろき所はなをしてといへるを、少しも案ぜず、一言などを直し付け侍れば、理にかなふも侍るにや

とあるのと同じく、今川了俊晩年における、田舎作者に対する指導にかかわるものであるが、同じく田舎作者という共通の点において、今川了俊の九州探題在任中の九州地方作者に対する指導が回想されているのである。今川了俊はただ単に用語に関する指導にのみ局蹐していたのではなく、地方の実態に即し、作者の個性を尊重し成長させることを指導の基調としていたようである。今川了俊の指導は、了俊の連歌の理想美追求（後述）に見せた姿勢に即して理解すべきであろう。

九州地方の作者をも含めて、今川了俊をめぐる「田舎人」の存在は、了俊自体の文芸の成長にとって注目すべき関連性をもっていた。田舎人の時としては放恣な用語の駆使、及び歌語に対する恣意的解釈は、了俊にとっては、確かに「田舎人の申候が、非㆓正説㆒云上は不㆑及㆑申事也(51)」というように、正説に合致しない場合は抑止され、放棄されるのであるが、そのことはまた同時に、田舎人の用語の駆使及び歌語に対する解釈が、正説に沿い、または正説を補うものであれば、田舎人の野性的な活力に富んだ詠歌・所説として、かえって今川了俊の文芸の成長を支える契因として消化吸収されたであろうことを意味する。

二条良基の連歌の所説を受容した今川了俊は、それを権威ある指導の指針として自分をめぐる九州の連歌好士に臨んだのであるが、二条良基が『九州問答』で「所詮、連歌ト云物ハ幽玄ノ境ニ入テノ上ノ事也」という幽玄美を究極理想とする連歌論をそのまま無批判に肯定したのではない。二条良基の導く公家的和歌的風尚を志向しながらもその地方的環境と個性主義の立場から究極的には寂美の境界を模索していったのである(52)。

「当時ノ連歌、真実秀逸ノ体ハ何様ニ候ベキヤ」という点についての二条良基の「所詮ホケ〱トシミ深ク幽玄ノ体ト、花々ト花香ノ立テササメキタル躰、簡要デアルベキ也」（『九州問答』）という答えは、かならずしも今川了

俊の満足を得るものではなかった。その不満を康暦二年（一三八〇）四月の『下草』で開陳している。同書は今川了俊の序に始まる五条の問いに対する二条良基の応答から成っているが、応答の部分には今川了俊の補筆が加わっている。九州在住十年目の述作で、今川了俊五十五歳の時である。すでに事実上点者として地方作者の指導に当たっており、地方の現実と作者間の個性の相違とを直視している今川了俊にとっては、そのようなものを十分理解できない二条良基の立論を鵜呑みにすれば、「一生なやみ候」結果にしかならないと思われたのである。ここに、幽玄美を第一とし、口軽く花のように詠めという師の二条良基と、前述のような地方文芸の現実の真直中にいる今川了俊とのへだたりが看取される。今川了俊自身の求めた連歌の究極は「ちと物さびしくも、ゆうゆうとも聞つべく候句」にあった。九州の自然と文芸との接触を通して、寂美の世界を追求していったのである。

ところで一般的に見て、武士に受容された連歌は、和歌的風尚への志向がかもす伝統性によって公家のそれとただちに同質であるとは速断できない一面をもっており、また連歌は文芸のジャンルとして今日の我々に与える類型性によって見逃されてはならぬ側面を具有している。すなわち、それは当代の武士が日常合戦にあけくれ、常に冷厳な死と対決しているという、つきつめた緊張の中で求められているものであり（それ故に反転して、底なしの享楽的方向をとることもある）、出陣（勝軍）連歌に見られるように、戦いに必ず勝たんとする切実な祈りに裏付けられていることとである。[53] 今川了俊の場合、それが束ねられて、全九州統治という政治的世界につながっていた。

武士（今川了俊）が公家（二条良基）から受容した正風連歌は、少なくとも右に述べたような要素の絡み合いの上に継受展開されたものといえよう。このような意味での「正風連歌」の規矩に入らない賭物（銭づくの）連歌や無心的俳諧連歌は峻拒され、連歌が本来的に具有していた遊戯性と庶民性とは否定されざるを得なかった。それと雁行する地下連歌自体の卑俗化の深まりはこの傾向をさらに反動的に強めた。

今川了俊の文芸形成に照射した九州の自然的環境はともあれ、今川了俊をめぐる連歌好士「田舎人」の実態は、武士（守護・国人）・僧侶を中心とするもので、広く中小名主にまで及びうるものではなかったろう。その限りにおいて今川了俊の連歌は、必ずしも民衆の支えと民衆的広がりとをもち得たものではなかったろうし、今川了俊を中心とする九州の正風連歌は、連歌界一般の傾向と運命を等しくして非連続的終焉をとげたのではあるまいか。
もちろんこのことは、この期の九州における名主――北九州的規模での中小名主をさす――の成長如何にもかかわることである。名主による連歌運営は史料的に検証し難いが、畿内における名主の成長に比して九州のそれが一般的に低度であったことと照応するものであろう。

今川了俊の連歌作品で今日に伝えられるものは、極めて僅少である。朝山梵灯の『長短抄』に、管領細川頼之の発句「人ハ来テ雪ノマタル、夕哉」につけた今川了俊の脇句「冬ヲワスル、常葉木（ノ脱カ）かげ」を伝えているが、九州下向前の作品としては、ほとんど唯一のものといってよく、次の句を加えても二句である。この句は細川頼之が管領（執事）となった貞治六年（一三六七）末から、今川了俊が九州に下向する応安四年（一三七一）二月までの間の句と考えてよかろう。

宗祇の『吾妻問答』には、救済の句「秋はてぬ今は山田のいねとてや」につけた今川了俊の「鹿おふ声ぞ里にきこゆる」を引載しているが、救済の没年から見て、今川了俊の九州探題在任中か、あるいはそれ以前の作であろう。この他、『師説自見集』料簡言の項に、肥前ひれふり山での発句「雪ぞちるはらふ袖ふる山おろし」というのがあるが、もっともまとまっているのは、『了俊歌学書』中の「愚老が句・二条殿御ひ判句等少々」に見える三十七句である。元来『下草』には二条良基に合点を乞うた七百三十七句の今川了俊の句集が添えられていたらしい。現在では右の三十七句しか伝わっておらず、先の『師説自見集』の句がこれに加わっていたものとしても三十八句である。二条良基が合点した句は二百二句で、最上上品の句が二十二句、上々が七十二句、平が七十一句、難点が十四句であった。二条良基は今川了俊の連歌作品を「賢句風情こもり、すがたやさしく又めづらかなる事おほく候」（『下草』）と評している。今川了俊の連歌遺品は、これらにさらに、前述の今川了俊一座千句中の、現在知られる十一句を加えたものが、そのすべてである。

述作活動

今川了俊の九州下向後における和歌・連歌の研究と地方作者に対する指導啓蒙の一端を見てきたのであるが、その修道的文芸探求の数寄精神は幾多の悪条件を克服して、実作・指導・理論など各方面の深化をもたらした。その標識になるのは、九州在任中の述作活動である。九州探題離任後の旺盛な述作が、おおむね九州在任中に整えられていたことはいうまでもない(54)。まず、後年の述作活動の基礎に関する点について見てみよう。

『今川記』には『九州御合戦記』なる著作のあったことを伝えている。いかなるものか管見に入らないが、後年の『難太平記』が一種合戦記の体をそなえており、『太平記』の述作態度について自家顕彰の記録文芸的立脚点からの批判を展開していることを合わせ考えると、必ずしも無稽の所伝ともいえないようである。かつ、そのような合戦記のたぐいがあったとするならば、題名からして九州在任中か、或は在任中の実戦体験を基礎にして書き上げたものであったろう。

今川了俊はその多面的な教養によって、九州探題在任中、文芸的述作に手をつけていたばかりでなく、父範国の教導と自己の研究をもとにして故実に関する所伝を一書に準備しつつあった。成書はすなわち、世に『了俊大草子』(『続群書類従』第二十四輯上)といわれるものである。

> 右条々、先年於二九州陣一稽古の輩の為に注付侍しを、大草子と名付て侍しを、今都にて人々少々依二所望一、思出候まかせて書付候之間、或前後不レ同、或無用事等用捨仕て書抜了、如レ此之徒事も、後代ハ人の不審を抜かん為計也
> (同書奥書)

とあって、『了俊大草子』は今川了俊が九州探題在任中「稽古の輩」のため「大草子」と題して執筆していた草稿を、離任以後、京都で人々の所望に任せ抄録してできたものである(55)。「稽古の輩」が九州の武士であることはいうまでもなく、今川了俊の故実学の造詣はその学習意欲を満足せしむるに足るものがあったろうし、また故実学の地方伝播を知る資料としても貴重である。同書は文武両面にわたる作法書として当代故実書の典型と仰がれた(56)。この

他、今川了俊の書札に関する故実書として『続群書類従』第二十四輯下に収める『今川了俊書札礼』があり、次の理由から、この書も九州探題在任中にその原型が出来上がっていたと考えられる。すなわち同書に、

此間われ〳〵に向て、書札の礼に、進上恐惶とあそばし候、無㆓勿躰㆒候、昔ハむかし、今ハいまにても哉之間、堅辞退申度候へ共、但我等が事ハ、既九州の官〔管〕領時分に候、則将軍家の身を被㆑分位に被㆑告哉之間、式躰ハ大方に向申候ての御札かと心得申候間、辞退所なく候

とあるのは直接にこのことを証する。同時にこの文章中傍線の部分は字句・思想ともに禰寝文書（永和四年カ）三月五日の今川了俊書状と全く相同じく、その書誌的確実性を保障する。同書中には、長井・少弐冬資・大内入道（弘世）・同大夫（義弘）・高・上杉などの上級武士の名が散見し、『了俊大草子』も『今川了俊書札礼』もその対象とした「稽古の輩」は、少なくとも旧地頭御家人以上の系譜を引く武士層であったと思われる。『書札礼』は、一つには足利氏一門、九州探題としての経歴に焦点を合わせており、同書が九州における経験を基礎にして作られているることは明らかである。そのことは、九州武士層の、まず今川了俊に期待した文化的活動が故実学の教授にあったであろうことを推測させる。

『今川了俊書札礼』の書名は、第一項の「書札礼之事」に由来し、内容は、書札・文箱・諸家・和歌・屏風障子・けさう文・女房文・男の匂ひ・歌道流・そらたき・硯紙・女房胸の守り・管絃具足・連歌執筆の十四項から成っている。本書執筆の主な動機は、書札の礼が乱世の時分で「何ともかとも同じ物に成り行く」のを、故実家としての潔癖さから憂えたところにあったが、九州探題在任中、九州武士の求めに応じて教導していたものがその基礎になっていよう。

故実学の文化的・歴史的特性は、社会的身分・才能・年齢などにおける「位」（秩序）の観念を尊重するところにあり、『了俊大草子』では、武家社会最高の家柄である将軍家は、武家故実から見て、軍神に比すべきものとして絶対視されている。今川了俊の故実伝授は、武家の教養として九州の武士に受け容れられたばかりでなく、足利

将軍絶対観の確認として、確立期にある将軍権力の地方浸透の潤滑油的作用を果たす側面を併有していたことも見落してはなるまい。

以上、後年の旺盛な述作活動の基礎が、九州探題時代に培われていたことを述べたが、九州探題在任中にもすでに幾つかの述作が知られるのである。

宮内庁書陵部所蔵桂宮本『道ゆきぶり』の自跋には、

此草子おもひの外に京や鎌倉に人のもてなし侍るとて、かたじけなく、院の御製よりはじめて、宮々大臣公卿殿上人まで、このうちの歌を和して、一句をかきそへられたり、鎌倉にては、寺々の長老など皆以一首の詩をゝくらるれば、今ハひげし侍るに及ばず、はじめたび〳〵自筆に書付しは、あなたこなたひきちらされ侍て、又今かきつくるほどに、ちうぶ気の右筆、いとゞ文字かたみえ侍らず、はづかしくハゞからはしき事なり

此草子たび〳〵自筆に書付畢、雖レ然皆以他のために引うしなふによりて、又書とゞめり、もとより鳥の跡みえわかぬうへに、此一両年より右筆不レ叶間、殊更文字形不レ見歟

永和四年三月十八日、於二筑後国竹野庄内善道《〔ママ〕》寺陳《〔陣〕》一書レ之了

都よりつくしに下侍るほどの路の事を馬上にて書付たり　　了俊

とあって、再稿の理由・場所などを記している。この期の数少ない筑後善導寺の史料としても貴重なのであるが、『大日本史料』六之三十四－一七八頁は「本書、依拠スベキヤ否ヤ明カナラ」ずとしている。しかし稲田利徳氏は『道行きぶり』の注釈で了俊作と確言されている（『岡山大学教育学部研究集録』九三号、一九九三年七月）。

永和二年（一三七六）の『九州問答』と康暦二年（一三八〇）の『下草』（『了俊下草』）とについては前述した。前者では今川了俊の質問の文章が短く、二条良基の答えの部分はその連歌論を示すものとなっているが、後者では今川了俊の質問の部分が長く、了俊の連歌論が窺え、了俊の著作と見てよいものである。同じく康暦二年、今川了俊

は宗久をして「大慈八景詩歌」（『空華日用工夫略集』、『空華集』第十三）を作らせている。

康応元年（一三八九）三月、今川了俊は将軍足利義満の厳島参詣に供をして『鹿苑院殿厳島詣記』を書いた。時に六十四歳である。田中義成『南北朝時代史』（一六六―一六七頁、一九二二年九月、明治書院）が述べているように、義満の意図は、おそらく、中国の状況を親しく視察し、九州に渡って今川了俊の九州経営を推進し、合わせて一時疎隔の間柄にあった細川頼之との旧交を温めようとしたものであろう。同書の記事から見て、細川頼之・今川了俊らの献策に出たものかと思われ、九州入りは実現しなかったにせよ、中国・四国・九州の諸勢力に大きな威圧を加え、政治的効果を収めたと考えられる。

この参詣行に、斯波義種・細川頼元・同満春・畠山基国・山名満幸・土岐満貞らの諸将が随行しているのは異とするに足りない。絶海中津を始め、義満側近の諸僧・文人らが随行しているのは今川了俊の文芸交友圏を見る上からも注目してよいことである。そのうちの曾我美濃入道は『曾我系図』の太郎平次右衛門美濃守満助である。二条良基が連歌論書『連歌十様』を義満に献じた時、その使いとなっている曾我上野入道時阿と関係ある者で、連歌に堪能な武士であったことが推察される。坂士仏は『扶桑拾葉集』系図などに、祖父を九仏、父を十仏といったところから士仏と称したといわれているが、和歌・連歌を善くし、義詮・義満に仕えた侍医である。『伊勢大神宮参詣記』の著者であるといわれたこともあるが、同書は父十仏の作である。古山珠阿もいるが、同人については前に述べている。『鹿苑院殿厳島詣記』は軍事的・政治的な目的をもつ行旅の紀行文であるが、その目的を直叙している部分はほんの僅かである。軍事的・政治的行為は、しかしながら、完全に文芸的表現に消化されているわけではない。両者の矛盾的相互関係が今川了俊の紀行文芸の本質といえるだろう。

明徳三年（一三九二）南北朝時代もまさに幕を閉じようとする年の八月、今川了俊は『懐紙式』（水戸彰考館所蔵、二冊）をものにしている。この書は、「一、院のうちなどのはれの御会、或は家々の習あるあひだ、誰も習しるべし」といって、歌会の故実作法、懐紙書式等を規定し、最後に「連歌の執筆の事」を載せたものである。最奥に、右如レ此の事は古人も多く注置、諸人皆存知の事なれども、難レ去依二所望一注付了、更私曲あるべからず、皆師説也、世のそしりあらじかく

明徳三年八月廿五日　　三代作者了俊在判

と書いており、九州における和歌作者、殊に連歌連衆の切なる懇望に応じて著作されたものであることが知られる（『彰考館図書目録』四八九頁）。荒木尚『今川了俊の研究』三〇六頁以下に詳しい。

禅・詩文・外交

今川了俊は対外交渉で画期的な事績を残している。そのことについては『対外関係の史的展開』第五章（文献出版、一九九六年三月）で述べている。ただ、今川了俊は、この対外交渉を単に外交だけの問題に終わらせず、自己の文芸達成の支えとして活用している。今川了俊は九州探題として下向する以前から、大陸往来の禅僧や和歌・連歌の師友から中国古典に関する言説を直接・間接に聞いていたと思われる。今川了俊の歌人・武人としての統一的な成長を支えたものは禅と儒教の学習であった。もともと今川了俊にはおじに仏満禅師（大喜法忻）がいて禅の薫修は早くから受けていたが、『難太平記』には禅の師が東福寺仏海禅師すなわち一峯明一であったことを記している。一峯明一については織田顕信氏の研究「仏海禅師一峯明一とその周辺」（同朋学園『仏教文化研究所紀要』二号、一九八〇年三月）がある。仏海禅師は無外爾安の門派（正法門派）である。今川了俊が仏海禅師を師としたのは、同師が了俊の相続した所領今川庄の政所の高木入道の伯父であるという俗縁にもつながっていた。東福寺第十八世仏海禅師は貞和五年（一三四九）九月に没しているから、今川了俊が同師について参禅したのは二十四歳以前のことである。聖一（円爾）派に属し、入元して月江正印などに参じた友山士偲の『友山録』（別名『万年歓』）には、今川了俊の禅の研鑽について「早く仏海禅師に見え、宗門の大事を参得す」（原漢文）といっており、また義堂周信も『空華集』第十三大慈八景詩歌集叙で、了俊が篤く仏道を愛することを称揚している。

当時の禅学の風潮は儒禅一致論を内容とするものであり、今川了俊の参禅は儒教の学習をも意味するものであった。それは主として宋の性理学であったと考えられる。だから今川了俊の政治によせた理念は、その儒教学習によって明確な形をととのえていったといえる。とくに今川了俊が接した東福寺の学風は宋朝系で古典主義の傾向が強く、内外両典の学的研究を兼ねるものであった。[57]今川了俊が和歌の師藤原為基を通じて親しんだ京極為兼の『為兼卿和歌抄』は藤原定家とほぼ同時代の南宋の厳羽の『滄浪詩話』に著しい共通性をもっていることが指摘されている。[58]また、今川了俊の連歌の師二条良基が当代歌学界に大きな影響を与えた魏慶之の『詩人玉屑《せつ》』（『滄浪詩話』の大部分を転写したもの）を研究したりしていて、今川了俊は中国詩学の影響を直接・間接に受けている。禅の学習は、この影響を一層強めたものと見られる。

入元僧で東福寺の住持となり、今川了俊と交わりのあった友山士偲の『友山録』には、詩の道を説いて、一心を修することに帰結させている。了俊歌論における、心の詞に対する優位、の主張に通じるものである。詩精神の内在性・普遍性を強調する了俊歌学の基調は、その武士的気尚、及び冷泉為秀の師説、藤原為基・二条良基などを通じて摂取した中国詩学の影響、殊には内観自省によって自性心の確立を期する禅の研鑽などによって形成された。了俊の歌論書に禅の用語が散見するのも、このような理由によっている。今川了俊は、九州探題として直接朝鮮（ないし大陸）と交渉をもつようになり、文芸素材を一層拡充し、その詩学内容をさらに豊かなものになし得た。

『高麗史』巻四十七世家四十七恭譲王三年（明徳二、一三九一）八月癸亥条・『太祖実録』巻八太祖四年（応永三、一三九六）七月辛丑条には、今川了俊が高麗・朝鮮に対して出した外交文書を収めている。了俊自身が直接草したものではなく、おそらく側近の文筆に明るい僧侶の筆になったものであろうが、とくに文事に関心の強かった了俊であるから、あるいは目を通し、添削をしたかもしれない。今川了俊の漢文に対する素養を窺い得る間接材料であるといってよい。今川了俊の外交関係の側近使者としては、信弘・周孟仁・周能・宗倶・原正泉らが知られる。そのうち信弘のように武士であったと思われる者もあるが、多くは僧侶である。ただ、彼らがどのような人物であったのか、現在のところ他に関係史料を求め得ない。高麗・朝鮮からの来日使節の応接に際しては博多あるいは大宰府で日本側文人・僧侶らと詩文の交換などが行われたことであろう。永和三年（一三七七）高麗第一等の学者文人・政治家である鄭夢周の来日の際、その詩を求める者が博多に多く集まったことなど、その著例である。そのような応接の間に、今川了俊は日本詩歌の枠を超えた文芸的緊張を与えられ詩嚢を肥やしたことであろう。詩人としての共感を確かめるのにも都合のよい交歓の機会であった。『言塵集』第六に、

三くわの酒とは酒をせんじて、其いきをしづくにてうけて、それを三度までせんじかへしく〳〵てためたる酒也、鎮西にて我等も此酒を高麗より送りたりしを呑也、一盃のみてぬれば七日酔と云々、露計なめたりしも気にあたりき、香はよき酒に似て味はさしてなかりし也、舌にいらく〳〵とおぼえし計也

と述べているのは、対高麗交渉の体験を、今川了俊が自己の歌論の素材に生かしている適例である。対高麗交渉がもたらす「利潤」の一端を赤裸々に述べながら、極めて禁欲的な中世歌学の「禁酒」の呪縛を断ち切っているあたり、歌学史的にも特異な事例といえよう。ともあれ、今川了俊は九州探題として下向する以前から中国古典を受容していたが、下向後九州探題として直接朝鮮・大陸と交渉をするようになったことを機として、文芸素材をさらに拡充し、自己の詩学内容を一段と豊潤なものにしていったのである。

なお、今川了俊が倭寇による被虜人と交換に朝鮮側に大蔵経を求めているが、今川了俊の九州における〝文化的〟事績として、その意味を検討しなくてはならぬが、研究課題としよう。

四　晩年の述作活動

『難太平記』の頃

応永九年（一四〇二）二月、今川了俊は『難太平記』を著した。『国書総目録』は多くの伝本を挙げているが、自

筆本は知られない。杉山次子氏は、京都大学谷村文庫本が年記のある伝本中最古の良書であるといっている（『軍記と語り物』九、『日本歴史』二八七、一九七二年）。以下『群書類従』本によって述べる。著作の目的は「をのれが親祖はいかなりし者、いかばかりにて世に有けるぞとしるべきなり」という立場から、父範国から聞いた今川家に関する所伝を述べ、とくに応永の乱に際しての今川了俊自身の立場がいかなるものであったかを子孫に書き残そうとしたもので、子孫以外の他見を戒めているのもそのためである。総じて真実の今川家の歴史を子孫に伝えようとする意欲が行間に溢れている。

このため、父・兄及び一門の武功・忠節が『太平記』に書かれていなかったり、記してあっても極めて不十分であることを「無念」とし、正確かつ十分に記入すべきであると再三強調している。足利将軍に対する父・兄及び一門の忠誠が広く世間に確認されることは、単にその面目＝名誉にかかわるばかりでなく、一門の繁栄をも保証することになる。今川了俊自身「此太平記事、あやまりも空ごとくもおほきにや」、「此記は十が八九はつくり事にや」と『太平記』の性格が虚構を基調とする文芸作品であることを認めながら、しかもなおかつ今川一門の功績事実の記述を、この異質の場所にもちこもうと深く執着しているのは、一にかかってここに原因がある。この種の、記録としての正確さを期待する精神が数多く『太平記』に集中し、同書を武功羅列の軍忠状の世界に引きこもうとする傾向が強いことは、『太平記』評価の際忘れてはならない問題である。

同書はこのように、一門の武功顕彰の立場から、たまたま『太平記』に筆を及ぼしたのであるが、後人命名の書名とも相俟って、あたかも『太平記』批判を主目的とする書物であるかのように喧伝されている。しかし、今川了俊の同書述作の主目的がそこになかったにせよ、その言及箇所は、現在に至るまで『太平記』研究の基本的な問題である作者論・成立論に種々の問題を投げかけている。ここではその問題だけに触れておこう。

まず、今川了俊が本書で『太平記』に関し、「此記の作者ハ、宮方深重の者にて[59]」と書いたことが、『太平記』の作者を、宮方＝南朝の立場に立つ者、という半ば定説化した作者論を形作らせた。だが仮に、現存四十巻本『太平記』の構成を、一部（巻一―巻十二）・二部（巻十三―巻二十一）・三部（巻二十二欠巻、巻二十三―巻四十）に分けると、事実上一部のあたりは「宮方深重」の者の手に成ると見てよいが、二部ではその傾向が薄らぎ、殊に三部になるとその気配はない。近来、了俊のこの記述の箇所を、『太平記』が「宮方深重の者」が書いたかと思われるくらいに「無案内」であり、「尾籠のいたり」であるのを責めているだけである、と解する人もある。[60]

次に、法勝寺の恵珍上人が三十余巻の『太平記』を足利直義のもとに持参し、直義はこれを玄慧法印に読ませた、という今川了俊の記述は、『太平記』の作者と成立とに関して重要な事実を提供する。現存四十巻本の巻二十七「左兵衛督欲㆑被㆑誅㆓師直㆒事付師直打㆓囲将軍屋形㆒事并上杉畠山死罪事」に玄慧の死を、巻三十「恵源禅門逝去事」に直義の死を記しているから、恵珍持参の『太平記』は現存本とは違ったものであったか、あるいは桜井好朗氏がいわれるように、「三十余巻」というのが今川了俊の思い違いか誤写である、ということになる。ともあれ、この記事から、玄慧を監修者として小島法師をはじめ多くの作者が草案を持ち寄り、足利直義の監督下に討議を重ねた、という意味を読みとることはゆるされよう。[61]

さらに今川了俊は、右の記事に続き、『太平記』の増補過程について「後に中絶也、近代重て書続けり」と述べている。今川了俊の『難太平記』にいう「細川相模守御不審の時云々」の事件は、現存本巻三十六「清氏叛逆事付相模守子息元服事」に拠っているから、右の書続本は、およそ応安四―五年（一三七一―七二）の間に成立したといわれる現存四十巻本を指すものであろう。すなわち、今川了俊の見たこの『太平記』は、直義披見本を増補したものであった。『難太平記』についての全面的な検討は別稿を期そう。

『難太平記』を書いた翌年、応永十年（一四〇三）正月、七十八歳の今川了俊は『二言抄』[62]を著し、ここに初めて冷泉派擁護の論争的筆陣を張った。同書の伝本は了俊の述作の中では最も数が多く、荒木尚『今川了俊の研究』（笠間書院、一九七七年三月）は奥書、本文内容によって、三類に類別している。『群書類従』、『日本歌学大系』などに翻刻されているが、『歌論歌学集成』第十一巻には国立公文書館内閣文庫本による翻刻が収められている。[63]

『二言抄』は普通『和歌所江不審条々』という別名で伝られているが、今川了俊自身「先年号二言て和歌所に進而尋奉りし也[64]」といっているから『二言（抄）』というのが本来の書名である。成立については、冷泉為尹の和歌所へ書き送ったものか、または二条家の和歌所へ提訴したものか、の両説がある。釘本久春氏は、巻末二条を、為尹に対する誡めで、後に付加したものであるとされ[65]、井上宗雄氏は、後半の「一、頓阿が歌様を見候へば」以下すべてを、為尹への希望と激励とを述べた申状であろうといわれ、『二言抄』前半は二条派和歌所への質問状で、後半が為尹への提言であり、多分同じ頃に草せられ、一本にまとまったもので、応永十年頃の成立と見てよい、とされている[66]。さらに同氏が、その「和歌所」の実態について、頓阿の孫である常光院尭尋を中心とする二条派の人々の拠点である、といわれ、堂上歌道家として復活した冷泉家の当主為尹を、正面きって非難できない尭尋らが坊間にいいふらした悪口に対して、ついに忍びえずに反撃したのが『二言抄』以下の書であった、とされている[67]。

　これに対し荒木尚氏は、前掲『今川了俊の研究』で和歌所について精査し、二条家のそれと見るより、二条家に代り冷泉為尹《ためまさ》が管理するようになった和歌所と見たがよいとされ、『二言抄』は為尹を当然補佐すべき和歌所の人々へ申し入れたものとされ、現在では、この説が重視されている。

『二言抄』は、二言の区別を説き、二条家の頓阿を批判し、冷泉家が「一天下の明鏡」であることを宣表したものである。本書の中心問題である「二言」というのは、詠歌に「歌言」（うたことば）と「唯言」（ただことば）との二言の区別があることを指している。歌言というのは、「万葉集・古今・後撰・拾遺、又は三十六人の家集などによせる歌の言」（『師説自見集』、『二言抄』、『了俊日記』同意）のことをいうのである。唯言というのは、そういう古歌にまだ詠んでいない語のことをいうのであり（『二言抄』）、「世俗の言」（『了俊日記』）ともいっている。

　歌言は世々の歌仙たちが詠んだ古い尊重すべき優雅な詞であるが、それも二条家の教えのように、「言もかかりも、三代集を出でざれ」というように、歌詞を制限しそれを墨守するとなると、「道せばき」ものになり、詠歌そのものを涸渇させることになる。このような歌壇の傾向に対して今川了俊は、世々の歌仙たちが、その時代としては新しい詞〈世俗言〉を用いて詠んだ事例を源俊頼・西行・定家・慈鎮〈慈円〉・俊成らに求め、五十八首〈『群書類従』本〉の証歌を挙げて反論の基礎を実証し、自説の客観化をはかっている。今川了俊は、古歌の言に対する唯詞の対置を通して歌言・唯言の区別をはっきりさせ、古歌からは「言《いい》つづきがら」を学ぶように教えたのである。(68)

今川了俊の歌論書は大別して（一）歌の風体と作歌の実際についての心がけを問題にしたものと、（二）詞の注釈、とに分けられ、『二言抄』は前者の最初に位し、以下、『了俊一子伝』、『了俊歌学書』、『落書露顕』などは、主としてこの系統に属する。後者の最初は次に述べる『言塵集』で、『師説自見集』、『歌林』、『了俊日記』などはこの系統である。相互に出入りする記述のあることは勿論である。

『言塵集』は応永十三年〈一四〇六〉五月の成立〈第一次〉で、刊本としては、承応三年〈一六五四〉霜月の板本を底本に、上野図書館本・山田孝雄氏旧蔵本で校合した、正宗敦夫氏校訂の『日本古典全集』本(69)がある。板本には別に寛文四年〈一六六四〉版がある。この外、諸本には竜門文庫本(70)〈流布本と比較すると内容が少なく、草稿本的なものである〉・書陵部本・内閣文庫本〈三本〉・静嘉堂文庫本などがあり、松平文庫本は、七巻二冊、文明十五年〈一四八三〉の最古写本である。(71)

内容は、序で、歌の本質、勅撰集の風体の変遷、末代の歌のあり方、書名の由来などについて述べ、第一・五は証歌、第二・三・五・六・七は詞の注釈を主とし、第七末尾には、懐紙の事、題の読み方、作歌の心得、連歌のことなどを記している。歌学書としての系統から言えば、『袖中抄』〈顕昭著〉などの体裁を主とし、多少『奥義抄』〈藤原清輔著〉などの組織を加えたもの、といわれている。(72)同書は次の『師説自見集』〈再撰本は応永十五年五月成立〉と重複する箇所が多く、『大日本歌書総覧』〈上巻八四頁〉は、『師説自見集』を『言塵集』の粉本もしくは抜萃としているが、今川了俊の歌論書は皆相互に重複する部分が多い。(73)

『師説自見集』という書名は、師の冷泉為秀の説と了俊自らの説とを合わせ集めたところから出ている。本書は普通『続群書類従』に収められた上・下二巻のものが知られているが、他に天理図書館・国会図書館に六巻六帖から成る同一系統の本があって（仮に「六帖本」と呼ぶ）、前者は片仮名、後者は平仮名で、ともに寛永四年（一六二七）三月書写の奥書があり、天理本の方がよりよく原本の形を伝えている。

『続群書類従』本の内容を示すと、上巻は㈠歌論、㈡歌語の注解・考証であり、下巻は歌語の注解・考証が主で上巻末段から連続するものである。本書は『言塵集』と同様、語注や証歌は順徳天皇の『八雲御抄』、藤原（勝田または勝間田）長清の私撰集『夫木和歌抄』を主な典拠にしている。

これを六帖本と比較すると、六帖本の巻二・巻三の「光源氏巻々注少々」の一段、巻四・五・六が『続群書類従』本に見えない。すなわち、『続群書類従』本上・下二巻は、六帖本の巻一・巻三にほとんど含まれる。右の巻三「光源氏巻々注少々」及び巻四・五・六は『源氏物語』全巻の語釈・注記で、巻六は宮内庁書陵部所蔵応永十五年（一四〇八）五月日の『源氏六帖抄』に該当する。『源氏六帖抄』は六帖本『師説自見集』の残欠本ということになるから、同書名は妥当でない。以上のことから、六帖本は『続群書類従』本と『源氏六帖抄』とを合わせたものの上に、若干の歌詞及び相当数の源氏詞を含んだ再撰本で、応永十五年五月には成立していたものである。[74]

書陵部所蔵の『源氏六帖抄』は「号源氏之雑説抄物」の内題がある。序文に本書述作の目的を述べて、源氏研究を詠歌の詞藻風情のたよりとしている。この考えは、俊成・定家の立場を継承・発展させたものである。内容は、「宇治十帖」（橋姫―夢浮橋）の語句を、『紫明抄』（素寂著）・『河海抄』（四辻善成著）などを基礎にして注釈したものである。

六帖本『師説自見集』巻六すなわち『源氏六帖抄』の、『源氏物語』研究史上における意義は、⑴今川了俊以前の、出典故事や有職故実などの考証的研究に密着する態度から離れて、『源氏物語』そのもののもつ情美を文芸芸術美の最高の具象化と考え、それを詠歌の力にしようとする立場から注釈を試みたこと、⑵青表紙本と河内本との相違を考証し、青表紙本が優れていることを論評した（同書巻末）最初のものであること、の二点に求められる。[75]

『了俊一子伝』の頃

応永十六年（一四〇九）七月、今川了俊八十四歳の時、『了俊一子伝』（『日本歌学大系』五巻所収竹柏園本）が成った。別名を『了俊弁要抄』（『群書類従』十所収）という。竹柏園本の宛名は「彦五郎殿」となっている。『日本古典文学大辞典』第六巻（岩波書店、一九八五年二月）は彦五郎を了俊の甥泰範の孫範忠の幼名としている。述作の意図は、巻頭に「愚老が歌をよみならひし事を申さば、をのづから稽古の便ともや成給べきと存候し間、せめてのをしへに申也」とあるところから明らかで、以下二十五カ条にわたって、平易・懇切に自分の歌道修業の楷梯・経験から説き起こし、作歌上の細部の心得を教訓している。

見るべき抄物として『三代集』、『源氏物語』などをあげ、心をもととした余情ある風体を望ましい歌であるとし、歌学書、二条家の風体、本歌取りなどのことを述べ、歌の稽古には、初中後の三楷梯があるから、順序立てて修業すべきで、初心の時から才学がましいことや、新奇なことに心を動かしたり、多作したりしてはいけない、と教えている。奥深く「きはなき」和歌の道に対して、心と風情の厳しい追求が、その本質であると見すえた今川了俊の、形式主義を排し、歌語の自由を説き、個性主義に徹した、実践的・体験的な指導が全篇に行きわたっている。

応永十七年（一四一〇）八月、八十五歳の今川了俊は、篠原大輔某にあてて『了俊歌学書』（仮題）を著した。同書は「明応六年（一四九七）穐比、以二了俊自筆一書二写之一了、不審有レ之、本ノマヽ、為和《（冷泉）》（花押）」の奥書のある東山御文庫蔵本が伊地知鐵男氏によって翻刻されている。(76) 書名は昭和初年の同文庫調査の時の仮の命名である。

本書は、和歌・連歌の修得心得を、音曲・鞠その他の諸芸と比較して説き、和歌の家である二条家・冷泉家の由来及び歌風の相違を説明し、冷泉為尹の歌風を非難する連中に対して弁護の論を張ったものである。その際、「今はただ為相《（冷泉）》卿の一門ばかりに盛にて侍れば、天下にあらそふべき人なきにだに、為尹卿の家を如レ無に申人も侍とかや」と述べているのは、歌壇勢力として冷泉家が一応復興・安定していることを示すものとして注目されている。今川了俊自身、本書でその和歌・連歌の説明をしていて、伝記研究の資料として珍重であるが、とくに南北朝末期歌壇の動向を詳しく伝えていて、歌壇史の資料としても貴重である。さらに、古歌を本歌にした自詠十三首を掲げ、会紙・短冊・草子の書きようなど、読歌実作の知識・方法をこまかく指導し、最後に「連歌口伝事」の項目を立てて、連歌の故実心得を記している。なお、「今年八十五歳也　筆跡ばかりはをさなく侍哉」とした京都国立博物館所蔵『藻塩草』裏115・『源氏物語』帚木・夕顔巻末尾の自筆識語がある。[77]

水戸彰考館には応永十八年（一四一一）四月の『歌林』を所蔵している。延宝戊午（一六七八）写し全一冊・墨付六十三枚。巻頭「それ和歌をよむ事、必ずしも師なし、唯見物聞物につけて我思ふ事を言に云出す事、則歌也と云々」に始まり、七カ条ほどの作歌心得を述べ、歌の同類を避ける方法、替詞、世俗言・歌言のことなどに触れている。奥書には、

右条々、歌連歌ニ細々ニ可レ用言以下也、如何なる証歌・証語もきゝにくき言をばすまじき也、世俗言、初たるたゞ言もきゝよくば可レ仕由師説也

応永十八年四月　日　　　　了俊（花押）

ほうぐのうらならではあたりつかず候間、如二早〔草カ〕案一書付候也、可レ有二御清書一也

遠江入道殿

とある。[78]これも荒木尚『今川了俊の研究』二四二頁以下に詳述されている。

今川了俊は応永十九年（一四一二）二月、養子仲秋の遠江における政治が悪く、国民からうとまれたので、今川仲秋の後見である高木弘季を使いとして、仲秋をいさめる「今川了俊同名仲秋へ制詞条々」二十二条を作って送った、と伝られている。[79]文末の書き止めが「仍壁書如件」とあるところから『今川壁書』（伊勢貞丈『今川壁書解』）ともいわれているが、普通『今川状』の名で知られている。

その形式は、本文が箇条書きの漢文体で、後文の説明書きの所が平仮名交り文である。江戸時代の板本は、時代が降るに随って、(1)条目が一条増加して二十三条になり、(2)仮名交り文のところが、和臭のひどい漢文（時文）に

書き改められて読みづらくなり、(3)若干の箇所は通俗化が悪く作用して、意義不明になっている。[80] 思想内容は、政治を自己の内面の修養に還元して、そのあるべき教養・生活を説いたもので、今川了俊のそれを遠く離れるものではないが、措辞・用語から見て、全文を今川了俊の自作とすることはできない。またこの時の遠江守護は斯波氏であって、事実とも相違する。江戸時代の流布本の奥書には「永享元年（一四二九）九月十六日」と記したものが多いが、応永十九年二月説とともにいずれもにわかに信用はできない。尾形裕康氏の応永二年成立説は『今川記』の今川了俊帰東直後という記事に合わせたものであるが、了俊をめぐる同年の政治段階と『今川状』の内容とは対応しないし、何よりも用語の面から見て、同状は今川了俊の作と認められないから、同説をとることもできない。

『今川状』は今川了俊の言動を基礎に、その教訓の形で了俊没後偽作された家訓（壁書）のたぐいであるが、その説く所が、文武の修業をすすめ、利欲を排し公正を尊び、神仏を敬うなどの、普遍的な倫理の確立を強調し、奢侈を禁じ質素をたっとび、分限を守ることなど、近世的道義をも強調しているので、江戸時代の士庶の間に盛行した。なかんずく往来物の一種、すなわち児童用の教科書として、近世庶民教育に与えた影響は絶大である。

教科書風に用いられた例としては、天正・文禄の頃になったと思われる八十島道除の筆にかかる『条々』あたりが最も古いといわれている。[81] 寛永七年（一六三〇）以降続々と刊行され、『今川状』（寛永七・明暦三・延宝三）、『大橋流今川状』（寛文十・寛延四）、『今川諺解大成』（元禄二・享保十三）、『寺沢流今川状』（正徳中）、『今川童蒙解』（宝暦五・安永五）、『今川童子訓』（寛政三）、『絵本今川状』（文政八）などの七部十二種の刊本はその代表的なものである。また『古状揃』（寛永二）に収載されて普及した数はおびただしい。『新童子往来』（元禄十一年〔一六九八〕初版）やその他の合本科往来物にも、同状は大抵収められている。江戸初期から明治初期までに出版された『今川状』は二百数十板・十万冊にも近いといわれており、その普及と影響の大きさを窺わせる。その影響で「今川」の名をつけた『瓢金今川』（天和元）、『万民今川』（元禄五）、『新今川状絵抄』（享保十八）、『寺子今川状』（宝暦年間）、『百姓今川准状』（天明二）、『新今川童子教訓条々』（寛政四）、『商家今川慎状』（文政頃）、『教訓幼今川』（天保十二）、

『庄屋今川教訓抄』(82)（天保頃）などの派生的な教科書も数多く現れた。とくに『女今川』は女子教訓書として広く用いられたものである。

歌論と詠歌

今川了俊は応永十九年（一四一二）三月、関口某に宛てて『了俊日記』を著した。時に八十七歳である。宮内庁書陵部には、加茂朝子の筆で『今川了俊歌道抄　了俊日記秘書』と二行書きの外題がつけられている鷹司本がある。『今川了俊歌道抄』は「謹和歌所之人々御中」の端作りで始まる『二言抄』で、奥に「嘉永六年（一八五三）中冬従」雅久《〔飛鳥井〕》御許」借、令」五十媛《〔政通の女〕》新写」畢、（花押《〔政通〕》）」とある。『了俊日記』はこの書の後に続き、巻末に今川系図を掲げ、そのあとに「嘉永六年中冬従」雅久御許」借、令」賀茂朝子新写」、為」秘蔵」之書（花押《〔政通〕》）」とある。本書の類本には、江戸前期書写の彰考館本があり、書陵部本と同系統の本である。伊地知鐵男氏が両本を校合して翻刻された（『今川了俊歌学書と研究』）。写本に阿波国文庫本(83)・松平文庫本（『歌詞秘伝』）などがあるが、伝本は極めて少ない。

本書の宛名は「関白殿」となっているが、伊地知氏の推測のように、今川氏一族の関口氏に宛たものであろう。関口氏は了俊の九州下向に随行し、有力部将として各在地領主を指揮し、了俊との間の取り次ぎなどをしている。関口掃部助は兵粮料所として大宰府天満宮領の筑後国水田下牟田村を押領してみな知行し、今川了俊から社家に返付するよう命ぜられているが（太宰府天満宮文書）、これはもともと了俊が同人を同村の半済給人に指定していたところから起こった問題で、関口掃部助は自分の戦力の基盤を拡充しようとして横領していたものである。康応元年（一三八九）三月の義満の厳島詣でに、了俊とともに関口（今川）修理亮が随行している。

今川了俊は冷泉家伝本や自作歌論書を多く一族に宛てて授けているようである。たとえば、『古今集』に関する先行諸書を敷衍した冷泉為秀相伝本の『古今和歌集註』(84)を、応永十一年（一四〇四）仲春、了俊は諸井須蔵人という人物に授与しているが、同人は姓から判断して、今川了俊の近い一族と思われる。『言塵集』を与えた讃岐入道法世も了俊の弟今川氏兼である。彼は応永五年（一三九八）尾張守護の明証があり[85]、同七年七月には日向を料国として義満から預け置かれ[86]、同十四年七月には伊達範宗と駿河の地を争っている[87]。了俊のこのような事蹟が、範政（了俊の甥泰範の子）のような伝本史上極めて重要な作業をした人物を呼びおこしたのである。

『了俊日記』の内容は、和歌・連歌の初心者にその詠みようを教えたもので、和歌の方面は、専ら古言歌詞と世俗言の歌詞との注解に意を注いでいる。「古歌の詞言」としていちいち説明をしているが、その際自ら記しているように、この項目のほとんどは『八雲御抄』にもとづいている。またそこに「世俗言、只詞をよめる証歌」としてあげている歌は、『二言抄』の「珍しく見え候古歌」と同じく、『夫木和歌抄』から抽出したものである。『八雲御抄』と『夫木和歌抄』に拠る態度は『師説自見集』にも通じて見られるところであり、了俊歌論を形成する二大支柱であったといえる。因みに今川了俊は、勝田備前入道の自筆正本の『夫木和歌抄』を九州下向の時にも携行し、熟読している[88]。

『夫木和歌抄』の編者勝間田長清は、法名を蓮昭といって冷泉為相の門人で、その間極めて親密な師弟関係にあった[89]。同じ冷泉門下として、師説・庭訓を尊重した今川了俊が、同抄を証歌撰出の宝庫としたのは当然である。勝間田氏は、横地氏とともに、文明年間（一四六九－八六）今川義忠に亡ぼされるまで、遠江の雄族として聞こえた家柄であり[90]、今川範国・了俊父子の遠江経営によって、南北朝時代にはその有力被官となっていた。了俊に随って九州の地にも転戦しているようである（『今川家譜』、『今川記』）。

今川了俊の歌論書の中で、奥書などにその成立年代を明示していないので、種々の意見が出されているものに『落書露顕』[91]がある。新潮社刊『日本文学大辞典』、明治書院刊『俳諧大辞典』などは、応永二十四年（一四一七）としている。著者了俊の指示する冷泉為尹（一三六一－一四一七）の存命中の執筆であることは、本文の記事から窺えるが、応永二十四年と決定した根拠は明らかでない。また松本旭氏は応永十三年（一四〇六）から同十七年までの間、応永十五年前後の成立とされる[92]。今川了俊が自作の『六帖歌合』を天覧に入れた天皇が後小松天皇であること、文中に為尹のことを「若盛り」といっていること、を手掛りにされた考察である。いま『落書露顕』中から、同書の成立年代を窺い得るような記事をひろってみると、巻頭の、

蛍雪をあつめざれば、灯の窓いよ〳〵くらく、蓮の門さしこもりぬれば、庭のをしへにまどへり、落葉の衣はかさぬるといへども、寒風なほふせぎがたく、朝三暮四のもとめなければ、煙絶えたる事をうれへ侍りながら、八十ぢの暮の心ぼそきも、やまとことの葉を友とし侍るばかりに、なぐさめ侍りき

という、清貧の中で和歌一筋に生きぬいている生活を伝えた雅文と、当代の連歌の躰に関して述べた、

あはれ愚老ごときも、八十ぢのとしもこまかへりて、此の道稽古の心ざしを、はげまし侍らばやと存ずる歟、執心つみふかく侍る

という箇所。及び同書叙述の経緯を述べた次の箇所である。

此の両道の事、八九十歳にいたるまで執心の侍れば、数寄の心ざしを、たれ〳〵もあわれみ給ひて、少々の悪口はゆるし給へかしと存じき

「八十路の暮れ」を仮に八十九歳とすれば、死没頃ともいわれている応永二十一年（一四一四）になる。それより以前の執筆であることは明らかである。同書に見える、『六帖歌合』が天覧に入り、了俊の百余首に勅点を下されたという当時の天皇は、古来からいわれているように(93)後小松天皇であろうから、天皇譲位の応永十九年八月が一つの目安になる。また、今川了俊の著作で、年次を示す最後のものは、同年三月の『了俊日記』であることも参考になるから、応永十九年ぐらいを本書成立の目安として考えてよかろうと思うが、荒木尚『今川了俊の研究』は同年冬頃の執筆か、とする。今川了俊八十七歳である。同書中に「今年中、必定死去侍るべき心ちして侍る間、あらはし申すなり」とあるのは、同書が了俊の執筆活動の最後のものであることを暗示している。

諸本には、神宮文庫本・内閣文庫本などが別にあるが、水上甲子三氏は彰考館本を底本とし、静嘉堂文庫本で校合したものを翻刻された。(94)『歌学大系』本や『群書類従』本との関係は同一系統であるが、両本の誤脱を補う点が

少なくない。『歌論歌学集成』第十一巻には国立歴史民俗博物館所蔵写本による翻刻を収める。
述作の目的は、冷泉為尹の歌風について、「其の詞自由にして、幽玄の体を不存、闕けたるすがた多」しという非難攻撃に対して、冷泉家の歌風の正統性を主張し、その非難を批判・否定したものである。最初匿名で『落書記』と題していたが、今川了俊の作であることが明らかになったので『落書露顕』と号した、というのが書名の由来である。反撃の論調は『二言抄』よりも穏やかである。本書は、二条家に対する抗議の書であるばかりでなく、連歌界の動向についての批判も含み、和歌も連歌もしっかりした根拠（立所）によるべきことを述べている。また文芸上の回想談、歌の同類・諸体、連歌の句数、自由の言、『竹園抄』のこと、歌の短冊のことなどにも及んでおり、和歌・連歌についての実践的な指導・啓蒙の書である。(95)

今川了俊は、以上のような歌論書の述作以外に、類題歌集である『二八明題和歌集』を撰したといわれる（『続五明題和歌集』序）。『古今集』から『続後拾遺集』までの十六代集から撰歌し、部立を施して類題別に編纂したものである。写本が書陵部・蓬左文庫・穂久邇文庫・松平文庫・北岡文庫その他に伝存する。撰者は未詳とすべきであろう。荒木尚『今川了俊の研究』三二五頁以下に詳しい。

今川了俊の歌論書述作に触れてきたので、了俊の和歌そのものについて記さなければならない。今川了俊にとって和歌は一つの芸能であるが、「能は他のためにあらずをのれがためなれば」いよいよみがくべき「道」であった（『言塵集』）。そこには、「満足の思」いに休ろう余地は与えられない（『了俊一子伝』）。その自戒を詠歌の実作に即していえば、「をのづからよろしき歌仕たりと存るうちにも、真実の心底には、くさき物にふたしたる心地し侍也」（『了俊歌学書』）という痛烈な自省をよぶ。その自省を詮じつめれば「我等も初心の時、よく思てよみ置たりし歌どもを、秘蔵してとりをきて、後にみしかば、かたはらいたく、はづかしき歌のみ有しかば、入二火中一き」（『了俊一子伝』）という歌人としての自己否定にまで立ち至り、「歌をよくよまんと存給はゞ、必定歌よまぬ人に成給べき也」（同上）という父範国の教えに還帰するのである。

燃え残りの遺詠を火中から拾い上げるというのは、今川了俊の意をそこなう事事しい作業であるかもしれないが、現在知られている今川了俊の遺詠は次のとおりである。『風雅和歌集』一、『新拾遺和歌集』二、『新後拾遺和歌集』一、『新続古今和歌集』一（以上、勅撰集に入集の分）、『年中行事歌合』五、『新玉津島社歌合』三、『今川記』一、『鹿苑院殿厳島詣記』一三、『草根集』（正徹の歌集）一、『難太平記』一、徳川美術館所蔵『和歌秘抄』一、『二言抄』一、『師説自見集』巻六（『源氏六帖抄』）一、『了俊一子伝』一、『了俊歌学書』一三、『東野州聞書』[97]（東常縁の著）五、『朝倉敏景十七箇条』一、『西行上人談抄』[96]一、の五三首である。さらに『道ゆきぶり』の和歌六十首が加え得るものであれば、一一三首である。

『了俊日記』には、『了俊一子伝』と同じように、二、三十歳以後、自分では良い歌だと思っていた自詠を集めていたが（家集のようなものに仕立てていたのであろう）、八十歳過ぎて見てみると、一首も良い歌はないので、みな火中に入れた、と言っており、また、自詠『六帖歌合』を天覧に入れて百余首に勅点を得た（『落書露顕』）、というのであるから、右の現存遺詠の他に、多数の詠歌があったことは確実である。右に挙げた諸歌について今川了俊の和歌を見てみると、平明・率直に自分の真情を詠んでいるところにその特徴があり、叙景歌の詠み口は至って素直である。晩年になると教訓的傾向が強くなっている。

今川了俊の歌論[98]については、今まで部分的に触れてきたので、以下これをまとめておこう。今川了俊は、和歌の面では一生を徹底した冷泉派として過ごし、その歌論は、二条家側からの非難に対し復興期冷泉家の当主為尹を弁護し、冷泉歌学を宣揚することを機縁として形成された。冷泉歌学は、現在今川了俊の歌論書を通さなければ、その全容を窺い知ることはできない。冷泉歌学は、個性の強い阿仏尼の熱心な薫陶をうけた冷泉為相から始まり、為秀を経て今川了俊に受けつがれたもので、正徹・心敬に引きつがれてゆく。公家歌道師範の家柄ではない武家の今川了俊によって冷泉歌学が整理され、今日体系的に窺知できることは、中世和歌史上特異な事象である。歌論の系譜からいえば、今川了俊の歌論は、俊成・定家の歌論を継承・発展させたもので、歌の理想を『新古今和歌集』前後の歌人たちの風体に求めている。

今川了俊にあって、歌の本質は、心・風情を詠みあらわすところにあった。自分の個性に適応した歌体を学び、心の深くまわった、有心・見様《みよう》（叙景）の体を詠むべきものであるとし、詞の注釈作業を考証的・客観的に行った。心・風情を詠みあらわすための作歌論として次のようなことをいう。㈠人の心・風情を盗むような模倣（同類）を避け、「その主」になるような独創的な歌を率直に詠まなくてはならぬ。秘伝はあえて否定しないが、歌言・制詞に束縛さるべきではない、古歌からは「言つづき」を学ぶとよい。㈡歌語の取捨選択に注意し（替詞）、耳立たないなだらかな聞きよい言葉を用いなければならない。未熟な新造語は慎むべきである。㈢歌に慢心は禁物であり、才学につとめなくてはならないが、その才学は師説・庭訓によって統一されたものでなければならない。

今川了俊の歌論は、本質論よりも作歌の実際論に多くの筆を費やしているが、それは了俊の指導的・啓蒙的な立場・性格からくるものである。

歌道と仏道と末学教導に明け暮れる今川了俊晩年の生活を最も詳しく知り得るのは、応永十五年（一四〇八）五月の六帖本『師説自見集』巻六（書陵部所蔵『源氏六帖抄』巻末）の、次の自跋[99]である。

さても〱愚老八十にあまりて、後世菩提の外、片時も不レ可レ有二他事一に、かゝるいたづら事、目をしぼり、心をついやして書事、人の思処もはづかしく侍れども、少もやすむ時は罪深き雑念、世のうへ人の上に付て心にうかぶめれば、歌連歌にたよりたる事は、同雑念ながら、根ふかからぬ間、書すさび、云捨たるまでにて、全執心のとゞまらぬ也、されバ片時も無二他念一、或ハ念仏申、或ハ座を静する事は、さすがに不レ叶間、つとめの外にか様の事書ぬれバ、数奇の末学の人のため、如レ形其益も有べきかと存ばかり也、さならぬ悪念のミ相続するよりハ、執念の深からぬ也、さるは歌道も悪念まぎらかさん為とばかり存也、更に人にまさらんとおもふ名聞を存ぜず、但今比の人ハ、諸能を名聞よりはげまさるゝ歟、さてハ一向ざいごう〔罪業〕にや成侍らん一たびも南無阿弥陀仏と云人の蓮の上にのぼらぬハなし

たは事もまことゝ云もはて〳〵ハとまり所をしる人ハなし

徳翁在判

「一たびも」の歌は『拾遺和歌集』巻二十哀傷に載せられている空也の歌である。今川了俊は宗教的には禅門の人で、信仰に溺れない醒めた面を見せているが[100]、真言密教への帰依も浅からず[101]、結局念仏信仰に落ち着いている。主として今川了俊をめぐる濃厚な時宗の雰囲気環境からきているものであろう。

最末の自歌で今川了俊は、虚妄といい、真実といい、人間にとって最後的解決はない、といっているが、ただ、了俊の歌の道は、有限のうつし身にとって、永遠に確かな解毒に通じる、強勁な祈りであった。念仏を唱えてひたすらに後世菩提を願う草庵文芸の系譜に、最後の身をゆだねながらも、数奇の末学のため、命の火のゆらぐ中に、自己の文芸体験をぶちまけて、一切の指導を惜しまなかった。離反に堪え激動を生き抜いた武人今川了俊の、歌人としての人間としての真実の姿がそこにあった[102]。

註

（1）鎮西管領としての一色範氏については、川添昭二「「鎮西管領」考」（『日本歴史』二〇五・二〇六号、一九六五年六・七月、「鎮西管領一色範氏・直氏」一九八二年四月、『森貞次郎博士古稀記念府古文化論集』に補訂再録）。

（2）大鳥居文書、観応元年（一三五〇）六月五日一色範氏寄進状。

（3）『祇園執行日記』康永二年（一三四三）背書。

（4）・（5）註2所掲文書。

（6）太宰府天満宮文書、観応元年六月日松浦飯田左近将監集請文。

（7）大鳥居文書、文和元年（一三五二）十二月十三日日田永敏寄進状。

（8）川添昭二「豊後日田氏について」（『九州文化史研究所紀要』一六号、一九七一年三月、『九州中世史の研究』（吉川弘文館、一九八三年三月）に再録）。

（9）島津忠夫『連歌の研究』（角川書店、一九七三年三月）

第三章四。

(10)「文和千句」は、現存するものとしては第一百韻だけのもの（大阪天満宮文庫本・静嘉堂文庫「連歌集書」本）と、前半五百句のもの（小鳥居本）と、二つがある。前者は潁原退蔵『俳諧史の研究』に翻刻・紹介され、古典研究会の『連歌百韻集』（汲古書院）に影印版として収められ、伊地知鐵男氏の解説が付されている。小鳥居本は星加宗一「文和四年二条家千句について」（『文学』九巻一二号、一九四一年一二月）に紹介され、金子金治郎氏によって翻刻（「文和千句解説・翻刻」〔『中世文芸』二二、一九六一年八月〕）、さらに同氏による注解「文和千句第一百韻」（『連歌俳諧集』小学館・日本古典文学全集32、一九七四年六月）が出され、島津忠夫・湯之上早苗・瓜生安代編『千句連歌集』一（古典文庫386、一九七八年一一月）に小鳥居本の翻刻が収められている。

(11)古典文庫386『千句連歌集』一－二八一頁解説。

(12)福井久蔵『連歌文学の研究』喜久屋書店、一九四八年五月、島津忠夫『連歌集』新潮社、一九七九年一二月。

(13)矢野美智子「連歌のすすめ」（太宰府天満宮「研究所だより」二二号、一九八〇年一月）に指摘されている。

(14)金子金治郎『菟玖波集の研究』（風間書房、一九六五年一二月）四九二－九三頁。

(15)『落書露顕』に「近代は、歌の聖のごとくに、頓阿法師をば人〴〵存て」とある。

(16)原文書は大悲王院文書の中に見出し得なかった。

(17)『了俊一子伝』（『了俊弁要抄』）に「住吉・玉津島・北野天神も可有御照覧候」とあり、『落書露顕』に「両神も北野御神も照覧し給ふて、数寄の人々の心を、一道になさしめ給ねかし」とある。今川了俊が文芸の神として住吉（大阪市住吉区・住吉神社）・玉津島（和歌山市和歌浦・玉津島神社）の両神とともに北野神（京都市上京区北野天満宮）を深く崇敬していたことが知られる。なお、北野信仰と連歌との関係については伊地知鐵男「北野信仰と連歌」（『書陵部紀要』五、一九五五年三月）、『伊地知鐵男著作集・Ⅱ』〔汲古書院、一九九六年一一月〕に再録）がある。なお、九州に来てからのものとしては、田原文書三月四日衛比須城宛今川了俊自筆書状に「日本国大小の諸神・八幡大菩薩・天満大自在天神も御罰候へ」とあるのを挙げることができる。

(18)今川了俊は天満宮安楽寺領に対する一族家人・国人らの押領・違乱を禁止するなど保護を加えている。半済施行と不可分の問題であるが、別著に述べる。

(19)太宰府天満宮所蔵文書中、南北朝期の文書は一六六通あり、そのうち今川了俊の直接発給文書だけでも五九通残っている。川添昭二「今川了俊の発給文書」（『九州中世史研究』第三輯、文献出版、一九八二年六月）

（20）金子前掲書二四五頁・五六八頁。『菟玖波集』二十の「紅を忘れぬ梅のもみぢかな」は、救済の代表的な作品の一つとしてよく知られており、連歌師相伝の書である『和歌集心躰抄抽肝要』（京都大学本）にも、救済の句として

安楽寺ニテ
紅ヲ忘ヌ梅ノ茺《もみじ》哉
神法楽ノ連歌ハ、心紕《ただし》ク痛《いたく》サミメキ為《たる》句ヲセヌ事ナレバ、先、法楽ノ連歌ニ紕キ句ヲ仕《つかまつりたる》為間トテ、九州ノ囿人《ひとびと》期ヲ不レ用、亦維《この》発句ニテ諸人用ケリ、
同所ニテノ発句
松古テ見ヌ秋残嵐哉
偕ニ見ン久き梅ノ八重桜
殊ニ乃《の》気《け》句ノ上手也　（京都市・大学堂書店刊）

とある。九州の人々が安楽寺連歌には、常に救済の「紅を忘ぬ梅のもみぢかな」の発句を用いたというのは、救済の天満宮安楽寺連歌史に占める地位の重要さを物語るものである。島津忠夫氏は『霊廟託宣之連歌』の発句「紅ゐに雪こそまじれ梅の花」と一脈通うところがあるのは偶然の一致とはいえない、と指摘しておられる（「太宰府天満宮連歌史」〔『太宰府天満宮連歌史資料と研究』Ⅱ、太宰府天満宮文化研究所、一九八一年三月、一一七－一一八頁〕）。

（21）伊地知鐵男『連歌の世界』（吉川弘文館、一九六七年八月）一九四頁。

（22）福島県耶麻郡塩川町米沢の栗村順次郎氏所蔵の「賦春之何連歌」（巻子本一巻、室町末期の書写）は救済追善のための連歌であるが、その前書により救済は永和四年（一三七八）三月八日に没したことが知られる（上野敬二・林毅「梵灯庵の救済追善百韻」〔一九五九年九月〕、水上甲子三「救済追善賦春之何連歌」〔『言語と文芸』一九六四年三月、『中世歌論と連歌』〔全通企画出版、一九七七年八月〕に再録、金子前掲書、五六二頁〕）。

（23）島津忠夫『連歌の研究』一一二頁。島津氏は「きゅうぜい」という呼び方をとっておられる。

（24）『落書露顕』に「連歌道の事は、救済法師が当道を二条摂政家につたへたてまつりしより以来、天下皆この門弟となれり」とある。『落書露顕』は彰考館本を底本とした水上甲子三氏の翻刻による（『中世歌論と連歌』所収）。

（25）・（26）『落書露顕』。

（27）心敬の作に擬せられている『馬上集』（心敬作ではない）には、この下向とは別な形で周阿の九州下向のことが記されている（『続群書類従』十七下）。

（28）木藤才蔵『連歌史論考』上、増補改訂版（明治書院、一九九三年五月）二七四－七七頁、米原正義『戦国武士と文芸の研究』（桜楓社、一九七六年一〇月）五一八－一二〇頁。大宰府－筥崎の順序には若干問題がある。

（29）周阿の研究についてては数多くあるが、いちいちあげるこ

とはしない。ただ周阿について、批判者側からの評言にのみ立つ評価に反省を加えている斎藤義光氏の意見は傾聴すべきである（『中世連歌の研究』〔有精堂、一九七九年九月〕六〇頁以降）。

（30）発句「今日いくか我此花の御垣守」は今川了俊で、梅花を詠んでおり、その句意、懐紙に梅が描かれていること、千句の第五が菅原道真の忌日にかかると思われる正月二十二日に詠まれていること、などの諸点から、島津忠夫氏は、この興行は大宰府天満宮で行われたとされている（註20所掲書）従ってよかろう。

（31）満盛院文書明徳三年（一三九二）十二月八日今川貞臣施行状に安楽寺宮師律師が見える。

（32）義堂周信『空華集』巻第十三・同『空華日用工夫略集』康暦二年七月十八日・廿七日。

（33）『扶桑拾葉集』系図。宗久については稲田利徳「宗久論――都のつとの作者」（『岡山大学教育学部研究集録』九九号、一九九五年七月）がある。

（34）高野山文書閏十月三日今川了俊書状・閏十月十一日頼泰書状。

（35）田中義成『南北朝時代史』（明治書院、一九二二年九月）二六六―六七頁。

（36）『明徳記』。

（37）金子金次郎「中世作家と地方文学――今川了俊の九州探題時代」（『広島大学文学部紀要』七号、一九五五年三月、『新撰菟玖波集の研究』〔風間書房、一九六九年四月〕に補訂のうえ再録）。

（38）『了俊日記』、『言塵集』にも同歌について、同様の解釈をしている。

（39）『万葉集』に関する訓法や諸説等が今川了俊にどのように受容され、またそれがどのような意義を担っていたかを考察した論文としては荒木尚「『万葉集』と今川了俊」（『中世文学資料と論考』笠間書院、一九七八年一一月、『中世文学叢考』〔和泉書院、二〇〇一年三月〕に再録）がある。

（40）このうち『古今集』については、川瀬一馬氏が紹介された今川了俊の『古今和歌集註』（延宝頃、田村右京大夫永伝写本・三冊）を注目すべきであろう（『日本書誌学の研究』〔講談社、一九四三年四月〕一一六三―六七頁）。同書巻末には、

已上古今一部自レ始至レ終秘事不レ残口伝之人事共記レ之畢、努々不レ可二他見一者也、是誠々深秘中記之記、穴賢云云、最秘事云云、元徳三年〔ママ〕十七日書写畢、自二為秀一相伝本也、御奥書
応永十一年仲春天徳翁了俊在判
諸井須蔵人殿授二与之一

とあり、『三五記』または『愚秘抄』に説くところよりも

詳細な点があり、先行の諸書を敷衍した冷泉家伝の一書かといっておられる。徳川美術館所蔵今川了俊自筆の『和歌秘抄』奥書に見える冷泉為秀自筆本『古今説奥書』は、あるいはこの書を指しているのかもしれない。諸井須蔵人は今川了俊の一族であろう。

(41) 今川了俊の秘事口伝に関する意識をさぐられたのは薬師寺寿彦氏である。同氏の見解によると、今川了俊が秘伝の対象として例示しているのは古今の説（その解釈）、つまり、いわゆる才覚的なもので（『了俊一子伝』）、和歌における秘伝の存在は少なくとも客観的な事実として認めており（『落書露顕』）、秘伝をできるだけ極限し、自らつとめて公開的であろうとしているが、一般的風潮には従っていた（『師説自見集』）。連歌においても「口伝」を必要視していて、式目などの客観的なもの、さらには「句造」（『了俊日記』）といった制作の細かな作法に及んでいた、という（「連歌に於ける秘伝意識」〔『国文学攷』一九号、一九五八年三月〕）。

(42) 『顕注密勘』は承久三年（一二二一）、藤原定家が顕昭の『古今集』の注に、父俊成の家説や自己の意見を注したもので、六条家の説に対して自家の説を定立して子孫に伝えておこうとする家道伝承の道統精神は明瞭であり、今川了俊の道統意識を刺激すること大なるものがあったと思われる。今川了俊は三代集の説は大かたは同書に見えているといっているが、この書は『古今集』の注を中心としており、藤原定家は『顕注密勘』を著した翌年、『三代集之間事』を書いて『後撰集』、『拾遺集』二集について述べ、それから四年後に『僻案抄』を書いて前二書の所説を一つに集めて、さらに増補しているので、今川了俊は、あるいはこれからの書をも念頭にいれて述べているのかもしれぬ（石田吉貞『藤原定家の研究』〔文雅堂書店、一九五七年三月〕二三二頁）。

(43) 大津有一氏によると、尊経閣文庫所蔵『伊勢物語』武田本巻末の相伝系図に

業滋―元清―惟純―業正―宗屋―朝之―公之―見国―定家―
為家―四条―為相―為秀―了俊―正徹┬知蘊―弌水
　　　　　　　　　　　　　　　　└常縁

とあり、今川了俊が『伊勢物語』を相伝していたことが判明し、為相以下は事実であろうといっておられる（『伊勢物語古註釈の研究』〔金沢市・宇都宮書店、一九五四年三月〕一六二頁）。宮内庁書陵部所蔵『伊勢物語抄』の奥書には『今川了俊談議聞書』というものをあげていて、了俊が『伊勢物語』を講じ、その聞書があったことが推測される（同上書、一六三頁に紹介）。この『伊勢物語抄』は冷泉家の注釈の集成で、大津有一氏架蔵本『伊勢物語註』を基礎にしてそれを増補したものらしく、その増補に、ある

いは了俊もあずかっているのではないかと考えられている（同上書、一六六―一六七頁）。なお、同氏架蔵の『闕疑抄』寛永十九年（一六四二）版の頭書の中には、

了俊云、田面雁《タノモノカリ》、頼雁両説也、鹿狩と雁と也
了俊云、くだかけはちいさき鶏也、夜ふく啼もの也又門屋をくだといふ、鶏は門屋にすむもの也、師説自見集云、たは、とはたはむ躲也、とを、とはたはみのく躲也
師説自見集、うれたきとはうれはしきと云言也
同云、うれたたきとはねたきと云言也
師説自見集、あまのさかてとは、人を咒咀する時、手をた、きてのろふ事を云

とあって、今川了俊の所説及びその著『師説自見集』が引用されている（同上書、一六二―一六三頁）。

（44）今川了俊の源氏学は、在来「愚老が歌の心の付たる事は、源氏は三反披見して後より、風情も心も出来し也」（『了俊一子伝』）という了俊自身の表白から、和歌実作上、詞のにほひ、心むけ、風情などをわきまえるためのものであると考えられ、『源氏物語』研究史上から見れば「素人愛好者たるに過ぎない」（重松信弘『新攷源氏物語研究史』（風間書房、一九六一年三月）一八九頁）という評価を受けているが、実際には今川了俊の源氏学はまだ正当な分析評価がなされているとは思えない。書誌的には『図書寮典籍解題文学篇』（国立書院、一九四八年一〇月）一五五―五六頁の『源氏六帖抄』に関する解説、及び同抄と『師説自見集』との関連を究明した田中裕氏の「師説自見集と了俊相伝定家歌論」（『語文』第二十輯、一九五八年六月、『中世文学論研究』（塙書房、一九六九年一一月）に再録）、『群書解題』十（続群書類従完成会、一九六一年三月）の『師説自見集』の解題（池田富蔵氏執筆）などの諸研究があるが、了俊源氏学の全貌把握は将来の課題である。出光美術館の国宝手鑑『見ぬ世の友』（出光美術館、一九七三年六月）と京都国立博物館の国宝手鑑『藻塩草』とはよく似た構成をとっているが、両者に今川了俊の『源氏物語』の研究を示す「伊予切」が収まっている。前者は『源氏物語』夕顔の巻の後段にあたる断簡で、

今川了俊伊予切
ことさまにいひなして物せよかし
などかたらひ給さらばいとうれしく
なん侍べきかの西の京にておひ出《ソダツル也》
給はんは心ぐるしくなんはかぐ〵しく

とある。『増補古筆名葉集』今川了俊の条に「巻物切、源氏、杉原帋、中字、朱点アリ、老筆」と記されているものである。もとは巻子本である。杉原紙に淡墨で比較的大きめな字で、まさしく老筆で書かれている。文中には朱点で訓点や注が加えられている。今川了俊の自筆である。『藻

塩草』所収の伊予切は、

筆者点者了俊

今年八十五歳也

筆跡ばかりはをさなく侍哉

はゝき木幷

一　夕皃巻

とある。『源氏物語』「帚木」、「夕顔」巻の末尾識語、奥題断簡である（「藻塩草」裏115、木下政雄『手鑑』（至文堂・日本の美術84、一九七三年五月）参照）。了俊八十五歳は応永十七年（一四一〇）で、篠原大輔某に宛て『了俊歌学書』を書いた年である。

なお、一九八二年五月、蜂須賀家旧蔵の専修大学図書館所蔵『今川了俊筆源氏物語空蟬巻』の影印本が「専修大学図書館所蔵古典籍叢刊」のうちとして印行されており、前記以後の了俊源氏学の動向も知られる。

(45) 一九三一年玻璃版で複製された杉本八九郎氏所蔵定家自筆本『近代秀歌』には、

此草子定家卿真筆也、歌以下少々被書落歟、若早案歟、若又依レ被二書加一被二打置一本歟、於二奥書一者為秀卿相伝也、尤証本也

正五位下貞世（花押）

の奥書があり、実名から、今川了俊が出家した貞治六年（一三六七）十二月以前に書いたものである。久松潜一編『中世歌論集』（岩波文庫、一九三四年三月）所収。

(46) 井上宗雄氏が紹介された、藤原為家の『詠歌一体』（『八雲口伝』）を内容とする、蓬左文庫所蔵『為家卿和歌之書』（外題、江戸初期写）の応永九年（一四〇二）八月日の了俊奥書は、了俊相伝の冷泉家伝本を知り得るのみならず、了俊の九州での歌学研究の一端が窺える貴重な資料である（『中世歌壇史の研究室町前期』（風間書房、一九六一年一二月、一九八四年六月改訂新版）四二一―四二三頁）。その原本と見てよいものが名古屋市徳川美術館に所蔵されている。同書は『和哥秘抄』の外題が付され、本文四十五丁、横五寸四分五厘・縦七寸一分七厘、一冊、全紙灰汁打紙で、琴山による了俊自筆との極札が添えられており、田中親美氏も了俊自筆と鑑定された由である。全巻今川了俊の自筆である。最奥に「多々良（花押）」なる大内教弘（義弘の次子持盛の子）の花押があり、ここのところは蓬左文庫本には無い。同書の尾州家伝来本となるまでの伝来系統が暗示される。『李花集』奥書によれば、大内教弘は師成親王から同集を相伝しており、和歌に嗜みが深かった。原本と蓬左文庫本とは、最奥書の有無及び原本奥書末の珠阿の下の花押が了俊であることを除いて、おおむね字句上の異同は無い。奥書は本文一一二頁に引いている。同奥書によると、さきに本文で述べているように、了俊所持の抄物などはみな冷泉為秀の自筆で、鎮西安楽寺社頭で紛失していたが、

同寺宮師律師が尋ね出したので、路次静謐の時分召上げよう、自分の存命中に到来しなかったならば、子孫のうち数寄の志の輩が伝取せよ、としてその預け置く抄物を書き列ねている。その中の『和歌秘々』（『近代秀歌』）については、京都大学図書館所蔵平松家旧蔵本の奥書に、

此一帖先年為秀卿筆同奥書相伝了、於二鎮西一紛失之間、或人之〔ママ〕以二本書一移処也、少々相違事等在レ之歟、以二家本一可二書改一也

応永八年十月　日　　了俊判

とあるのと相応じ、『和歌秘抄』全体の記事の真実性を立証している。河野記念文化館蔵の『和歌一体』は「了俊七帖秘抄内（花押〔今川了俊〕）」という了俊自署のある冷泉為秀の若き日の筆跡であるが、この『和歌秘抄』の奥書には冷泉為秀自筆の哥書七部が見られるので、今川了俊が安楽寺社頭で紛失した冷泉為秀相伝抄物中の『詠哥一躰為秀卿筆同奥書』にほかならないとされている（『歌論集』㈠、三弥井書店、一九七一年二月）。『和歌秘抄』の存在を知り得たのは、蓬左文庫の織茂三郎氏の御教示によるものであり、徳川美術館館長熊沢五六氏の高配によって一見し得た。あわせて深謝の意を表する。本文一一二頁で述べているように、『和歌秘抄』は、筆者の紹介のあと、福田秀一・佐藤恒雄両氏によって翻刻がなされている（前掲『歌論集』㈠）。なお、徳川美術館所蔵の『詠歌一躰』は影印本として「徳川黎明会叢書和歌篇四」（思文閣出版、一九八九年七月）のうちに入れて刊行されている。「其預置抄物等」のうちの為秀自筆の『詠歌一躰』は、現在愛媛県今治市河野美術館に所蔵（錦　仁・小林一彦編著『冷泉為秀筆詠歌一体』和泉書院、二〇〇一年一〇月）。

(47) 了俊本ともいうべき『仮名本詠歌大概』は、応永十二年十二月、了俊が相伝の文書六種を尊明に送った一書（京都大学図書館所蔵平松家旧蔵本『西行上人談抄』）の中に含まれているものである。在来、仮名本は頓阿の『井蛙抄』所引本が知られており、了俊本と比較すると、真名本の本文に一層近く、両本の文言の出入りが質的に軽少なところから見て、了俊本は仮名本の一本であるといわれている（田中裕「仮名本詠歌大概をめぐって――了俊と頓阿との場合」〔『語文』第二十二輯、一九五九年八月、『中世文学論研究』に再録〕）。田中氏は了俊の著作に引用されている『詠歌大概』の箇所も指摘しておられる。

(48) 全文は十九項から成っているけれども、第十項「連哥ノ意地ハ何ト用心仕候ベキヤラン」は、金子金治郎氏の指摘のように、二条良基が自ら立てた項目であると思われる（「中世作家と地方文学」〔『広島大学文学部紀要』七号〕、『新撰菟玖波集の研究』）。

(49) 能勢朝次「九州問答注釈」（『国文学解釈と鑑賞』九五号―一二〇号、一九四四年四月―一九五六年五月）に注釈が

施されている。

(50)『後愚昧記』康暦元年閏四月廿八日。

(51)『言塵集』第三「とまで」に関する注解の項。

(52)註48所掲金子論文。

(53)池田重「武将と連歌」(『国語と国文学』二八巻八号、一九八一年八月)

(54)彰考館文庫に江戸中期の写本『落書露顕』が所蔵されており、その奥書に

今川伊予入道徳翁判
以二了俊真筆本一如レ本書写了
嘉慶元年十一月十二日
二条殿　准三后　御判
延宝戊午歳呂山本春正本写レ之
京師新謄本

とあるところから、水上甲子三氏は嘉慶元年を『落書露顕』の初稿本とし、今川了俊の九州探題在任中の文学的活動を示すものとされた(「『落書露顕』成立試考」〔『文学・語学』一四号、一九五九年一二月、『中世歌論と連歌』に再録〕)。筆者は一定の条件を付しながらも水上説を踏襲した(「九州探題今川了俊の文学活動」〔『今川了俊』吉川弘文館、一九六四年〕一九七−九八頁)。しかし二条良基の加判は『落書露顕』とは全く関係のない奥書が混入したものである(井上宗雄『中世歌壇史の研究南北朝期』八一三−一四頁、水上甲子三「川添昭二氏著『今川了俊』を読み、あわせて拙稿「落書露顕成立試考」の誤謬を正す」〔『言語と文芸』四〇号、一九六五年五月〕、『中世歌論と連歌』に再録)。しかし「自己の九州在任中の文学活動に対する回想が下敷きにされていて、その原型が九州在任中に出来ていたであろう」という筆者旧稿の推測は、そのままでよいと考えている。

(55)『了俊大草子』の文中に「先年関東に参て侍しに見奉りしは、基氏の鎌倉殿は、浅黄の帷の袖を細くして、只其ばかりをめして、小手をさゝせ給き、面白事也」とある。鎌倉公方足利基氏が没したのは貞治六年(一三六七)今川了俊四十二歳の時である。「先年」とあるから、この箇所の記事は、それ以前のことにかかる。了俊は遙か年下の基氏を敬愛していた。『了俊大草子』のもととなった「大草子」は或一定の年次に一挙に成稿したものではなく、九州の「稽古の輩」のため、九州探題赴任直後から質問に応じて順次書きつがれていったものではなかろうか。京都で抄録した年次について手掛りを与えるのは、同書の次の記事である。

一、将軍家には御矢口開の事、第一の秘事也、故御所の御時は、亡父の蒙レ仰奉行仕き、此事大御所宝篋院殿御時は、御さたなかりしなり、故御所の御矢口開の時は、興行有しなり、亡父が宝篋院に教申、御手づから

御勤ありしなり、当御所の御矢口開の儀も、故御所御自身御沙汰有けるにや、愚身には御尋もなかりし也、衷若君の御祝に、我等が子孫等が中に蒙レ仰奉行仕ばやと存也、

宝篋院殿義詮を大御所といっているから、故御所は義満、当御所は義持に当てられよう。義持の矢口開の儀は義満自身が沙汰して、了俊には御尋ねもなかった、というのも、応永二年（一三九五）帰洛以降の義満に対する了俊の政治的立場を考えると当然である。義持は応永元年（一三九四）十二月に将軍となり義満は応永十五年に没しているから、この抄録は応永十五年以降了俊の没するまでの間に成稿を見たのではあるまいか。

(56)『今川大双紙』は今川了俊の著作ではあるまい。

(57)玉村竹二『五山文学』（至文堂、一九五五年五月）六五－六六頁。〔補記〕参照。

(58)太田青丘『日本詩学と中国詩学』（清水弘文堂書房、一九六八年一一月）一五七－六五頁、小西甚一「玉葉集時代と宋詩」（『中世文学の世界』岩波書店、一九六〇年三月）。

(59)禰寝文書・入来院家文書・斑島文書などの今川了俊書状に「御方深重の人々」という用語が見える。

(60)桜井好朗「太平記の社会的基盤」（『日本歴史』七五、一九五四年八月）、同「太平記論」（『文学』二五巻六号、一九五七年六月）、同「難太平記論」（『日本歴史』一三二、一九五九年六月）。後二者は同『中世日本人の思惟と表現』（未来社、一九七〇年一月）に再録。

(61)岩波書店・日本古典文学大系34『太平記』解説一一頁、一九六一年一月。

(62)『群書類従』十・『日本歌学大系』五巻所収。

(63)『歌論歌学集成』第十一巻、三弥井書店、二〇〇一年七月。

(64)応永十九年三月『了俊日記』。

(65)『群書解題』九。

(66)井上宗雄『中世歌壇史の研究室町前期』五一頁。

(67)右同書、五二－五三頁。

(68)荒木尚「了俊における歌論の形成」（『文学・語学』三、一九五七年三月、同『今川了俊の研究』〔笠間書院、一九七七年三月〕に補訂再録）。

(69)一九三八年五月、日本古典全集刊行会刊。

(70)巻末に「他本云」として三項の追加があり、一部分は東山御文庫所蔵『了俊歌学書』と一致する。

(71)あとに「是は或仁の師説等又慥なる説を注云々言塵外也」として付載されている部分には、東山御文庫所蔵『了俊歌学書』と一致する数項がある。

(72)新潮社『日本文学大辞典』3、二一七頁。

(73)「師説自見集」については前注68・荒木尚著にほぼ尽くされており、この所は一つの過程的作業になっているが、

旧態のままとしておく。

(74) 田中裕「師説自見集と了俊相伝定家歌論書」(『語文』二十輯、『中世文学論研究』〔塙書房、一九六九年一一月〕に再録)。

(75) 『図書寮典籍解題』文学篇(国立書院、一二四八年一〇月)一五五—五六頁。

(76) 伊地知鐵男『今川了俊歌学書と研究』未刊国文資料刊行会、一九五六年九月。

(77) 木下政雄『手鑑』至文堂・日本の美術84、一九七三年五月。

(78) 井上宗雄『中世歌壇史の研究室町前期』六三頁。『歌林』は水上甲子三『中世歌論と連歌』に翻刻・収載。

(79) 『今川記』第三(『続群書類従』二十一・上)、『日本教育文庫』家訓篇には「今川了俊制詞」として収める。

(80) 尾形裕康「今川状について」(石川謙博士還暦記念論文集『教育の史的展開』講談社、一九五二年四月)。

(81) 石川謙『古往来についての研究——上世・中世における初等教科書の発達』〔金子書房、一九五〇年五月〕四七頁。

(82) 石川謙『日本近世教育史』(中文館書店、一九三一年一〇月)、同「今川状」(『教育学辞典』I、岩波書店、一九三六年五月)、その他。

(83) 小沢栄一『日本古典学の伝統』(ふたら書房、一九四二年九月)二九三頁に引用。伝本の詳細は註68・荒木氏著。

(84) 延宝頃の写本、三冊、川瀬一馬『日本書誌学の研究』(講談社、一九四三年四月)一一六二—六七頁。

(85) 大徳寺文書応永四年十一月廿二日法珍〔法世カ〕書状案、醍醐寺文書応永五年閏四月廿八日今河讃岐入道宛足利義満御判御教書。「門徒古事」(『日蓮宗宗学全書』〔顕本法華宗〕六九頁)にも「今河讃岐守尾州守護」とある。

(86) 『旧記雑録前編』二—一九五頁。

(87) 伊達文書、応永十四年七月十二日矢部三郎左衛門尉宛斯波義重奉書、同文書同年九月三日今河上総入道(泰範)宛斯波義重奉書。今川讃岐入道法世は氏兼の入道名であるといわれているが(「改選諸家系譜続編」)、今後さらに検討したい。

(88) 徳川美術館所蔵『和歌秘抄』奥書。

(89) 井上宗雄「冷泉為相の生涯」(『国文学研究』十一輯、一九五四年一二月)。

(90) 山崎常盤「勝間田氏遺跡の調査」(『静岡県史蹟名勝天然記念物調査報告』五集、一九二九年)。

(91) 『群書類従』十、『日本歌学大系』五巻。水上甲子三『中世歌論と連歌』、本書引用文はこれに拠る。

(92) 松本旭「今川了俊の生涯と作品」(『埼玉大学紀要教育学部編』八・九巻、一九六一年三月)。

(93) 『実隆公記』文明十五年(一四八三)十二月九日条。

(94) 『国文学言語と文芸』五・六・七号、『中世歌論と連歌』

に再録。

(95)『群書解題』九参照。詳細は荒木尚『今川了俊の研究』。

(96)今川了俊の和歌遺作については、川添昭二「九州探題今川了俊の文学活動」(『九州文化史研究所紀要』一〇号、一九六三年三月)に〔付録〕今川了俊全歌集として一一二首を掲げておいた。その後、荒木尚『今川了俊の研究』に底本を吟味しつつ右にさらに『西行上人談抄』所載のもの一首が付加された(四〇四頁)。しかし『道ゆきぶり』に偽書説があるので、一応本文のように仕分けした。

(97)『道ゆきぶり』が、仮に偽書だとしても、今川了俊の和歌遺作を軸に作りなしたという考えも、一つには立て得るだろう。文芸研究者は偽書説を問題にしていない。

(98)今川了俊の歌論については、早く小島吉雄氏の「了俊の歌論に関する覚書」(『国語国文の研究』二五号、一九二八年一〇月)というすぐれた研究があり、現在では荒木尚氏の精細な書誌調査を踏まえた研究(『今川了俊の研究』)があるが、述作の説明同様、ここではこまかく立ち入らず、前者を参照しながら略説するに止めた。後者については、川添昭二「荒木尚著『今川了俊の研究』」(熊本大学『国語国文学研究』一三号、一九七七年一二月)に紹介している。

(99)『図書寮典籍解題文学篇』一五六頁に紹介。

(100)太宰府天満宮所蔵永徳二年(一三八二)正月二十二日興行「今川了俊一座千句連歌第五百韻」の第八十六句の「東にわたる西は彼岸」など、それである。島津忠夫氏の解釈を引いておこう。「西へ行けば極楽浄土に至るのだが、自分は逆に東に向いて進んでいる。仏法といっても所詮は多く人のふみ行うべき道なのだから、東に向かっても心に仏を信じておればよいのだ」(『太宰府天満宮連歌史資料と研究』Ⅱ、一四三頁)。

(101)広島大学所蔵・九月五日今川貞世自筆書状、東妙寺文書・二月二日今川了俊巻数返事等。

(102)今川了俊最晩年の確かな事績は、応永十九年(一四一二)三月、一族の関口某にあてて『了俊日記』を書いていることで、最晩年どこにいたのかは明らかでない。没年については応永二十五年(一四一八)七月の正徹『なぐさめ草』に「故伊予守入道了俊在世の時」とあって、これ以前であることは確かで、最近、正徹の出家は了俊の死を契機とする応永二十一年一月前後、つまり了俊の卒去はこの頃とする意見が出されている(田中新一「正徹の出家年時——正徹研究ノート」〔『国語と国文学』五〇巻三号、一九七七年三月〕)。ともあれ、最晩年、京都にいたのか、伝えられるように遠江国堀越にいたのか定かでないが、静岡県袋井市堀越の海蔵寺は今川了俊を開基とし、寛延二年(一七四九)八月二十八日、了俊の三百三十遠忌に建てられた「当山開基今川了俊大居士」の墓がある。

［補記］今川了俊の儒教学習に関し、文化十三年（一八一六）の序のある広瀬蒙斎の『しがらみ』には「今川了俊の、水は方円の器にしたがひ、人は善悪の友によるといふは、唐太宗の文に、古人云君猶レ器也、民猶レ水也、方円在二於器一、不レ在二於水一、の語に本づかれしなるべし」（『続日本随筆大成』1、二六四頁）とある。『貞観政要』巻第六の同文を踏まえたものであり、『今川状』の一節も同文を踏まえている。『了俊一子伝』は「故郷有母秋風波……」の詩の心を和歌に詠んだ話を載せている。

了俊の源氏学については、前註44以外、寺元直彦、中田武司、伊井春樹、荒木尚、岩坪健氏らの研究があるが、それらを含めて全面的な検討が待たれる。

第五・第六章では南北朝期の文書類を若干使用しているが、瀬野精一郎編『南北朝遺文九州編』全七巻（東京堂出版、一九八〇年一月―一九九二年九月）が刊行されているので、併照願いたい。

第六章　連歌師朝山梵灯の政治活動

応永年中の比より世に聞え侍る人々は、今川了俊、成阿、梵灯庵主、波多野、外山、平井入道、遁世者には中宜庵主、頭阿、昌阿などとて、やむごとなき作者侍し、此内にも末の世迄残りて、世一の先達の名を得しは梵灯庵主なり
（心敬『ひとりごと』）

連歌史の研究では、当然のことながら個々の連歌史の事実を明らかにしていくことが基礎作業の一つとして重視されている。一方、中世史研究－室町幕府研究では権力機構の解明は最も基本的なものであり、将軍権力を直接に支える近習－奉公衆の政治的・文化史的な研究は最近ようやく緒についた。[1]近習－奉公衆体制の研究にあたって、近習個々の具体的な究明はその基礎作業の一つである。

この文学・史学二者の研究志向を総合的な理解に進めることによって、より豊かな中世史像が構築できるのである。その意味で、応永期連歌界を代表する将軍足利義満近習・朝山梵灯（師綱）はまさに好個の研究素材である。朝山梵灯については九州探題今川了俊との関係を中心にして、かつて旧稿「九州探題今川了俊の文学活動」（『九州文化史研究所紀要』一〇、一九六三年一〇月）で触れたことがあり、一、二の関係史料を提示したが、若干失考の箇所があり、それはとくに木藤才蔵氏の論文「梵燈庵主考」（『連歌史論考』上所収、明治書院、一九七一年一一月、一九

九三年、増補訂正版）によって明らかにされた。本稿では木藤氏の論文を導きとして失考を正し、朝山梵灯の将軍足利義満の近習としての性格に焦点を合わせ、九州における事績を中心に、朝山梵灯に関する二、三の新たな意見を提示し、将軍近習を素材とする北山文化とその広がりへの理解のひとつの素材としたい。

一　将軍足利義満の近習

朝山梵灯の生年は、『梵灯庵主返答書』下最奥の、「応永廿四年後五月十八日　梵灯判于レ時六十九歳」というのに信をおけば貞和五年（一三四九）である。没年は応永二十四年（一四一七）から永享五年（一四三三）の間といわれる。[2] 俗名は、惟肖得巌の『東海璚華集』第二に「梵灯庵主、乃出雲大伴氏、俗諱師綱」とあり、[3]『相国寺供養記』には「朝山出雲守大伴師綱」とある。『古今連談集』には「灯庵主の事は、あさ山小次郎と申せしより一かどの上手也」とあり、今川了俊の著書や書状には朝山とか朝山梵灯と書いている。つまり朝山師綱である。『新後拾遺集』には勝部師綱として一首入っており（『新続古今集』には梵灯法師として一首入っている）、大伴－勝部を本姓としていた。以下、名乗りについては師綱と書く必要のある以外は梵灯で統一しておく。朝山氏については中野栄夫「朝山氏」（『室町幕府守護家辞典』上巻、新人物往来社、一九八八年四月）があるが、簡単に触れておこう。

『出雲国造家文書』建長元年（一二四九）六月の杵築大社造営所注進状には在国司朝山右衛門尉勝部昌綱が見える。梵灯の先であろう。同注進状には、昌綱の舎弟三郎長綱、左庁事散位勝部広政（内舎人勝部広政庄官）、勝部頼重、右衛門尉勝部明孝、庁事散位勝部時元、左兵衛勝部政宗、政元時元息など、多くの勝部氏が見え、勝部氏の族的分布の広さを示している。同注進状によると昌綱は同社流鏑馬一番を勤め、同二番を守護所隠岐二郎左衛門尉源泰清（義清流佐々木氏）が勤めているから、出雲における有力在庁であったと見られる。

朝山武系図によると、承和三年（八三六）政持なる者が、検非違使の下官として出雲に下向し、神門《かんど》郡朝山郷

（出雲市高松町）に土着し、朝山氏と名乗ったという。(4) 右の所伝によれば、朝山氏は平安中期に出雲に土着した中央官人系豪族ということになるが、古代出雲氏族勝部の系譜も考えねばなるまい。右注進に見える在国司は在庁職の一つであるから、朝山氏は出雲朝山郷に本拠を有した出雲在庁官人の出身で、武士化し、鎌倉期には御家人でもあった。その所領は、朝山郷・楯縫郡（平田市）内東郷・西郷・三津庄など百数十町に及ぶ広大なものであった。三上景文（一七八九―？）の『地下家伝』廿一（日本古典全集）には「朝山元大伴部」として景連―義景―師綱（下略）と系譜を掲げ小伝を記している。京都大学所蔵朝山文書には朝山二郎左衛門尉（景連）宛の足利直義御教書がある。

梵灯が在俗時代のことを自ら語っているのは『梵灯庵主返答書』(5)下（以下『返答書』と略記）の次の箇所である。

　鹿苑院殿いまだいとけなく渡せ給し時より祇候し侍し人の、数にもあらざりしを御覧ぜられしより、直垂の衣文など引なをさせ、出仕のたゝずまひをも御指南ありし也、後には布衣に召加られて、常に金吾相共に全勲せしなり、よろづ水とうをとの思ひをなしてこそ罷過しか

鹿苑院殿足利義満の「いまだいとけなく渡せ給し時」というのを的確にはいえないが、仮に十歳前後とすれば、貞治末年である。貞治六年（一三六七）で梵灯は十九歳である。「後には布衣に召加られて」とあるが、これは直接将軍に近侍するようになった、いわゆる近習になったことを意味するものであろう。これは『東海璚華集』の「嘗侍二鹿苑〔義満〕相府一、帯二剣纓冠一、出入有レ年矣」というのに対応する。貞治六年十一月、細川頼之が執事に就任してから人材をえらび足利義満の補導に尽力しているから、梵灯が義満に近侍するようになったのはこのことと関係があろう。細川頼之による推挙を考えてもよいと思う。『返答書』の右の箇所は多少難解であるが、このように解しておく。

近習になって「金吾相共に全勲せしなり」というのは明らかでない。水上甲子三氏は金吾を今川了俊とされ、(6)筆者も旧稿でそれを踏まえたが、金吾を今川了俊とするには木藤才蔵氏がいわれる次のような不審がある。梵灯と了

俊との間には、二十三歳（確定的には言えないが）の年齢のへだたりがあり、しかも、その当時今川了俊は侍所頭人に引付頭人を兼ねていたから、年齢といい地位といい、梵灯との間に距離があり過ぎて、「常に金吾相共に全勲せしなり」という表現をするのは、ふさわしくないように思われ、その点が不審である。何よりも、金吾は衛門尉の唐名であるから、伊予守の了俊に当てるわけにはいかない。梵灯自身の任左衛門尉（後述）も問題になる。金吾を梵灯自身と解することもできる。ともあれ、足利義満の近習に召し加えられたことは、その後の梵灯の行動を考える上に重要であり、本章はここに焦点を合わせたものである。

後の朝山氏に奉公衆が見えるが[7]、その先駆的形態は梵灯においてすでに明らかであった。梵灯は地方の有力国人の出身で足利義満の近習になったものである。『返答書』上には、「摂政家より鹿苑院殿へ御点を申さるゝ事あり、俄に召れし間いそぎ参たりき」云々とあって、二条良基が足利義満の連歌を合点する時、梵灯を呼び出してその意見を聞いていることが記されている。その時梵灯は「長たかく幽々としたる姿、ことに珍重なるべきよし」と述べている。後述するように、梵灯は若い頃から和歌・連歌に秀でていて、足利義満の嗜好にあい、父祖以来の足利将軍家に対する忠節と相俟ち、近習に召し加えられたものであろう。前引の『返答書』下に続いて、松島に草庵を営んでいた時も音信があり、さらに思いがけなく帰洛することになった後も「李源円降が約せしにおとらず、其よしみの深きことをおもふ」云々とあるが、この一連の叙述の箇所については、解釈の分かれるところであろう。都からの音信について、木藤才蔵氏は島津元久・伊久の和解（後述）を図らせるためのものではなかったかと推測しておられる。応永十一年（一四〇四）のことである。そのように解されなくもないが、後でも延べるように、惟肖得巌（一三六〇―一四三七）の『東海璚華集』に、将軍足利義持の厳命で梵灯が廻国を切りあげて帰洛した、とあることに対応するものではなかろうか。その時期は、足利義満死没の応永十五年頃のようである。義満死没以前であれば、梵灯の帰洛に義満の意志が働いていたろう。さらに、『返答書』下にいう「其よしみの深きことは」は、義満・義持にかかるようであるが、別の解釈も立て得るだろう。

官途については「九条家文書」・『相国寺供養記』を典拠とする木藤氏の次の意見に一部付加してして従いたい。「康暦元年閏四月廿七日以前には安芸次郎と称し、同年閏四月廿七日以後五月廿七日の間に左衛門尉に、至徳四年六月以前に出雲守に任ぜられ、以後遁世するまで出雲守（及び前出出雲守――川添）を称していたのではあるまいか」。九条家と朝山氏との関係は近代に至るまで深いが、伊地知鐵男氏は「九条家文書」によって、梵灯が九条家の諸大夫を勤めていたと述べておられる。(8) 刊本の『九条家文書』には木藤氏所掲の史料は見えず、まだ同文を精査し得ていないので、この点は後考を期したい。

梵灯の在俗時代からの事績として今川了俊との交わりは逸することができない。心敬の『所々返答』第二状によれば梵灯は和歌を冷泉為秀に学んでいるが、これは為秀の没する応安五年（一三七二）六月以前であることは明らかである。また後述のように、連歌を永和二年（一三七六）以前二条良基に学んでいる。和歌・連歌ともに了俊・梵灯は同門である。今川了俊は応安四年（一三七一）二月四十六歳（仮）の時（梵灯二十三歳）、九州探題として出発しているから、今川了俊の任探題以前における両者の直接の交わりは、この短い期間内を中心としていたろう。この間今川了俊は侍所頭人・山城守護に引付頭人を兼ねる幕府要路者であり、両者の間の年齢は二十三年の開きがある。和歌を同じく冷泉為秀に学んでいるとはいえ、今川了俊はすでに冷泉派の有力歌人として知られていた。この間何かにつけて了俊は梵灯に対して指導的立場にあったものと思われる。

梵灯は足利義満の近習として勤めていた末期に、了俊の南九州経営を応援しに義満の命令で九州に下っているが、両者の間が右のような関係で交わりがあったことにもよろう。連歌に関して間接的な交わりを示す話が『返答書』上に見える、

先年九州探題より（于）時今川与州）尋申さる、句ども両三句侍しやらん、年久しく成てさだかにもおぼえず

我よりも人に水上なみだ川

何水上をたづねけん、あまりに本歌の詞おほくや侍らん

木葉をもしぐれと聞に袖ぬれて

是又それにもぬる、わが袂あひかはらず、かやうの事後世の為に仰下さるべきよし申されたりしに、歌にては憚もや侍らん、連歌にはくるしからじとぞ仰ありし

これは、木藤氏の指摘のように、『九州問答』に、

歌ノ同類ヲ連歌ニ仕候事、周阿ナドモ常ニ候シト覚候、仮令、周阿ガ句ニ、我ニウキ人ゾ水上涙川、是ハ主モ自讃シ候シ、但シ涙川ナニ水上ヲ尋ネケント云歌ノ心ニタガハズ候、此事クルシカラズ候ヤラン

と一致点があり、このことについて同氏は次のような解釈をとっておられる。「九州問答の成立した永和二年八月以前に了俊から良基のもとに色々と質問が寄せられ、それに対する意見を良基が梵燈に語った。それを覚えていて書き記したのが、前記の返答書の記事である。一方、良基は、了俊の質問をそのまま問いの部に掲げ、それに対する答えを一々その次に記して了俊に送った。これが九州問答であって、返答書の文章との間に相違が見られるのは、後者が記憶によっているためである」。前記『返答書』の記事について、筆者が旧稿で了俊下向以前における両者の交わりを示す例証としたのは失考であった。木藤氏の意見に従いたい。

梵灯帰洛以後は、もちろん今川了俊も探題を解任されて在京していたと思われるが、了俊はその著作の中で、梵灯のことにまま触れており、帰洛後の梵灯の連歌が下ったという風聞を記しているが、深い交わりがあったようには見えない[9]。梵灯の近習時代の事績としては前述のように九州探題今川了俊の南九州経営につき将軍の「上御使」として九州に下向したことが知られる。管見に入った史料の範囲内でこのことについて見てみよう。

旧稿で、梵灯の九州下向に関する二つの史料を提示した。しかし、その系年の比定については、当を得ていなかった。木藤氏の訂正もあり、同史料の系年について考え直してみたので、二史料を掲示し、現在での見解を述べてみたい。

㈠ 就㆓三ケ国御退治事㆒、為　上御使、重而罷下候、所詮嶋津又三郎〔元久〕、可㆑有㆓御退治㆒之間、此程同心人々、不

日ニ為二御方一可レ被レ致二忠節一之由、御教書如レ此候、先案文進候、正文ハ大将ニ進置候、忩々御代官給候歟、不レ然者、探題薩州発向候者、即時可レ有二現形一由、被レ載二起請詞一、御請文可レ有候、若無二其儀一候者、永可レ為二又三郎御同心一候、忩御左右可レ有二御申一候、京都可レ申候、恐々謹言

十二月十二日　　前出雲守〔朝山〕師綱（花押）

謹上　禰寝殿(10)

(二)

今度事上御使事候間、朝山殿被レ参候、仍無為落居、天下大慶此事候、就レ其者、御申条々、如何様朝山方帰参候時、可レ被レ披露一候哉、以二其次一可レ令二住〔注〕進一候

一吉弘土佐入道進候事、愚存始中終、故一曇時より此仁存知事候間、能々申べきためニ、やとい申候し事也、仍毎事きこしめしひらかれ候よし承候間、是も満足候也、故玄久〔氏久〕御時申入承候し事、更々無二御存知一候けり、然間、此年月、我々ニ御不快、尤御ことハりニ候けり、於レ身者、又もとより無二私曲一候、自他此時心底ほどけ候了、今も御参洛候ハゞ、御所ニ直ニ申入候し条々も、又武州存知候し事等も、ことぐヽきこしめししほどかる□〔べ〕く候間、弥身の不儀私曲なく候し□事ハ、可レ有二御心得一候哉、所詮、自今以後、あひたがひニ為二天下一わたくしなく、上の御ため無レ煩様ニ可二申談一候、尚々、故玄久御時の事、無二御存知一候けるゆへニ、我々御不快、尤御ことハりニ候、何如様以二此下〔ママ〕一委細、明春自二五日一以後可二申承候、先此趣、吉弘物語申候、悦入候間、馳申候、毎事如レ此事、京都　上意をうかゞひ候ハで、申行事なく候間、京都ニも可二申上一候、国策事ハ、先立被二定置一候間、是又可レ依二　上意一候、更々身のためニ無二是非一候、恐々謹言

十二月九日　　了俊

嶋津上総介〔伊久〕殿　　御判

御返事(11)

第二の今川了俊書状の系年を、了俊史料を編む際に、倉卒にも永和元年（一三七五）と速断し、旧稿でもこれを

踏まえて論を成した。これは失考であった。というのは、了俊書状のうちに故玄久と二回出ているが、これは了俊の南九州経営に最後まで抵抗した島津氏久のことである。氏久は嘉慶元年（元中四、一三八七）閏五月四日に没している。従ってこの了俊書状は右年次以降、応永二年（一三九五）了俊帰東以前である。なお、同書状に「故一曇（吉弘氏輔）」とあるが、一曇の死は永徳二年（一三八二）十月七日と伝える。[12]

第一の師綱書状については、旧稿で永和三年（一三七七）頃かとしたが、[13]誤りに気付き、小著『今川了俊』一九五頁で氏久の没後、後を継いだ元久（嘉慶元年嗣立）を了俊が討伐する時のものと訂正しておいた。訂正の理由を述べておきたい。

㋑島津又三郎（元久）退治とあるから、氏久没・元久嗣立の嘉慶元年（一三八七）閏五月四日以降である。

㋺前出雲守師綱と記しているから出家以前の在俗時代のことである。その出家は明徳三年（一三九二）八月二十八日の「相国寺供養記」に「朝山出雲守大伴師綱」とあるので、それ以降である。今川了俊の九州探題解任は応永二年閏七月である。つまり本書状は嘉慶元年閏五月四日以降この間のものであろう。ところで第二の今川了俊書状は、島津氏久没・元久嗣立後、それまで氏久と行を共にしていた島津伊久に対して来付を求めたものであるが、伊久はこれに応じなかったと見え、応永元年（一三九四）八月十六日、伊久・元久対治の足利義満の御教書が出ている（『禰寝文書』六一〇・六一一・六一二）。

第一・第二の史料は内容が関連しており、同じ十二月に出されていて、あるいは同一年次のものではないかとも見られる。応永二年閏七月、今川了俊は探題の任をとかれているからこの年ではない。『島津国史』巻之八・『薩藩旧記雑録前編』巻三十によると、明徳二年、朝山師綱・重綱が来たと記しているが、朝山出雲守師綱の申請で、日向国相良近江入道立阿（前頼）を、下文に任せて今川播磨守に沙汰させた思文閣待買文書明徳二年八月九日了俊施行状があり、師綱の九州下向が確かめられる。第一の師綱書状は「前出雲守」とあるので、明徳三年八月以降のものと見られる。同状に「重而罷下」とある点については、二史料が一連でなければ、二史料がそれぞれ別個の下向を示すことになる。しかし一連と見得る可能性もあるから、明徳二年の下向と併せて二回を考えたがよいのかもしれない。ただ、疑問は残る。なお師綱の出家はこの書状から間もなくのことのように思われる。思文閣待買文書・第一・第二ともに朝山師綱が、九州探題今川了俊の薩隅日三カ国経営に関して将軍義満の上使として九州に下向してきたことを示す史料である。将軍近習の上使史料として貴重である。

『袖下集』には、松浦の鏡の宮のことや、玉たれ姫（筑後高良山）のことなど、九州の諸伝承をこまかに伝えており、九州での実際の見聞が、彼の連歌論形成上の素材に生かされていることを物語っている。南北朝末以降の代表的連歌人であった梵灯が、京都と九州との間を往来し、政務事項の伝達を行い、今川了俊に協力してその作戦指導の一翼にもつながりながら和歌同門の先輩了俊とともに文芸活動を続けていたであろうことが想像される。梵灯独吟の連歌といって「あらぬさまなる懐紙」が田舎に多く流布しているという『初心求詠集』の記述からしても、梵灯の九州下向は政務連絡に終わらず九州の和歌・連歌界に影響を及ぼしたであろうことは、周阿の九州下向などと同様であったろう。

二　出家行脚と上使下向

梵灯は周知のように出家をして諸国行脚の旅を続けるが、このことについて触れておきたい。出家の時期及び期間について触れているのは心敬の次の『老のくりごと』である。(14)

其末つかた梵灯庵主よろしき好士にて世もてはやし侍しに、四十のころより陸沈の身になりて、ひとへに此道をすてゝ、筑紫のはて吾妻のおくに跡をかくし侍る事、廿とせにも及侍るにや、其後六十あまりにて都にかへり侍ては、ことばの花色香しぼみ、心の泉ながれ渇にや、風躰たづ〳〵しく、前句どもひたすら忘れ給へるとなり、年久廃て跡なくくだり給へるも、ことはりならずや陸沈（俗間にひそむ、出家か）の時期が四十歳台であるというが、梵灯四十四歳の明徳三年（一三九二）八月の『相国寺供養記』には、「次帯刀二十番歩儀」として「朝山出雲守大伴師綱」と見え、将軍近習としての役儀を奉仕しているから、四十四歳以後のことになる。梵灯六十歳は応永十五年（一四〇八）であるから、この期間を廻国していたのであろう。応永十六年七月の『了俊一子伝』（『了俊弁要抄』）には、

今ほど朝山梵灯連歌をば、或はさがりたり、或は下手なりなどと申とかや

とあるから、[15]この頃にはすでに京都に帰っていて、連歌会などに列席していたのではないかとも思われる。ただ、諸国行脚をしていて連歌が下ったとみられたという意味かもしれないので、断定はできない。

出家の動機については梵灯自ら『返答書』上の中で次のように述べている。

其比知識と聞えし人に、仏法の掟さこそ律儀にも侍らんとおぼえて、真の心をこそしらずとも、知識の法度をも伺はんがために、或は一夏或は半夏逗留せしかども、たゞ江湖の僧五百人千人集りて、自他の褒貶のみにて、一座の修行をも成がたかりしかば、一往は智識の会下をさぐる事も侍しかども、後にはたゞ足にまかせ心の行にしたがひて、浮雲流水を観じてさまよひありきし程に

この記事は、木藤氏の指摘のように『東海璚華集』に「俄了㆓世相如幻㆒、改㆑服参㆓尋知識㆒、東遊㆓羽陽㆒」とあるのと対応する。梵灯は「世相如幻」を観じて自己の内面から真実仏道の修行に入ったのである。前述のように心敬は『老のくりごと』で「四十の比より陸沈の身になりて」といっている。近習として将軍権力を直接支え、複雑に変化する政治的世界にあって、一部いわれているような失脚とまではいかなくとも、「世相如幻」を観ずることは多かったろう。しかし、梵灯出家の動機は足利義満の出家にあったのではなかろうか。

足利義満は出家をするため応永二年（一三九五）六月三日太政大臣を辞し、六月二十日室町第で素懐をとげた。管領斯波義将をはじめ上級武士・公卿など義満にならって出家するものが続出した。[16]この時近習も相ついで出家し、かれこれ「天魔の所行なり」といわれる有様であった。主従結合の強い近習が相ついで出家するのは当然であった

ろう。近習朝山師綱もこの時か、あるいはこれを機縁として出家したのではあるまいか。[17]前記の梵灯九州下向の段で、梵灯の出家は明徳三年（一三九二）八月以後のことであろうと述べたが、時期的にも矛盾しない。応永二年（一三九五）四十七歳で出家して諸国行脚の旅に出、応永十五年六十歳で帰洛したとすると、その間十三年ばかりで、『老のくりごと』にいう「廿とせにも及侍るにや」というのにはいささか合わない。筆者の推定に誤りがなければ同書の文飾とすべきか。今は、応永十五年（一四〇八）義満没後説を考慮しながら、応永二年出家説を一試見として提示しておきたい。

もちろん梵灯の出家―諸国行脚が内面からの宗教的要請によることは否めないのであり、足利義満出家はそのきっかけとなったものであろう。義満出家をもって梵灯の出家―諸国行脚、すなわちその宗教的行業すべてを規定するものと見るのではない。

梵灯が行脚した地域は、『返答書』によると、象潟（秋田県由利郡）、松島（宮城県宮城郡）、出羽国光明寺が見える。探勝と修行とが重なっており、梵灯の旅は、明らかに西行のあとを追うている。梵灯が連歌壇の西行といわれる所以である。出羽国光明寺については、「其所の人」に乞われ、同寺の創建に参与して、一両年止住していたことを述べている。『東海璚華集』によれば、この地で生涯を終えるつもりであったところ、将軍足利義持の命で帰洛することになったという。この光明寺は、金子金治郎『連歌師と紀行』（桜楓社、一九九〇年六月）によると、従来いわれていたような時宗ではなく、在中中淹を開山とする禅寺である（一一九頁）。

ただ、禅宗信仰を標榜しながら内実は時衆であるというのはこの時代に多く見られることで、梵灯がそうであったとしても不思議ではない。今川了俊もそうであった。林下の雲水は時衆と近い関係にあり、[18]梵灯は連歌人として時衆に接する機会は多く、その遊行も時衆を思わせる。藤沢清浄光寺の『時衆過去帳』遊行十三代他阿弥陀仏応永廿四年四月十日の項には「意阿弥陀仏《（朝山殿）》」（刊本一〇四頁）が見える。朝山氏に時衆がいたことは明らかである。これが梵灯その人だとすると梵灯が時衆であったという明証になる。なお、『落書露顕』には「先年梵灯僧の鎌倉に侍りける比」とあって、鎌倉で発句を詠んだことが伝えられている。

『返答書』の前掲文は、玉村竹二氏が指摘されたように(19)禅宗林下の状況を述べたものであり、梵灯が林下の知識に遍参したことが知られる。ただ、「さこそ律儀にも侍らんとおぼえて」遍参したのであるが、「自他の褒貶のみにて一座の修行をも成がたかりし」と思われたので、あとはただ浮雲流水の求道行脚の旅を続けたのである。この点は、禅宗内でも民衆的要素の強い林下に対してすらあきたらない点のあったことを述べ、結局遊行の形をとったことを述べたもので、梵灯の信仰理解について重要な一節である。

出家諸国行脚時代末期の梵灯の事績として注目すべきは、応永十一年（一四〇四）に足利義満（名目的には義持）の命で九州に下っているのではないかと推測されることである。このことは早くから確定的にいわれているが、梵灯と関連して朝山重綱のことが見えるのであえて再説しておきたい。在俗時代末期の九州下向については前に述べた。総州家の島津伊久と奥州家の島津元久との間に確執が続いていた時、義満は応永十一年に朝山出雲守師綱・同小次郎重綱を九州に下し両者の和解をはかっている。『鹿児島県史料集』Ⅶ（一九六七年三月）所収の鹿児島県立図書館現蔵の「山田聖栄自記」によると、このことを次のように伝えている。

㈠是も元久之御代義満将軍御代《〔ナシ〕》朝山出雲守師綱(20)・同小次郎重綱為二上使一下向、豊後伝なれば大友親類吉弘殿と而同下ニ而《〔らる〕》元久志布志ニおひて御対面奔走有り、其時御教書に為レ一名字不レ改及二合戦一云々、何様之事候哉、不レ可レ然、所詮確執之儀和睦、殊可レ致二忠節一之由被二仰下一処也、依《〔ママ〕》執達如レ件

応永十一年七月廿九日　　　　御判有

嶋津陸奥守殿

㈡此御教書ハ両嶋津と有シ時之事也、総州之代也、師綱ハ天下ニ隠れぬ《〔ん〕》名仁也、殊歌道連歌達者と云、遠国と而《〔ナシ〕》其会尺《〔定〕》不足ニ依ハ如何と而志布志大慈寺ニ和漢有ける由承伝候也

○中略

一夫より薩摩上総介殿へ被参候、路次之間も加治木黒川に桟敷打、加治木高山方連歌、其外之興共被レ求ける由承候、薩摩〔州〕より上洛有、此朝山小二郎重綱ハ探題ニ逗留し而たんじやく一揆ニまじハり、筑後之みぞ口合戦ニ打死有、去奇瑞有ていちのつかと云所に小社作、夫〔天カ〕神之末社と祝ハ〔候之〕る由中古ノ物語に承候也〔畢〕

一其後今川了俊探題も九州之旁〔方々〕ニうとく被レ成、終上洛有ても上意悪候而、分国駿河へ在国に而、其次渋河探題下向有

㈠㈡は、前述の梵灯九州下向に直接かかわる内容のようにも解されるが、『鹿児島県史料　旧記雑録前編』一―726―728・735によると、史料的に多少不安はあるけれども、応永十一年のことと見られる。前述のことと重なるかもしれないという疑いを残しながら、一応重ねての下向としておこう。

梵灯が和歌・連歌の名人として迎えられ、日向志布志大慈寺などで、和漢連句を行っているのは注目してよい(21)。だいたい梵灯の連歌の名声があがるのは、『さゝめごと』や『所々返答』第一状にいうように応永（一三九四―一四二七）の頃からである。つまり、梵灯が出家遁世して諸国を漂泊するようになってから、在俗時代よりも一段と有名になり「応永の比よりは、梵灯庵主この道のともし火と見え侍り」（『さゝめごと』）といわれるようになるのである(22)。梵灯の諸国行脚は内発的な要請にもとづいた宗教心によるものであったが、それは和歌・連歌と乖離したものではなく、むしろ一如のものであった。そして近習としての前歴から、政務とも全く無縁ではあり得なかったのである。

梵灯がこのたびの「上御使」の任を終え、復命のため帰洛したであろうが、そのまま在洛したかどうかは不明である。前掲の『老のくりごと』に従えばまた諸国行脚の旅に出たようにもとれる。前述のように『返答書』上には、十余年行脚した後に出羽国に山居したと記している。木藤氏のいわれるように、九州下向は出羽山居より以前のことでなければならない。

出家遁世をし諸国漂泊中の身でありながら、梵灯が使節として右に述べたような政務の連絡に当たっていたのは

何故であろうか。木藤氏は、「それまでに何度か九州に使者として派遣され、島津家の家中にも顔見知りの者が居たこと、和歌連歌の名人として文化使節の意味を持っていたこと、禅僧としての身分も、実際つごうがよかったことなどの理由が考えられる」としておられる。一応当を得たものであるが、根本的には近習としての前歴をかわれたものであろう。足利義満は応永二年（一三九五）に出家したとはいえ、そのまま政治の実権を握っていて、足利義持の将軍職は義満が応永十五年に死去するまで名目的なものであった。将軍近習の重綱を使節として派遣するにあたり、義満近習の前歴をもち、九州へ行ったこともあり、重綱と血縁の深い梵灯を呼び戻してその後見とし、実質的には両使節として派遣したものであろう。梵灯の使節派遣が重綱のそれよりも以前に決まっていたにせよ、梵灯選定が義満近習の前歴によることに変わりはない。梵灯の和歌・連歌の名人としての声望、離俗法体・諸国行脚は、使節としての起用に際して、きわめて有用視されたであろう。いずれにせよ、出家遁世・諸国行脚は政治からまったく乖離するものではなく、むしろ離俗の立場から政治へ還帰するものであり、それは時衆などに普遍的に見られるが、梵灯の場合も例外ではなかったのである。

梵灯と重綱との関係については、吉川隆美氏紹介の神門朝山系図によると、[23]

師綱―昌景┬信綱―重綱―善茂
　　　　　└貞昌

となるという。梵灯と重綱の間に中二代あり、これは当てられない。兄弟説もある。先の「山田聖栄自記」によれば、使節として下ってきた朝山小次郎重綱が短冊〔尺カ〕一揆に交わって筑後溝口合戦で戦死し、市の塚（福岡県筑後市）に小社を作り天神の末社として祀ったとある。朝山重綱の墓と称するのが現在福岡県筑後市の興満寺という真宗東本願寺派寺院の後にある。[24]重綱が戦死の後、天神末社にまつられたということは、重綱の九州連歌界における影響力の強さの反映とも見られるが、それを実証する史料が筑後の五条文書中にある。

其後其堺之式、如何様候哉、山中之儀、諸事察存候、堅固様ニ連々計策候べく候、兼又させる物ニて候ハねど

も、朝山小次郎重綱連歌を了俊〔今川〕判して候、興ある句がらも候やらんと覚候ほどニ、矢野〔矢カ〕にか丶せて、をかしげ
ニ候へども、まいり〔らせカ〕候、若又其辺流布候哉、他事仰二含貞治一候之間、令二省略一候也

十二月九日

左馬頭〔五条頼治〕殿

「（墨引）〔切封〕」

右の書状は村田正志氏によれば、[25]良成親王自筆書状である。懐良親王から征西将軍職を譲られたのを文中三年（一三七四）頃とすれば、それ以後の南北朝末期のものである。内容は五条頼治に宛てて筑後矢部山中の生活を慰問し、敵方の総師九州探題今川了俊の加判した朝山小次郎重綱を遣わしたことを報じたものである。了俊加判の重綱の連歌が筑後地方にもてはやされ流布していたことが知られる。幕府方将師の連歌が、九州宮方の陣営で「興ある句」としてよろこばれていたことを示すものとして意義深い。

これまで、梵灯を近習として屢説してきたが、近習がいかなるものであったかについては、福田豊彦氏に次のような説明がある。[26]「室町将軍の近習も鎌倉期のそれと同じく、日常的に将軍に近仕して身辺警固の諸番役をつとめ、参内や社寺参詣の行列では将軍身辺にあって帯刀・衛府を勤めると共に、場合によっては使者として幕府命令の執行などにも当たっているが、彼らはそうした表面的な活躍だけでなく、幕府政治方針の決定や訴訟に際しても影の力を発揮したと思われる」。義満の時は将軍権力の確定期として独裁権の樹立が強力に進められた時期である。そのために近習―奉公衆の果たした役割は大きかった。将軍と近習との主従結合は強く、近習はまさに将軍権力の支柱であった。奉公衆体制は義満以降直接に将軍権力を支え、幕府政治に種々の問題を惹起するが、それだけ重要な存在であったことを意味する。

室町幕府にあって将軍との間に主従制約結合を強く保持する近習としての梵灯は、和歌・連歌を学ぶことをとおして貴族的な文芸政教観を身につけた。そのような摂取をかりての近習としての政教観を示しているのが『返答

書』下末尾の次の文である。

一今一天のおさまりて四海に風波おだやかなる事、唯君と臣との徳なるべし、遠くは三皇五帝の目出たかりし政にもこへ、近くは延喜天暦の御代をひさしく知しめして、国土安穏なりしにも過て、蒙古も襲来せず、四夷も又発る事なし、されば帝都を始て、壺の石文の外までも、動きなくおさまり侍ぞ、たゞ君の目出き御光、又は伊勢大神宮の神徳とも申侍べき、さるほどにたへたるをつぎ、すたれたるを発す、諸道いま時を得たり、殊更和歌は神道より出侍れば、草木に付ても万歳といはひ、道に心ざしあらむ人、ふるきをしたひ、あらたしきをも捨ざるべし

「今一天のおさまりて四海に風波おだやかなる事、唯君と臣との徳なるべし」というのは、その続きに「近くは延喜天暦の御代」云々とあるから形式的には天皇統治をさしているが、それは伝統的な和歌政教観の一般的表現である。内容としては、幕府支配の安定性を基底とするものであった。政治状況としてまさにそうであるし、梵灯自身将軍の近習として当然であろう。国土安穏で、蒙古も襲来しないのは「君の目出き御光、又は伊勢大神宮の神徳」の賜であるとし、和歌は神道より出て——つまり和歌（ここでは連歌をも意味している）の興隆は、国土安穏で異国も襲来しない根源だというのである。この思考は『野守鏡』などの思考をつぐ伝統的和歌政教観であるが、政治状況としては前述のように幕府支配の正当性や一定度の安定性を踏まえるものであった。

註

（1）福田豊彦「室町幕府「奉公衆」の研究」（『北海道武蔵女子短期大学紀要』三、一九七一年三月）、同「室町幕府の「奉公衆」」（『日本歴史』三七四号、一九七一年三月）、両論文は共に『室町幕府と国人一揆』（吉川弘文館、一九九五年一月）に改訂再録。河合正治『中世武家社会の研究』吉川弘文館、一九七三年五月。

（2）金子金治郎『新撰菟玖波集の研究』（風間書房、一九六九年四月）一六六頁。
（3）玉村竹二編『五山文学新集』第二巻（東京大学出版会、一九六八年三月）七二〇頁。
（4）朝山氏については、朝山浩「佐陀庄地頭としての朝山氏」（『社会経済史学』一―三、一九三二年一〇月）。
（5）『返答書』は『続群書類従』十七下所収のものによる。『連歌貴重文献集成』第二集（勉誠社）に神宮文庫本の影印本を収めている。
（6）水上甲子三「梵灯庵主伝記小考」（『日本文学教室』一二、一九五〇年一二月、『中世歌論と連歌』〔全通企画出版、一九七七年八月〕に再録）。
（7）「文安年中御番帳」に、三番朝山中務少輔・三番孫三郎・五番朝山肥前入道・五番同兵庫助、「永享以来御番帳」には五番朝山肥前入道、「長享元年九月十二日常徳院殿（義尚）様御動座当時在陣衆着到」には雲州朝山次郎が見える。
（8）伊地知鐵男『連歌の世界』（吉川弘文館、一九六七年八月）二五一頁。
（9）あるいは、この間、今川了俊がすでに遠江へ下っていたためか。
（10）川添昭二編『禰寝文書』五〇五号、九州史料叢書。『鹿児島県史料　旧記雑録拾遺家わけ　一』（一九八八年一月）一一四頁。
（11）『島津家文書』之一―六一六号。端裏書省略。
（12）望月友善『大分県の石造遺物』（木耳社、一九七五年九月）二一二頁。
（13）木藤氏は旧稿の永和三年（一三七七）説に対して、師綱が出雲守に任ぜられたのは康暦元年（一三七九）六月以後で、『相国寺供養記』に明徳三年（一三九二）八月、師綱は出雲守であったから前出雲守とする師綱書状はそれ以後のものだとされた。従うべきである。
（14）『群書類従』十、一〇七八頁。岩波・日本思想大系23『古代中世芸術論』の「老のくりごと」は書写年代の古い神宮文庫本を底本としている。
（15）応永十九年（一四一二）に成ったとみられる『落書露顕』にも「如㆓風聞㆒者、梵灯僧連歌さがりたる」とある。もちろん了俊は「今梵灯にまさる人誰有りて如㆑此さたあるぞや、是にて知りぬ、天下の下手なる事を」（『了俊一子伝』）と弁護している。
（16）臼井信義『足利義満』（吉川弘文館、一九六〇年一月）九四頁。
（17）太宰府天満宮西高辻家蔵本『梵灯庵袖下集』（島津忠夫『連歌の研究』〔角川書店、一九七三年三月〕三七五頁以下に収載）には「宝徳元年三月上旬　灯庵書㆓写之㆒」とある。島津氏は宝徳（一四四九―五一）を至徳（一三八四―

八六）の誤りか、とされている。梵灯の出家は明徳三年（一三九二）八月以降であることは明白であるから、至徳としても、灯庵とあるのは合わない。この表記は、本書伝写の間に在俗名であるところが梵灯庵に変わっていったのではあるまいか。天理図書館本について木藤氏も同様の疑問を提示しておられる（『連歌史論考』上、増補改訂版〔明治書院、一九九三年五月〕三四四頁）。

(18) 島津忠夫『連歌史の研究』（角川書店、一九六九年三月）一〇七頁。

(19) 玉村竹二『五山文学』（至文堂、一九五五年六月）二五六頁。

(20) 朝山出雲守師綱と在俗時代の現官で書いているが、後代の「自記」の性質によるもので、応永二年出家説を否定するものではない。

(21) 川添昭二『今川了俊』（吉川弘文館、一九六四年六月）一七六頁。

(22) 梵灯の句風については、木藤才蔵氏の大要次のような分析がある。「梵燈の連歌は、前句との付合よりも一句に趣向をこらす傾向のあった応永時代の連歌の性格を反映しており、周阿の影響が意外に強い。理想の句体は余情幽玄にあるとしていたが、周阿の影響が強くて詩心の深さよりは奇知の働きが、二句の関連の深さよりは一句中心の趣向の巧みさが目につく」（『連歌史論考』上、増補改訂版）

(23) 吉川隆美「朝山梵燈庵の出自について」（『松江工専研究紀要』五、一九七〇年三月）。『地下家伝』も同じ。

(24) 旧八女郡水田村編『筑後市神社仏閣調査書』一九六八年三月。旧水田村は太宰府天満宮領で、同宮大宮司大鳥居氏の本拠であり、天神信仰の本場であった。

(25) 村田正志「南朝関係五条家文書の研究」（『国士館大学人文学会紀要』一号、一九六九年三月、『村田正志著作集』第二巻〔思文閣出版、一九八三年〕に再録）。ただし、筆者は「良成親王」の在職を認めていない。

(26) 福田豊彦「室町幕府将軍権力に関する一考察――将軍近習を中心として」上（『日本歴史』二二八号、一九六七年五月、前註1所引同氏著参照）。

（初出、『史淵』一一二輯、一九七五年三月）

第七章　巡歴の歌人正広と受容層

一　大内教弘の時代

大内氏の北九州支配の進展と大宰府天満宮安楽寺を中心とする文芸の展開に焦点を合わせると、大内教弘（一四二〇―六五）の時が一つの画期をなしている。大内氏は義弘以来豊前守護として勢力を扶植してきたが、盛見（一三七七―一四三一）の筑前への進出を背景に、持世（一三九四―一四四一）・教弘の代に至って筑前を守護領国化し、大宰府天満宮安楽寺を支配下に入れ、同宮寺を中心とする九州の展開に深くかかわるようになる。大内教弘の筑前の守護領国化の過程については、佐伯弘次氏[1]が、(イ)筑前守護代、(ロ)天満宮安楽寺支配、(ハ)城料所の設定（軍事力の強化）、(ニ)知行給与の拡大、(ホ)段銭賦課、(ヘ)博多支配、(ト)宗氏対策、及び「寛正二年六月廿九日従二山口一於二御分国中一行程日数事」（大内氏掟書）の各項を立てて精細に論じており、付加するものはほとんどない。ここでは右論文を参考にしながら、まず大内教弘期の筑前支配の概略について触れておこう。

大内教弘は筥崎宮油座文書によると、嘉吉三年（一四四三）四月三日、奥堂左衛門大夫の油役諸公事以下を免許しており、大鳥居文書によると文安五年（一四四八）八月一日、大鳥居信顕に大宰府安楽寺天満宮大鳥居職の相続安堵をしている。太宰府天満宮文書文安五年十月八日以降仁保盛安の大内氏筑前守護代としての事績が知られ、これ以前大内教弘が筑前守護に任じていたことを証している。大内教弘の大宰府天満宮安楽寺に対する関係も、筑前守護としての立場からなされていることはいうまでもない。大内教弘期の同宮関係事績を整理し、一覧表にして掲げよう。

大内教弘と天満宮安楽寺

	年月日	事項	出典
1	文安5（1448）4・28	仁保盛安、安楽寺天満宮寺務職補任を大鳥居に報ずる	太宰府天満宮文書
2	〃 5・15	仁保盛安・杉正安、留守御房・天満宮社僧・原山衆徒に某事を報ず、（本文欠により内容不明）	〃
3	〃 8・1	大宰府安楽寺天満宮大鳥居職を大鳥居信顕に安堵する	大鳥居文書
4	〃 10・8	仁保盛安、吉敷武家分給人をして周防吉敷庄内得光名を安堵し、同名所務を大鳥居雑掌に合力さす	太宰府天満宮文書
5	〃 11・25	筑後守護代木野了幸（筑後守護は菊池為邦）、仁保盛安に大宰府安楽寺大鳥居職補任・筑後水田庄其余大鳥居方知行分等のことを報ずる	〃
6	宝徳2（1450）2・23	大鳥居信顕、仁保盛安に天満宮会所和歌料田・祈禱連歌・安楽寺留守職等のことを訴える	〃

7	康正2（1456）4・27	大鳥居信顕を大宰府天満宮留守職に補任する	大鳥居文書
8	〃　4・28	大内教弘の臣・飯田昌秀、大鳥居信顕に留守職補任の添状を出す	〃
9	（年未詳）8・19	安楽寺大鳥居に巻数請取を出す	太宰府天満宮文書
10	康正2（1456）9・8	大内氏奉行人、仁保盛安に大宰府天満宮修理行事職は留守職人が処置すべきを報ずる	大鳥居文書
11	〃　9・12	仁保盛安、天満宮留守大鳥居信顕に同宮修理行事職は奉書の通り処置すべきを報ずる	太宰府天満宮文書

註＝3・8の年は推定

表内の1・3・5・6・7・8・10・11などによって、当時の天満宮安楽寺が同宮寺所職に関する問題を緊要事としていたことが知られる。同宮寺寺務職をめぐって大鳥居氏と小鳥居氏、さらには大鳥居氏内部に対立があった。もともと寺務職の補任は京都の領家・菅原氏によって行われていたが、宮寺の方で守護権力による現実的な保障を願い、守護もそれを勢力浸透の機会として歓迎した。大鳥居信顕は筑前守護大内教弘に通じることによって同宮寺の寺務職を獲得した。[2]仁保盛安は筑前守護代として同宮寺の実際の保護―支配に任じたのである。このような状況の中で天満宮会所和歌料田に関する表の6の大鳥居信顕書状が残されている。同書状は前欠のため文意が通じ難いが、同料田在所点定によって祈禱連歌が退転したことを訴えている。それでも「神慮如何候と存候て、毎月御連歌如レ形申行、致二御祈禱一候」と、神慮をおもんばかり月次の祈禱連歌を懸命に執行していることを報じている。天満宮安楽寺では「祈禱連歌」の用語の初見であり、月次連歌が行われていたことを語る最も早い史料である。この訴えの結末は明らかでないが、大内教弘の天満宮安楽寺に対する保護全般から考えて、信顕の願いが無に帰したとは思われない。表の9の巻数請取など、そのことを傍証するものであろう。

大内教弘期の天満宮安楽寺の文芸関係[3]について若干のことを述べておきたい。まず、文安六年（一四四九）二月頃、島津忠国が九州において安楽寺法楽に一万句連歌を興行したことをあげよう。大阪天満宮所蔵の、高山民部入道宗砌の「宗砌句集」に、

同頃、嶋津陸奥守忠国於二九州一興行の安楽寺法楽の一万句のうちに

風わたり梅飛にほふ千里かな

とある。飛梅伝説の資料としても貴重である。「宗砌句集」は「連歌愚句」の端書があり、宝徳二年（一四五〇）一条兼良編の『新玉集』（佚書）に撰集資料として提出した高山宗砌の自撰句集である。宗砌は但馬の守護大名山名氏の臣、俗名は時重といったという（「種玉庵宗祇伝」）。その享年は不明であるが、文安年間（一四四四―四八）頃の成立といわれる宗砌の著『古今《こきん》連談集』下巻によると、同書が成った時六十有余歳であった。連歌を梵灯庵に、和歌を正徹に学んだ。連歌書としては『初心求詠集』、『密伝抄』、『砌塵抄』（以上、『連歌論集』上（岩波文庫）所収）、『古今連談集』、『宗砌田舎への状』、『袖内』（以上、古典文庫『宗砌連歌論集』所収）、『花能万賀喜』（『続群書類従』、古典文庫『連歌論新集』三所収）などがあり、句集もある。それらの性格について金子金治郎氏は、秘伝的傾向・祖述的傾向・てにをは重視・作品重視の四点を挙げている[4]。宗砌の句風について心敬は『所々《ところどころ》返答』（伊地知鐵男編『連歌論集』上（岩波文庫、一九五三年一〇月）三〇八―〇九頁）で次のように評している。

誠にてだり巧に強力なる処並ぶ作者見え侍らず、されば其世には殊のほか誇をえ侍り、しかはあれども懇に見給べく哉、この好士も偏に俗人に侍れば、胸のうち丈夫にて弓馬兵杖の世俗に日夜そだち侍て、更に世間の無情遷変、仏法の方の学文修行の心ざし、一塵もなく欠け侍るゆへにや、手練のみにて、句共に面影・余情・不

便の方侍らず哉

宗砌の秀句好みの技巧的な面を心敬の心地修行の立場から評したものである。伊地知鐵男氏は「それにしても周阿から梵灯へとひき継がれた修飾的な一句仕立に傾きかけた連歌界を、正統な連歌の風姿へたち還らせた宗砌の功績は大きいとみなければならない[5]」と評価している。文安五年（一四四八）六月、幕府から北野会所奉行を命ぜられている。宗砌の『初心求詠集』に「安楽寺にて」として「五月きぬ神の真菅の御笠山」という周阿の句を収めていることは前述した。間接的ではあるが、宗砌の九州関係として、大分県四日市町渡辺功氏所蔵の「漑利五十番連歌合（仮題）」（近世末、重真の書写）があり、永享九年（一四三七）十一月の宗砌の跋文があるもので、享徳二年（一四五三）三月十四日藤原（門司）能秀が書写したものの模写である[6]。

前記の島津忠国は父久豊卒去のあと、応永三十二年（一四二五）八月二十八日、将軍足利義持から薩摩・大隅・日向三箇国の守護職に補任された。国一揆の対抗、弟用久・子息立久との不和など、事が多かった。日向櫛間院に大覚寺義昭を自刄せしめたことは著名である。その折の、さぬき房など関係者の歌が『薩藩旧記雑録前編』巻三十七に収められている。文明二年（一四七〇）正月二十日加世田別府で没する。享年六十八[7]。忠国の事績中、寛正六年（一四六五）鹿児島諏訪神社の祭法を定めたことは注目される。信州諏訪社に習って御佐山祭と称した[8]。安楽寺法楽に一万句連歌興行をしたことは「宗砌句集」以外に知られない。このことがどうして宗砌の録するところとなったのか、直接には知り得ない。島津庄は古来近衛家領で、その縁で島津氏と京都との関係は意外に深い。

九州のどこで興行したのかもはっきりしない。『薩藩旧記雑録前編』巻一天養二年（一一四五）正月日、薩摩国庁宣には薩摩国分寺がすでに安楽寺領であったことが明記されており、薩摩国衙と不可分な国分寺を大きな通路として薩摩に天神信仰が伝播していった。この期の薩摩の起請文の神文に天満大自在天神が見えるのは薩摩における天神信仰の所産である。戦国末の『上井覚兼日記』でも南九州における天神信仰の深さが知られる。島津忠国の一万句連歌は、太宰府天満宮ではなく薩摩で興行されたのかもしれない。薩摩国分寺（鹿児島県川内市国分寺町）で興行された可能性もある。ともあれ、薩摩の島津忠国は北野会所奉行として連歌師最上の地位にある宗砌と文芸交流を有していたのであり、それも連歌神としての菅神崇拝を媒介としていたのである。

大内教弘期の天満宮安楽寺関係の文芸について次のことを付け加えておきたい。当時、歌人・連歌師として知られていた忍誓が筑紫に下向していることである。『草根集』巻九宝徳三年（一四五一）の項に「十月のはじめ、忍誓法師つくしよりかへりのぼりて、其草庵にて歌読ありし中に」という詞書を付した正徹の詠がある。忍誓は永享十二年（一四四〇）十月十五日、宗砌・親当との「三吟山何百韻」や、文安四年（一四四七）九月六日の「山何百韻」などが知られ、『草根集』巻七では文安六年（一四四九）二月美濃土岐氏の守護代藤原利永（斎藤妙椿の父）が忍誓の草庵で月次和歌を興行している。さらに、同年八月十九日から二十一日まで筒井四郎左衛門尉時述が忍誓得業の二条西洞院の坊において千句連歌を興行しているから[9]、忍誓の筑紫下向はこれ以降宝徳三年十月初旬以前の間である。その折の紀行文が『海陸吟』である。『海陸吟』は『古事類苑』神祇部九十七太宰府神社の項の末尾や高原謙次郎・江島茂逸編『太宰府史鑑』下編、官社（民友社、一九〇三年一二月）に、風凄まじき秋の末の大宰府跡の叙景部分が摘載されている。天満宮に詣で通夜して連歌の法楽を手向けしており、忍誓の筑紫下向の眼目は天満宮参拝にあったと見られる。正広の九州巡歴の約十三年前のことである。忍誓は和歌を正徹に学んだことは確かであるが、連歌の師は不明。『新撰菟玖波集』には付句十一、発句一がとられている。木藤才蔵氏は「その作品は新風の線に沿ったものであったけれども、力量の不足が十二句という入集句数となってあらわれたものと考えられる[10]」と評価している。『草根集』巻十二によると、忍誓は享徳四年（一四五五）閏四月東国に下向している。同三年八月東国流浪の先から正徹に百首和歌の僻案点を請うているのが、現在知られる忍誓の事績の最後である[11]。旅に死んだ歌人・連歌師の一人である。現在、『海陸吟』の全貌を把握し得ないので、忍誓の筑紫下向の詳しい検討は後日を期したい。正広の九州巡歴－天満宮参詣については次節で述べる。

さらに、大内教弘の筑前関係の文化的事績を付け加えておこう。『筑前国続風土記拾遺』宗像郡中上西郷村の項によると、大内多々良朝臣義興が長禄元年（一四五七）、周防国佐婆郡鳴滝泰雲寺八世竺心慶仙を開山として右地に曹洞宗の天徳山太平寺を創建したと記している。初めは大寺で末寺も自国他国にかけて十九カ寺あったが、大内氏の滅亡にともなって凌遅し、嘉麻郡臼井村永泉寺の末寺となったと述べている。大内義興では創建年次が合わない。創建年次に誤まりがなければ大内教弘の代のこととなる。竺心慶仙の活動年次からして長禄元年創建説は検討に値するものと思われる。応永末年以降、薩摩福昌寺の石屋真梁の一派が防長両国に北上し、大内氏の外護のもとに防・長両国に曹洞禅が伝播し、それがさらに北九州に南下してきたのである。[12] 大内教弘は石屋真梁の高弟覚隠永本と道交深く、竺心慶仙は覚隠永本の弟子である。同じく覚隠永本の弟子である玉岡慶淋が筑前嘉麻郡臼井に開いたのが永泉寺である。ともあれ、太平寺の創建は大内氏の外護を背景とする石屋真梁派の曹洞禅の筑前における伝播の一標識をなすものである。

二　守護領国下の巡歴

大内教弘の保護によって天満宮安楽寺の連歌興行などは安定化の度合を高め、同宮寺を始めとする大内教弘分国筑前・豊前の文事は漸次興隆に赴いていった。それを具象するのが正広（一四一二―九三）の豊前・筑前巡歴である。正広の伝と文学については、すでにいくつかのすぐれた研究があるので、それらにより略歴を見ておこう。稲田利徳氏[13]は正広の生涯を、(1)師正徹に死別するまで、(2)応仁の乱を経て文明十年頃（一四七八）まで、(3)それ以降死去まで、の三期に分けているが、拠るべきであろう。出自は判然とせず、出身地は京都ではないかという。正広の歌集『松下集』[14]によればかつて東福寺に所属していた僧である。同集は応永三十一年（一四二四）十三歳の時から正徹（時に四十四歳）に師事していたと記している。師弟の交誼は深かった。長禄三年（一四五九）五月九日正徹は七十九歳でこの世を去り、正広は招月庵を継ぎ、寛正五年（一四六四）大内教弘の勧誘によって山口へ赴き豊前・筑前を巡歴するのである。まもなく応仁の乱が起こり、正広は流浪の生活を余儀なくされる。南禅寺・東福寺に住み、南都に下り、伊勢国司北畠教具や美濃の斎藤妙椿の許に赴き、長谷寺智恵光院に住むなどして、文明五年（一四七三）七月一条兼良の序文を得て『草根集』全十五巻の編纂を終えている。第二期中最大の業績である。翌月駿河に下り今川義忠に会っており、『正広日記』に詳しい。文明九年には越前の朝倉孝景の許に赴いている。

文明十一年（一四七九）秋頃泉州堺北庄の金光寺の寮に移居、翌年七月下旬畠山義統の招きで能登に行き、文明十三年（一四八一）四月上京して将軍義尚に歌を召され、翌年春宗祇・宗尹らとともに摂津の池田正種の許に赴き、同年十月再び能登に下向、ここで三年半畠山義統の庇護を受け、文明十八年（一四八六）八月堺の草庵に帰り、以後、若狭・京都と往来する。延徳二年（一四九〇）には越前一乗谷への旅をし朝倉貞景に会っている。正広の足跡は以上のように広範囲にわたり、地方の守護・国人の支持のもとに地方歌壇に活力を与え、地方への文化伝播者としての役割を果たしている。稲田利徳氏によれば正広の和歌の知られるものは三千三百七十余首という。歌風は平明優美[15]と評されるが、室町時代第一の歌人といわれる師正徹の歌才には及ばなかったというのが大方の観察であろう。しかし正徹が、一時美濃国に仮寓したことなどあったにせよ、ほとんど京都中心に活動したのにくらべると、正広の足跡ははるかに広い。正徹の場合、将軍・細川氏その他幕府奉公衆や在京の守護・国人などが武士層受容者であったが、正広の場合は前述のように広い地域にわたる在地の守護・国人らが直接の受容者であった。応仁の乱前後同時代の、和歌における正広[16]は、連歌における宗祇とともに、地方への文化伝播者として相比肩するものである。

寛正五年（一四六四）の山口―九州巡歴は、正広が地方の守護に招かれた最初である。『松下集』に拠りながらその足跡を追い、九州における文化史的な意味を考えてみたい。正広が大内教弘の勧誘によって山口に下ったことは教弘の嗣子政弘の『拾塵和歌集』によっても知られるが、正広自身山口―豊前・筑前巡歴を記した『松下集』に「〔寛正〕同五年二月中旬比、防州大内左京大夫入道教弘より状ありて、箱崎の松を見よかしとて、むかひをたびたるに、思ひ立ち侍り、つの国兵庫に、船の出侍る間とうりうせしに」と述べている。正広の西国下向は、すでに知られているように、大内教弘が康正二年（一四五六）正徹にすすめたが「至極の老屈なり」ということで断られていたのを実現させたものである。丹鶴叢書本『草根集』巻十二康正二年三月晦日条について次のように見える。

周防国より大内左京大夫教弘始て状をおくり、西国物詣思立て下向あるべし、其に因て来て歌道事可レ加ニ庭訓一事など申おくられしかども、〔正徹、七十六歳〕至極の老屈なり、むかしの事今は隔生則忘のごとし、此度はさしあひのよしかへりごとせしに、あなたより

箱崎のまつともいかゞ告やらん心もしらぬ風の便に

かへりごとにそへて続後撰集などつかはして

はこざきや秋風吹ば舟出してまつに逢みん春ならず共

大内教弘の筑前国—大宰府天満宮安楽寺支配については前に略述したが、教弘は、長門大寧寺の器之為璠の『器之為璠禅師行巻』上、下炬において「一代猛将」とうたわれ、師成親王自筆の『李花集』を相伝し、河内本『源氏物語』の東山御文庫蔵「七豪源氏」を伝え、さらに今川了俊自筆写本・徳川美術館蔵『和哥秘抄』を伝え、『新撰菟玖波集』に付句七句を採られたほど連歌に巧みで、いわば文武兼備の名将というべき存在であった。東福寺の翱之恵鳳の遺稿『竹居清事』（『西遊集』）によれば、仁保上総守（弘有カ）・源（飯田カ）秀家・相良淳朴（正任カ）・吉田会稽公（武賢カ）ら大内氏の有力被官人の禅儒にわたる蘊蓄が知られ、かつ画聖雪舟の大内氏被官人との交わりも想見される。遺明正使天与清啓が翱之の帰洛と入れかわって山口に滞在し、大内教弘に請われて「飛泉亭之詩弁序」（『松山序等諸師雑稿』）を作っていることも大内教弘期の文事として逸することはできない。このような教弘が、将軍義政に『源氏物語』を読進するなど、[17] 当代随一の歌人として一世を風靡している正徹を招き、歌道師範としようとしたことは当然であった。その後の両者の交わりについては管見に入る史料はない。[18] 八年後、大内教弘は正徹の愛弟子正広の招待を実現し、詠歌・古典学習などにおいて渇を癒やすことができた。教弘は正広に「箱崎の松を

みよかし」とすすめているが、その望むところはここにあったろう。しかし、正広の西国下向の目的は、教弘の勧説のとおりの、九州の歌枕探訪にあったと思われる。

寛正五年（一四六四）二月中旬頃、大内教弘から招待を受けた正広は摂津兵庫に赴き、須磨浦一谷に源平合戦の昔を偲び、光源氏の故蹟で和歌を詠み、三月十一日に船出して同二十六日に周防の下松に到着、同二十七日山口の真光院に行き、同二十八日大内教弘に見参して一続。「名にたかき合生の松も君が年契をきてや世にさかふらむ」と大内氏の隆盛をことほいでいる。四月五日教弘の家で一首懐紙、同十日には教弘の子息政弘の家で一続。同十五日、教弘の家での一続のうちの「袖ひろく世におほふべき春霞先こもる江にふかき浪哉」にも大内氏をたたえる含意がくみとれる。四月下旬頃、正広の九州一見のために大内教弘は筑前守護代である仁保加賀守盛安を介添え案内役として遣わした。正広は長門府中二宮に手向けをし、赤間関の阿弥陀寺に安徳天皇の木像を拝して法楽和歌を一首短冊に認めた。さらに長福寺准順院を一見して詠歌。四月二十八日には豊前の宇佐宮に参詣して二十首法楽を献じている。豊前における正広の足跡は『松下集』では宇佐宮以外には下毛郡跡田の羅漢寺に詣でたことしか知られない。足利義満が羅漢護国禅寺の額を贈り寺領を寄付し諸堂を造立したと伝える。[19] 正広の時代は臨済宗であり、東福寺系の正広には何らかの所縁があったろう。

大内氏の豊前支配は義弘以来の伝統を背景に統治機構もととのい、宇佐宮に対しては社家所職の補任権を掌握していた。[20] 宇佐宮行幸会を厳修し、[21] 享徳四年（一四五五）八月十三日には大内教弘自ら宇佐宮に参詣しており、[22] 寛正三年（一四六二）八月二十二日には大内新介政弘が神馬一疋を同宮に寄進するなど、[23] 大内氏の宇佐宮に対する支配と保護は程よい均衡を見せていた。正広の九州一見の行程中、宇佐宮参詣はかなりの比重をもっていたと思われる。大内氏の同宮支配は正広の参詣を平安で心楽しいものにしたろう。『松下集』には豊前の巡歴地として宇佐宮と羅漢寺しか見えないが、巡歴はこの二つに尽きているのではあるまい。[24] 正広の九州巡歴が筑前を主としていたことによろうが、後述のような『松下集』編纂の問題もあろう。

五月六日待望の筑前箱崎の松を見、翌七日、筥崎八幡宮で法楽和歌を詠み、五月二十日には天満宮安楽寺で法楽百首。『松下集』には二十七首を引載しており、正広の九州旅行の歌では最も多く、正広の九州旅行の眼目が大宰府天満宮参詣にあったことを明瞭に示している。大内教弘の大宰府天満宮安楽寺に対する支配―保護の実情は前述のとおりである。天満宮法楽が正広の一つの旅の大きな目的であり、それはつまり大内教弘のための法楽ではなかろうか、という意見があるが(25)、首肯できる意見である。それは大内教弘の天満宮安楽寺崇敬を代弁するもので、行為としてはまさに代参であろう。このあと山口に引き返して九月四日頃、正広は防府の松崎天神に詣で百首法楽をしており、正広の天神信仰を示しているが、大内教弘の天神信仰における松崎―大宰府の相即的な関係を想見させる。

大宰府天満宮法楽と同じ頃、宝満宮法楽二十首。宝満宮は旧御笠郡内山（現・福岡県大宰府市大字内山）に鎮座し、宝満山はその神体である。中野幡能氏は、御笠の里に発生した「水分神」であったのがカマド神と結び、さらに平安以後八幡神と接触し神功皇后を祭神とし聖母神として崇められてきたと解している(26)。奈良末期には規模の大きい神宮寺が建てられていたようで、最澄らの入唐求法僧が航海の安全を祈るなど、大宰府との関係は深かったが、天満宮の創建に伴い、大宰府文化の影の部分に廻った。しかし、かつては三七〇の坊を有していたと伝える(27)ほど隆盛を誇っており、筑紫を訪れた有数の歌人がそれぞれ歌に詠み残しているところである。それらの歌集のあらかたを示しておこう。『経信卿母集』、『江帥集』、『成尋阿闍梨母日記』上、『拾遺和歌集』巻第十八雑賀（『重之集』）、『続詞花和歌集』春二十戯咲、『新続古今和歌集』巻第十九誹諧、『経衡集』、『後拾遺和歌集』巻第三夏、『梁塵秘抄』巻第二。歌僧正広が宝満宮に法楽和歌を献じた背景の一つである。室町期の宝満宮の史料は極めて少ないが、最近、文明三年（一四七一）六月七日江州永禅の作った狛犬を大宰少弐頼忠（政資）が竈門神社下宮に寄進したことが判明した(28)。金剛三昧院文書文明十一年（一四七九）十月十八日粥田庄納所等連署算用状によって宝満宮勧進聖がいたことが知られる。時代が降るが、福岡市博物館所蔵青柳資料中に、天文廿三年（一五五四）の竈門山役行者講舛〔桝〕図

（目録一七六〇、一七六一）があることも貴重である。

『松下集』は宝満宮法楽に続けて、生の松原の天神社頭で法楽和歌を詠じたことを記している。生の松原は生き―千代・千年・行末、あるいは行くなどに懸かって永生を願う歌や別離の歌に詠まれたりして古歌に多く詠み込まれたところである。(29) 生の松原に続いて志賀島文殊で一首法楽。志賀島は南北朝時代は長講堂領であり、応永十四年（一四〇七）三月の「宣陽門院所領目録」に見える。志賀海神社所蔵文書天文十一年（一五四二）六月廿八日大内義隆の大府宣によれば、宗益蔵主を筑前国志賀社宮司坊職に補任しており、寛正の頃も那珂郡に属していたかも知れない。『筑前国続風土記』巻之五那珂郡上には、同社はかつて三百七十五の末社を有していたが頽破していたのを、永享十一年（一四三九）大内持世がようやく百二十社を興隆したと伝えている。同社文書には大内持世の右の文書は見えないが、持世の筑前支配の進展から考えて首肯できる。正広は大内氏の威光を背景に志賀海神社に参詣できたのである。『筑前国続風土記』巻之五那珂郡上は、志賀島の文殊堂について次のように記している。

> 志賀社の西の側にあり、古昔経〔径カ〕山寺より文殊の木像、及五台山の絵図を志賀島にわたしけるを、堂を作りて安置す、其後大蔵経をも渡しけるが、文禄二年（一五九三）十一月四日火災起りて、文殊の木像半ば焼たるを作りつけり、蔵経の内二千余巻焼失せり、残て猶三千余巻今にあり、此文殊の事、東海瓊玉集に載せたり 堂のかたはらに文殊水あり 清潔なり

志賀島は『万葉集』を始めとして古来歌に詠まれたところであり、正広としては是非参詣したい所であったろう。『松下集』は、この頃志賀島文殊が広く信仰を集めていたことを示した史料にもなっている。(30)

それから正広は大宰府安楽寺に参って法楽、天判の嶽（天拝山）のことを『松下集』に記している。その麓の寺に雨宿りして柱に一首法楽している。その寺はおそらく武蔵寺であろう。そののち竈門山に登って社頭の柱に一首書き付けている。『松下集』には続いて「その比大宰府人丸法楽廿首」のことを記している。明応七年（一四九八）の年記をもつ「天満宮境内古図」には「会所人丸」とあり、宗祇の『筑紫道記』には（安楽寺）「人丸の木像おはしますを拝す、この所則ち当社の会所なり」とあり、さらに遡って前引の宝徳二年（一四五〇）二月の太宰府天満

宮文書に「天満宮会所和歌所料田」のあることを想起する。会所は経済的基盤として料田があり、柿本人麿の絵像が懸けられて詠歌の営みが行われていたことは確かであろう。

同じ頃、正広は博多の龍宮寺で詠歌、足をのばさなかった肥前松浦の領巾振山も詠み込んでいる。『博多津要録』巻之九によると、龍宮寺は享保十七年（一七三二）六月十八日本堂・庫裏ともに全焼していて、史料が残っていない。鎌倉時代、谷阿を開山として開かれたと伝える。[31]『筑紫道記』には「浄土門の寺」と記している。文明十二年（一四八〇）宗祇によって博多百韻が行われたことは著名である。『松下集』の龍宮寺の記事は同寺関係の確かな史料の初見である。後のことになるが、『覇家台』によると、文禄三年（一五九四）薩摩の連歌師として知られる高城珠長が来博して同寺にとまり、博多町衆の世話で連歌を行っている。ついで正広は博多の大師堂に逗留して続歌。「泊雨滴篷」と題する歌、

とま莚よしあしぶきも心から思ひはいれじ板まもる雨

は、正広の旅の感懐を吐露している。大師堂は、弘法大師空海の入唐にちなむ創建という東長寺のことであろうか。

六月三日、筑前守護代の加賀守平（仁保）盛安の博多の旅宿で二十首続歌。仁保盛安は正広を山口から九州へ案内した人物であり、山口と筑前を折々往来していたことが知られる。大内氏の筑前支配の軍事的拠点は糟屋郡高鳥居城であり、[32]博多の宿所は、それと相関して守護所の機能をもつものであったかも知れない。[33]田村大宮司家文書康正弐年（一四五六）十一月日内藤道行・飯田秀家・仁保盛安連署禁制によると、筥崎社の神木を門松や祇園会以下の作り物として伐取することを禁じている。博多祇園会に関する確かな史料の初見であるが、大内教弘期の博多支配における仁保盛安の事績を示す史料でもある。博多祇園会は、京都―山口のルートを経、主として大内氏の影響下に形を整えていったと思われるが、[34]和歌の享受でもこの時期は京都―山口―九州のルートが中心的で、正広の巡歴はそれを具象するものである。大内教弘が正広の師正徹に西国物詣をすすめ「箱崎のまつ」の歌をやりとりしたのが、この康正二年であることは興味深い。

仁保盛安の博多の旅宿で続歌をした頃、「八幡の生給」う糟屋郡の宇美八幡宮に詣でて二十首法楽。その中に「社頭祝」として次の歌がある。

かしこくも神のうめらむ御子としれみな此国にはぐまる、身は

筑前の国民《くにたみ》に対する八幡の擁護と大内氏の支配の永続への祈りとが一如に詠み込まれている。宇美八幡宮は神功皇后が新羅から帰り応神天皇を生んだ所として『日本書紀』や『古事記』に記されている古社で、『今鏡』第三男山の条に「鼇海の西にはうみの宮御産平安たのみあり」とあるように安産の神として古来広く信仰されている。また同宮を詠んだ藤原隆家（『万代集』）・慈円（『拾玉集』）・西行（『夫木抄』）らの歌もあり、正広は歌僧として是非参詣したい神社であったろう。

このあと『松下集』は「生松熊野法楽に」として、

御熊野、神のいまする生の松百枝にみるや浦のはまゆふ

の歌を掲げている。生の松原の熊野社に詣でての歌で、前出の生松原天神社頭の法楽の折のものか、再び生の松原に赴いたものか、不明。中村令三郎氏所蔵文書永仁元年壬辰八月十五日他宝坊願文に「筑前国さわらのこをりいきのまつばらくまの、権現をいわいするゐまいらせ候」とあり、干支記載が誤っていて疑問の残る文書であるが、肥後国の異国警固を機として生松原に熊野社が勧請されたとある。正広が詣でたのはこの社を指すのであろうか。

続いて、『松下集』は住吉社法楽歌三首を掲げて九州関係の巡歴記事を終えている。そのうちの一首を掲げよう。

寄夏祈恋

住吉やことの葉そへて御田うへに神の心をとるさなへ哉

夏懐旧

風こえてすゞしき袖の湊舟もろこし人や秋をよすらむ

住吉神社は天平九年（七三七）四月、[35]奉幣をうけて以来、公家の崇敬をうけること厚かった式内社である。同社

は当時伏見院領であったが、油座文書や榎戸文書によって大内氏の支配―保護下にあったことが知られる。摂津住吉神社が歌神として有名になるにつれ、同社も歌神としての崇敬をうけるようになり、顕昭の『袖中抄』に引かれ、占部兼直（『続古今集』神祇）や津守国量（『新後拾遺集』・神祇・『神道百首』）らの歌が残されている。さらに、正徹が同社の北の海辺に松月庵を営んでいたという所伝がある。[36]この所伝の形成には正徹の愛弟子正広の同社参詣が何らかの形でからんでいるかも知れない。正広が九州巡歴の最後に住吉社法楽をおいているのは、歌神への崇敬によるものであろう。[37]

豊前・筑前巡歴を終えた正広は寛正五年（一四六四）六月の末山口へ帰り、所々で歌を詠じている。八月七日大内教弘家にて「海辺月」と題し、

唐人の心といかに舟出して袖の湊にならふ夜の月

とあるは、博多に思いを馳せての詠であろう。『松下集』には、

防州九州にてよみ侍る歌どもとりちらし侍るに、去延徳二年（一四九〇）の秋のころ日向国嶋津修理亮入道忠好と云人、少々書うつしたる歌とて泉州堺の草庵へ持来られ侍る程にかき入侍る、さてその、ち歌どもひきうしなひ侍りき

という記載がある。防州・九州巡歴の後二十七年を経て島津忠好の写本によりつつ記憶をたどりながら記述していることを述べている。島津忠好（忠廉）については後述する。前述のように、豊前関係記事が二カ所だけあり、同一箇所が二カ所に分載されているのではないかと見られる部分があるのも、このことと関係があろう。

正広の九州巡歴について気付いた点をいくつかあげておきたい。(1)正広の九州巡歴が筑前・豊前両国守護大内教弘の庇護によって実現していることはいうまでもない。その教弘の庇護を直接に代行したのは筑前守護代仁保盛安である。(2)九州巡歴といっても九州全域にわたるのではなく、大内教弘の守護管国である筑前・豊前に限られている。[38]しかも豊前では宇佐宮・羅漢寺以外直接訪れたことが知られず、筑前を主とする巡歴であった。(3)巡歴の対象

地は、古歌に詠み込まれた歌枕で、殊に由緒古い寺社が主である。法楽歌数や祭神の性格からいって大宰府天満宮に主眼がおかれていたと見られる。なお、九州巡歴の最後を住吉社においているのは、歌神としての崇敬によるもので、意図的な配置であろう。(4)九州巡歴の歌は法楽歌が主である。つまり和歌は陀羅尼(『さゝめごと』)ともいうべき宗教性が濃厚である。しかも法楽は大内氏の分国支配永続の祈りに通じ、政教一致の境涯を示している。従って歌枕探訪は期せずして政情巡察にもなっている。(5)『松下集』の九州巡歴には仁保盛安以外、在地の国人の和歌受容を直接記述した箇所がなく、この点宗祇の『筑紫道記』と大いに異なる。しかし「同七日、ある人の箱崎の八幡宮法楽とて、人々にすゝめ侍るよし有て短冊を送られしに」、「廿日、天満宮法楽とて人の百首を一日によむべきにてすゝめられし中に」、「生松原と云所は、箱崎よりはるかにへだゝりて、天神の社頭まします、人々法楽せしに、たんざくをとり侍る」、「それより安楽寺へまいり、人々法楽の歌あり」などと和歌愛好の「人々」の存在が語られており、歌会が当時流行の続歌(当座即詠)であることと相俟って、協同性の高い和歌享受を示している。正広の九州巡歴は三カ月足らずの短期間であったが、この面での指導性を発揮したのであり、とくに古寺社を中心として、筑前における和歌享受は一層の高まりをみせたと推測される。

註

(1) 佐伯弘次「大内氏の筑前国支配――義弘期から政弘期まで」(川添昭二編『九州中世史研究』第一輯、文献出版、一九七八年一一月)。

(2) 太宰府天満宮文書文安甲子(一四四四)秋七月二日菊池持朝書下は、大鳥居信堯の安楽寺別当職を安堵したものであるが、検討を要する文書である。

(3) 大内教弘の文芸については米原正義『戦国武士と文芸の研究』(桜楓社、一九七六年一〇月)第五章第一節五。

(4) 金子金治郎『新撰菟玖波集の研究』(風間書房、一九六九年四月)一五七―五八頁。

(5) 伊地知鐵男『連歌の世界』（吉川弘文館、一九六七年八月）二九〇頁。
(6) 註4所掲書、二八二頁以下に紹介。
(7)『島津国史』巻十。
(8)『薩藩旧記雑録前編』巻三十八。
(9) 木藤才蔵『連歌史論考』上、増補改訂版（明治書院、一九九三年五月）三九九頁。
(10) 註9所掲書、三九七頁。
(11) 稲田利徳『正徹の研究』（笠間書院、一九七八年三月）一一一一頁。
(12) 鈴木泰山『禅宗の地方発展』（畝傍書房、一九四二年一一月）後篇第六章第三節。
(13) 註11所掲書、三五頁。
(14)『松下集』の完本は国立国会図書館に所蔵、稲田利徳氏の解題・翻刻で『私家集大成』中世Ⅳに所収。
(15) 井上宗雄『中世歌壇史の研究室町後期』（明治書院、一九七二年一二月、一九八七年一二月、改訂新版）八五頁。
(16) 正広は正徹同様、連歌を残していない。宗祇と一緒の時も連歌をしていない。前註11・二一六―一八頁。
(17)『草根集』巻十一。
(18)『建内記』嘉吉三年（一四四三）六月三日条によれば、大内教弘は京都に雑掌を置いており、「最勝光院方評定引付」、『康富記』によると、文安六年（一四四九）四月二十日上洛している。福岡県宗像郡の井原文書（年欠）三月十二日高鳥居城衆宛大内教弘書状に「上洛留守中事、毎々御奔走令悦喜候」とあり、大内教弘の上洛が知られる。しかし、もとより正徹との交わりを示す直接史料ではない。
(19) 羅漢寺は現在曹洞宗。『日本社寺大観』（京都市・日出新聞社、一九三三年九月）八六九―七〇頁。天隠龍沢の『黙雲藁』（玉村竹二『五山文学新集』第五巻〔東京大学出版会、一九七一年三月〕一一七八頁）に「礼二羅漢於豊前一」とある。『臥雲日件録』長禄元年（一四五七）十一月十九日条には豊前田口の石羅漢像のことを記している。
(20) 到津家譜・宇佐益永家文書（享徳二年〔一四五三〕十一月廿七日大内教弘書状、到津文書同年十二月十五日大内氏奉行人連署奉書。同文書同日大内氏豊前守護代杉重綱奉書。
(21) 永弘文書文安五年（一四四八）四月七日道行・秀家・宗国連署奉書案、佐田文書（年欠）十一月九日大内教弘書状、同文書（年欠）十一月廿六日大内教弘書状など。
(22) 到津文書享徳四年（一四五五）八月十三日飛鳥井雅綱短冊包紙。七月二十五日、康正と改元。
(23) 到津文書寛正三年（一四六二）八月廿二日大内政弘神馬寄進状写。
(24)『松下集』寛正五年五月廿日天満宮法楽百首の中に「山月」として「豊国や月を鏡のかゞみ山　照さばなにの光と

かみん」とある。豊前国田川郡香春の鏡山を詠んだもので、『万葉集』三－三一一・四一七・四一八、九－一七六七・一七六八などの歌を念頭においていたろう。正広が豊前の鏡山に行ったのかどうかは不明だが、豊前の歌枕としての鏡山に心惹かれていたことは確かである。

(25) 鶴崎裕雄「大内氏領を往く正広と宗祇（上）」（『帝塚山学院短期大学研究年報』二二、一九七四年一二月）。

(26) 中野幡能編著『筑前国宝満山信仰史の研究』太宰府天満宮文化研究所、一九八〇年三月。

(27) 貝原益軒『筑前国続風土記』巻之七、御笠郡上。

(28) 小西信二「竈門神社の狛犬について」（『西日本文化』一五二、一九七九年六月）。

(29) 註27所掲書、巻之二十早良郡上にそれらの古歌を引いている。

(30) 川添昭二「志賀島文殊」（『日本歴史』五七二号、一九九六年一月）。

(31) 註27所掲書、巻之四博多。

(32) 福岡県宗像郡井原文書宝徳二年（一四五〇）八月廿一日内藤道行・吉田秀澄連署奉書、同日仁保盛安奉書。

(33) 註1所掲論文。

(34)『海東諸国紀』によれば、康正元年（一四五五）大友氏の「石城府代官宗金」寛正二年（一四六一）大友親繁の「博多代官田原貞成」の活動が知られるなど、博多は大内氏の一円支配下にあったわけではなく、大友氏の影響があったことは見逃せない。

(35)『続日本紀』。

(36) 註27所掲書、巻之五那珂郡上。

(37) 前註3・五七四頁は、この住吉社を長門一宮住吉社とする。そのように解されなくもないが、この記事のあとに「六月すゑ、九州よりのぼり、山口へ帰り侍るに」と記していて、記事の順序としては在九州の時になる。ここでは筑前国那珂郡の住吉社と解しておく。

(38) 寛正二年（一四六一）六月二十九日、「大内氏掟書」によって、大内氏の勢力が肥前にも及んでいたことが知られるが、この頃の文事関係は見出し得ない。

第八章　宗祇の見た九州

一　大内政弘の寺社対策

大内教弘に続く政弘（一四四六－九五）の筑前・豊前、とくに筑前を中心とする北九州支配の文化史的な意義を考えてみたい。大内政弘は応仁文明の大乱に際し西軍の主導者として活躍していたが、東軍細川勝元の後方攪乱策によって防長－九州の反大内政弘方勢力が蜂起した。とくに伯父大内教幸（道頓）が挙兵したため苦境に陥ったが、陶弘護の活躍などによってこれを封じた。その後、大乱の縮小化と相俟ち、大内政弘は防長豊筑の安定をはからんとして幕府に降を請い[1]、文明九年（一四七七）十月三日、周防・長門・豊前・筑前の守護職を安堵され[2]、少弐討伐にかかった。翌年八月豊前に渡り[3]、九月二十五日少弐政尚（政資）を大宰府に敗り[4]、豊前・筑前を平定した。以後博多に居をすえ、文明十年十二月七日周防に帰るまで[5]直接筑前経営[6]に当たった。この期間を中心に、大内政弘の文化的な営みを見てみよう。さいわいこの間の動静については、大内政弘の側近相良正任が書いた陣中日記『正任記』によって詳しく窺うことができる。同記は博多の聖福寺継光庵で書かれており、大内政弘は聖福寺を本営にしていたかもしれない。大内政弘の筑前経営は博多を拠点にして行われた。以下、博多を中心にしながら大内政弘の文化的営為を、まず寺社対策から見ていきたい。

『正任記』には、大内政弘の豊前・筑前入国（制圧）の祝いや御礼などに多数の九州国人・僧侶神官が政弘のもとに参候していることが記されており、それはそのまま九州国人・寺社の大内政弘への政治的結集を示すものである。その状況は佐伯弘次氏が一覧表に整理している。[7] 日付順に筑前寺社の参候をみると（重出は省略）、（嘉麻郡）碓井永泉寺住持[8]・（那珂郡）志賀島宮司祖慶・（御笠郡）宰府観世音寺留守房顕・博多興浜妙楽寺惟明東堂・（糟屋郡）香椎顕孝寺・宰府横岳山崇福寺・（那珂郡）住吉新神主満若及びその父・（糟屋郡）宇美宮社務・（宗像郡）宗像大宮司氏定・（那珂郡）筥崎宮留守。豊前の寺社としては、彦山座主頼有法印（父子）・宇佐宮祝大夫・宇佐宮大宮司公見・門司宝寿寺・門司等妙寺。以上のほか肥前国脊振山政所坊・肥前国神埼郡仁比山及び肥後国阿蘇大宮司惟家が見える。筑前では、博多を始め那珂・御笠・嘉麻・宗像・糟屋の各郡にわたっている。筑前・豊前を主としているのは、大内氏の守護管国として当然である。肥前の脊振山・仁比山が見えるのは、すでに早く、「大内氏掟書」寛正二年（一四六一）六月廿九日「従二山口一於二御分国中一行程日数事」に明証があるように、肥前神埼郡が大内氏の支配下にあったからである。[9]

筑前寺社のうち大内政弘関係資料を比較的に多く残しているのは筥崎宮である。興隆寺文書文正二（一四六七）丁亥四月五日筥崎三河入道道俊・対馬太郎左衛門尉為信連署書状によると、両名は筥崎宮領田島村内塩浜四町并びに平井大明神免田三町などについて周防山口興隆寺と相論し、訴状を筑前守護代仁保盛安に提出しており、この間、早良郡代が「彼七町立田点札」を行っている。しかし、政弘の嗣立後間もなくであり、博多周辺では大友氏[10]や少弐氏－宗氏[11]の勢力が優勢であった。大内政弘は文明十年（一四七八）筑前に入国すると、早々に重臣以下走衆百余人を従え筥崎宮に詣でている。[12] 続いて重臣杉美作守重道の病気平癒祈願のため筥崎宮に神馬を寄せ[13]、子息義興誕生日の祈禱のため神馬・神楽を奉じ[14]、御台所祈禱のために神馬を寄進している。[15] 大内政弘はさらに、早良郡倉光上下庄七十町を寄進し[16]、筥崎留守佐渡守為寿をして筥崎宮領筑前国那珂郡瑞籬免埴生弥六郎盛景代官分の知行を全うせしめ[17]、筥崎宮油神人奥堂右馬大夫の油役諸公事以下を免除している。[18] なお、文明十一年（一四七九）筑前守護代陶弘護が筥崎宮の鐘を鋳ていることも付記しておく。[19] 以上のように大内政弘は、自身及び妻子・重臣などの平安を筥崎宮に祈って種々の報賽をし、筑前一国に対する寺社統制権を背景に安堵行為をしている。筥崎宮に対して、大内政弘がこのように厚い崇敬を寄せているのは[20]祭神八幡神の武神としての属性によるものであろうし、筑前支配における筥崎の地を重視した大内政弘が、同宮に対する民庶の信仰的結集を把握しようとしたことも見逃せまい。『正任記』によれば、大内政弘は文明十年十月十七日、京都御礼物已下御用として筥崎地下と博多津からそれぞれ千貫文を進納させているのである。

『正任記』によれば、文明十年十月四日、大内政弘は宇美宮前社務房精の孫豊松を社務職に補し、豊松は政弘に初参して太刀千疋を進納している。大内政弘の社務職補任権の行使を示すものである。また、同年十月一日志賀島宮司祖慶が大内政弘に参謁して二百疋を献じている。[21] 大内持世以来の同社に対する保護の持続を願ってのことだろう。同社所蔵文書によれば、大内政弘は文明十二年七月二十五日志賀島大明神に禁制を掲げている。香椎社は大内政弘関係史料を見出し得ない。当時筑前国一宮であった伏見院領住吉社に対する大内政弘の関係は深い。『看聞日記』によれば、永享五年（一四三三）九月十二日、大内持世の被官安富掃部助定範が伏見殿御領住吉社代官に補され毎年二千疋の進上を請負っている。榎戸文書永享十二年八月二十八日伏見殿御領目録によれば「筑前国住吉社参千五百疋大内代官安富如レ元執沙汰三千疋請申」とある。[22]『正任記』文明十年（一四七八）十月七日条では、住吉新神主満若が任職の御礼に在博の大内政弘の許に参じ太刀・五百疋を進上し、父新三郎は太刀・三百疋を進上している。大内氏の住吉社に対する代官請負は政弘代にも続いていたであろうし、大内政弘は宇美宮などと同様に神官の所職補任権を掌握していたのである。同社文書によれば、文明十三年二月十三日、大内政弘は宮崎政延を筑前国一宮住吉本社神官給吉留名の名主職にしている。

『正任記』によると、文明十年十月二十四日、大内政弘は博多津に祇園社を造営すべきことを勧進聖に命じ奉加帳を調進させている。同月二十六日の条に「当津櫛田宮内祇園社造営奉加帳被レ加二御判一了、則千疋被レ遣候、宗親奉行」とあるから、大内政弘は櫛田宮内に祇園社を造営することを命じたのである。大内政弘による祇園社の創建は、政弘が博多を小京都化しようとする意志をもっていたのではないかと推測させる。有名な博多山笠行事が櫛田宮の祇園祭に起源をもつことはよく知られており、その起こりは『九州軍記』や「承天寺並末寺縁起」によって、永享四年（一四三二）とされている（後述）。大内持世の時代である。典拠は、にわかには拠り難いものであるが、田村文書によって康正二年（一四五六）十一月には祇園会が行われていたことが知られる。大内教弘の博多支配の進展から考えて、この頃博多山笠行事の始源めいた形が整いつつあったと見られぬことはない。さらに、大内政弘期の安定的な博多支配及び大内文化の博多への画期的な流入を背景として右の『正任記』の記事を見ると、櫛田宮祇園祭の盛行－博多山笠行事の形成に占める大内政弘の存在は大きいといわねばならない。

大内政弘が本営としていたかと思われる栄西を開山とする博多聖福寺の大内政弘関係事績は、同寺文書によって、文明十五年（一四八三）九月十八日、政弘の代官らが同寺領早良郡脇山三町分山之口礼銭を安堵したことぐらいしか知られない。聖福寺に近い承天寺は円爾を開山とし少弐氏と綱首謝国明の外護によって創建されたと伝え、「承天寺並末寺縁起」によると永享四年（一四三二）十月、大内義隆（持世の代に当たる）が承天寺をして後小松天皇（先皇）の不予を禳わしめ、その満願の時、博多町人が同寺へ祇園山笠を門前までかつぎ込み奉祝のため古例を復旧したと伝えている。つまり博多山笠行事の起源をここにおいているのである。大内氏が博多支配の上に同寺を重視していたことの反映かもしれない。大内氏と承天寺との関係が知られるのは『蔭涼軒目録』永享十年（一四三八）六月二十七日条で、大内持世の推挙によって従隗西堂が承天寺住持の命を受けたというのが初見である。直接の関係は大内政弘の時に顕著である。『正任記』文明十年（一四七八）十月廿三日条は、大内政弘が筑前守護代陶弘護の辞職を慰留しに陶弘護の宿所承天寺に赴いたことを記している。陶弘護は大内政弘の領国支配の再編・強化を推進した功労者で、吏僚的属性もかなり見られるが、国人層の代弁者的性格を有し、博多支配をめぐって大内政弘の重臣飯田氏との対立を深め[23]、性格は直情径行で武将としての面が強く、一年有余で筑前守護代を辞している[24]。承天寺は少弐氏ゆかりの臨済禅寺で、大内政弘は同寺に対しては慎重な配慮をしていたろう。同寺が筑前守護代の宿所とされたのは、博多の大寺であること、あるいは大内政弘は本営と目される聖福寺に近いということが主であったろうが、対少弐氏の含意もあったろう。以下、同寺関係の大内氏の事績としては、筑前守護代杉興長の同寺領保護を示す永正十二年（一五一五）九月の省伯和尚承天寺掟案、(25)同寺文書永正十三年五月廿三日大内義興承天寺住持職補任（公帖）遵行状その他がある。(26)

在博中、大内政弘が厚い信仰を示したものに那珂郡の堅粕薬師がある。『正任記』によれば、文明十年（一四七八）十月八日歩行の供衆を従え騎馬で堅粕薬師に参詣して馬一疋を寄進し、同月十二日には大上様（政弘の母）祈禱のために堅粕薬師に千灯を奉じている。堅粕の薬師といえば、大同元年（八〇六）最澄が開いたという、のちの薬王密寺東光院（福岡市東区吉塚三丁目）であろう。本尊の薬師如来立像（檜材・寄木造・彫眼、像高一九八センチ）は藤原期十一―十二世紀の造立と見られているが、最澄の彫刻と伝えて広い信仰を得ていた。(27)衰退していたのを応永二十年（一四一三）に九州探題渋川満頼が再興し、前述の承天寺の末寺となっていた。右のことから大内政弘の薬師信仰の深さが知られる。

博多寺院のうち大内政弘を始め大内氏歴代の保護が厚かったのは浄土宗の善導寺である。同寺文書や『晴富宿禰記』によると、同寺は文明十一年（一四七九）十二月二十五日に勅願所となっている。在博中、大内政弘の同寺関係事績は知られないが、同寺文書によって延徳二年（一四九〇）十一月十五日大内政弘が同寺に禁制を掲げていることが知られる。同寺が勅願所として京都と密接な関係があることもあり、(28)京都文化の動向に敏感な大内政弘の崇敬・庇護は深かったと思われる。政弘は同寺の寺基強化に間接的にもせよ一定の役割を果たしているように推測される。ちなみに、同寺には十王図十幅が遺存しており、「宋画をモデルとした朝鮮仏画の展開の一つの在り方を示すもの」(29)とされているが、裏書によれば、もと筑前国若宮御領武恒方平山寺の什物で、「寛正三年壬午（一四六二）二月廿三日藤原朝臣内藤下野守盛世重修二補之一」とあり、大内教弘の重臣内藤盛世の重修補にかかるものである。

内藤盛世の重修補は平山寺時代であろうか。教弘期の筑前における大内文化の広がりの一事例と見られよう。

『正任記』によると、文明十年(一四七八)十月三日博多興浜妙楽寺の惟明東堂が御礼のために大内政弘に参謁し、唐筵・香爐胡銅などを進上している。同月十六日、暴徒が同寺を襲ったので大内政弘は尾和武親等を派遣してこれを鎮圧させている。理由は明らかでない。同月二十三日、九州探題渋川教直の子万寿丸が同寺に宿り大内政弘を訪問している。妙楽寺は室町幕府の外交出先機関のような役割を果たしていた臨済禅寺であり[30]、大内政弘への進物にもそれが端的に現れている。対外貿易の拠点博多を支配するに際して妙楽寺の掌握は極めて重要であった。『正任記』文明十年十月三日条は、仁保弘名の首を三日間土居道場(称名寺)の門前に掛け、大内政弘が供養として同寺に千疋を遣わしていることを記している。土居道場は博多土居町に所在していた時宗寺院称名寺のことである。大内政弘がこのようなことをしているのは、時衆が戦陣の間に戦没者の供養に従っていたことと関係あるのだろうか[31]。土居道場は蘆屋の金台寺とともに筑前時衆の拠点であり、筑前文芸の担い手であったから、大内政弘は史料面に現れない交渉をもっていたかもしれない。

『正任記』文明十年十月三日条によると、糟屋郡の顕孝寺が大内政弘に謁して二百疋を進上していることが知られる。同寺は大友貞宗を開基とする臨済禅寺であり、対外的機能ももっていた。顕孝寺が逸早く大内政弘に参謁しているのは、一つには同寺が、大内氏に対する対抗勢力である大友ゆかりの寺であるからであろう。大内政弘が同寺の掌握に、とくに留意したのは当然であろう。杉文書[32]によると、大内政弘は博多を去ったあとの文明十六年(一四八四)二月十八日、杉木工助弘依を糟屋郡内顕孝寺領打橋三十町代官職に補任し、正税は寺納させ、余得は給恩としている。

二　領国支配と連歌

大内政弘の文芸については、米原正義『戦国武士と文芸の研究』第五章第二節に詳細な叙述がある。同書その他先学の研究を参照して、大内政弘との関係を中心にしながらこの時代の九州の文芸の動向について述べてみる。

まず在博期の大内政弘の文芸的営為を見てみよう。『正任記』文明十年（一四七八）十月九日条は、秋月小太郎弘種が二条為世筆の『古今集』一部十巻を大内政弘に献じたことを記している。二条為世は鎌倉後期－南北朝初期の二条派の総師・京極為兼や冷泉為相と対抗し、いわゆる二条派の歌風・歌論は為世によって完成されたといわれる(33)。秋月氏は大蔵姓、筑前国夜須郡（現・朝倉郡）秋月を根拠とし、鎌倉時代には御家人(34)であった筑前の有力国人、文明元年（一四六九）には秋月中務大輔種朝は九州探題渋川教直とともに大友親繁と対戦していた(35)。秋月弘種が二条為世筆の『古今集』という貴重本を献呈したのには、秋月種朝が大内政弘の豊筑入国にあたって「出張延引」していたことが理由の一つにあるのかもしれない。ともあれ右のことは大内政弘の数ある古典・歌書収集の中でも出色である。秋月氏の右写本入手の経緯は不明であるが、筑前国人の文芸享受の事例として貴重である。ちなみに、建仁寺の天隠龍沢の『黙雲藁』に、肥後国玉名郡清源寺の季材明育が、文明八年（一四七六）上洛した時秋月種朝が季材明育に餞をしたことが次のように見える。

和三肥後秋月種朝居士餞二清源翁〔季材明育〕匀一

文武名高仁政余、併見昔日両相如〔藺相如、司馬宗如〕、三軍喜気朱門説レ雪、夜読蟠胸幾巻書(36)

肥後とあるのは、おそらく筑前の誤りで、ここにいう筑前の秋月種朝のことであろう。桂庵玄樹の『島隠漁唱』には、

和下秋月種朝公題二霊岩寺一詩上

朶々峰巒雲半空　上方蘭若翠微中　知君飛レ駕春遊好　紅白花門開連二夜風一

と見える。これらの詩から、秋月種朝に儒仏の教養があり、詩にも通じていたことが察せられる。

「正任記」文明十年十月十三日条は、在博中の大内政弘が百韻連歌を興行したことを次のように記している。

一暁天御夢想連歌二句

花ひらけ夕立まよふ野山かな

ゆふべの月のにほふやまのは

色さむきたかねの雲ハおさまりて第三御句

百韻則御興行、右連衆

明猷、武道、氏光、能秀、武親、貞賢、宗親執筆、正任、才阿、朝酉一乱已後初参候也

大内政弘は第三句である。第三句がとくに変化・展開を要求されるものであることはいうまでもない。政弘の連歌は在京中の文明九年正月二十二日、政弘の重臣杉美作守重道が陣中で張行した「何船百韻」（発句宗祇・脇重道、第三政弘）を初見とするが、[37]当時すでに力量を評価されていたようである。連衆について若干触れておこう。明猷は北野社宝成院明充の代官（院代）龍泉院明猷律師で、『正任記』によると、文明十年十月七日長州員光保から在博中の大内政弘の許に来て巻数を献じ同十九日にまた参謁している。大内政弘が明充の祈禱の功を賞して北野社領筑前国遍智院分代官職に補した礼である。龍泉院明猷律師は、『筑紫道記』によると、文明十二年九月十日宗祇とともに長門住吉社に詣でており、翌十月長門に引返した段では明猷の坊が住吉二宮の近くにあったことが知られる。文明十年十月以降ここに住したものか、長門に居を構えながら北野社宝成院の院代であったのか、不明。いずれにせよ明猷が京洛連歌の拠点である北野社ゆかりの僧侶であることは注目される。宗祇との交わりもその辺に縁由があるのかもしれない。武道は杉勘解由左衛門、在博中、相良正任とともに大内政弘の側近にあって取り次ぎをしたり正任と連署の奉書を出したりしていることが『正任記』で知られる。「大内氏掟書」では文明十七年（一四八五）

以降、奉行人として見える。氏光は窪田右近将監。「正任記」文明十年十月十日条に見え、大内政弘の母の使者として来福していた。能秀は門司氏。門司氏は大内文芸[38]や大内氏の北九州支配に重要な役割を果たしているので、少し説明を加えておきたい。

門司氏[39]は元来下総氏を称し、豊前門司関地頭に補任されて下向した西遷御家人と考えられ、鎌倉末期嘉元（一三〇三―〇五）以降の段階では門司関はすでに得宗（北条氏本家）領となっていて、下総氏は得宗被官であった。門司氏は関領田のある門司六郷（伊川・柳・大積・片野・楠原・吉志）に一族・庶子が分出割拠して土着化した。能秀は右のうち大積系の門司氏である。大永本『新撰菟玖波集』に従えば、能秀―武員―宗忍（与三興俊）となり、大積系門司氏三代の連歌が同集に入っている。同集が記しているように、当時、門司氏は大内氏の被官であり、大内氏滅亡後は毛利氏の家臣となっている。大内氏被官化の経緯を示す明証には接し得ないが、大内氏の南北朝以来の防長・北九州に占める勢威、門司氏の国内海陸交通ならびに海外との交通に占める役割を背景としていることは確かであろう。宗祇の『筑紫道記』によれば、門司氏は門司関だけでなく、その対岸で本州の門戸に当たる赤間関の守備にも任じていた。「大内氏掟書」によれば、文明十三年（一四八一）以降門司下総守能秀は大内政弘の奉公人として見える。大内氏の領国支配に占める位置の重さは自ずから明らかである。『新撰菟玖波集』への門司氏の入集状況[40]は、その力量によることはもちろんであるが、同集撰進の推進者大内政弘の重要な被官であることにもよっていよう。能秀は在博中、高石忠幸とともに筑前高鳥居城屛矢倉配当のことを掌っている。大内氏支配に占める門司―博多の問題の面からも門司氏の存在は抜きにはできない。

武親は尾和兵庫允。『正任記』文明十年十月三日条に見え、大内政弘の側近にあって申し次ぎをしている。「大内氏掟書」では文明十三年（一四八一）以降奉行人として見える。貞賢は神代左馬允。『正任記』文明十年十月廿三日・同廿七日条に大内政弘の側近にあって取り次ぎをしていることが見える。「大内氏掟書」では文明十三年（一四八一）以降奉行人として見える。宗親については、『正任記』文明十年十月卅日条に、同月十八日安芸国久芳内六十石地を宛行われた人物として見える久芳九郎右衛門尉宗親なのか、同日豊前国規矩郡得光内八町地を宛行われた門司助九郎宗親[41]なのか、判断しにくい。門司氏の大内連歌に占める位置から一応門司氏としておく。正任は、いうまでもなく相良遠江守。才阿は時衆の連歌師かと思われるが、委細不明。朝西は文明十二年九月の「博多百韻」に宗祇の十九句に次ぐ十二句を出している。「博多百韻」を収める山崎藤四郎の『石城遺聞』（一八九〇）は、その後注で、朝猷は住吉座主の親類であるとしている。今はその拠るところを知らない。

以上のことから、文明十年十月十三日の大内政弘の博多での百韻連歌は、政弘側近の奉行人層を主体とし、臨時に来博していた北野社僧・政弘の母の侍臣・連歌師などが加わってなされたものであることが判明する。さながら領国筑前支配を象徴するような連歌興行である。

『正任記』文明十年十月十八日条には、大内政弘が斎を行った時、勘解由小路在宗・宮盛親とともに召されている人物として金春九郎直氏が見える。これは宗家判物写卯月廿四日豊崎郡中宛宗晴康書状に「〔宗〕盛俊在世之時、公方様御猿楽こんぱる九郎渡海之時、於二其郡一、郡主給人出銭次第、先々役人伊予守一通、時之奉行河野伊勢守、宗右馬允両三人之書物、武末藤右衛門にハ拝見させ候[42]」とある「公方様御猿楽こんぱる九郎」と同一人物である。大和猿楽の公方様御猿楽金春九郎直氏が在博中の大内政弘の側近に見えるのは、応仁の乱後山口の大内氏を頼って下向していたものかその他の理由によるものなのか不明であるが、大内氏の武家式楽や博多の演能に刺激を与え、大内政弘の媒介—宗盛俊の庇護下に対馬で演能したであろうことは推察に難くない。大和猿楽の九州への伝播を示す貴重な事例である。

『正任記』を見ると、防州山口広徳院（十月一日）、長州埴生浄牧庵・長府善興寺（十月二日）、防州山口南昌寺、防州岩国喜楽寺（十月六日）、長州阿武郡多万郷祥寿寺（十月七日）、防州西金寺（十月九日）、長府潮音院（十月十日）、防州楊井新庄正法寺・山代成君寺（十月廿三日）など防長の寺院から頻々と在博中の大内政弘の許に御茶（抹茶）・菓子が進上されている。大内政弘の茶に対する嗜好や茶が贈答品としてもてはやされていたことを示しているが、それは博多寺院等に一般化できよう。茶に即して博多の生活文化を考える際の間接的史料である。

三　『筑紫道記』に見る大内氏の支配機構

周防・長門を根拠とする大内氏の筑前・豊前支配によって北九州の文化は大内文化の影響下に育成された。文芸もその埒外ではない。その指標的な事例が、前述の、大内教弘の招請による正広の九州下向である。さらに文明十二年（一四八〇）、大内文芸の大成者である大内政弘の招請により、連歌の代名詞のようにいわれて、当代文芸の世界で至極の尊重をうけていた宗祇（一四二一―一五〇二）の九州下向が実現する。その文芸的結晶が『筑紫道記』（以下、川添昭二・福田秀一校注『筑紫道記』〈岩波書店・新日本古典文学大系51、一九九〇年一〇月〉による）である。同書は、大内政弘による北九州支配という政治の局面が、同時代・同地域の文芸にどのような規定性をもったかという問題を考える上での好素材である。以下、この視点から『筑紫道記』を見てみたい。

文明十二年六月、大内政弘の招請をうけた宗祇は周防国山口に下り、九月六日山口を出発し、周防の津の市、長門の船木・埴生・豊浦・住吉社・赤間関を経て、柳ケ浦・菊の高浜を過ぎ若松の浦に着き、陸路筑前木屋瀬・長尾から蘆城山（米の山峠）を経て九月十八日宿願の大宰府天満宮に参詣。観世音寺・博多・志賀島・住吉社・生の松原・筥崎宮・香椎宮などを巡り、宗像郡の蓑生の浦・宗像社・遠賀郡の内浦浜・蘆屋などを経て長門に入り、阿弥陀寺・住吉二宮・大嶺を経て十月十二日山口に帰着した。この、三十六日間の筑紫旅行の記が『筑紫道記』である。宗祇時に六十歳。大内氏の保護下に平安な旅をし、大内氏の北九州支配を支える守護代・郡代・国人あるいは神官・僧侶などと交歓し、寺社・歌枕を探訪した。『筑紫道記』は多くの古典を踏まえながら文を構成し、適宜和歌・発句を挿入し首尾を整えている。神・秋・賀・恋・無常・述懐を配して百韻の詠みかたに近づけており(43)、随所に人生観・文芸観を織り込み、和歌の理世撫民体にもとづく政教観を吐露している。室町期紀行文学中の白眉である。「連歌文学者としての自覚に裏付けられている点と、彼の文学意識の内面を示している点[44]」は注目すべきであり、筑紫旅行に代表されるような宗祇の旅には「文学の地方伝播や、その間における自己形成ということの外に、地方の文学的志向を結集するという面があった[45]」のは確かである。

ところで、『筑紫道記』を政治史的観点から見た場合、政弘期大内氏の北九州支配の実態を知る史料として絶好のものなのである。大内氏の北九州支配の機構とそれを支える成員の具体的な動き、彼らの文事に対するかかわりかたが、生き生きと伝えられている。以下、『筑紫道記』に見られる大内政弘期の支配機構である筑前守護代－郡代の実態を見、『筑紫道記』が紀行文として大内氏の領国支配における交通の問題をどのように表現しているかを見てみる。さらに大内氏の支配に対応している在地国人が『筑紫道記』に点描されているが、そのことの歴史的な背景について触れてみたい。

まず筑前守護代から見てみよう。筑前守護大内政弘の代官として筑前を実際に統轄していた筑前守護代陶（右田）弘詮について四カ所に記載が見られる。宗祇は九月十四日筑前鞍手郡木屋瀬に宿り、翌日、

是より守護所陶中務少輔弘詮の館に至り、傍の禅院に宿りして、又の日彼館にて様〲の心ざし有、折節千手治部少輔、杉次郎左衛門尉弘相など有て、一折あり

広く見よ民の草葉の秋の花

此国の守代なれば、万姓の栄花をあひ〔い〕すべきこゝろなり、ひねもすいろ〲遊び暮し侍るに、此あるじ年廿の程にて、其様艶に侍れば、思ふことなきにしも侍らで、覚えず勧盃時移りぬ

とある。筑前守護代陶中務少輔弘詮の館が木屋瀬付近にあること[46]、弘詮が二十歳位の美青年であること、弘詮の館で一折あり、宗祇は弘詮が守護代として「万姓の栄花をあいすべき」ことを連歌に托したこと、などを記している。弘詮は文明十一年冬、兄陶弘護のあとを継いで筑前守護代となっていた。弘詮の筑前守護代としての活動を示す史料は少なく、文明十四年五月末以降に職を辞している[47]。『筑紫道記』は続いて陶弘詮が宰府聖廟へまいる宗祇に侍

二人を添えてやったこと、住吉社に参詣したあとの九月二十三日宗祇が弘詮の許に手紙をつかわしたこと、十月五日山口への帰路蘆屋から弘詮の侍を帰したこと、などを記している。陶弘詮の大内文化に果たした役割は、弘詮が吉川本『吾妻鏡』の集成者である一事を挙げただけでも十分に理解できよう。[48] 宗祇の平安な北九州旅行は直接には陶弘詮の配慮によるものであった。『筑紫道記』が陶弘詮の颯爽とした筑前守護代ぶりを活写し、守護代のあるべき理念を提示しているのは殊に興味深い。

『筑紫道記』九月六日山口出発の条に「すでに打ち出づるをり、陶尾張守弘護、内藤孫七護道、諸共に侍を添ふる」とある。宗祇の山口出発に当たって陶弘護と内藤護道が警固の侍をつけてやったのである。陶弘護（一四五五－八二）は弘詮の兄。山口県徳山市龍豊寺所蔵の重要文化財・絹本著色陶弘護像は、弘護の豪毅・直情の風貌を如実に伝えており、文明十六年（一四八四）十一月廿七日の以参周省の著賛は弘護の詳伝である。前述のように陶弘護は弘詮の前任者として筑前守護代を務めていて、筑前の政情には明るかった。以参周省の賛は「尤善㆓倭謌㆒」としており、宗祇への心配りも一入であったろう。筑前守護代として筑前にある弟弘詮と呼応し、宗祇の筑紫旅行を平安ならしむべく手厚い配慮を加えたようである。内藤護道は長門守護代を世襲した内藤氏の一族で正賀の子。政治・軍事などの面でのきわだった活動は知られないが、[49]『新撰菟玖波集』に付句三句が入集しているのを始め連歌・和歌など文事に関する事績は大内氏被官中でも出色で、大内連歌における護道流連歌は後世まで称揚されていた。[50] 周防守護代陶弘護とともに宗祇の長門通過には何かと便宜を提供し得たであろう。

なお、宗祇が山口を出発するに当たって、こまかく手配したのは前述の相良正任である。『筑紫道記』には「こゝに相良遠江守正任、国々所々の便りなるべき事、細やかに取り成せり、[51] 今明に応ずる理をもとにて、この道の心ざし侍る故なるべし」と記している。正任の文事については先学によってすでに詳しく紹介されているので[52] 一々挙示することは避けよう。大内政弘の奉行人中、政弘側近としての親密さは最も厚かった。謙虚で故実に通じ翰墨に巧みで和歌・連歌に秀でており、吏僚としてきわめて優秀であった。正任が宗祇の九州行にこまかい手配をしているのは、正任が文芸愛好の士であったからでもあるが、とくに前述のように、文明十年中大内政弘の側近にあってその筑前手配を支えるため筑前の政事万般に携わって、筑前の国情に精通しており、しかも奉行人として大内氏の領国支配の中で筑前の政情を広く客観視し得ていたことが背景にある。

守護代のもとにあって各郡の支配に当たったのが郡代である。大内持世の代から守護代―郡代の支配機構が整えられていった。大内政弘の代には、那珂・御笠・穂波・鞍手・糟屋・早良・怡土及び肥前神埼郡に郡代の史料的所見がある。佐伯弘次氏は大内政弘期の郡代について、(1)政弘期に郡代層が刷新されたこと、(2)郡代という吏務的側面と城督という軍事的側面が一体化していたこと、(3)人的構成が、(イ)大内家臣、(ロ)守護代被官、(ハ)筑前国人の三グループに分かれ、豊前では(ハ)が多いのに比べ筑前では少弐氏対策上(イ)が多かったこと、などの諸点を明らかにしている。[53]『筑紫道記』を見ると、記述の重点が大宰府と博多にある。両者とも古来文芸的探勝の場として知られていたからであるが、前者は大宰府天満宮参詣を宿願としていたことの当然の現れであり、後者は博多を中心に歌枕を探っていることによる。同時に大宰府―博多は、相互に関連して大内氏の筑前支配の要であり、大内氏側近の宗祇への手配もこの二カ所に重点がおかれたのであろう。宗祇の九州巡歴のあとのことになるが、文明十四年（一四八二）五月、陶弘護が吉見信頼と刺し違え二十八歳の若さで死んだ時、大内政弘は筑前守護代右田（陶）弘詮にあててそのことを急報するとともに「因㆑茲其境宰府弥堅固可㆑為㆓了簡㆒候」と述べている。[54]大内政弘が大宰府を政治的・軍事的にいかに重視していたかが分かる。その大宰府の所在する御笠郡の郡代の重要性は自ずから明らかである。中世では御笠郡は多くは三笠郡とするが、おおむね御笠郡としておく。

米の山峠を越え、いよいよ大宰府に入った宗祇は天満宮安楽寺の社坊満盛院に宿した。そのあと『筑紫道記』は「今夜は当社の縁起など読ませ奉るほどに、深野筑前守といふ人来る。この郡の郡司也」と記している。陶弘詮あたりからの連絡によるものであろう。宗祇の、天満宮を中心とするこの地一帯の探訪には御笠郡代深野氏の手配・警固があったと見られる。深野氏は周防吉敷郡深野庄を根拠とする大内氏被官である。[55]深野氏のことは文明十年の

『正任記』に見える。少弐残討掃討戦にかかわる十月九日条の陶弘護宛渋川教直書状に「具ニハ深野方存知候」とあり、十月十三日深野図書允重親が筑前国夜須郡山家庄内五町地を大内政弘から宛行われて山道大蔵丞兼久とともに岩屋在城を命ぜられており、十月二十七日大内政弘から陶弘護への使者に深野淡路守が見え、十月三十日「落人等可出張之由」の報告が深野筑後守重貞から大内政弘の許にもたらされている。『筑紫道記』に見える深野筑前守は深野筑後守重貞のことではあるまいか。上座坊文書三月五日・五月一日興方・興重連署状は御笠郡代深野筑後守宛である。『筑紫道記』に現れる郡代は御笠郡代深野氏だけであるが、宗祇の知らないところで探訪関係地域の郡代の配慮がはたらいていたであろう。

『筑紫道記』が記述の重点をおいている博多は、同書に「此所つかさどる山鹿壱岐守、とかくの事わざす」とあるように、山鹿壱岐守の直接管掌するところで、博多における宗祇の世話も同人が行っている。同人は『正任記』文明十年（一四七八）十月十五日条に「飯田大炊助弘秀家人当津下代官山鹿壱岐守」と見える。この段階では大内氏の博多支配は大内政弘―飯田弘秀―山鹿壱岐守という支配系統のもとに行われていたのである。山鹿氏は譜代的に飯田氏の被官で、飯田氏の「秀」字を通字としていた。[56] いちいちの挙例は省くが、山鹿氏は大内氏の博多支配が崩壊するまで博多津下代官であった。

文明十二年九月二十八日博多龍宮寺での「博多百韻」を紹介した『石城遺聞』は、その後注で連衆の杉弘相につき「宗祇弟子弘相は津役日原殿〔杉次郎左衛門大内の家臣にして当時博多の町奉行に等し〕」と記している。杉氏は大内氏被官中の名族で、杉八家・八本杉などと称されて広く支族を分出して繁延しており、学問・文芸を好んだ一族である。[57] その中でも杉次郎左衛門尉弘相は文事においてとくに現れており、『筑紫道記』中では五カ所と、大内氏被官としては最も多くその名を記されている。まず、前引のように、九月十六日の筑前守護代陶弘詮の館にての一折に千手治部少輔らとともに参加。同日、宗祇は杉弘相の所領嘉麻郡長尾に赴いて百韻を張行し、九月十九日宿坊満盛院にての会席に弘相も参加。九月二十日杉弘相の宿り大宰府天満宮花台坊で一座、さらに弘相は、宗祇が筥崎社神宮寺の勝楽寺に宿った翌日十月二日の会に参加している。宗祇の同行宗作が病気にかかっていたので、宗祇は宗作のことを杉弘相に依頼した。『筑紫道記』には、

杉弘相も同じく此会に会へり、労り有同行の事など、弘相を頼み侍り、もとより心ざし深く侍ば、頼もしくなむ、夜に入れば、若き男多く酒持たせなどして、いかゞと思へる様も忘れがたき事多くなむ

と、杉弘相の至れり尽くせりの手配ぶりを伝えている。宗祇と杉弘相の交わりは、弘相が文明八年山城国相楽郡下狛大将であった時、宗祇を招いて一座張行した時[58]から知られる。『筑紫道記』に「都より志浅からねば、爰にても又をろかならんやは」（九月十六日条）というとおりであった。『石城遺聞』が杉弘相について、津役日原殿—当時博多の町奉行に等し、という根拠は何なのか分からない。大内氏の当時の博多支配が飯田氏—山鹿氏のもとで行われていたことは明らかである。右に述べたように、博多で杉弘相が宗祇の世話をよくしていたことから来た解釈なのであろうか。それにしても津役日原殿というのが解せない。

杉弘相に関連して付言しておきたいことが一つある。それは、宗祇は山口への帰路、十月九日に長門国美禰郡大嶺の杉美作入道の山家に宿り、翌日、その清雅なたたずまいの中で一座を張行していることである。宗祇が帰路わざわざ大嶺経由をとっているのは杉美作入道を訪問するためであったろう。それだけ交わりが深かったのである。杉美作入道（重道）と、前述の杉弘相との関係は父子なのかどうか、明確にはいえない。文明九年正月二十二日、杉美作守重道は在京中にその陣所で「何船百韻」を張行しており、発句は宗祇、脇重道、第三政弘である。『正任記』によると文明十年十一月三日、在博中の大内政弘は病臥中の杉美作守重道をその宿所に見舞っている。宗祇は大乱中から京都で大内政弘及び杉重道・弘相と雅交を結んでいたのである。

大内氏の支配機構を考える際、広い意味で、大内氏が領国内の交通をどのように掌握していたかは、看過できない問題である。『筑紫道記』はそれについても重要な素材を提供している。一つは前述した門司氏である。九月六日津の市のくだりで、「うち下し（馬〔あるいは輿〕からおりて徒歩になり）湊川を越行程に、門司下総守能秀跡より

（後から）立早め（馬を速めて追ってきて）、言の葉を交す」とあり、門司能秀が周防路を行く宗祇を警固していたことが知られる。九月十日、宗祇は赤間関（下関）に着き、夕方門司助左衛門尉家親の饗応をうけている。九月十二日、阿弥陀寺付近の門司能秀の宿りで連歌の会が催され、宗祇は「戸ざしせぬ関にせきもる紅葉かな」と詠んでいる。金子金治郎氏はこの句に「関の太平を謳っているのは、門司能秀が赤間関の守備を任としていたためと思われる[59]」と注している。翌日、宗祇は門司能秀の許を発ち船で若松の浦に渡る。門司氏の本拠は前述のように門司関である。赤間関・門司関という、大内氏領国中海陸交通の最要衝を守っている文雅の士門司能秀に警固されて宗祇は周防路から関門海峡を渡って九州に上陸しているのである。なお、宗祇は赤間関から若松の浦に着き、将軍家奉公の麻生氏兄弟の歓待をうけているが、麻生氏は遠賀川河口に位して九州北部の水陸交通の要衝をおさえ、門司氏と連携して、中国－九州を結ぶ海陸交通を管掌し、大内氏の領国支配を支える要となっていた。大内政弘の対外貿易を支えていたと見られ、蘆屋を支配下においていた関係上蘆屋釜の生産・流通にも関与していたのではないかと考えられる。〔補注2〕大内氏の交通政策を考える場合、麻生氏は門司氏と並んで逸することのできない存在である。麻生氏については後述しよう。

『筑紫道記』には大内氏支配下の交通関係記事として、今一つ、九月二十日の条がある。

刈萱の関にかゝる程に、関守立出て、我行末を怪しげに見るも恐ろし
数ならぬ身をいかにとも事問はばいかなる名をか刈萱の関

というくだりである。御笠郡水城村大字通古賀にあったという刈萱の関が、宗祇当時実際に関として機能していたことを示している。関が領国支配上、政治的・軍事的・経済的な重要な役割を果たしていたことはいうまでもない。この頃、伊勢参宮街道や淀川などに驚く程多数の関が設けられ関銭を徴収していたことは著名である。宗祇自身、旅の途中で盗難にあった経験もあり、旅の困難さは熟知していた[60]。一条兼良の『ふぢ河の記』や聖護院道興の『廻国雑記』などを見ても分かるが、一国の守護・守護代あるいは有力国人などの保護のない旅は困難・危険を伴った。

宗祇の関守に対するおそれもこのような状況を背景としているが、この部分の叙述はむしろ守護代－郡代に守られての旅の平安さを表現したものとなっている。大内氏の領国支配における交通政策については「大内氏掟書」（一七－一二一、一〇八－一一五、一一六）に明らかで、周防国鯖川渡の舟賃、赤間関・小倉・門司・赤坂の渡賃、赤間関わたし守のことなどの規定が知られる。(61) 刈萱関で過銭が徴収されていたことが永享十年（一三四八）二月十六日の油座文書によって知られ、筑前における流通面での重要性を示している。宗祇当時、少弐氏などに対する軍事的側面からも重視されていたであろう。屈強な関守の厳重な監視態度は、これらのことを象徴するようである。

大内政弘は文明十年（一四七八）の筑前入国を契機に、筑前国内の闕所地を中国及び筑前・豊前の国人に広く宛行い国人層を掌握していった。宗祇の筑紫旅行は、そのような安定的支配を背景としているのである。『筑紫道記』所見の筑前国人は千手治部少輔と麻生氏である。千手治部少輔は前引のように、九月十六日陶弘詮館で杉弘相らと連歌に参加している。千手氏は大内氏配下では秋月氏らとともに筑前衆として掌握されていた。嘉麻郡を本拠とするものであろう。平賀家文書嘉吉二年（一四四二）三月十一日将軍家御教書に千手城のことが見え、千手氏の城と見られる。千手氏については史料が乏しく、こまかいことは分からない。早く、児玉韞採集文書八元亨三年（一三二三）九月七日為雅奉書の充所に千手兵衛入道が見えるが、同文書は宇美宮領長野庄内小蔵寺田地に関するもので、文書自体の検討を含めて、ここにいう千手氏の先かどうか、後日を期したい。さらに宗像大社文書至徳元年（一三八四）六月八日今川了俊書下の充所に千手蔵人入道が見え、志佐壱岐守とともに使節の役割を果たしているが、壱岐国薬師丸地頭職に関するもので、これまたここにいう千手氏かどうか検討を要する。大内氏配下の千手氏としては「大内氏掟書」永享十一年（一四三九）十二月十九日百姓逃散御定法之事によって千手越前守が知られる。『正任記』文明十年（一四七八）十月五日・七日条に秋月太郎種朝とともに千葉胤盛討伐を命ぜられている千手越前入道道吽はその後身ではあるまいか。『正任記』は文明十年十月十三日千手右馬允盛景・千手弥太郎正景が早良郡山門庄内五町地合屋五郎二郎跡十町内を大内政弘から宛行われていることを記している。千手治部少輔は、「大内氏実録土代」巻十五（長享二年頃カ）五月四日大内政弘書状案に宗像大宮司・原田刑部少輔・秋月中務大輔・麻生近江守とともに充所として見える。この宛名人は筑前の代表的な有力国人である。

前引の「大内氏実録土代」所収文書に筑前の有力国人として麻生近江守が見えるが、『筑紫道記』は筑前国人として前述の千手氏と、この麻生氏の二氏を記載している。麻生氏については次の二カ所の記載がある。

(1)移り行て、筑前国若松の浦といふに着ぬ、この所を知人麻生の某兄弟、ある寺に迎へとりぬ、片山かけて植木高き陰より、内外の海を見るに、塩屋の煙暮渡り、入日かげに移ふほど、また言ふかたなし、この二人は将軍家奉公の人に侍れば、都の物語細やかにして、色々の肴求め出でたるほど、小余綾のいそがはしさも思ひやられ、盃重なり、さし更る月の光もたゞならず、今夜は十三夜なればとて、発句を、

名や思ふこよひ時雨ぬ秋の月

(2)かくて程もなく、蘆屋になりぬ、〔略〕神無月を秋と言へる事、源氏物語にも侍るにや、爰にて麻生兵部大輔設して、色〳〵の心ざし、来しかたに変らず、発句をと侍れば、

追風も待たぬ木の葉の舟出かな

又ある人所望に、

いつ聞かむ蘆屋の月の夕しぐれ

麻生氏は宇都宮氏に出るといわれ、鎌倉時代には得宗－北条氏被官であった。遠賀川河口に位して、北条氏による九州の交通路支配を支えていた。室町期に入ると将軍直轄軍を構成する奉公衆となっていた。『筑紫道記』にいう「将軍家奉公の人」である。室町幕府権力は将軍・守護大名・国人領主の三者から成り、国人領主にはそれ独自に存在している者、将軍直轄軍の主力をなす奉公衆や守護被官になっている者などがいた。奉公衆は幕府支配体制上、付与されたいくつの特権を背景に守護の支配を制御する役割を担っていた。大内氏が領国支配を進める中で奉公衆対策にとくに意を用いたことは当然で、麻生氏はその代表例である。大内氏は教弘の代から麻生氏の家督の問

題に介入している。応仁の乱を契機として麻生氏内部の族的矛盾が全面露呈し、兵部大輔家延が大内教幸（道頓）と呼応し大内政弘－麻生弘家・弘国に対抗した。文明十年（一四七八）筑前に入った大内氏の課題の一つが麻生氏問題であった。家延は筑前花尾城に楯籠って抗戦したが、十月十七日起請文を提出して大内政弘の軍門に降った。こうして麻生上総入道弘家－次郎左衛門尉弘国の惣領権が確立した。大内政弘は奉公衆麻生氏を配下に収めて筑前国内における対抗勢力をなくし、少弐氏残党の討伐と相俟って筑前経営の仕上げをした。麻生氏は奉公衆として将軍に直結して筑前守護大内氏を内から制する存在であったが、とくに地政的な面から大内氏の北九州支配の成否を左右する存在であった。大内氏にとって、麻生氏制圧の筑前経営に占める意義は大きい。これ以後麻生氏は将軍と大内氏に両属する形をとっている。帰属後の麻生氏が門司氏とともに大内氏の交通政策上重要な位置を占める存在であったことは前述のとおりである。

(1)の若松の浦を支配する麻生氏兄弟の実名は知られない。十三夜の発句に関して初編本『老葉』は「おなじ十三夜筑前国麻生刑部少輔所望に」という詞書をもつが、麻生刑部少輔の実名は不明。奉公衆は弘家－弘国の系統から出ているので、弘国を含めその系統の者か、としておく。奉公衆麻生氏は「文安年中御番帳」、「永享以来御番帳」によれば第五番の在国衆である。将軍家奉公の実態のうち知行分米貢納などについては麻生文書でかなり具体的に知られる。(1)の叙述から、奉公衆麻生氏が交互に在京し在国していたことが知られる。(2)の麻生兵部大輔は、官途からすれば家延になる。花尾城に楯籠り、二百以上の軍勢をもって大内軍に激しく抗戦したあと、子息与次郎を人質として差し出すこと、有川宜博氏がいうように（『北九州市立歴史博物館研究紀要』5）遠賀荘代官職となることを条件に大内政弘に降った麻生兵部大輔家延の、二年後の姿がここにある。いずれにせよ、宗祇と麻生氏の文雅の交歓は安定的政治世界の表象であり、後日その交歓を聞いた大内政弘は、文雅の面だけに嘉悦してはいなかったろう。

以上、『筑紫道記』に見られる北九州関係諸士のすべてにわたって説明を加えた。『筑紫道記』を政治史的観点から検討することによって作品の読み込みを少しでも深くしようと試みたのである。以上の検討を通じて次のことがいえよう。『筑紫道記』は、文明十年（一四七八）大内政弘の筑前入国を画期とする北九州―筑前の安定的支配の実現を背景とする紀行作品である。宗祇の旅は、学問文芸の愛好・保護者である周防・長門・筑前・豊前四カ国守護大内政弘の支配機構を通しながら平安裡に続けられた。『筑紫道記』の記述の重点が大宰府―博多という、大内氏の筑前支配の要所におかれているのは、ここに天満宮・住吉社（那珂郡）という文芸の神をまつり、歌枕が集中しているという事実だけに由来するものではない。宗祇の、大内氏領国内関係各所、とくに筑前国人との和歌・連歌の交歓は大内政弘に支配の安定を確認させたと思われる。その筑前支配を絶えずおびやかす少弐氏の存在は、大内政弘の念頭から消えることはなかったろう。『筑紫道記』はその意味で、大内政弘に対する支配領国の政情報告となっており、宗祇の理世撫民観は、大内氏の領国支配の文芸的保障の役割を果たしている。いずれにせよ『筑紫道記』の旅は、宗祇にとかくいわれがちな漂泊の旅というようなたぐいではなかった。

四　連歌神参詣

大内教弘の筑前寺社対策のうち、大宰府天満宮がいかに大きな位置を占めているかは前に詳しく述べている。大内教弘の後嗣政弘も大宰府天満宮に対しては父教弘同様の関心を有していたと思われるが、博多に本営をおいて直接筑前経営に当たったこともあり、同宮に関する大内政弘の直接史料は管見に入らない。ただ、満盛院文書（永正元年（一五〇四））閏三月十二日陶興房書状によると、「今度社頭御炎上之時、当院御重書御紛失之由承候、無二勿躰一候、就レ其親候尾張守〔陶弘護〕之時、彼御案文等、写給候、只今可レ進レ之通蒙レ仰候、雖二相尋候一、于レ今不二求出一候」とあり、大内政弘の筑前守護代であった陶弘護が大宰府天満宮安楽寺の社坊満盛院の重書案文を写していたことが知られる。書写の理由は不明であるが、間接的にもせよ、宗祇の『筑紫道記』などと相俟ち、大内政弘の大宰府天満宮関係の事績を窺わさせる史料である。

『筑紫道記』を通じての天満宮安楽寺と大内政弘との関係については第三節で述べた。ここでは大内政弘期の天満宮安楽寺の文芸関係について見てみる。

『群書解題』の説明のように、連歌論書『馬上集』は心敬（一四〇六－七五）の所説に基づいた忠実な祖述模作であろうといわれているが、その中に、[63]九州安楽寺の別当善心に、連歌に二十五徳ありとの夢想の告げがあったことを記し、「二十五徳記とて応字に用、今に九州九カ国にいかなる鬼霊の祈にも、大威徳自在天神と廿五徳を掛奉りて祈禱成弁と云へり」と記し「祈ずして神慮叶」以下十一カ条を掲げている。さらに、

又は九州安楽寺にて、神宮寺の神宮〔ママ〕の娘松童女につかせ給て、其比九州に武士六人出家、十人連歌偏執したる科により、此僧武士につかせ給ひ、或は交りなきかさをか、せ、即時に取ころさせたまひ、後年に生物共は無間落所ありと、□類共に付せ給ひげんじ給ふと也

と記している。廿五徳云々は他に関係史料なく、九州安楽寺にて云々も同様で、かつ意味必ずしも通らないが、天満宮安楽寺を素材とする連歌説話の一つである。善心については他に所見がなく、あるいは架空の人物かもしれない。島津忠夫氏によると、この二十五徳のうちの「惣て歌道の友はまさしきいとこより猶ちかき」という考え方は、宗祇の『淀渡』の中にも見えていて、宗祇周辺の連歌師の手に成るものであることが知られる、[64]という。

太宰府天満宮には元禄六年（一六九三）九月廿五日高辻前大納言菅原豊長の奥書ある「天満宮縁起」があり、その中に次のような連歌説話が伝えられている。

伯耆守源顕忠は肥後の国八代の守たり、合戦に打負、都に訴へんとてのぼりけるに、長門の沖にて、ふねくつがへし、相伝の旧記も海に沈め、漸のがれのぼりて奏聞申けるに、その比、鎮西の守領在京なく、面をミしる人なし、証文もなければ、むなしく下向して、宰府天満宮に通夜し、祈り奉る夜の夢に、

まてしばし物なおもひそ伯耆殿
にしきのはかまきせてかへさん

此霊夢を肥後にて、したしきものにかたり、百韻の連歌となし、天満宮へ奉る、その日、浦人大きなる鰾と云魚をとり、むかしの殿に奉らんと持来る、腹をわるに、うちより件の証文の箱を取出せり、此よしを奏聞して本領安堵し、寛正六年（一四六五）三月三日、下向して、右の鰾を塚につき社と崇め、鰾明神とも天満天神とも拝ミ奉る、右の系図・証文、具に伯耆の家に伝へいまにありとなん

これも連歌の徳を説いた説話である。連歌が即祈禱であることからくる功徳譚である。源顕忠は建武政権樹立に功があった名和長年の子孫。名和氏は顕興の時九州に下り、肥後八代を根拠とした。相良家文書によれば、寛正六年名和顕忠が相良為続に高田郷三百五十町を譲り（一―二三一号）、文明十六年（一四八四）に没落したと見える（一―二三二号）。鰾の伝説は名和家では殊に重んじられており、『名和系図』（『続群書類従』五下）などに見られる。室町時代に入り、先の『馬上集』などの説話とともに、この種の連歌説話の伝播によって、連歌神――それは文芸と宗教の相即するもの――としての管神の信仰はますます広がっていったのである。

大内政弘の中世文芸に占める位置の高さは、『新撰菟玖波集』が政弘の後援によって編まれた一事をもってしても分かるが、自らの家集も残している。『拾塵和歌集』である。成立の事情については、槐下桑門（三条公敦）が明応六年（一四九七）十月五日に加えた跋文によって知られる。延徳三（一四九一）、四年頃、大内政弘の詠草二万余首の中から英因（固）法眼・源道輔らが命をうけて千五百首を選び、十巻に部類したものを、政弘が自ら厳選して千百首とし、さらに先達に見せて選定しようとしていたが、その志を遂げずに没した、という。収載歌は文明九年（一四七七）十一月応仁の乱後本拠に帰国してからのものではないか、と荒木尚氏は想定している。刊本としては佐賀県の祐徳神社寄託中川文庫本を底本とした荒木尚氏の校訂本がある。一九六四年六月、西日本国語国文学会翻刻双書に収められており、『私家集大成』中世Ⅳ（明治書院、一九七六年五月）にも収められている。その巻第九に天満宮安楽寺関係のものが次のように見える。

延徳二年夏のころ竹内僧正良鎮安楽寺へまうで給ひけるにたづねおはしましておなじき秋、みやこへ帰りのぼ

らせ給とて、

思ひをきて今は宮こに帰る山たよりしあらばまつと告こせ

返し

はる〴〵ときてもとまらず帰る山まつと宮こにいかゞつげまし

竹内僧正良鎮は、天台宗の門跡寺北野社別当寺・曼殊院の門主である。「北野社別当曼殊院門跡歴代次第」には「良鎮〔権〕大僧正法性寺、座主 文安六年（一四四九）五月十八日補 永正十三年（一五一六）十月四日寂一条殿成恩寺関白左大臣経嗣息 後芬陀利華院関白左大臣経道孫」とある。尋尊書写の「摂家系図」によれば、経嗣の子息一条兼良の子に配せられている。一条兼良の兄良忠の子の竹内門跡曼殊院良什准后の法嗣である。『北野社家日記』によると、竹内門跡と呼ばれ、同社の社務をしていた。延徳二年（一四九〇）夏頃、良鎮が大宰府安楽寺に詣でたという事実は、現在のところ他に所見がない。北野社と大宰府安楽寺との交渉史上注目すべき事実である。さらに大内政弘の交際圏を考える上にも史料となる。前述の英因は、延徳二年閏八月、良鎮から「源氏物語口決」（一条兼良が子の良鎮に与えていたもの）を贈られている。(65) 良鎮は延徳二年六月、大内政弘を尋ねて河内本の『源氏物語』を贈っている。良鎮は安楽寺詣でを終えて秋に帰洛する時、『源語秘訣』一帖を英因に贈っている。(66) ともあれ、良鎮の安楽寺参詣は中国・九州の文芸に少なからぬ影響を与えた。同じ頃、連歌師として著名な猪苗代兼載が九州に下向しているのも注目すべきである。以下に説明しよう。

猪苗代兼載（一四九二―一五〇三）は奥州会津の生まれ、心敬を師と仰いだ。延徳元年（一四八九）宗祇のあとをうけて北野会所奉行連歌宗匠となった。『新撰菟玖波集』の撰成に助力、『心敬僧都庭訓』、『連歌延徳抄』などの連歌学書や歌集『閑塵集』、連歌句集『園塵』など、作品が多い。兼載は、延徳二年三十九歳の夏と明応四年（一四九五）四十四歳の秋の二回、山口に下向し、第一回の折には宗祇の『筑紫道記』の旅にならい北九州を巡歴している。第一回の旅について述べておこう。

『北野社家日記』第二延徳二年五月朔日条に「今日宗匠兼載為㆓九州下向㆒、暇乞被㆑来也」とあり、同月十二日条

に「天気殊勝、今日出京、兼載九州下向之間、今夜礼ニ罷出者也」（史料纂集）とあり、兼載の九州下向時の状況が知られる。以下、九州下向については金子金治郎『連歌師兼載伝考』新版（桜楓社、一九七七年一月）第六章に詳述されている。同書を参照し、必要な限りで兼載の九州下向を見てみる。延徳二年の九州下向については、従来、兼載自撰の連歌句集『園塵』によって或る程度判明していたが、金子氏はさらに、山口図書館所蔵の二つの資料を新たに提示された。一つは徳山藩主毛利元次の連歌指南であった光端の『光端千句』に収める「西国下向時」、他の一つは大内古実類書第三十一連歌部所収の『兼載句艸』（『大日本史料』八之三十二所収）である。

「西国下向時」によると、京都を出発した兼載は途中池田・伊丹に寄り、山陽道に沿って陸路を西下し、山口に大内氏（政弘）を訪問し、海を渡って豊前に至っている。『園塵』第二秋部で「田部松本にて」とある「花すゝきかりいだす秋の山田かな」が「西国下向時」では「於豊前国広津彦三郎」の句となっている。豊前はもとより大内政弘の守護管国である。兼載の豊前行に大内政弘の手配があったことはいうまでもあるまい。広津氏は豊前のかなりの規模の国人であるが、同時期の関係史料はほとんど見当たらない。「西国下向時」の九州関係は、この豊前だけであるが、『園塵』、『兼載句艸』によると、延徳二年秋、兼載は筑前を巡歴している。豊前から筑前に行ったものか、その逆であったのか判明しない。

兼載の筑前巡歴について『園塵』、『兼載句艸』に見えるものを左に掲げる。両者共通のものは『兼載句艸』を掲げる。

(1)　筑前箱崎にて神代紀伊守〔貞綱〕一座興行
松原の秋のしるしや風の音（『園』二・『兼』）

(2)　箱崎の松かぜさぞな八幡山（『園』一）

(3)　博多にて
江にまねく尾花や袖のみなと風（『園』二・『兼』）

（4）　安楽寺へ参りし時ある僧坊にて
よるや雨露もおほ野の朝日影（『兼』）
（5）　麻生兵部大輔蘆屋にて発句すべきよし侍しかば
朝霧にさゝぬ舟行はまべ哉（『園』二・『兼』）

(1)の神代貞綱は大内政弘の有力被官、山口の大内氏奉行人を経て、当時筑前守護代であった(67)。神代貞綱は博多下代官山鹿氏と連絡をとりながら博多支配を行っていた。(1)―(3)はそのような状況を背景にしている。兼載は、連歌の好士である筑前守護代神代貞綱の保護のもとに、かつての宗祇同様、平安な筑前巡歴をしているのである。(4)は兼載の九州巡歴の目的が安楽寺参詣にあったことを示すもので、『兼載句艸』によってのみ知られる事実である。(5)の麻生兵部大輔は、筑前花尾城に拠って大内政弘に抗戦し、降った家延であろうか。宗祇も『筑紫道記』で「麻生兵部大輔設《もうけ》して、色〳〵の心ざし、来しかたに変らず」と記している。蘆屋にいて宗祇を歓待したのである。前述のように麻生氏は遠賀川河口を扼する筑前の有力国人で、将軍家奉公衆、家延の大内政弘への降参を画期として大内氏被官となる。奉公衆として京都文化に直結している国人であり、兼載との語らいもまめやかであったろう。

以上のように、兼載は延徳二年（一四九〇）五月京都をたち、山口を経て豊前・筑前を巡歴し、延徳三年六月十六日帰洛した(68)。一年一カ月の長旅である。兼載の九州巡歴の目的は、金子氏がすでに指摘されているように、延徳元年末北野会所奉行に任ぜられ、公的な形で北野神に結び付くようになった兼載が、北野神の根元たる大宰府参詣をしようとしたところにあろう。かつ、救済・周阿・宗祇と、連歌の大先達が天満宮安楽寺に参詣しているのである。兼載のそれも、これら大先達たちの故例を追うものであった。とくに宗祇を意識していたろう。大内政弘の保護下、豊前・筑前を守護代や国人に歓待されながら巡歴したことも、相似ている。宗祇同様、九州の文芸にとって、兼載も下向の旅を通して国人クラスの好士たちに影響を与えるという「下向型」の典型であった。それが政治的意義をも併有していたであろうことは、前節で宗祇について述べたこととほぼ同様である。

五　菊池氏と相良氏

宗祇の九州文芸に与えた影響は筑前に限られるものではなかった。直接赴いてはいないが、肥後・薩摩などへの影響は深い。その間のことを述べていきたい。肥後については相良氏との関係がよく知られている。まず肥後の文教について述べ、宗祇と相良氏との文芸関係に及ぼう。文明期肥後の文教を代表するのは菊池氏である。

菊池氏は為邦・重朝二代の間、[69]好学をもって知られ、その事績はすでに諸先学によって明らかにされている。それらを参照し、必要な限りで述べておきたい。為邦は文安三年（一四四六）から文正元年（一四六六）まで家督にあり、長享二年（一四八八）十月二十三日五十九歳で没する。相良長続に二度も所領安堵状を出すほど肥後守護としての勢威をもっていた。[70]その富強の一原因は対外貿易にあった。[71]大内氏・菊池氏は朝鮮貿易に際して対馬宗氏の文引（証明）を必要としないほど優遇され、当時朝鮮側は九州における権重き者として大内・少弐・大友・菊池の四氏をあげている。[72]一族の高瀬武教の朝鮮貿易も『海東諸国紀』に見える。菊池氏支配下の高瀬と伊倉は水陸交通の要衝で、菊池氏の朝鮮貿易にとって重要な役割を占めた。為邦は対外貿易を通して典籍類を入手していた。

菊池為邦の好学は、瑞渓周鳳が『臥雲日件録』寛正四年（一四六三）十月二日条に「今菊池好レ学、苟従二事於文字一」と記しており、京都にまで知られていた。菊池為邦は、かつて詩七十余篇を作り翔之慧鳳に呈した。慧鳳は東福寺の岐陽方秀の門で、中国に学び、文名高かった。遺稿を「竹居清事」という。慧鳳が菊池為邦に和した詩序が足利衍述『鎌倉室町時代之儒教』七三五―三六頁に引かれている。武家としての菊池家の既往に触れ、為邦が文武に秀で、内外二典に精通し、殊に儒教を興起したことを述べ、贈られた詩七十余篇が文章の範であることを激賞したものである。過褒の気味もあり、詩も残っていないが、菊池為邦の好学好文の程はよく知られる。足利衍述氏は、岩崎文庫（東洋文庫）蔵、二跋本正平板『論語集解』巻一奥書に、「予、寛正五庚申年六月十九日、於二肥後庁一而考二正之一、但左方朱点清家点也」とあるのを引き、清原頼元の点を写したもので、毎巻欄外に邢疏・集註・或問・朱子語録を書き入れていることから、菊池の儒学が新古二注の折衷であったことを知り得る好箇の資料であるとしている（『鎌倉室町時代之儒教』七三六頁）。菊池為邦は肥後国竹林寺を諸山に列せられんことを請うているが[73]、それが可能であったのは、為邦が京都禅林の間に文名を知られていたことにもよろう。

菊池重朝は父為邦の後をうけて文正元年（一四六六）に家督を継ぎ、明応二年（一四九三）十月二十九日、四十五歳で没する。父為邦は喪失した筑後守護職の回復を試みていたが、重朝もそれを継承した。しかし筑後守護職を手中にしていた大友政親にさまたげられ、両者出兵に至っている。菊池重朝は領国支配に当たり老者と相談していて重臣層の意見を重視していた。重朝はむしろ重臣層によって制約されていたともいえる。重臣層の中では隈部忠直・城為冬が重要な地位を占め、菊池氏の動向は、おおむねこの二人の画策で決まった。菊池氏の好学好文は、このような政治情況を背景にしていた。

菊池重朝の好学は父為邦を超えるものがあり、儒仏二典はいうまでもなく、和歌・連歌を好んだ。肥後国玉名郡の清源寺の季材明育に儒仏二典を学んだようである。清源寺は正平二年（一三四七）菊池武尚が固山一鞏を請じて開いた寺院と伝えるが、大野氏の開創であろうという。菊池氏代々の崇敬厚く、文明十七年（一四八五）九月、諸山に列せられている[74]。菊池重朝の尽力によるものである。文明八年（一四七六）季材明育が承天寺・東福寺の鈞帖を得て[75]上洛する時[76]、菊池重朝と「肥州刺史菊池公幕下之賢佐也、最以二武略一称、兼有二文雅一[77]」といわれた隈部忠直がともに詩を賦してこれを送っている。重朝の詩は、

駅路迢々万里余　長安到日定何如
天顔咫尺五雲上　着二紫伽梨一拝二詔書一[78]

というものである。五山の諸老がこれに和韻している[79]。季材明育は、遠方よりもたらすところの至宝といって菊池重朝の右の詩一篇のみを諸老に示し[80]、その詩は「美哉此詩、誠有二微意一」と称せられている。季材明育が菊池重朝

の好学好文を京都禅林に知らしめようと吹聴していることは明らかである。建仁寺の天隠龍沢の『黙雲藁』には、肥後正観寺[81]の笑耘怡公老人に贈る詩序の中で、菊池重朝のことを、

今世賢士大夫、通二史書詩伝一者、其風寥々、只痛飲狂歌以賓送居諸而已、以レ故政事壅塞、古典蔑如也、頗聞太守封内、民物富庶、仏徒整粛、是皆幕府群賢、宣二揚太守政化一者如レ斯乎、起敬不レ已

と記している[82]。菊池重朝が痛飲狂歌・古典蔑如の風潮の中で真摯に儒仏二教を学び政事に生かそうとしていた様子が窺われる。

菊池重朝の和歌・連歌愛好については、次の事績が知られる。藤崎八幡宮文書（年欠）六月二日菊池重朝書状によって、菊池重朝が同宮の造営に尽力していることが知られるが、『肥後国誌』巻之弐所引、隈部忠直の『藤崎宮霊鐘記』によれば、文明八年（一四七六）五月十四日、菊池重朝は同宮で法楽のために千句連歌を興行し、さらに和歌を詠じ詩を賦している。京都貴顕との間に文芸交流をしていたことは、次の『晴富宿禰記』文明十一年（一四七九）十二月十六日条によって知られる。

後福光園院殿御筆肥後菊池就二人丸事一、被レ染二御筆一、成レ軸被レ懸二御座敷一、可レ注二遣大内左京大夫（政弘）一之由被レ仰之間申請、今日返上

文明十三年（一四八一）八月、菊池重朝が隈府において万句連歌を興行したことは著名である。弘治二年（一五五六）孟春七日城越前守親賢書写本が菊池市中町の高田充雄氏保管文書中にあり、『熊本県史料』中世篇第四に収まっている。現在、その発句百句が知られる。菊池市の勢力圏に属する。旧菊池・山鹿・合志・山本・玉名・益城・託麻・飽田各郡[83]の菊池氏被官、国人、僧侶が五名ずつ二十の亭に分かれ、各亭において五百句を出句している。「御屋形様（菊池重朝）御座敷」において行われた初千句を引いておこう。

文明十三年八月一日興行万句連歌発句

初千句　第一

月松　山何　重朝〔菊池〕
月やしる十代《がへり》の松の千〻の秋
第二
月萩　何人　周持
萩が枝におらじこぼさじ月の影
第三
月萩　若何　北里高房
おぎの葉に月も半の光哉
第四
月女郎花　何舟　湯郷〔温江カ〕式部少輔頼種
をミなへし幾夜か月になびくらん
第五
月薄　何衣　赤星九郎重規
花す〻き月にほのめくひかりかな
以上、御屋形〔菊池重朝〕様御座敷

この万句連歌は当代九州においては他に類を見ない大規模なものである。広範な地域から多数の参加者を得ての興行である。ただしそれは、やはり菊池氏の勢力圏内のことで、菊池を中心とする北肥後である。阿蘇十二社本堂修造の棟別銭を肥後国内に賦課するなど[84]、肥後守護としての権限を発動しているが、実勢力は菊池を中心とする北肥後にあった。この連歌興行が肥後守護としての勢威を誇示することにあったことはいうまでもなく、事実上は、とかく相対的・下剋上的な傾向をもつ被官・国人との融和、その掌握化につらなるものであった。もちろんそれは、何も菊池連歌の質を低めるものではない。

文明期の肥後文教にとって逸することができないのは桂庵玄樹（一四二七―一五〇八）である。周防山口の生まれで、南禅寺雲興庵の景蒲玄忻の門に入り、そのほか惟正明貞や景召瑞棠に学んだ。二人は共に四書の新註に詳しかった。応仁元年（一四六七）四十一歳の時遣明使天与清啓に従って入明、明にあること七年、文明五年（一四七三）帰朝した。京都の兵火・荒廃により石見に赴き、ついで周防永福寺に往した。九州に渡ったのは文明八年である。以下、桂庵玄樹の九州における事績は、主として、その七言律詩・絶句集『島隠漁唱』（『島隠集』ともいう。『続群書類従』十二下所収）によってあらかた知られる。

文明八年六月、豊後万寿寺にいた桂庵玄樹は同国の騒乱を避けて筑後に入り、同月二十四日、旧友源束谷の主盟する大竹山二尊精舎の詩会に列なり、同年冬は同精舎に寓して独笑禅師と旧交を温め、同年の小春日、筑後河崎宅間田珠光の室に毫を揮い、天秀翁壁間の詩に和し十一月初五、大竹の客舎に還り、さらに、「和下秋月種朝公題二霊岩寺一詩上」を賦している。こうして肥後に入り、菊池重朝に迎えられる。文明八年は、五十七歳の雪舟が豊後に天開図画楼を営み、雪舟とともに入明した呆夫良心が雪舟のために「天開図画楼記」を作った年でもある。桂庵玄樹は筑後に入るまで豊後の万寿寺におり、この画楼を建てるまで、雪舟は桂庵玄樹の庇護のもとにいたのではないか、と推測する人もある。[85]

文明九年（一四七七）二月、菊池重朝が釈奠を行い、桂庵玄樹はそのことを詩に賦し、「太平奇策至誠中」、「一家有レ政九州化」と賦している。以後、『島隠漁唱』には、戊戌元旦菊府熊峰蘭若や菊府聖観寺の詩が見えるが、肥後における人との交わりを賦した詩は隈部忠直が主である。[86]『黙雲藁』には「隈部公習レ武之暇、尤嗜二文雅一[87]」といい、『補庵京華前集』には「公奉二菊池府君一、助二巨藩政一、西人化レ之、公務有レ暇、従二方外士一、参レ詩参レ禅、可レ謂レ勤矣」[88]といわれている。菊池重朝の最有力家臣として武略に長じ、参詩参禅、和歌・連歌に秀で、まさに菊池氏の実権を握る者であった。このことが自ずから『島隠漁唱』に反映しているのである。桂庵玄樹が薩摩に去ってからも、両者の間、詩の贈答が行われており、隈部忠直は弟子の礼を尽くしている。

明応元年（一四九二）冬、隈部忠直は客に託して七絶一首を薩摩の桂庵玄樹に寄せた。翌年春、桂庵玄樹はその二十八字を取って各々篇首に冠し二十八詩を賦して贈っており、その詩によっても隈部忠直の人と学問がすぐれ、桂庵玄樹が知己と感じ、その人物に傾倒していた様が彷彿とする。これはおざなりな褒詞ではない。隈部忠直が残した詩文は多かったと思われるが、今知られるのは前引の『藤崎宮霊鐘記』ぐらいである。文明八年（一四七六）五月十四日藤崎宮連歌会の時に作った詩がその中に収められている。

和光垂レ迹八幡宮　誓願遙期利物終
新見洪鐘涌出レ地　伝聞鳴鏑響飛レ空
藤其倚レ松千堆紫　花又傾レ陽一天紅
共献二詩歌一霊廟下　慇懃拝手欲二相通一

足利衍述氏は「作家の詩に非ずと雖、武門の詠としては合調たり」と評し、明応三年（一四九四）六十九歳の自記ある著書「蟇双紙」があることを記している。[89]

なお、桂庵玄樹の肥後における事績として上村観光「朶雲居士と桂庵玄樹」（『禅林文芸史譚』所収[90]）は次のことを紹介している。それは桂庵玄樹が「肥之菊府、朶雲居士源基盛」自筆の四書の後に記した丁酉（文明九年〔一四七七〕）季冬十又三日の跋文に見える事実で、名筆家として知られた源基盛が自ら四書を書写してその子に付し、桂庵玄樹の口授によって倭点を付した、というのである。新注学が肥後に伝播する状況を具体的に示すものである。桂庵玄樹の肥後に在ること約一年、短期間ではあったが、菊池氏の文教に与えた影響は少なからぬものがあった。肥後を去り島津忠昌に迎えられて薩摩に入った桂庵玄樹の薩摩・大隅・日向の文教に与えた影響、つまり薩南学派形成の経緯は、これまた世に著聞するところである。当代薩摩文芸の基礎を作った高城珠全が一条兼良相伝の『源氏物語』関係の秘説をうけたのも文明九年（一四七七）十月のことであった。[91]

文明期肥後菊池氏の文教の隆盛は全国的に見ても出色であり、連歌興行も盛んであったが、連歌文芸の質の高さにおいては、同じ肥後国の相良氏は菊池氏に劣らぬものがあった。菊池氏の連歌の場合、京都からの影響は明らかでなく、むしろ菊池重朝・隈部忠直らを始め国人層の在地における創作・享受が活発であったが、相良氏の場合は、一族の相良正任が大内政弘の側近で親任厚かったところから、宗祇との関係が密接である。以下、そのことを述べよう。

文明十三年（一四八一）三〔二カ〕月、宗祇は自句百二十八の発句自判の「発句判詞」を相良小次郎に書き与えている。(92)米原正義氏は相良小次郎を相良為続の同族と思われる筑前衆の相良弘恒だとする。(93)宗祇は長享二年（一四八八）十月十九日、相良為続に書を致して、(94)北国下向の際の発句を示し、連歌奉行を辞したい気持であることを告げ、為続の請いによってその嫡男長毎に連歌をすすめ、為続の所望に応じて正風体近来秀歌を写し進め、為続の句を激賞し、面語を切望している。同月、宗祇は相良長毎の連歌稽古のため『分葉』一巻を書き贈っている。(95)相良長毎は父為続のあと、相良連歌の中心となる。延徳二年（一四九〇）三月、相良為続は宗祇に連歌の合点を請うている。(96)

『新撰菟玖波集』の完成が目前に迫った明応四年（一四九五）二月二十二日、同集に入集を望んでいた相良為続は自詠連歌を宗祇・猪苗代兼載のところに送り、その合点を求めている。その連歌草子は『相良家文書』之二の付録に収められており、それを受取った宗祇の奥書が加えられている。このことに関する次の宗祇書状が『相良家文書』之二―一〇二六に収められており、『新撰菟玖波集』の撰集過程と相良為続の執心ぶりを生々しく伝えている。

猶々、御望難㆑有候、奥州よりも此望人候て、人上候、東西如㆑此候為、集もおもしろくこそ存候へ

就㆓連歌集事㆒、定而御執心あるべく存候て、遠州〔相良正任〕へ申候処ニ、態御飛脚上給候、御数奇之至、言語道断候、仍以前合点之御句上給候、其内付紙を仕候て下申候、上一人より、望之衆かぎりなく候間、集ニ入候ハん御句ハ多ハ五句計と存候へ共、自然又同類なども候て、のぞく事も候べく候間、九句しるしを付候、将又、此草子ニ宗祇・兼載合点を申候へ之由承候へ共、兼載も、故人の合点見え候間、□肝要之由申候、愚身も、以前之点を細字ニ被㆓遊付㆒候間、其上にハいかゞに候間、子細をくニ一筆仕候て、加㆓判形㆒候、次御志之物、就㆓

此集之事一給之間、返進申候、返々、年来御数奇今猶あらハれ候、殊勝候、恐々謹言
（異筆）「八月四日於二八代一到来」
〔明応四年〕卯月十三日　宗祇（花押）
〔為続〕相良殿
参　尊答

入集希望者が諸方から数多くあること、宗祇が相良正任を通して相良為続に出句を勧誘していて、その背景には相良正任の主君大内政弘の意向がはたらいていたことが知られ、それは八月廿五日付け相良遠江宛相良為続書状によって裏付けられる(97)。入集のための「御志之物」は返進するといっているのも面白い。明応四年（一四九五）六月、『新撰菟玖波集』は成り、相良為続は五句入集している。九州では大内政弘被官の藤原（門司）能秀とともに最高である。前引八月廿五日の書状で相良為続は、その入集を末代の名誉とよろこんでいる。天理図書館所蔵大永三年（一五二三）書写本『新撰菟玖波集』奥書によると、明応五年（一四九六）六月二十三日、相良正任は大内政弘本二部によって同集を書写校合して相良為続に贈っており、為続は翌六年十一月十二日これを阿蘇氏に贈っている(98)。

相良為続の和歌は『求麻外史』も多く引き、為続が和歌・連歌に長じていたことが知られる。しかし相良連歌の場合は、菊池連歌のような広がりを示す資料に恵まれない。『新撰菟玖波集』入集を契機として、相良為続の連歌愛好は燃焼したような趣きがある。相良為続は一族の相良正任を導管として政治的に大内政弘の後援を得ており、それによって菊池氏その他に相対的独自性を保っていた。連歌愛好は大内氏への政治的依頼に相乗していたのである。相良家では為続の『新撰菟玖波集』入集を後々まで名誉としていた(99)。以上のように、文明期九州文化史にあっては、肥後の文教と連歌が出色であった。菊池氏が受容した新注派の儒学が、その領国制を内面的にどのように原理付けたか、あるいは文化的粉飾に終わったか、それはこれからの研究課題である。

六　宗祇と南九州

『筑紫道記』によって宗祇が筑前を巡歴したことは明らかであるが、それ以外の九州の地には赴いた気配はない。ところが『宇良葉』には、

　日向国伊東民部大輔旅宿にて

月やけさなみにすゞしきにしの海

とあり、一見、宗祇が日向に赴いたような書きぶりである。しかし宗祇が筑前以外の九州とくに南九州に赴いた傍証はない。とすれば右の記事はどのように解したらよいのであろうか。日向の伊東氏が上洛していた時その宿所で西海に思いを馳せて詠んだ句、と解したらいかがであろう。伊東氏は禰寝文書「応永二年」（一三九五）京都不審条々事書によれば幕府の小番衆であり、幕府に対しては求心的で、奉公衆的性格をもち、上洛する可能性は高かったと思われる。宗祇が日向に赴いた形跡がないということと相俟って、今は右のように解しておきたい。なお、『宇良葉』夏には明応六年（一四九七）種子島忠時が上洛していた時の宗祇の句がある（後述）。宗祇が種々の面で深い関係をもっていた三条西実隆は南九州の国人と交渉があるので、[100] 宗祇は実隆を介しても伊東・種子島氏以外の南九州の国人と関係を有していたであろう。

　右二氏の事例以外、宗祇が南九州―薩摩・日向と関係を有していたことが知られる宗祇書状が二通ある。以下に引こう。

㈠　此秋仕候発句、彼院主へ進レ之候、人を以下候由承候間、定可レ被レ進候、京都無二異事一候、匠作〔島津忠廉〕へ一筆申入
　候、被レ進候て可レ給候

財重御下之時、巨細申入候、御下着候已後、毎々御床敷さ、無二申計一候、仍高野の聖無動院住持にて御渡候と

て、草庵へ御入候、子細者匠作御知行之内末寺ニ相違事候間、宗祇匠作へ申入候てたび候へと承候、其様にも我々申候ハヾ可レ然歟之由仰候分承候、如二御存知一年来以二書状一申承候事候へ共、可様之子細者、拝顔之上にても斟酌事由申候、誠善根之御事候間、さ様之御事、可レ然儀候、世事御知音之事候、又此院主をも御知人事候間、御調法可レ為二肝要一候、将又彼集事如何にも、御工夫候て御失念候ハぬやう候ハヾ可レ為二祝着一候、御不審事、巨細可二示給一候、就レ中匠作御上洛候由承候間、若若州小浜へ御着岸も候ハん哉と存候て、墾ニ彼在所へ申定候、但真実御上候ハヾ、南海尤可レ然候歟、次給候シ沈之類被レ懸二御意一候之間、畏存候、急便候間、不能二巨細一候、恐々謹言

〔延徳二年〕壬八月廿二日　宗祇（花押）

村田〔経安〕肥前殿

御宿所

(二)去五月十三日尊書謹拝見仕候、先以御珍敷忝存候、抑従二御屋形様一預二御書一候、不二存寄一御音信畏入存候、仍段子二端・繻子一端拝領仕候、何も上品与見候間、過分之至ニ候、併御意得奉レ憑候、将又去年屋形様之御発向、大磯殿被レ致二合点一之由承候間、乍二斟酌一応レ命心中ニて付墨申候キ、今度も定而御句被レ下候而、御尋之事も哉と存候処ニ無二其儀一候、残多存候、但当年者特老耄仕候而、被レ下候共分別難レ申候間、せめての事候、雖レ然御句殊勝候つる間、弥拝見仕度存候、如レ此申候へバ、御句ニて候程ニ褒美申様ニ思召候ハん哉、両神も照覧候へ、心中之無レ偽候、加様ニ申ニも、只御数寄も増長候様ニと存二心中一候、主人之御数寄候へバ、道ハ必繁昌する事候間申事ニて候、次雖二憚千万候一、扇十本・筆百管・蘇香円七両令二進覧一候、此扇之歌者三条亜相・姉小路宰相殿被レ遊候、又美濃紙三束・狸毛筆廿管長老様江進上申候折節、人々志候間、昆布百切、是ハ長老様之御茶子ニ成候へかしと存候、心中候、加様ニ馴々敷事、其恐千万候、去春之状にも如二申入候一、はや隠居仕候而心安候、何となき御志などをも、已後ハ思召寄間敷候、老後之事者心安さま候、衣鉢も照覧候へ、此申状を被二聞召入一候

者、畏入可レ存候、返々去年拝領之内三両余之沈、于レ今難レ忘畏存候、心中大概成書記へ令レ申候、返々屋形様へ
の御礼憑存候、恐惶敬白
（明応六年頃カ）八月十八日　　　　　　　　　　宗　祇
拝進
　福昌寺衣鉢禅師

㈠は一九七九年六月『源喜堂古文書目録』三―18に写真版が掲載されており、北九州市立自然史・歴史博物館が購入・所蔵している。琴山の極めがある。㈡は『薩藩旧記雑録前編』巻四十一に収められ、明応五年（一四九六）十月廿九日文書の次に掲げられている（刊本二―五七一―七二頁）。（二）についても文芸の地方的展開に関する貴重な史料として解説を加えたいが、今は新史料の㈠について右の視点から説明を加えるにとどめておきたい。

㈠書状の年次は、閏八月廿二日とあること、ならびに後述の匠作関係の考証から延徳二年（一四九〇）のものと判明する。宛名の村田肥前は薩摩の村田肥前守経安である。文明六年（一四七四）四月島津氏本宗の立久が卒去したあと忠昌が十二歳で後を継ぐが、島津忠昌を補佐したのが、老名の村田経安や平田兼宗らである。「諸家系図」[101]三によると「立久公国老」とある。本姓藤原氏でその祖経秀は肥前村田庄地頭職であったと伝える。『島津国史』明応四年（一四九五）七月五日条は「公〔忠昌〕殺二執政村田経安一、与二肝付二郎左衛門尉書一曰、村田肥前守無二礼於我一、故殺レ之」とある。島津忠昌の有力領主層統制の犠牲となったのである。村田経安の、いわゆる島津氏国老としての活躍は多くの史料に見えるところで、いちいち挙示することは省く。『下草』や『諸家月次連歌抄』などによって宗祇と直接交わりがあったことが知られる。連歌の好士でもあったのである。長谷場本『本朝皇胤紹運録』には「村田肥前守所二望之一、延徳二年五月九日終二書之功一畢　按察使（花押）」とあって村田経安の好学の一端が知られる。『漢学起源』巻三によると、薩南学派の俊秀として知られる舜田は村田経通の次子つまり村田経安の甥である。このこ

本書状について問題の一つは、当時、村田経安がどこにいて本書状を受取ったのか、ということである。このこ

とを明らかにする史料として『後法興院政家記』延徳元年（一四八九）十一月十七日条がある。

嶋津一族村田肥前守経安来、嶋津就二家門由緒一可二衵候一由申付間参申云々、香炉、八卦唐紙廿枚、北絹一段進上、家門之儀無二案内一間相二憑按察一間令二同道一来云々、余令二対面一、則退出、相二留按察一勧二一盞一、抑嶋津庄者根本家門領也、存二其旧好一歟、神妙々々

すなわち、村田経安は島津忠昌の意を受け、島津家家門の由緒を尋ねに、対外貿易品を携えて上洛し近衛政家を訪問しているのである。さらに、「延徳二年正月十一日於二種玉庵一何人百韻」(102)に宗祇・兼載・玄清・宗作らとともに経安の名が見える。村田経安は近衛政家を訪問したあと在洛して、宗祇らとともに連歌興行に参加していたのである。宗祇の『下草』に、

村田肥前守興行に

散をともそめかねし雨かうすもみぢ

とあるが、右前後在洛中の村田経安の連歌興行であろう。なお、天満宮文庫本「古連歌千五百」十の、

梅がかの霞吹とて朝あらし　宗祇

雪に氷れる鶯の声　経安

陰深き谷にも春や至るらん　兼載

にについて伊地知鐵男『宗祇』二八三頁（青梧堂、一九四三年八月）は、明応五年（一四九六）春のものと断じているが、右の経安を村田経安とし、以上の経緯から延徳二年（一四九〇）を一考してもよかろう。なお、『北野社家日記』第二延徳二年十一月十二日条には「自二薩摩村田方一、焼香十両上也」とある。

『史料綜覧』巻八―六六五頁延徳三年三月二十七日条は「諸家由緒」を引き、「島津忠昌ノ家宰村田経安、薩摩一宮、高尾両社ヲ繕葺ス」とし、『薩隅日地理纂考』は肥前守藤原経安の鹿児島郡東俣村一之宮の延徳三年辛亥棟札を引いている。村田経安が京都から薩摩に帰っての事績かと見られるが、史料の性格もあり、必ずしも村田経安の

帰薩後の事績と断定はできない。この宗祇書状の理解にかかることである。この宗祇書状は、帰薩後の村田経安に宛てたものと解されなくもないが、先に述べた経緯から、在洛中の村田経安に宛てたものと見ておく（『宮崎県史通史編中世』、六二四―二五頁。一九九八年三月参照）。

本書状の年次・内容を明らかにする手掛りは、文中の「匠作」なる人物を比定することである。匠作の上洛が間近く、若狭小浜に着岸するかもしれないので「懇ニ彼在所へ申定候」と書いている。宗祇と若狭との縁は深い[103]。匠作は修理亮の唐名である。村田経安に近い延徳二年（一四九〇）頃の修理亮を名乗る人物としては島津氏豊州家の島津修理亮忠廉がいる。法号は雪渓忠好。島津氏本宗の島津忠昌の一門・国人統制に対して、文明十六年（一四八四）伊作久逸が櫛間で反乱をおこし、島津忠廉も文明十七年二月伊作久逸に与同して兵を挙げ島津忠昌方を悩ましたが、同年五月加治木忠敏・入来院重豊・東郷重理・吉田孝清・菱刈忠氏らとともに島津忠昌に降り、伊作久逸平定に従った[104]。戦後の文明十八年十月十九日には戦功として島津忠昌から日向国飫肥院南北一円・同櫛間院一円を宛行われている[105]。これ以後の島津忠廉の動向を知り得るのは桂庵玄樹の『島隠漁唱』である。長享元年（一四八七）の条に「題下贈二匠作公一扇面上」、「匠作殿下、寄レ扇求レ詩、予将三日州安国精舎領二主席一、仍写二小景一視二檀家一」の詩があり、そのあと「為レ菊修レ籬十首島津匠作公同雅席」の詩、さらに忠廉の死を悼んだ「哀悼之余、作二十絶句一、謹分二大陽寺殿雪渓忠好菴主之十字一、而各冠二篇首一、前四絶称二厥徳行一、次二絶伸二祭儀一、盍擬二奠文之四法一、以罄二卑誠一而已、非二敢為一レ詩也」の詩がある。島津忠廉の法名が知られる。島津忠廉は桂庵玄樹を日向の安国寺に請じたのである。これらの詩から島津忠廉が詩文にも心得があり、崇仏の念が深かったことが推察される。桂庵玄樹の日向における外護者であった。

以上のように長享元年（一四八七）―延徳元年（一四八九）の間、日向を中心とする島津忠廉と桂庵玄樹の交わりが知られるが、島津忠廉はこのあと上洛している。『薩藩旧記雑録前編』巻四十一巻頭（刊本二―五四二頁）に、

修理亮忠廉京師に至り、将軍義尚に謁し、士太夫に会して交を厚す、忠廉平素倭歌を嗜む、宗祇法師

○中略、宗祇の事績を述ぶ、に見へて、古今和歌集・伊勢物語の奥旨を伝へて帰る按に、延徳三年八月六日忠廉摂州天王寺に卒ス[106]

とある。右でも島津忠廉の上洛のことを述べているが、その上洛が延徳二年であったことを示す記事が正広の『松下集』に次のように見える。

防州九州にてよみ侍る歌どもとりちらし侍るに、去延徳二年の秋のころ、日向国島津修理亮入道忠好と云人、少々書うつしたる歌とて、泉州堺の草庵へ持来られ侍る程にかき入侍る、さてその、ちの歌どもひきうしなひ侍りき

延徳二年秋以前に南九州を発った島津忠廉は、同年秋泉州堺の正広の許に自ら歌を持参して批点を請うているのである。閏八月廿二日宗祇書状及び後述の『元長卿記』によって、島津忠廉が延徳二年閏八月二十二日以後同年末までの間に上洛していることが知られる。島津忠廉の上洛の目的は『薩藩旧記雑録前編』に従えば将軍（延徳二年七月義材就任）に会うことと合わせて文雅の道を磨くことであった。後者については、正広・宗祇など当代第一の歌人・連歌師について学び、甘露寺元長のような貴族と交わっていることは確かである。前者については、黒岡帯刀所蔵文書によって、延徳二年十二月三十日、幕府が島津忠廉をして遣明船の警固を厳重にさせていること以外具体的に内容を明らめることができない。上洛後の島津忠廉の動静の一端を知ることができるのは『元長卿記』である。延徳三年正月朔日、薩摩の島津修理亮入道忠好は盟友の吉田治部大輔孝清[107]とともに節会を見物、同十一日甘露寺元長は島津忠好を招待している。島津忠廉（忠好）はその後摂州天王寺に赴き延徳三年八月六日ここで卒している。ともあれ、本書状が閏八月廿二日付けであることと「匠作」についての以上の考証から延徳二年のものであることは間違いない。

本書状の文意は十分に解し切れないが、島津忠廉知行（この時点では日向飫肥院南北一円・同櫛間院一円が考えられる）の内の高野山聖無動院末寺に相違のことが出来したため、宗祇が同院住持の直接の依頼をうけ、村田経安を介して島津忠廉に善処方を依頼したもののようである。文芸を媒介とする宗祇と村田経安との交わりが、それだけに

終わっていないことを示している。

　さらに末尾に「沈」のことが見えるが、「沈」香の記事は宗祇の関係資料にしばしば見えるところである。南海産の「沈」が薩摩の有勢者村田経安によって宗祇にもたらされ、宗祇から恐らく京都の貴顕に廻されていたであろう。連歌の効用はこのような面にも発揮されたのである。

註

（1）『大乗院寺社雑事記』文明六年（一四七四）九月廿日。
（2）黒岡帯刀所蔵文書文明九年十月三日足利義尚（カ）袖判安堵状案。
（3）『蜷川親元日記』文明十年十月廿四日。
（4）陶弘護肖像讃、『成宗実録』巻第百三。
（5）『晴富宿禰記』文明十一年二月十二日。
（6）少弐氏残党の討伐、筑前国人・奉公衆麻生氏の制圧など。佐伯弘次「大内氏の筑前国支配――義弘期から政弘期まで」（川添昭二編『九州中世史研究』第一輯、文献出版、一九七八年一一月）。なお川添昭二『正任記』に見える大内政弘の博多支配」（『日本歴史』六〇〇号、一九九八年五月）、同「『正任記』に見える大内政弘と博多寺社」（『政治経済史学』四〇一号、二〇〇〇年一月）参照。
（7）註6・佐伯論文。
（8）永泉寺の開創について『筑前国続風土記附録』巻之二十二嘉麻郡下には「大平山と号す、防州佐波郡鳴滝村泰雲寺に属せり、文安五年六月高橋盛綱が開基にして、玉崗慶琳と云僧の開山也、秋月氏代々の菩提寺にして位牌も此寺に有り」と記している。
（9）文明十年十月二十九日、飯田弘秀が神埼郡代官職の祝いを進上している（『正任記』）。
（10）『海東諸国紀』。
（11）油座文書文明三年卯月十日宗直家安堵状。
（12）『正任記』文明十年十月一日。
（13）同右十月三日。
（14）同右十月十五日・廿七日。
（15）同右十月廿四日。
（16）田村文書文明十年十月五日大内政弘寄進状案。

(17) 石清水文書文明十年十一月十五日大内政弘書下案、同日大内氏奉行人連署施行状案、文明十年十二月二日陶弘護遵行状案。
(18) 油座文書文明十年十一月廿五日大内政弘袖判書下。
(19) 陶弘護肖像賛。
(20) 田村文書によれば、大内政弘は筑前を去ったあとの文明十五年五月十三日、筥崎松の伐採を禁じている。
(21) 『正任記』。
(22) 『御料地史稿』（帝室林野局、一九三七年一二月）四一五頁。
(23) 註6・佐伯論文。
(24) 陶弘護肖像讃では、陶弘護は大内政弘と「金蘭之密契」の仲であったと記している。政情安定期における政策面では、そのように一律化はできまい。
(25) 『大日本史料』九之五－八七〇頁、『東福寺誌』七〇一頁。
(26) 広渡正利『博多承天寺史』文献出版、一九七七年三月。
(27) 元和元年（一六一五）二月奥書の『豊前覚書』（文献出版、一九八〇年九月）には、織田家浪人の小神野勝悦が堅粕薬師に参籠して眼病を治した話を載せている。
(28) 『親長卿記』明応三年（一四九四）五月十五・十六日、『元長卿記』永正二年（一五〇五）正月十八日。
(29) 熊谷宣夫「九州所在大陸伝来の仏画（『仏教芸術』七六、一九七〇年七月）。十王図については梶谷亮治「日本における十王図の成立と展開」（『仏教芸術』九七、一九七四年七月）。
(30) 天隠龍沢の『黙雲集』の「侃如菴首座住二築《ママ》前妙楽一」に「寺為二遣唐使駅一」とあるのは、博多妙楽寺の性格を最も的確に表現したものである（玉村竹二『五山文学新集』第五巻（東京大学出版会、一九七一年三月）一〇四四頁）。遣唐使駅としての状況については『世宗実録』巻六、『允澎入唐記』など。なお、『石城遺宝』、『石城遺宝拾遺』は詩文などを通じてそのことを明らかにしている。
(31) 『山田聖栄自記』は、南北朝期に島津氏久が土居道場で戦傷の療養をしたことを伝えている。
(32) 田村哲夫「大内氏の武将杉氏の文書について」（『山口県地方史研究』一六、一九六六年一一月）。
(33) 井上宗雄『中世歌壇史の研究南北朝期』改訂新版（明治書院、一九八七年五月）三九二頁。
(34) 『蒙古襲来絵詞』絵十四。
(35) 大友家文書録（文明元年（一四六九）七月十二日・同十八日大友親繁宛足利義政御内書案）。
(36) 玉村竹二『五山文学新集』第五巻、一一五九頁。
(37) 米原正義『戦国武士と文芸の研究』（桜楓社、一九七六年一〇月）六二一頁。
(38) 門司氏の文芸については、金子金治郎『新撰菟玖波集の研究』（一九六九年四月、風間書房）及び註37所掲書など。

(39) 門司氏研究としては次のようなものがある。長沼賢海「門司関と門司氏」（『史淵』二〇、一九三九年三月、『日本海事史研究』〔九州大学出版会、一九七六年二月〕に再録）、吉永禺山編「門司氏史料」（門司郷土会・門司郷土叢書第一、一九五四年一一月）、飯田久雄「門司関と門司八幡宮」（小倉豊文編『地域社会と宗教の史的研究』柳原書店、一九六三年三月）、石井進「九州諸国における北条氏所領の研究」（『荘園制と武家社会』吉川弘文館、一九六九年六月）、工藤敬一「大積系門司氏文書」（『日本歴史』二八〇、一九七一年九月）、門司宣里『中世北九州落日の譜――門司氏史話』（自家版、一九七五年四月）。

(40)『新撰菟玖波集』への門司氏の入集状況は次のとおりである。藤原能秀が五句、大永本には「大内家人、門司下総守」とある。藤原武員が二句、大永本には「大内家人、門司藤右衛門尉、能秀の子」とある。宗忍法師が三句、大永本には「大内家人、門司与三興俊、武員子」とあり、天理本には「上杉内門司藤左衛門尉」とある。『老葉』自注本奥書末尾に、

大内左京大夫殿江
門司宗忍参
宗祇判

とある宗忍と同一人物であろう。さすれば大永本の大内家人をとるべきであろう。

(41)『筑紫道記』には門司助左衛門家親が見える。

(42)『長崎県史』史料編第一－一七七頁、註6・佐伯論文三五八頁に指摘されている。

(43) 金子金治郎『宗祇旅の記私注』（桜楓社、一九七〇年九月）一頁。

(44) 金子金治郎『宗祇作品集』（桜楓社、一九六三年四月）一四頁。

(45) 註43所掲書一三三頁、註44所掲書一〇頁。

(46) 註6・佐伯論文三四〇頁。

(47) 註6・佐伯論文三三九頁。

(48) 陶弘詮の文芸については、米原正義『戦国武士と文芸の研究』六六〇頁以下。

(49)『正任記』文明十年（一四七八）十月三日条では、内藤護道は大内政弘の侍衛軍中の一人である。

(50) 註37・米原著七〇〇頁以下、註38・金子著五七四－七五頁。

(51) 文意については註43・金子著三四頁。

(52) 註37・米原著六一八・六三四頁など、註38・金子著五七頁。

(53) 註6・佐伯論文三四四頁。佐伯弘次「大内氏の筑前国郡代」（『九州史学』六九、一九八〇年九月）。

(54)『萩藩閥閲録』巻六十一（文明十四年）五月廿八日大内政弘書状。

(55)『萩藩閥閲録』巻百六十四。
(56)註6・佐伯論文三七九頁。
(57)詳細は註37・米原著六九三―九五頁。
(58)『大乗院寺社雑事記』文明八年四月晦日、初篇『老葉』。
(59)註43・金子著五二頁。
(60)宗祇の旅についての論著の挙示は省く。
(61)「大内氏掟書」一〇、従二山口一於二御分国中一行程日数事も広義の交通問題に属する。なお、満盛院文書の中に赤間関奉行に宛てた永禄期の次の毛利氏家臣・門司城番仁保隆慰書状がある。

宰府天満宮之社使、従二小鳥居方一至二山口一神明為二名代一此者壱人被二差上一候、彼方事、宰府之儀者、近年敵領之様候間、当時秋月領ニ居住被レ申候、無二相違一御勲〔勤カ〕過肝要候、恐々謹言

十月廿一日　仁保常陸介隆慰（花押）

赤間関御奉行中　（〇折紙）

(62)川添昭二「室町幕府奉公衆筑前麻生氏について」（『九州史学』五七、一九七五年七月、『九州中世史の研究』〔吉川弘文館、一九八三年三月〕に再録。その他あるが、北九州歴史博物館編・刊『筑前麻生文書』（二〇〇一年三月）を挙げるに止める。
(63)『続群書類従』十七下、一〇九五頁。
(64)『太宰府天満宮連歌史資料と研究』Ⅱ。
(65)天理図書館本奥書。
(66)註37・所掲書、五九一・六〇九・六一〇頁。良鎮は延徳元年十月、室町幕府から北野宮寺領筑後国河北庄一円を安堵されている（北野神社文書）。
(67)佐伯弘次「大内氏の筑前国守護代」（川添昭二編『九州中世史研究』第二輯、文献出版、一九八〇年一一月）。
(68)『実隆公記』延徳三年（一四九一）六月十七日条。なお、『北野社家日記』第三延徳四年正月十三日条に「今朝兼載為二年始礼一来臨、筑紫弓一丁随身、去年下向之時、正本之由被レ申条祝着也」とある。
(69)川添昭二『中世九州の政治と文化』（文献出版、一九八一年六月）一三四―五六頁。
(70)『相良家文書』之一―一九二、宝徳三年（一四五一）四月一日相良長続宛菊池為邦安堵状、同一九五長禄四年（一四六〇）十月廿六日相良長続宛菊池為邦安堵状。なお、菊池為邦は筑後守護でもあった。
(71)『世祖実録』巻第十二世祖四年（一四二二）夏四月戊午朔ほか『睿宗実録』、『成宗実録』、『海東諸国紀』などにしばしば見える。
(72)『文宗実録』巻第四文宗零年（一四五〇）冬十月辛未朔。
(73)『臥雲日件録』康正三年（一四五七）四月十七日、同廿三日。
(74)清源寺文書文明十七年（一四八五）九月十六日足利義政

御教書、（同年）七月五日瑞智書状。

(75) 天隠龍沢の『黙雲藁』に丙申〔文明八年〕之歳、清源老人〔季材明育〕、発二肥之後州一、館二于帝城一、旬月之間、蒙二承天・慧日〔東福寺〕両刹鈞帖一、可レ謂二栄遇一矣」（玉村竹二『五山文学新集』第五巻、一一五九頁）。

(76) 季材明育が上洛した時のことが蘭坡景茝の『雪樵独唱集』四所収「松壑号説」（『五山文学新集』第五巻、二二九頁）に見える。

(77) 希世霊彦『村庵藁』中（『五山文学新集』第二巻（東京大学出版会、一九六八年三月）三二四頁）。

(78) 『村庵藁』下（『五山文学新集』第二巻、四八三頁）。

(79) 足利衍述『鎌倉室町時代之儒教』（日本古典全集刊行会、一九三二年一二月）七三七頁。

(80) 註77・同頁。

(81) 『黙雲集』には「桂五峯住二肥後熊耳山正観一」、「以聰住二肥後正観一」など、菊池の正観寺関係が見え（『五山文学新集』第五巻、一〇四八・一〇五四頁）、前者（一〇五四頁）には「伝二檀那菊池命一、入レ洛」とある。

(82) 上村観光『禅林文芸史譚』（上村観光編『五山文学全集』別巻〔思文閣、一九七三年二月〕九四五－四六頁）。『五山文学新集』第五巻所収の『黙雲藁』には見えない。

(83) 熊本日日新聞社『新・熊本の歴史』3中世（一九七九年六月）一七四頁（阿蘇品保夫氏執筆）。

(84) 『阿蘇文書』之二－二五四頁、文明四年（一四七二）十月廿一日名和顕忠宛菊池重朝書状写。

(85) 熊谷宣夫『雪舟等揚』（東京大学出版会、一九五八年九月）一一八頁。

(86) 隈部忠直のほかには源武貞、源重清、藤原重貞、藤原為秀らが肥後関係の中に見える。

(87) 『五山文学新集』第五巻、一一五九頁。

(88) 『五山文学新集』第一巻（東京大学出版会、一九六七年三月）三〇七頁。

(89) 足利衍述『鎌倉室町時代之儒教』七四一頁。

(90) 上村観光編『五山文学全集』別巻。

(91) 小代文書追加四肖柏故実伝書写・同五了誓故実伝書写（『荒尾市文化財調査報告』第一集、荒尾市教育委員会、一九六五年二月）。

(92) 伊地知鐵男編『連歌論集』下（岩波文庫、一九五六年四月）七五頁。

(93) 註37所掲書、六二三頁。ただし筑前衆ではない。

(94) 『相良家文書』之二－一〇二五、飯尾宗祇書状。

(95) 神宮文庫本・彰考館本・図書寮本。

(96) 『相良家文書』之一－二四六。

(97) 右同。

(98) 金子金治郎『新撰菟玖波集の研究』（風間書房、一九六九年四月）三四五頁。

(99)『相良家文書』之一－三一九、天文五年（一五三六）十一月廿二日沙弥洞然長状写。

(100)例えば『実隆公記』延徳三年（一四九一）十月九日条には「貞盛法印薩摩下向河州日記仮名跋書〔写之〕遣了」とある。

(101)福島金治氏の教示。

(102)註98所掲書、五六一頁。なお、宗祇の『分葉』（内本）の宛先は「延徳二年正月十八日　村田肥前守殿」である（伊地知鐵男『連歌の世界』〔吉川弘文館、一九六七年八月〕三七二頁）。

(103)宗祇は若狭守護武田国信やその被官寺井四郎兵衛尉賢仲（法名宗功）らと交わりがあった（『老葉』、『宇良葉』など）。ちなみに宗祇は延徳三年五月二日越前へ下向し、十月三日帰洛している（『実隆公記』）。

(104)『薩藩旧記雑録前編』巻四十所収文明記。

(105)右同、同日島津忠昌宛行状。

(106)『薩藩旧記雑録前編』巻四十一「豊州家二代忠廉譜中」には「延徳二年庚戌八月廿日、於摂州天王寺卒也、法号雪溪忠好」とするも、本文に述べている経緯からして延徳三年八月六日卒去がよかろう。

(107)明応四年（一四九五）四月十七日、島津忠昌は吉田孝清に薩摩谷山院内山田村三十町・同院道祖脇内五瀬を忠節の賞として宛行っている（『薩藩旧記雑録前編』巻四十一）。

〔補記〕大内政弘と承天寺の関係について、『成宗実録』一五八（文明十五年〔一四八三〕九月条）に、承天寺修補のため大内政弘が朝鮮国に援助を求め、功成っていることが見える。

　金子金治郎氏は『連歌師宗祇の実像』（角川書店、一九九九年三月）で、「『筑紫道記』で訪れる北九州一巡が、実は大内家の対明貿易祈願に関係している」（一八八頁）と述べておられる。

第九章　永正期前後の九州文芸の展開

一　天満宮炎上と飛梅伝説

本章では明応・文亀・永正・大永期の九州における文芸の展開を見てみたい。大内氏に即していえば、主として義興（一四七七―一五二八）の代に相当する。義興は明応三年（一四九四）家督を継ぎ、翌四年九月十八日、九州の文化にも大きな影響を与えた父政弘が死去したあと、名実共に大内氏の当主となった。その英邁さは大内氏歴代の中でも傑出していたといわれる。永正五年（一五〇八）六月、前将軍足利義尹（初め義材、のち義稙）を奉じて上洛し、義尹を将軍に再任させ、以後十年間幕府の実権を握り、永正十五年八月帰国している。大内義興の生涯は在洛十年間を中に前・中・後期に分けられよう。義興は明応五年（一四九六）十二月、少弐政資を討つべく兵を発し、翌六年正月少弐政資・高経父子を逐うて大宰府に入った。少弐父子は肥前国小城郡晴気城に拠ったが、大内軍に攻められて敗れ、四月十九日自害した。政資の辞世の和歌として、

花ぞ散る思へば風の科ならず時至りぬる春の夕暮(1)

善しやただみだせる人のとがにあらじ時至れると思ひけるかな(2)

が伝えられ、高経の辞世の和歌として、

風吹ば落椎ひろふ松の下あらぬ方にて身をば捨けり[3]

が伝えられている。『北肥戦誌』巻之七は少弐政資の文雅について「されば此政資は優艶き人にて、平生に敷島の道に心を寄せ、一年の冬の日の連歌の会に、「朝鳥の霜夜に睡る日影かな」といふ句を出されしより、此人を朝鳥の少弐とぞ申しける」[4]と伝えている。

こうして大内義興は少弐氏を打倒し、筑前を従え肥前を制した。明応六年(一四九七)の筑前支配について知られる主な事実は次のとおりである。筥崎宮油座文書によると、四月二十九日博多奥堂左衛門大夫に筥崎神人として筥崎宮油役諸公事を免除し、同年五月十三日以来城督遠田式部丞兼相と長岡助八盛実をして那珂郡岩門城を守らしめ、[5]同年六月二十一日、河津弘業に三笠郡内野村三町を宛行い、[6]同月二十七日、平塚四郎伊恒に三笠郡岩屋城料所を宛行っている。[7]大宰府岩屋城・那珂郡岩門城など主要な城塞の守備を固め、所領宛行を通じて国人の掌握を進めたのである。以後、上洛以前には防長国人への筑前国内所領の安堵などが知られる。

上洛以前の大内義興の文事関係で注目されるのは、明応八年(一四九九)前将軍足利義尹(義稙)が大内義興を頼って山口に赴き、約八年間滞在し、大内文芸に大きな影響を与えたことである。さらに在洛十年の間、義興は文事にかかわることが多く、大内文芸の強化に作用した。

以上、少弐政資打倒後における大内義興の筑前対策を述べてきたが、天満宮安楽寺と大内義興との関係は如何であったろうか。政治的な推移のみならず、文化史的な観点からも是非触れておかねばならない。太宰府天満宮文書天文八年(一五三九)六月十九日大内氏奉行人連署奉書案や『実隆公記』明応八年(一四九九)夏紙背文書(六月廿七日至廿九日、同廿六日裏)勧学院倖賢書状によると、大宰府天満宮は明応七年に炎上している。『筑前国続風土記拾遺』は同年十一月二十二日、少弐政資の残党と大内義興の兵との兵火にかかったものだと伝えている。[8]文亀二年(一五〇二)十一月十九日天満宮造立日時が勘申され、[9]翌年二月二十日落成している。[10]大内義興は文亀二年十一月十三日天満宮安楽寺に筑前早良郡の社領を安堵しており、[11]『筑前国続風土記拾遺』御笠郡がいうように大内義興によって再興がなされたのであろう。しかし満盛院文書文亀四年閏三月十二日陶興房書状によれば、同月天満宮社頭は炎上し満盛院の重書が紛失するという有様で、同院は陶興房に同院重書案文を求めている。[12] 大内義興による保護の一端を示すものでもある。

前述の、明応七年（一四九八）天満宮安楽寺が罹災した時のことに関して、満盛院文書の中に次のような味酒安籌紅梅殿祈禱和歌写がある。

夫天地開ケ始テ程遠カリシ延喜十五年ニ尊神ノ詠歌ヲ感ジ飛来ルヲ、千里秘歌トて漢下本朝ニ隠ナカリシヲ、僅カナル火難ニ春ヲ忘レ侍リケンハ主ジナキニモ成ヌベシ、早ク枝葉根茎繁昌シテ廟庭ヲ荘ルベシ、南無紅梅殿々々、

味酒安行末子権大僧都法印安籌

天をだに獩りし梅の根につかば
地よりなどか花のひらけぬ

十年余り家を離れし神も又
作り移してあふぐ御代かな

味酒安行は菅原道真の門弟で、京都から大宰府に随行し、最後まで道真の世話をし、その没後は出家して追善を行ったといわれている。その末子として記されている安籌については現在のところ事績を明らかにし得ない。近世に三宮司（師）職と称された満盛院・検校坊・勾当坊の三家はいずれも味酒安行の子孫である。元和九年（一六二三）の序のある安楽庵策伝の『醒睡笑』巻之三（角川文庫、一六四－一六五頁）には、

百三十年あまりのあとかとよ、筑前国宰府の天神の飛梅、天火に焼けてふたたび花さかず、「こはそも浅ましきことや」と人皆涙をながし、知るも知らぬも集りて、思ひ思ひの短冊をつけ参らする中に、権（検カ）校坊とて、勇猛精進なる老僧のよめる歌こそ殊勝なれ

天をさへかけりし梅の根につかば土よりもなど花のひらけぬ

短冊を木の枝にむすびて、足をひかれければ、すなはち緑の色めきわたり、花さく春にかへりしことよ、人々感に堪へて、かの沙門を、神とも仏とも手を合せし

「梅はこれわが愛木」と賞ぜさせたまひ

　いづくにも梅だにあらば我とせよたとひ社はありとなしとも

梅あらば賤しきしづが伏家にもわれ立ちよらん悪魔しりぞけ

とある。『筑前国続風土記拾遺』には、明応七年の兵火に神木が焦枯した時宮司満盛院快誾が一首の歌を詠じて云々として「延喜十五年ニ尊神……」以下「天をだに」の歌までを引き、「やがて幹より芽生出て本の如く栄けるとなん」としている。『太宰管内志』（筑前之二十六 御笠郡六）の飛梅の項に〔天満宮古縁起〕に、として「明応七年（一四九八）飛梅枯し事有て社僧社官是を歎きいろ〱とすゝしめ奉る中に、天をさへかけりし梅の根につかばつちよりなどかはなのひらけぬ」と引いている。これは、元禄六年（一六九三）九月廿五日の奥書をもつ太宰府天満宮蔵『天満宮縁起』によったものである。右の祈禱和歌写は中世末期頃の写しと見られる。飛梅伝説の資料として貴重であり、満盛院系の社家にふさわしい資料である。以上、列挙した史料によって、明応七年（一四九八）の罹災にかかわる和歌説話を媒介として飛梅伝説が一段と広まっていった過程が推察できる。

大内義興の上洛以前における天満宮安楽寺の文事では、十六世紀から十七世紀頃にかかれたと思われる「太宰府天満宮境内古図」に「会所人丸」の記載があることが注目される。和歌会所の存在を知らせるもので、料田を有し、文事関係の講会が営まれていたと考えられる。さらに満盛院文書（明応八年）三月十三日仏乗院快厳書状により、天満宮安楽寺で引続き盛んに連歌が興行され、すでに連歌屋が存在していたことが知られる。連歌屋の初見記事である。和歌会所との関係など、実態についてさらに探究したいが、今は直接史料を得ない。

永正年間の天満宮安楽寺の文事で特筆されるのは、永正三年（一五〇六）九月十一日、伏見宮邦高親王が三条西実隆らをして大宰府安楽寺法楽百首和歌を詠進せしめていることである。[13] 当時の宮廷・堂上歌壇は、後柏原天皇の

熱烈な和歌好尚とその指導力、力量ある皇族・堂上歌人が多かったことなどが相乗して活気を呈しており、伏見宮の邦高・貞敦両親王はその指導的地位にあった。伏見宮では毎月のように歌会が行われ、両親王は家集・和歌懐紙などを残している。[14]『実隆公記』永正三年九月十日至十二日、同七日至九日裏によると、右の安楽寺法楽和歌は邦高親王の夢想によって勧進されたものである。飛鳥井雅康・雅俊・徳大寺実淳・三条実香・上冷泉為広・下冷泉政為ら錚々たる堂上歌人が勧進に応じている。貴族における広範な天神信仰の原点として、遠く筑紫の天満宮安楽寺への和歌法楽がなされたのである。

ところで、大内義興の天満宮安楽寺に対する事績は、さすがに在洛中は少なく、帰国後が多い。一覧表に整理してみよう。

大内義興と天満宮安楽寺

（③④は閏3月、閏4月）

年月日	事項	出典
明応7（1498）	天満宮安楽寺、少弐政資の残党と大内義興の兵との兵火にかかって炎上	実隆公記 筑前国続風土記拾遺 歴代鎮西要略五
文亀2（1502）・11・13	天満宮安楽寺に筑前国早良郡の社領を安堵する	満盛院文書
永正1（1504）・③・11	天満宮社頭炎上により、満盛院、大内義興の臣陶興房に同院重書案文を求める	〃
9（1512）・④・15	筑前守護代杉興長、満盛院に同国侍島の地を還付する	〃

永正12（1515）・10・23	大内義興の臣陶興房、書を満盛院に通ずる	満盛院文書
15（1518）・12・20	天満宮の訴えにより同宮満盛院領筑前国早良郡戸栗・重富両郷の半済地を同院に還付する	〃
16（1519）・3・27	筑前守護代杉興長をして天満宮社家中の同宮日別供を違乱するを停止させ、もとのように同国早良郡入部庄筑紫下野守知行分から、これを納めさせる	御供屋文書
17（1520）・3・25	天満宮満盛院領筑前国早良郡戸栗・重富両郷を安堵する	満盛院文書
大永3（1523）・3・10	筑前守護代杉興長、天満宮領同国三笠郡岩淵内秣田の田地の安堵されんことを同国守護大内義興に請う	上座坊文書
〃　3・25	天満宮領肥前国基肄郡姫方庄饗料を伊勢重氏の押領するを停め、もとのように安楽寺上座坊に渡付させる	〃
4（1524）・5・3	天満宮領秣田については弓矢静謐の後、指示することを上座坊に告げる	〃
6（1526）・4・15	天満宮宮師快真、同宮満盛院領を大内氏に注進する	満盛院文書
〃　5・3	満盛院領を安堵する	〃
〃　5・21	満盛院の訴えにより同院領筑前国早良郡戸栗・重富の替りとして同国赤間庄段銭の内を宛行う	〃

〃	7・22	天満宮領徳政を行うを禁ずる	〃
〃	11・16	神代興綱をして満盛院領筑前国早良郡戸栗・重富両郷の替り、同国赤間庄段銭百貫文を同院快真に渡付させる	〃
〃	12・13	満盛院領筑前国三笠郡隈村の地を安堵する	〃

大内氏の筑前支配について、直接統治の任に当たるのは守護代である。筑前守護大内義興の代官は杉興長である。筑前守護代としての杉興長については佐伯弘次「大内氏の筑前国守護代」（川添昭二編『九州中世史研究』第二輯、文献出版、一九八〇年一二月）に詳しい。宗碩の「月村抜句」永正十四年（一五一七）九月条に、

　　当国〔筑前〕守護代興長月次満盛院にして侍しに

　風ふかぬ世ニハ野分の秋もなし

とあり、杉興長が満盛院で月次連歌を興行していたことが知られる。このことをさらに敷衍する史料が福岡県立図書館所蔵筑前町村書上帳七所収永正十七年十一月十五日快隆手日記として存在する。同史料は快隆が杉興長の被官と思われる前田仲右衛門尉に宛てて天満宮領筑前国御笠郡内下片野のことについて出したものである。下片野三十町は以前天満宮領であったが、ここ数年筑前守護代杉興長被官鬼村左馬允長直の知行となっている、半分十五町を杉興長・鬼村に契約して満盛院領の預りとなった、杉興長の月次祈禱連歌料所として知行している云々というのである。満盛院での月次連歌祈禱が筑前守護代杉興長の安泰を祈るためのものであったことが知られるのである。なお、満盛院文書に、右の鬼村長直が満盛院宮師に対して天満宮領筑前国御笠郡下片野の安堵を約し、月次祈禱連歌を執行するように申し送った享禄二年（一五二九）かと思われる十月廿日付けの書状がある。

二　宗碩の九州巡歴

大内義興在京中の九州における文芸関係事績として特筆されるのは、月村斎宗碩（一四七四―一五三三）の永正十三（一五一六）・十四年の九州巡歴である。その大要は永正十三・十四年中の発句及び付句を書き留めた『月村抜句』（宮内庁書陵部に架蔵、桂宮本歌書第百四号、未公刊）によって知られる。宗碩は尾州茨江の人(15)で鍬鍛冶の子(16)であったと伝えられる。宗祇の愛弟子で、箱根の湯本で宗祇と死別している。宗祇の種玉庵を受継ぎ、名実共に宗祇の後継者であった。宗碩は師の宗祇や先輩の宗長（一四四八―一五三二）と同じように、生涯を通じて、美濃・摂津・九州・能登・東国などと、しばしば長い旅をしている。宗碩の九州巡歴については井上宗雄『中世歌壇史の研究 室町後期』一九七―九八・一二六―一二七頁、木藤才蔵『連歌史論考』上、増補改訂版、六〇七―〇九・一二頁、米原正義『戦国武士と文芸の研究』六六六頁などに詳しいが、筆者なりに整理して述べておきたい（二、三略記）。

『尚通公記』永正十三年四月三日条によると、宗碩は西国下向について近衛尚通に色紙三十六枚短冊二首を所望しており、尚通はこの日これを書き遣わし扇一本を添えてやっている。後の旅のありようから考えて、宗碩の西国下向にあたり大内義興が何かと手配をしてやったと思われる。門弟の周桂・等運が随行し、同じく門弟の宗牧が途中から加わっている。以下、宗碩の九州巡歴行を追ってみる。ことわらない限り『月村抜〔部カ〕句』を典拠としている。

播州兵庫津田守主計助、明石旅宿、光明山卯野弥三亭、同城中樫村内蔵助、備前国伊都佐範、松田豊後守山城、吉備中山近辺元妙寺、備中吉備津宮（万句）、備後人、同鞆浦三善縫殿助幸宗、芸州野間掃部頭山城、同阿曾沼近江守山家と、各連歌会にのぞみ、防州に入り、下松の正福寺の会で詠句している。永正十三年夏の半ば頃である。ついで陶兵庫頭（弘詮）(17)、吉田平兵衛尉（正種）、町野掃部頭（弘風）、善福寺、内藤内蔵助（護道）山庄、氷上別当坊の会に出、「六月廿九日自然斎（宗祇）忌日とて阿川淡路守（勝康）興行会に」、陶武庫（弘詮）七夕の一座に、善聴寺旅宿、八月十五日夜陶兵庫頭（弘詮）、「おなじころさる少人おハします館」、飯田大炊助（興秀）、長州府中二宮大宮司（竹中弘国）、赤間関阿川淡路守（勝康）宿所、同所杉杢助（弘信）、専念寺、亀山八幡宮月次、と約三カ月にわたり、大内義興上洛中の留守を守る防長の大内氏被官の邸や寺社で雅会にのぞんでいる。『天理図書館稀書目録』和漢書之部第三によると、天理図書館所蔵の平賢兼・藤原護道筆『源氏物語』奥書に「右以㆘原中最秘抄・類字源語抄・千鳥・加（河）海、殊去永正拾三年度於㆓防州山口県陶安房守弘詮宅所㆒宗碩法師講尺聞書等㆖、白㆓今日㆒読㆓合之㆒、引歌漢語以下書㆓加之㆒而已」とあり、宗碩は山口の陶弘詮宅で『源氏物語』の講釈をしている。

その後、豊前国に渡った。大通寺における杉杢助弘信興行の会で「せとわたる時雨や秋のみなと風」、広津駿河守弘本[18]の一座、耶馬溪羅漢寺一見のついでに宇佐宮安門坊の会に詠句し、宇佐郡代佐田大膳亮泰景の案内によって豊後に入った。木綿山近辺の本庄伊賀守右述、津々良七郎長宣、木上大炊助長秀、池上藤兵衛尉安之、多々良高弘[19]、吉岡新右衛門尉祐栄、永松新左衛門尉長永、竹屋美作守らの興行を経て大友親安（後名義鑑）館で一座。本庄・木上らは大友氏の老臣である。多々良高弘は明応八年（一四九九）杉武明らが大内氏の主として立てようとした大内義興同腹の弟尊光が、事露顕して大友氏を頼り還俗して高弘と称していたのである。宗碩は豊後から日向に入り[20]、以後、伊東和州（尹祐）館、落合河内守宿所、伊東相州（祐梁《すけはる》）亭、荒武藤兵衛尉（宗名、入道して三省）所などでの句が続き、さらに泰平寺新造旅居、日向黒貫寺歳暮の会の句などが見える。永正十四年（一五一七）の正月を日向で迎えている。

日州旅宿にて朔日手向に

都いかにたなびく山の春霞

同五日宿坊の会、同七月大脇掃部助、十三日日向都於郡の時宗の光台寺の会、中村新右衛門尉、藤原（伊東）尹祐[21]亭千句、湯治源右衛門尉、落合藤五、永嶺兵部丞、善哉坊、稲津安芸守、現在の日南市にある鵜戸別当坊、島津豊州、二月七日真存草庵、飫肥の時宗道場金林寺などの連歌会に臨んでいる。宗碩の巡歴では、時宗道場での連歌興行が目立っている。真存については京都大学所蔵『古今和歌集古聞[22]』や蓬左文庫本『古今和歌集[23]』などにその文芸活動の一端が知られる（後述）。

日向金林寺以後、宗碩は日置治部少輔真久、梁瀬加賀守宗徳、平松次郎左衛門盛治、柏原四郎左衛門貞盛、村田左京進経辰興行に三月四日、と連歌会に臨んでいる。日置・梁瀬・柏原・村田などは島津氏の配下であろう。村田経辰興行のあと日向国櫛間の且直〔日置カ〕美作守久範の宿所で詠句。それに続く「豊州櫛間城にて侍し千句」の豊州というのは島津豊後守忠朝（後述）のことであろう。さらに兵庫丞忠秋の亭、和泉三河守豊房会の連歌が続くが、豊房会での連歌は三月二十二日で、その百韻は現存する[24]。次の野辺将監盛貞跡は日向櫛間院の野辺氏の跡であろう。五味克夫編『志布志都城野辺文書』（鹿児島県史料拾遺Ⅵ、一九六六年一〇月、『鹿島県史料・旧記雑録拾遺　家わけ七』一九九八年一月）には、文明十四年（一四八二）正月の野辺克盛和歌、永禄十二年（一五六九）九月の野辺盛季夢想歌などを収めている。同書所収「野辺氏系図」では盛仁の弟と、盛仁の弟忠門の子に盛貞が見える。同じく「向井氏系図」では後者について「忠門－盛公〔ママ〕－盛貞左近将監於日向一之坂討死」とある。盛貞の系譜上の位置は明らかでない。

さらに道場正福寺、島津下馬助久盛、松清山、浪〔隈カ〕江筑前守匡久興行らの連歌が続く。浪江匡久は『薩藩旧記雑録前編』巻四十三・四十四などに見える隈江匡久のことであろう。宗碩の一行は大隅に入り大隅八幡宮沢永音之坊で連歌、宗碩の句が「神人のたつや天地の夏衣」とあるから、初夏の頃である。さらに島津忠隆の館で「花ハ常世千世も侍らん五月哉」と、そつのない句を詠んでいる。忠隆は永正十二年（一五一五）八月の兄忠治の死去のあとをうけて島津氏の当主となり守護職を継いでいた。時に二十一歳である[25]。また、竹田山城守、幽月斎珠全の草庵などの連歌会に臨んでいる。高城珠全は薩摩の文芸界に知られる珠玄・珠長の祖で、三条西実隆にも会っており[26]、連歌でもひとかどの人物であったらしい。五月五日肝付三郎五郎[27]、そのあと島津又八郎、島川又七郎、石井中務丞、枝次刑部少輔宿所などでの連歌が続き、六月四日から島津忠隆千句、そのあと平田美濃守有増の一座に「風露の秋たつ萩の上葉かな」。

ついで宗碩一行は種子島に渡る。同島は大隅半島の南方約四〇キロの海上にある。まず慈恩（遠）寺で連歌。同島の宗教は当時日蓮宗が最優勢で、同寺は島内随一の大刹。種子島武州（忠時）、野間筑前守所で連歌。七月五日種子島忠時の所で千句執行。『種子島家譜』[28]巻二は宗碩の「秋や先千種にやらぬ萩の声」とともに忠時の「野はしづかなる露のあけぼの」を伝えている。筑後の上妻氏と有縁と思われる上妻民部丞[29]の許で宗碩は「ま萩咲尾上や松のこまにしき」、さらに種子島河内守、武州山庄などで句を詠んでいる。『種子島家譜』巻二によれば、明応六年（一四九七）種子島左兵衛尉忠時は上洛して弓馬・歌・鞠などを学び、飛鳥井雅康から歌・鞠を伝授されている。宗祇の自撰句集『宇良葉』夏にはこの時のことが次のように記されている。[30]

　　種子嶋右〔左カ〕兵衛尉〔忠時〕京にのぼり侍しとき

ちぎりきやはつほと〻ぎす遅桜

以上の巡歴を終えた宗碩[31]は肥後に入った。

　　相良大〔ママ〕郎長祇興行に名月

秋の月名だゝるうへの今夜哉

　　伯耆次郎大〔ママ〕郎武顕興行に

木々の色をしか鳴けると山かな

　　田嶋右京亮重実ハ菅家の人にて聖廟御筆御影など被案持、其故ある事共也、彼所之会に

宿ハ秋かへりみし世の梢かな

　　同所之八月廿五日ニ

神松の千代の秋しる下葉かな

相良氏が為続の時『菟玖波集』に入集するなど文雅の家であることは知られるとおりである。天文五年（一五三六）十一月廿二日の沙弥洞然《相良長国》長状の「御連歌之事、是又代々被ㇾ信候、殊更蓮船公、於二菟久波集一、自二九州一御

一人、御名誉候、其外哥道者、動二天地一、和二鬼神一与候哉、御数寄之事、御神慮、天道、旁以目出候」というのは、相良氏の和歌・連歌に寄せる思念を凝集している表現である。相良長祇《ながまさ》は長毎の嫡男、文亀元年（一五〇一）の生まれで、永正十二年（一五一五）五月十三日元服し長祇と名乗った。[32]『八代日記』、『歴代参考』、『求麻外史』などは、永正九年末長毎は隠居し長祇が家督を継いだとし、『探玄記』は永正十二年とする。『歴代参考』は「近代稀なる御大将」といわれた長毎が法体になったのを永正十四年七月十一日とする。永正十三年、相良氏は名和氏の守山進攻を防いで戦い豊福を取り、翌年六月九日相良・名和両氏は和睦の契状を交わした。[33]宗碩が肥後に入ったのは、両家和睦の直後である。宗碩が相良長祇・名和武顕の連歌興行に参じているのは、このような政情の推移を背景としている。相良氏は応仁の乱以後大内氏を通じて政治的行動をとっていることが多いので、宗碩の肥後入りもその点で有利であったろう。

田嶋重実については、『姓氏家系大辞典』が肥後の田島氏として山本郡（合志郡）田島邑より起るとして小代文書など挙げ、阿蘇文書に家実の所見があることを示している。それは『阿蘇文書』之二永正二年九月五日肥後国諸侍連署起請文写、同文書之一―三〇〇・三〇一永正二年十一月十八日菊池氏老中連署状、同文書之二永正二年十二月三日肥後国諸侍連署起請文写などに見える田嶋右京亮重実である。つまり田嶋重実は菊池氏の老臣である。なお『相良家文書』之一―二九五隈庄在城衆着到人数書には田嶋四郎兵衛・田嶋弥二郎・田嶋与三次郎ら田嶋氏一族の名が見える。「菅家の人にて」というのは、肥後における天満宮安楽寺領田島庄を媒介にしてのことではあるまいか。宗碩が菊池氏の勢力圏内の連歌興行に刺激を与えていたことが明らかであるが、八月二十五日の句を詠んだ頃、その隈庄で好士の懇望に応えて「十花千句」（永正十三年三月十一日から十三日までの三日間、宗碩の草庵で寺井伯耆守賢仲〔宗巧〕百箇日追善のため近江国中江土佐守員継が領主となって行った千句、作者は肖柏・宗碩・宗長ら）を書き与えている。太田武夫氏蔵本奥書には次のようにある（『大日本史料』九之六―一一八頁）。

右永正十四年仲秋〔八月〕下旬之比、月村斎宗碩従二薩州一帰路之時、於二隈庄一逗留之内、数寄之衆以二懇望一、此千句儀

理ヲ尋侍内ニ万葉・古今・源氏以下之句之作意問究仰之聞書也、努々不レ可レ有二他見一者也

八月二十五日の会のあと、『月村抜句』は、長野隠岐守運旨川尻といふ所にて、鹿子木三河守親貞〔貝カ〕白河の旅宿にて、隈部内蔵助武秀、隈部上総守親氏高瀬旅宿にして、皆木河内守満徳所にて硯河墨磨山などの故ある事聞侍りて、三池上総介親照所望に、という連歌興行を記している。長野運旨は『阿蘇文書』之二永正二年十二月三日肥後国諸侍連署起請文写に見える長野備前守運貞の一門であろう。『姓氏家系大辞典』は清和源氏宇野氏族として「肥後の豪族にして山鹿郡長野邑より起る」と記して『新撰事蹟通考』巻之二十二所収の隈部系図などを掲げている。広い意味での隈部一族であり、菊池氏を支えた国人である。その祖右俊―重郷は文明十三年（一四八一）八月の隈府万句連歌に名を列ねており、歴代連歌好士であったことが知られる。鹿子木三河守親貞は、三河守親員ではあるまいか。鹿子木親員の文事は著名であり(34)、ここでこまかく触れることはしまい。

隈部氏は鹿本郡菊鹿を拠点とした豪族で菊池氏の重臣、武秀・親氏は他の史料に見えないので、その意味でも「月村抜句」の記事は貴重である。当時、菊池氏は隈部氏をはじめここに見える田嶋・長野ら重臣や国人層の動きに規定されており、文化荷担も従って彼らを主体としていた。三池親照は筑後三池を根拠とする三池氏である。上総介親照は三池氏の系図類には親勝の子として見える。現在のところ永正年間（一五〇四―一〇）における筑後三池氏の動向についての具体的な史料は見出し得ない。

宗碩一行はこうして筑後に入った。三池親照の所での連歌のあと、『月村抜句』の記事は菅原道真の子孫社家極老の大鳥居信闇(35)の亭での句「おふるてふ野や一もとの萩の露」を記している。『宗碩句集』には「筑後大鳥居天満宮にして」の前書きがある。今の福岡県筑後市水田天満宮での句である（補記書参照）。以下、次のように続いていく。

高良山座主坊にして
菊かほる山や水上千とせ川

大宰府於満盛院〔永正十四年〕九月九日

雲星を分入し山や秋の□

花台坊興行に当社境内大野といふよし聞侍りて

虫の音ハ籬も霧の大野哉

観音寺にて定笂とて少人の所望に

月ニ鐘聞し世を聞夕哉

当国守護代興〔杉〕長月次満盛院にして侍しに

風ふかぬ世ニハ野分の秋もなし

転田〔博多〕にて山鹿壱岐守秀宗宿所九月十二夜之会に

月今夜袖にさハぐなみなと風

同津清林坊にて

わだつミの手染か磯の下紅葉

奄世所望に

しらぎぬをうつや岩波秋の声

千手治部大輔弘友之山家にて

染はおし時雨ふく山の朝嵐

蘆屋旅宿にて

やへふきとみしや蘆屋の秋の波

門司の関において矢田の備前守興行に九月尽

わかれてふもじハ関もる秋もなし

杉孫三郎興頼ハじめて興行会に

秋冬とわかてをにほへ千代の菊

阿川治部丞武基法楽之一座に

手向せバぬさや紅葉はちらしけり

長符二宮大宮司弘国去年下向之時興行ありて今度上洛之時かさねて張行

行めぐる旅も時雨の雲路哉

宗碩は大宰府の天満宮安楽寺・観世音寺、博多津の山鹿秀宗宿所・清林坊で連歌を詠み、千手弘友の山家、蘆屋を経、豊前門司関の矢田備前守・杉興頼・阿川武基らとの連歌興行のあと長門二宮に至っているのである。この間、大内義興の筑前守護代杉興長、飯田氏の被官・博多下代官の山鹿秀宗の保護があったことはいうまでもなかろう。天満宮安楽寺では連歌が盛んに行われていたことが推察される。筑前における連歌興行の目は、やはり大宰府と博多である。

以上のように、永正十三年（一五一六）四月京都を発った宗碩は、摂津・備前・備中・備後・安芸を経て五月頃周防に着き、六・七・八の三カ月間ほど山口に滞在し、大内文芸に大きな影響を与え、九州に渡り、豊前から豊後を経て永正十四年の正月を日向で迎え、初夏の頃大隅に入り、さらに海上遙かな種子島に渡って七月五日種子島忠時の所で千句を執行、そして肥後に入り、八月下旬には隈庄で「十花千句注」を数寄の衆に書き与えている。肥後から筑後を経て筑前大宰府に入り、博多での連歌が九月十二日、さらに蘆屋―門司を経て長門に至っている。足かけ二年、ほぼ九州内陸一円から種子島にも渡るという大旅行であり、地域的な広がりにおいて、九州各地域の文芸享受に与えた宗碩の影響は宗祇の比ではない。九州各地域における国人たちの文芸―連歌執心は驚くばかりである。宗碩の九州旅行は、これまで中央で知られた連歌師のそれがおおむね北九州に限られていたのを九州一円に広げたことに特色があり、南九州への旅行は主眼になっていたろう。それでも九州旅行の終わりの重点は大宰府―博多にあった。宗碩の九州旅行には、やはり大内義興の手配がものをいっている。大内義興は在京中であるが、その在京を通じて宗碩が訪れた国人の多くのものと政治的・文化的な交渉があったと思われる。さらに九州の各国人の多くは上洛して三条西実隆をはじめとする貴顕に文化的交渉をもっており、宗碩はそのような貴顕の代理人として遇せられたのである。もちろん宗碩自身の連歌・古典学の造詣が、九州旅行を通して各地域の国人たちに歓迎されたことはいうまでもない。中央貴族と九州国人との文化的交渉が高まっている中で宗碩の九州旅行が行われ、大きな文化的効果をあげたのである。中央貴族と九州国人との文化的交渉が高まるのは、この永正年間である。以下、その実態について述べよう。

三　貴族と国人の文化交渉

『実隆公記』に見る国人

肥後国の菊池重朝は父為邦とともに好学の名高く、本拠の隈府に孔子堂を建て、釈奠の礼を行い、桂庵玄樹を招いて講学させ、藤崎八幡宮を造営し、一万句連歌会を興行するなど、著名な事績を残し、明応二年（一四九三）十月二十九日四十五歳で没した。九州で『新撰菟玖波集』に入集しているのは肥後の相良為続（五）と豊前の門司氏（藤原能秀五、藤原武員二、宗忍法師三）だけである。相良為続の入集は、一つには同族の相良正任が大内政弘の側近であったこと、門司氏の入集は同氏が大内政弘の被官であったことにもよるが、やはり入集するだけの力量があったからで、相良為続の連歌数奇は著しく、文名も高かった。その為続も明応九年（一五〇〇）六月四日（一説二十日）五十四歳で卒去した。『相良家文書』之一－二四六によると、永正三年（一五〇六）六月二十日、相良為続の七回忌に当たり、相良正任は『新撰菟玖波集』入集の折の相良為続の書状の裏に、かの五句を書写して為続への回向とした。菊池重朝・相良為続ら九州文化を代表する人物の相次ぐ死は、一つの時代が終わった感を深くさせる。

永正年間に入って顕著なことは、九州の守護・国人と京都貴族との文化的交渉が頻繁になることである。具体的に事例を追ってみよう。一と二で述べたことは省く。

室町時代堂上知識階級の代表的人物である三条西実隆の『実隆公記』によってそれを見てみよう。延徳三年（一四九一）十月九日条に「貞盛法印薩摩下向河州日記仮名(36)跋書二写之一遣了」とあり、文亀三年（一五〇三）正月六日条には「太清、西見薩摩国嶋、津某云々、等同来、十首和歌俄興行、招二姉羽林一同令レ詠レ之」とあり、三条西実隆と南九州との関係が知られるが、大隅・薩摩の国人との交渉はかなり深かった。大隅では禰寝《ねじめ》氏（建部）があげられる。

三条西実隆の詠草集に『再昌草』がある。原型は全三十六冊、各一カ年の詠草を一冊に集めた実隆四十七歳の明応十年（一五〇一）正月から八十二歳天文五年（一五三六）八月十六日に至る前後三十六年間の自撰家集である。(37)禁裏御会、諸所の歌会、諸社寺の法楽、贈答、述懐などの和歌、長歌、狂歌、発句、漢詩、序跋などを年度別に、月次を追って輯集したものである。序文が付せられた永正十七年（一五二〇）に一次的成立を見、その後逐次追補されていったと見られる。(38)一種の文芸日記帳で、多くの問題をはらみ、(39)『実隆公記』と相俟って史料的価値が高い。実隆は都鄙の人々から古典の書写、詠歌の染筆、詠草の合点などを依頼されており、両書は当代の地方文化の状況を知るのに第一等の史料である。その、『再昌草』四文亀四年（一五〇四）の条に、次のように見える。

大隅の国に禰寝《子シメ》といふものは、建部□重尊歟、本不読となん名のりける、歌に心ざしありて、百首の歌合点の事、道堅につけて申たりし、点かけてつかはすおくに、彼詠歌述懐の歌に

あはれとも人しいはずば和歌のうらによるべしら波猶やまよはん　とありしを、和して書つけ侍し

我も又よるべしら波まよへともあはれとぞ思和歌のうら人

大隅国の禰寝尊重が道堅を通して百首歌の合点を三条西実隆に依頼していたのである。禰寝氏は大隅国の国衙と正八幡宮の両支配下の在庁・名頭神人として多くの下人をもつ辺境領主で、在庁－御家人－国人のコースをとった大隅国の有力国人である。関係文書は不完全ながら編年したものが一応、川添昭二編『禰寝文書』（九州史料叢書、

一九五九年一〇月）に収められており、家別のものが『鹿児島県史料旧記雑録拾遺家わけ一』（一九八三年一月）に収められている。新編禰寝氏正統系図五によれば、尊重は初名忠清、官途は右兵衛尉から大和守、法名は一味、文明十二年（一四八〇）に家督を継ぎ天文十六年（一五四七）八月二十九日に没している。在洛中、朝廷に和歌若干首を献じ、とくに「旅ながら旅にもあらぬ心かな花になぐさむ志賀の山越」が天意にかない、後柏原天皇（明応九・十・二十五―大永六・四・七在位）から尊の字を下され名を尊重と称し、志賀男と呼んだという。

禰寝尊重は歌鞠の名手飛鳥井雅康（二楽軒宋世）に和歌を学んでいる。『禰寝文書』七〇四に飛鳥井雅縁詠三十首和歌を収めており、その末尾に「右一巻者、祖父卿詠歌也、所レ授二禰寝右兵衛尉尊重一也（花押）」とある。禰寝尊重は飛鳥井雅縁の三十首和歌一巻を授けられているのである。『禰寝文書』六八三・六八四によると、禰寝尊重は文亀三年（一五〇三）十二月十六日に右兵衛尉に任じ、永正元年（一五〇四）三月二十日大和守に任じている。官途から推して右はこの間のことである。雅縁の孫といえば雅親か弟の雅康であるが、雅親は延徳二年（一四九〇）十二月二十二日に没している。両者の花押は近似しており、『禰寝文書』では雅親としているが[40]、年代を併考し雅康を当てたがよいのかもしれないし、他の事情があって雅親でよいのかもしれない。禰寝尊重が飛鳥井雅縁の三十首和歌を授けられたのも、三条西実隆に百首歌の合点を依頼したのも、ほぼ同じ頃であったらしい。あるいは在洛中のことかもしれない。いずれにせよ、禰寝尊重は京都歌壇の第一人者の指導を受けているのである。

『実隆公記』によると、永正六年（一五〇九）閏八月十七日、大隅国禰寝氏が礼と称して三条西実隆に対面し青蚨一緡・黄金作りの太刀を献じている。詠草の合点か次にいう染筆の礼であろう。禰寝氏は尊重で、この頃在洛していたものと思われる。さらに翌日、実隆は禰寝氏に下絵短冊廿一首代々集巻頭和歌を染筆してやっている。同月二十二日禰寝氏は甘葛一筒を実隆に献じており、実隆はそれを禁裡に進じている。永正九年五月十四日、道堅法師が実隆の所に赴き、大隅国禰寝大和守尭重の五十首和歌点の周旋をし段子一段・沈一斤を送っている。尭重は尊重のことである。実隆は六月十日禰寝大和守尭重の五十首合点・色紙八枚を書き、書状に添えて道堅のもとに送ってい

る。『再昌草』十四永正十一年十一月条に、

大隅国禰寝大和守建部堯重、五十首歌合点の事申侍し、返しつかはすとて、奥に書付侍し

心ざしふかきけしきの森ぞとも　染てぞみつる露のことの葉

とある。禰寝尊重は『薩藩旧記雑録前編』巻四十二及び新編禰寝氏正統系統図五によって、永正九年閏四月当時には大隅に在国していたと見られるので、帰国後も引続き詠草の合点など和歌の指導を三条西実隆に受けていたことが知られる。禰寝尊重の京都貴顕との文芸的交流を示す事実は以上のとおりであるが、大隅国においての文芸活動が『禰寝文書』や鹿児島大学所蔵市来文書によって知られる。後者については五味克夫氏の詳細な紹介「大隅国禰寝郡司庶家角氏について――鹿児島大学図書館所蔵市来文書の再考察」（『鹿児島大学法文学部紀要』文学科論集一三、一九七七年三月）がある。後者を市来文書と略記して、[41]禰寝尊重の大隅国での文芸活動について述べておこう。同文書は『鹿児島県史料旧記雑録拾遺家わけ一』（一九八八年一月）に再録されている。

禰寝尊重は法名を一味と号したが、晩年一味時代天文年間の角氏あて一味の書状が市来文書に五通収まっており、尊重の歌人・風流人としての面目がよく表れている。「その、ちのあゆ御ゆかしく存候、御れうけんあるべく候、又なに事にて御あそび候や、うけ給たく候」（六〇）、「昨日は御連歌殊勝存候、仍明日みかしき大夫めし歌合べく候」（六一）、「又申候、秋の夜ながきしられぬまゝ、まひつゞみどもいにしへ身に侍りし秋の夜の長きを老の枕にぞしつ、一笑々々」（六四追而書）、「然バ八雲御集披見望候間、彼定心廳而可ㇾ参候」（六四本文）など、そうである。

禰寝尊重は、日向飫肥出身で牡丹花肖柏の門下で連歌を能くする真存と親交があった。禰寝尊重の書状のうちには、真存の下着、鹿児島への出向などを報じ、真存のことを「よき客にてこそ候へ」と記しているものがある（六二、六三）。さらに、その市来文書中には、角氏宛の卯月廿七日真存書状がある（五九）。真存書状として管見に入っているのはこれだけである。虫損のため文意がとりにくいが、次に掲げておく。

尚々其□申候、野尾野兵へ御同前□

□御便令中候、去一□□事を出候て御床敷候、仍毎々其方便宜□一書あつからず候、御心替候哉と□之候、さりとも御等閑さ候□申し候、次先書にも□有聞尺素竹林抄□早々返給候べく候、□度事候へ共、此便□恐々謹言

卯月廿七日　　真存（花押）

角又□

真存については木藤才蔵『連歌史論考』下、増補改訂版、六八〇頁ほかに拠るべき説明がある。それを参照しながら若干のことを付加しておきたい。右に述べたことは言及されていない。国会図書館所蔵「古今和歌集古聞」巻二巻末の朱筆注記によると真存は日向国飫肥の住人で、姓は隈江、筑後入道と呼ばれたという。天理図書館本の明応五年（一四九六）八月十五日山何百韻に、兼載・宗祇・玄清・寿慶などとともに真存の名が見えており、六句出句している。これ以前に上洛していたものであろう。『実隆公記』によると、永正三年（一五〇六）四月十八日、宗碩に同道して初めて三条西実隆を訪問し方盆一を献じている。「連歌合集」五などによれば永正三年九月十五日の何船百韻に肖柏・友弘・宗坡・石文などとともに一座して二十句出句している。国会図書館所蔵「古今和歌集古聞」巻二巻末・蓬左文庫所蔵「古今和歌集」奥書によると、真存はこの頃小村与四郎友弘（宗訊）とともに牡丹花肖柏から堺において「古今集」の講義を受けている。永正四年二月一日、真存は宗坡と一緒に三条西実隆を訪問しているが、それから間もなくして日向に帰国したらしい。

肖柏の『春夢草』に、

真存法師草庵に年を送りし、日向国に帰りくだりし時、おくり行に

老をおきて行もさこそは思ふらめ心を見えじ袖のけしきに

返し

思ひおく袖のけしきの面影に行かた迷ふたびのそらかな

とある。真存は肖柏の草庵に同居していたようである。永正十三年（一五一六）・同十四年、宗碩は九州を巡歴し京都での知友と旧交を温めているが、永正十四年日向の真存の草庵を訪問している。『月村抜句』に、

　真存草庵にて二月七日俄に雪の侍しに

　今はかつ花にこそちらぬ今朝の雪

と見える。真存はその後上洛したと見え、永正十七年（一五二〇）正月四日、玄清・宗哲・宗碩・等運・周桂とともに三条西実隆を訪問している。『実隆公記』同月十日条には「真存法師五十歌令レ見レ之、真南蛮幷沈香蚫切云々、恵レ之」とあり、真存が南海貿易関係の品を実隆に献じていることが知られる。同年二月二日、真存は泉四郎と実隆邸に赴いているが、二月四日、宗碩は真存の餞に連歌を張行している。『実隆公記』には同月十一日「真存法師外題色紙、扇歌等所望」とあるのを最後に、再びその名を見出すことはない。日向に帰り、禰寝尊重と文雅の交わりを続けたのである。両者は、案外在洛中にでも知り合ったのかもしれない。

禰寝氏の文雅は尊重一人で終わってはいない。市来文書五五に「月閑之記」という歌文が収まっている。尊重の歌友であった一族の建部（禰寝）重相の、幼少の時から、仏門に入り月閑と号し往生をとげるまでの生涯を、物語風に記したものである。筆者については、文中に「愚老」、「余」とあり、最末の七言の頌の下に「休雲述レ之」とあるのが僅かな手掛りである。内外二典の造詣深い人物である。文中「師匠の釈秀」という語もあり、浄土教系の僧侶であろうか。尊重のことを堯重公と敬して呼んでいる。重相は幼少の頃、鏡本坊という広智賢才の者に文を学び道を習ったとあり、併せて室町・戦国期大隅国人の学習状況を知り得る貴重な資料である。重相は『根占郷土誌』下、二九五頁紹介の禰寝氏先祖集霊墓に「成閑祖円居士天正四年丙子正月二十日　平重相」とあって、その没年が知られる。「月閑之記」には末尾近くに、重相没後について「其後天正五年丁丑正月の比」夢中に重相夫婦往生の声を聞いたことを記している。「月閑之記」は重相の一周忌を契機に書かれたものであろう。「月閑之記」には、重相が「五首三首などハ常のこと」百首・五十首・三十首など定数和歌を折々詠んでいたことを述べており、重相

の和歌七首を掲げている。尊重は重相からかなり刺激を受けていたようである。ともあれ、禰寝尊重の以上の事績は、室町・戦国期大隅における国人文化を典型的に示すものである。

大隅とともに薩摩の国人が三条西実隆と文芸的交流をしていたことを前に記しておいたが、薩摩国人では吉田若狭守位清の事績がかなり知られる。『実隆公記』永正八年（一五一一）二月四日条に次のように記されている。

宗碩来、和歌、発句《万句題所望》等談合、愚存分命レ之、薩摩僧珠全同道、先年宗祇在世之時面謁云々、忘却了、携二木毬一、不レ思懸一事也、勧二一盞一了、又薩摩国人吉田若狭守位清和歌合点事可レ申云々、称二其礼一唐糸白髪、弍結進レ之、不慮之事也

薩摩国人吉田若狭守位清が宗碩を通して和歌合点を三条西実隆に仰いでいるのである。礼として唐糸を献じており、吉田氏の領主制が対外貿易にかかわる部分のあることを示している。『実隆公記』同月八日条には「吉田《薩摩》若狭守女房卅首歌同合点遣レ之、宗碩法師先日糸媒妁送二代物一」とあり、『再昌草』十一永正八年二月条に、

吉田《薩摩》若狭守任《(位)》清唐綿二斤をくりたるを、宗碩媒して、よそへつかはしたりしに、さる子細ありて申つかはしたりし

青柳のこのめは春の程なきに　くりいだしたるいともありけり

とあって、吉田位清が献じた唐糸（唐綿）二斤は、宗碩の媒介で、さらに他所への贈物とされている。『実隆公記』永正八年四月二十五日条には、吉田位清に先年の和歌合点を遣わしたところ礼に羅扇唐一本・北絹一端を送ってきた、と「不慮之芳志」をよろこんでいる。これも対外貿易にかかわる品である。吉田位清の妻も夫とともに和歌愛好者で、三条西実隆に三十首和歌の合点を仰いでいるが、このことに関して『再昌草』十二永正九年六月条に、

薩摩の国吉田若狭守が夫婦の歌みせし、点合て返しつかはすとて、なでしこの花につけてつかはし侍し

めかれしないもとぬるてふとこ夏の花も色そふ露のことの葉

とある。『薩藩旧記雑録前編』巻四十一によると吉田位清の室は伊作善久の女である。吉田位清は孝清の子。文明

十五年（一四八三）末伊作久逸が島津忠昌に対して反乱を起こした時、吉田孝清は島津忠廉（法名雪溪忠好）とともに一時伊作久逸に味方していたことがある。その後島津忠昌方につき、戦後の明応四年（一四九五）四月十七日、薩摩国谷山院のうち山田村三十町・同院道祖脇のうち五瀬を忠節の賞として与えられている。[42]『元長卿記』延徳三年（一四九一）正月一日条によって、孝清は島津忠好とともに上洛していたことが知られ、忠好と同じく文雅を解する者であったらしい。吉田氏は島津氏本宗（奥州家）に対して相対的独自性を持していたが、あたかも島津忠昌の代の永正三年（一五〇六）には肝付兼久の乱が起こり、忠昌は永正五年（一五〇八）二月十五日清水城で自尽、忠昌の後は、その子忠治・忠隆・勝久が相次いで守護職となったが、島津本宗に対する対抗勢力は多く、三州の地には紛乱が続いた。永正十四年（一五一七）二月、島津忠隆が吉田位清を攻めて降しているのも、[43]このような状況の一齣であった。吉田位清は、政治的には島津氏本宗に対する対抗的な状況の中で、妻とともに詠歌を享受し、京都の三条西実隆に合点を請い力量を磨いていたのである。

三条西実隆と文芸的交流の事績を残している薩摩（日向）の人物として珠全がいることは、前掲『実隆公記』永正八年二月四日条で知られる。宗祇在世（文亀二年（一五〇二）没）の時、珠全は実隆に面謁していた。高城珠全は珠全に続く珠玄・珠長とともに中世末期南九州における文芸の展開に重要な地位を占める人物であるが、その事績については木藤才蔵氏のほぼ委曲を尽くした説明があり、それを補う井上宗雄氏・米原正義氏の言及もあって、[44]それらに付加するものはないので省略する。なお『禰寝文書』七〇六に「永正八年太守忠治時代」の付箋をもつ島津豊後守（忠朝）宛近衛稙家（付箋による）御内書案が収められている。書中に「此短冊悪筆雖二其憚多候一、書二進之一候」とあり、往古からの庄園制的関係を媒介に、島津氏が近衛家と文芸的交流を有していたことが知られる。なお、『島津家文書』之二一―六五六号の卯月廿七日島津又六郎（忠隆）宛近衛尚通（稙家の父）書状の追而書に「雖二比興候一、短尺書二進之一候」とあり、同六五五号（大永六年頃カ）十一月廿八日島津修理大夫（勝久）宛近衛尚通書状の追而書に「将亦、逍遙院〔三条西実隆〕哥書・栄雅〔飛鳥井〕詩哥、只今不二尋得一候之間、以二後便一可レ進候、かやうに申候へ共、逍遙院・栄雅短尺まづ進レ之候」とあり、近衛尚通が、島津忠昌の子でそのあとを継いだ忠隆や勝久に短冊を送っている。近衛氏の島津氏に対する文芸的供給の事例である。

三条西実隆と文芸的交流を有した九州の国人としては、右以外に肥前・肥後・豊後などが知られる。肥前については、僧侶であるが、永正年間としては『実隆公記』永正九年（一五一二）五月二十四日条に肥前国山寺法師の所望する僧官のことに実隆が関与していることが見える。肥前国人と三条西実隆の文芸的交流が著しくなるのは大永年間に入ってからであり、千々石尚員、志自岐兵部少輔縁定、西郷兵庫尚善らの名が見え、とくに西郷尚善の事績が多い。それらについてはすでに井上宗雄氏『中世歌壇史の研究室町後期』に詳述されているので[45]、今は触れない。

肥後については『再昌草』十九永正十六年（一五一九）六月条に、

同十三日宗碩草庵会、肥後国大蔵武種号宮道天草七党之一云々張行也

すゞしさや浦のみるめもやどの松

とある。大蔵武種は、肥後国天草下島の東海岸宮地（路）浦を根拠としていた。天草七党の一といわれるように、当時は、他の国人と連合し一揆勢力を結成して菊池氏や相良氏など外部の強大な勢力に対応していた。上洛して連歌を張行することもあったのである。九州国人の京都における斡旋はたいてい宗碩や周桂など九州に関係の深い連歌師が行っている。宗牧を通しての三条西実隆と肥後との関係は後述する。豊後については、大永五年（一五二五）八月十一日、大友氏の被官甲《きのえ》筑前守長秀が願主となり宗碩の草庵で連歌会を張行し、翌日同人及び雄城氏が実隆邸に礼に行っていることが『実隆公記』に見える。

牡丹花肖柏と故実の伝播

以上、永正年間を中心に三条西実隆と九州の国人との文芸的交流の事実を見てきたが、牡丹花肖柏（一四四三―一五二七）の歌集『春夢草』[46]にも、九州国人と肖柏との文芸的交流が知られる。真存が宗碩の草庵にいたことは前

に述べた。松浦佐用姫のことに触れているが、肥前国の有馬尚平との交流について、

　　松浦よりのぼりて都にありし尚平（有馬神三郎）国に降るよしかたりしかば

　それと見よ思ふ心は松浦がた清き渚によするしらなみ

　　返し

それと見ん便りもいざや松浦がた遠き限りの興つ白浪（『続群書類従』十七下）

とある。なお、『春夢草』に、

　　護道（内藤内蔵助）つくしより連歌を見せはべりし時つゝみ紙に

　住吉の松の落葉にかき添よつくしの海のもくづなりとも

　　返し

　住吉の松も下枝にかけや見んつくしの海の波のたま藻を

とある。内藤氏は大内氏の最高被官で代々長門守護代に任じた家柄である。宗祇の『筑紫道記』に「陶尾張守弘護・内藤孫七護道、諸共に侍を添ふる」とあり、『新撰菟玖波集』には付句三句が入っている。同集成立の翌年明応五年（一四九六）には在洛していて、同年四月（六月七日ィ）何人百韻（護道発句、宗祇脇、兼載第三）・同年八月十五日山何百韻（兼載発句、宗祇・護道・玄清ら）の二作品がある。兼載の『聖廟法楽千句』（明応三年二月十日）の談義を行い、古注として今日に伝わっており、奥書に、「右正本之事、内藤内蔵助藤原朝臣護道談儀之以二証本一令二書写一畢、依レ為二秘蔵一号二秘本一細字書付訖、他見穴賢々々」（小鳥居本・金子金治郎氏架蔵本）とある。(47) 天理図書館蔵『源氏物語』（三十冊本）によれば、護道は『源氏物語』を書写しており、その他詠歌関係の事績を残している。和歌・連歌に秀れた大内氏被官中でもとくに抜きんでていた。肖柏との和歌の贈答で、内藤護道が筑紫から肖柏の許に連歌を送り歌を添えたとあるが、筑紫は九州ではあるまい。京都人士が大内氏支配下の周防・長門を筑紫と呼ぶことはままある。筑前・豊前が大内氏支配下にあるので混同しているのであろう。

書陵部本「宋雅肖柏千首」奥書に「大永七年丁亥十一月十四日　九州肥後住人水俣瑞光書レ之[48]」とあるのも、間接的に肖柏と九州国人との文芸的交流を示すものといえよう。その意味で次の事実も注目される。すなわち、永正十一年（一五一四）、前述の薩摩僧高城珠全が肖柏から、揚名介・三か一の餅・宿物袋の『源氏物語』秘訣の三箇の大事を伝授されているのである。これは一条兼良から宗祇―肖柏と相伝された秘説である。これは肥後の小代文書に写しとして伝えられており、すでに早く『肥後古記集覧』（大石真麻呂著、文政四年（一八二一）自序）に収められている。横井金男『古今伝授沿革史論』一七六―七九頁（大日本百科全書刊行会、一九四三年九月）に紹介され、『荒尾市文化財調査報告』第一集（荒尾市教育委員会、一九六五年二月）の小代文書追加四・五に収載[49]、木藤才蔵『連歌史論考』下（増補改訂版）五四三・六八一頁に説明が加えられている。奥書によれば、この秘説は珠全から珠玄―寿琳―了誓へと伝えられている。珠玄は珠全の子か門弟と思われ、薩摩文芸の展開に重要な役割を果たす。

横井氏がすでに述べているように、『源氏物語』秘訣の三箇の大事は、『源氏物語』が詠歌の心得書として尊重されたところから、その口伝が行われるようになり、それが古今伝授とともに行われるようになるのである。薩摩に伝わったこの秘説がどのような経緯で北肥後の小代氏のところに写されたのか不明であるが、広い意味での九州における古典学学習の一端を示す素材である。

近衛家と薩摩島津氏とに即して庄園制的関係が京都と九州との文芸交流の媒介になることを前に一言したが、それに関する事例として京都北野社の場合がある。筑後国御井郡河北庄は北野社領で、同庄に北野天満宮（福岡県三井郡北野町北野）が鎮座する。中世公武の崇敬厚かったことは『荘園志料』下巻、二二四二―四四頁所引の北野社文書によって知られる。筑後の有力国人草野重永も保護を加え、永正十五年（一五一八）社領を寄進し、社殿堂塔を再興したと伝えられる。菅原道真を祭神とし、中世において筑後地方における文芸の淵叢であったと思われるが、幸いその一端が歴世古文書二によって知られる。

奉二寄進一北野庄之内田地壱町坪付別紙有レ之事

右志毎年連哥為二法楽一也、仍状如レ件

永正九年壬申七月廿五日　長門守藤原〔草野〕重永

北野山天満宮座主坊参

草野重永が毎年法楽連歌料所として筑後北野庄内の地一町を寄進しているのである。本文書は次に引く文書とともに『筑後国史』中巻・『荘園志料』下巻に収められている。四月廿五日北野山天満宮座主坊宛長門守藤原重永書状案が、同じく歴世古文書二に収まっており、その追而書に、「立願千句御宝納可二目出一候、又弐百韵之事ハ、独吟乍二御辛労一頼存候」とあって、千句・二百韻の神事連歌を北野天満宮に依頼していたことが知られる。このような事例は、外にも多数あったことと考えられる。

応仁・文明の乱後、京都の都市機能が低下し、文化の地方伝播が進んでいったことは従来説かれているところである。しかし、経済的な面で全国流通の結節点としての役割は維持されており、文化的伝統も大勢としては維持され、これまで述べてきたところからも判明するように地方国人らの京都への文化的求心性は依然として強かった。『宗長日記』大永三年（一五二三）のところに、

薩摩の坊の津の商人、京にて興行に

磯のうへの千しほも秋の夕べ哉

とある。薩摩坊津の商人が京都で連歌を興行しているのである。坊津—博多—堺—京都は対外貿易を含み込む商品流通で相互に連繋をなしているが、それと関連を有しながら相互の文化交流が行われていたのである。これまで述べてきた事例の根底には、この流れが存在していた。

京都文化の地方伝播の一つとして故実の伝播がある。永正期の九州では、大友文書によって永正四年（一五〇七）四月十日、豊後守護大友親治が小笠原元宗から射芸の伝授を受けていることが知られる。同月十七日、豊後において小笠原元宗指導のもとに大友親治その子義長らが犬追物を行っている。[50] 同じく大友文書により永正七年（一

五一〇）四月十二日、大友義長は小笠原元宗から笠懸・犬追物の故実を伝授されていることが知られる。(51)大内義興は永正十六年六月、小笠原元長伝の「騎射秘抄」を書写して被官の麻生興春に与えている。その奥書は、

文明十六年四月廿八日　小笠原播磨守　元長判

此一巻、麻生兵部大輔興春懇望之間写訖、不レ可レ有二外見一候也

永正十六年己卯六月日　義興（花押）

とある。米原正義『戦国武士と文芸の研究』（桜楓社、一九七六年一〇月）六五九頁には、昭和五十年正月反町弘文荘主宰「古書逸品展示大即売会」出品「騎射秘抄」として紹介されているが、現在は福岡県の北九州市立自然史・歴史博物館の所蔵である。麻生興春は筑前の有力国人、将軍家奉公衆で大内氏被官である。麻生氏の竪系図には上総介弘家の子に配し「此興春至二芸州府中一為二義興一討死」と注記されている。なお大永五年（一五二五）尼子氏に備えての安芸門山の陣で大内義興が、豊前国人で大内氏被官の貫越中守武助に命じて、書札礼の模範とされる「弘安礼節」の抄本、文章の書方、礼紙の事、その他武家書札について記録させていることが米原氏前掲書六五八－五九頁に紹介されている。

在地間文芸の交流

これまで、主として京都と九州の文芸交流の事例を見てきたが、在地間の文芸交流によって各地域の文芸享受が深められ広められていたことはもちろんである。若干の例をあげよう。『相良家文書』之一－二七七に次のような島津忠朝書状がある。

又諸篇無二御等閑一承候間、従レ是も御同前ニ令レ申候、於二已後一如レ此之儀、可レ為二本望一候

追而御礼、委細令二披見一候、依二望之方一候、唯授二一人一之事、可レ有二御相伝一之由承候、器用数寄を御覧候て、伝授可二目出一候、如レ仰、此道事無二聊爾一様にと、再三被二申置一候、如二其筋一、是迄被二仰遣一候、可レ然存候、彼方今程高来ニ逗留之由承候、床敷存候、如何様、其方にハ重而可レ被レ参候歟、左様之時者示給、音信可レ仕候、被二罷立一候已後、兵法無二懈怠一致二稽古一候、雖レ然、不審之子細共多候、小泉方事者思絶候、懸二御目一候て得二御意一度、心底無レ他候、菱刈辺御越之時者、ふと以二参入一致二御礼一度候、何様重而可二申合一候、将亦馬事承候、当時可レ然を不二所持一候、少々候も、爪悪候て、徒候、領中候馬共見合候て、可レ被レ召様候者、可レ進候、事々、恐々謹言

十月二日　〔島津〕忠朝（花押）

相良〔長毎〕宮内少輔殿御返報

相良長毎は明応五年（一四九六）宮内少輔に任じ、[52]熊本中世史研究会編『八代日記』（青潮社、一九八〇年五月）二一〇頁によると、永正七年（一五一〇）四月三日近江守に任じているので、本文書はこの間のものということになる。島津忠朝は豊州家島津氏で忠廉の子息である。忠廉は「松下集」によると延徳二年（一四九〇）秋の頃、泉州堺の正広の許に自ら歌を持参して批点を請うている。『薩藩旧記雑録前編』巻四十一が伝えるように、上洛して宗祇に古典を学んでいる。文明十八年（一四八六）島津忠昌から日向国飫肥院南北一円・同櫛間院一円を宛行われている。[53]忠朝は父の後を継ぎ日向を根拠としていたものであろう。父譲りで文雅の士であったらしい。相良長毎も『求麻外史』が「聰敏にして学を好み、政は壱ら父訓に従う」と評した人物で、和歌・連歌に秀でた父為続の血を継いで文藻豊かであった。すでに述べているように、『相良家文書』之二―一〇二五相良為続宛宗祇書状によれば、宗祇は為続の請いによって長毎に連歌を勧めており、長享二年（一四八八）十月には宗祇は長毎の連歌稽古のために『分葉』一巻を書き贈っている。

右に掲げた島津忠朝書状は、前半において、相良長毎が器用数寄によって唯授一人の相伝を受けたことを慶祝し

ている。和歌か連歌、あるいは古典類の秘説伝授である。『大日本古文書』の頭注は古今伝授としている。島津忠朝は相良長毎の秘説伝授をよろこぶ雅友だったのである。

同じく『相良家文書』之一－二八二号に（永正七年）卯月卅日相良近江守長毎宛神代紀伊守貞綱書状があり、追而書に「短冊百枚進二覧之一候、比興憚多候」とある。本書状は神代貞綱が和泉堺の津から八代庄の相良長毎にあてて出したものである。神代貞綱が送った短冊は自身のものとは限らない。堺あるいは京都の貴族か歌人・連歌師の短冊かもしれない。当時の堺は和歌・連歌の好士が多く、このあと永正十五年（一五一八）に肖柏が堺に移住して、文芸の興隆を見、古今伝授でも肖柏を通しての堺伝授が行われる。前述の、相良長毎の秘説伝授も京都か堺あたりからの系路が考えられる。神代貞綱は大内氏の有力被官神代氏の一族であろう。文亀元年（一五〇一）まで山口の奉行人をしていた明証があり、その後筑前守護代となり、永正五年（一五〇八）大内義興の上洛に伴って上京し、弘中武長とともに山城守護代をしている。[54] 相良氏は政治的にも文化的にも大内氏に依頼することが多かった。本書状は両者のそのような関係の中での政務連絡に伴う文芸交流を示すものである。

註

（1）『北肥戦誌』七。
（2）『歴代鎮西要略』五。
（3）『北肥戦誌』七、『陰徳太平記』。
（4）肥前史談会『肥前叢書』第二輯（一九三九年二月）九四頁。
（5）『萩藩閥閲録』一六三明応六年（一四九七）九月廿三日大内氏奉行人連署奉書。
（6）福岡県宗像郡玄海町神湊江口文書（『大宰府・太宰府天満宮史料』巻十四－八八－八九頁）。
（7）『群書抄録』・『筑前国続風土記拾遺』御笠郡。
（8）『歴代鎮西要略』五は明応七年七月とする。
（9）太宰府天満宮文書文亀二年（一五〇二）十一月十九日賀

茂在重日時勘文。
(10)『筑前国続風土記拾遺』御笠郡。
(11)『大宰府・太宰府天満宮史料』巻十四－一四四－四七頁所引満盛院文書。
(12)満盛院文書（文亀四年）閏三月十二日法泉寺徳宥書状、同文書（文亀四年）閏三月十二日陶興房書状。『大宰府・太宰府天満宮史料』巻十四－一五三－五四頁。
(13)『実隆公記』永正三年（一五〇六）九月十一日、同永正三年九月十日至十二日・同七日至九日裏、同永正三年九月十八日・同十五日至十七日裏、同永正三年九月十九日裏。『再昌草』六永正三年九月条には「十一日伏見殿より安楽《聖廟》寺法楽とて、すゝめおほせられし　百首続歌　勅題也　春雨わづかなる　私、雪に出」とある。
(14)井上宗雄『中世歌壇史の研究室町後期』改訂新版（明治書院、一九八七年一二月）一一七頁、二三二－三三頁。
(15)『梅庵古筆伝』。
(16)「二根集」。
(17)以下実名比定は米原正義『戦国武士と文芸の研究』（桜楓社、一九七六年一〇月）六六六頁を参照。
(18)広津駿河守弘本については、『大分県史料』8所収の緒方文書に、文明十六年甲辰（一四八四）八月十日大畠平右衛門尉宛広津弘本料足借券がある。大内氏掟書一四四延徳四年（一四九二）三月日豊前国中悪銭事に、広津彦三郎、重清家人上毛郡々代広津新蔵人が見える。広津氏は大内義興の豊前守護代杉伯耆守重清の被官で、上毛郡の郡代をしていたのである。大内氏の豊前支配の機構については松岡久人「大内氏の豊前国支配」（『広島大学文学部紀要』二三巻二号、一九六四年八月）がある。
(19)明応八年（一四九八）大内氏の重臣杉武明が、大内義興の同腹の弟尊光を擁立しようとして、事顕れて自殺、尊光は大友氏を頼って豊後に入る。尊光は還俗して高弘といった。
(20)註14所掲書、一九七頁。
(21)伊東文書十月一日荒武藤兵衛尉宛伊東尹祐書状、三月十六日荒武藤兵衛尉宛伊東尹祐書状がある。永正十四年（一五一七）、宗碩は藤原祐梁に『源氏男女装束抄』を与えているが（奥書、大阪府立本には二月七日とある。注14所掲書一九八頁）、祐梁は伊東尹祐の弟である。
(22)松田武夫『勅撰和歌集の研究』（日本電報通信社出版部、一九四四年一一月）七二－七三頁。
(23)註14所掲書、二〇一頁。
(24)木藤才蔵『連歌史論考』下、増補改訂版（明治書院、一九九三年五月）六〇七頁。
(25)『薩藩旧記雑録前編』巻四十二「忠隆公御譜中」に、宗碩が島津忠隆をはじめ五人の者に古今伝授をしたことを記している。

(26)『実隆公記』永正八年（一五一一）二月四日。

(27)『薩藩旧記雑録前編』巻四十二所載の犬追物手組書に肝付三郎五郎の名は頻繁に見える。

(28)『種子島家譜』が永正五年にかけているのは誤り。

(29)筑後の上妻文書は筆者の原本調査当時は福岡県八女市中央公民館にあり、その中の系図や近世の書状類によって上妻氏と種子島との関係が窺える。同文書は現在、福岡市博物館所蔵。

(30)金子金治郎・伊地知鐵男編『宗祇句集』（角川書店、一九七七年三月）三七〇頁。

(31)『月村抜句』の「武州山庄にて興行」の次に見える「去本禅門」は不明。

(32)『相良家文書』之一―二九〇永正十二年五月十三日相良長毎名字状。

(33)『相良家文書』之一―二九六永正十四年六月九日相良氏老中契状案。

(34)志方正和『九州古代中世史論集』（志方正和遺稿集刊行会、一九六七年八月）一五九頁。

(35)明応八年（一四九九）正月二十四日、安楽寺政所が光明蔵禅寺寺領田畠屋敷等注文に証判を与えているが（太宰府天満宮文書）、証判者の中に修理権少別当大法師信誾の名が見える。さらに、永禄二年（一五五九）八月吉日、角東北院信順置文（太宰府天満宮文書）から、信誾は大鳥居信快の子であり、小鳥居信尊を聟にしていたことが判明する。鎌倉初期に大宰府に定住した善昇を大鳥居初代とすると、大鳥居第十三代目。また、福岡県筑後市水田には「安楽寺□□〔権少〕別当信誾法印大和尚位尊霊于ㇾ時大永八年戊子秋九月初二日」□好□敬白」という刻文のある信誾の供養碑がある（天満宮文化研究所『研究所だより』13・15号、一九七九年二・四月）。

(36)『薩藩旧記雑録前編』巻四十一によると、伊作久逸のことを河州（河内守）というが、関係があろうか。

(37)他撰家集としては後水尾天皇の時に編まれた『雪玉集』がある。

(38)宮内庁図書寮・桂宮本叢書第十一巻解題（養徳社、一九四九年三月）、以下『再昌草』の引用は同書による。『再昌草』の研究・解題については『伊地知鐵男著作集』Ⅱ、汲古書院、一九九六年一一月。

(39)註14所掲書、一四二頁。

(40)新編禰寝氏正統系図五にはこの三十首歌を飛鳥井雅親から与えられたとしているので、九州史料叢書『禰寝文書』編集の時にはそれに従っていた。本文で述べているように、それでは年次が合わない。この三十首歌は中野克氏の架蔵になっている。中野克「小松帯刀書簡について」（『田山方南先生華甲記念論文集』一九六三年一〇月）。

(41)禰寝尊重（一味）・真存関係書状は『禰寝文書』に入れ

ておいたが、校訂不十分であった。原本を披閲し、校訂のよい五味克夫氏の紹介（『鹿児島大学法文学部紀要』文学科論集一三）に従って引用した。番号は同紹介分による。
(42)『薩藩旧記雑録前編』巻四十一。吉田氏は大隅国吉田院（のちに薩摩国に属する）を本拠とする国人である。
(43)『島津国史』巻十四。
(44)註24所掲書、六八一－八二頁、注14所掲書、五一三頁、註17所掲書、六六八頁。
(45)註14所掲書、三三五頁。
(46)『続群書類従』十七下、桂宮本叢書第十九巻連歌二。
(47)以上、金子金治郎『新撰菟玖波集の研究』（風間書房、一九六九年四月）五七四－七五頁、註17所掲書、七〇〇－〇二頁。
(48)註14所掲書、二〇六頁。
(49)『熊本県史料』中世篇一所収の小代文書には収められていない。
(50)田北学『増補訂正編年大友史料』十四－三八号。
(51)『薩藩旧記雑録前編』巻四十二によると、永正八年（一五一一）七月、島津忠治は『識鷹秘訣集』を編み、以安巣松に序を書かせている。
(52)『相良家文書』之一－二四九（明応五年〔一四九六〕）閏二月廿七日相良長輔書状案。
(53)『薩藩旧記雑録前編』巻四十文明十八年（一四八六）十月十九日島津忠昌宛行状。
(54)佐伯弘次「大内氏の筑前国守護代」（川添昭二編『九州中世史研究』第二輯、文献出版、一九八〇年一二月）。

〔補記〕旧著刊行後の余語敏男『宗碩と地方連歌――資料と研究』（笠間書院、一九九三年二月）第四章によって宗碩の九州巡歴の項を一部訂正した。

第十章　大宰大弐大内義隆

一　実隆・宗牧・国人

戦国期に入って、九州の文芸享受は地域的にも階層的にも一段と拡大し多様化していった。それはとくに南九州についていいえる。しかし、大内氏の筑前・豊前支配を背景に、大内文化―大内文芸の影響のもと、北九州が文芸面で伝統的位置を保持していたことは否めない。その中心にあったのは、いうまでもなく大宰府天満宮安楽寺―博多である。以下、大宰府と博多を中心に大内義隆（一五〇七―五一）と九州との文芸的関係を見てみたい。

享禄元年（一五二八）十二月二十日、大内義興が五十二歳で没したあと、二十二歳の大内義隆がその跡を継いだ。大内義隆の文事は著名であり、先学の研究も多い。大内義隆が身を滅ぼしたのは学問であるといわれるぐらい、義隆は学問―儒学に傾倒し(1)、禅・神道を学んだ。和歌は二条派の飛鳥井雅俊、冷泉風の堯淵法印らを師とし、万里小路惟房、持明院基規、柳原資定ら中央貴族との交わりがあった。残された作品は多くなく、歌風は平板で魅力に乏しいが、貴族趣味の耽美的傾向が知られ、大内文化の一つの結末を示している。大内氏歴代に見られたような古典・歌書の収集の徴証が、大内義隆に乏しいのは、たしかに、その必要がないほど蓄積がなされていたのである(2)。大内義隆時代の大内氏の連歌は、専門連歌師や大内氏被官によって担われ、層の厚い、そして質の高いものを形成していた。

大内義隆時代の九州の文芸について、まず記しておかねばならないのは宗牧の九州下向である。この点についてては、木藤才蔵『連歌史論考』下（増補改訂版）に詳細な記述があるが、同書を参照しながら必要な限りを述べておきたい。宗牧は連歌では宗碩の門弟で宗長にも師事した。近衛尚通・稙家父子の深い信頼を受け、三条西実隆とも交わりがあった。永正十三・十四年（一五一六・七）宗碩に同行して九州を巡った他、京近国、伊勢・尾張・越前・能登などの旅があり、天文十三年（一五四四）終焉の旅にたち駿河で越年、翌年筑波・白河を巡り佐野に至って九月二十二日没している。享年不詳。『東国紀行』は京都から江戸に下った時の紀行で、没する直前のものである。その最初のところで「結局筑紫へは再び下りけむ」と述べ、文中に、

先年九州下向の時、逍遙院殿野の宮のかたを書かせられて、さらぬだに秋の別れは悲きにと、彼物語の歌を遊ばしつけられたる(3)

と記している。「先年九州下向」というのは、二度目の享禄二年（一五二九）の九州下向を指している。宗牧の九州再度の下向の状況については、『実隆公記』、『再昌草』に次のように見える。『再昌草』享禄二年七月十七日条に「陽明〔関白近衛稙家〕よりす、め給し　路薄　題雅綱卿　宗牧送行云々」とあり、関白近衛稙家が中心になり宗牧の九州送行歌を諸方に募っている。宗牧が宗利を伴い九州へ向けて京都を出発したのは、享禄二年九月十三日である。この間、宗碩が鹿子木三河守親員の申請による肥後国藤崎八幡宮造営の綸旨下付を三条西実隆に請うており、八月二日に勅許されている。綸旨を申請した鹿子木親員が実隆所持の『源氏物語』を所望していることを宗碩が実隆にしきりにいうので、実隆は二千疋でこれを与え、「無レ力遣、可レ惜々々」（八月八日）といっている。『実隆公記』八月廿四日条には、それに加えた奥書が次のように記されている。(4)

奥書桐壺巻愚筆、書レ之

此源氏物語全部五十四帖、麁荒之愚本雖レ有レ憚、藤原親員〔鹿子木、参川守〕、数奇深切所望之間、不レ獲レ止付二与之一、

不レ可レ令二外見一者也
享禄二年八月下澣
逍遙散人堯空印

実隆は地方国人の数寄深切と富力の前に、やむをえず秘蔵本を付与せざるを得なかったのである。宗碩は、こうして宗牧の九州下向に間に合わせて鹿子木親員依頼の二件を片付けたのである。実隆は宗牧の出発に際して歌を書いた扇や短冊百首を与えているが、これらが中国・九州で種々活用されたであろうことは想像に難くない。宗牧の九州下向は宗碩の代理であった感が深い。京都を発った宗牧は大内氏の城下山口に着き、享禄二年（一五二九）をここで越年したらしい。木藤才蔵氏は「早春の頃文字関に至り、春から夏にかけて筑前国を南下して、肥後国に着いたのは夏の盛りではなかったか」として(5)、この間に詠んだ句を京都大学国語国文学研究室蔵「宗牧発句」の中から次のように紹介している。

文字関近きわたりの会に
　うすくこき霞のもじの外山かな
筑前博多大興寺にて
　花いづくにほひは袖の湊かな
香椎宮法楽とて杉本坊興行
　あや杉の葉がへぬ色や夏衣
鹿子木三河守〔親員〕興行
　村雨や声の玉ちるほとゝぎす
阿蘇山にて
　朝霜の村雲さむきみ山かな

『実隆公記』には享禄三年二月九日条の補筆に「宗牧返事、筆十管遣レ之」とある。丁度この頃大内義隆は周防国松崎天満宮造営の綸旨を、実隆を通じて申請し勅許を得ていた。(6)『実隆公記』享禄四年二月八日条には「宗牧書状到来」とあり、同年五月廿七日条には「宗碩来、肥後国鹿子木書状去年六月状、宗牧状等商人持来、用脚進レ之」とあり、同年閏五月廿三日条には「大内返事筆百管色々筆、納箱、返事同入レ中、御注孝経本宗牧以レ状申二遣子細一沼間備前〔敦定〕返事筆十管」とある。享禄三年から同四年にかけて九州各地を巡り、享禄四年閏五月頃には山口の大内氏のもとにいたことが知られる。同年六月には宗碩が門人の周桂・等運・養松らとともに山口に向けて京都を出発しているから、宗牧は山口で宗碩らと一緒になっていたかもしれない。『大内氏実録土代』巻十には、享禄四年かと推定される十月十三日大内左京大夫義隆宛某書状があり、宗碩が大内義隆に古今伝授を行っていたようである。(7)宗牧は同年十一月二十五日帰洛し、大友氏(義鑑カ)から託された黄金を持参して近衛尚通邸に参上している。

宗牧の九州下向は、宗碩の代理として、肥後の鹿子木親員のもとに赴き、藤崎八幡宮造営勅許の連絡と親員所望の実隆本『源氏物語』を届けることを主内容としていた。宗牧は山口を拠点として大内義隆の保護下に豊前・筑前を歴巡り、肥後に赴き、豊後の大友氏のところへも赴いているようである。木藤才蔵氏は例句二十五句をあげて付合の解説をした京都大学付属図書館所蔵平松本の『胸中抄』の次の奥書を紹介し、肥後下向中の著作であろうとしている。(8)

此廿五句、宗牧好士肥州隈本逗留刻、鹿子木三河入道寂心息親俊、牧公自筆ニ書進之私伝也

「もののこまかになりたるは宗牧からなり」(『耳底記』)といわれた宗牧の連歌が、右にあげた諸地域の連歌好士にどのように摂取されたか、詳しいことは分からない。大内義隆の保護を背景とする九州巡歴が、宗牧の詩嚢をこやしたことは確かであろう。

『再昌草』享禄五年(一五三二)の条に「周桂法師、博多よりおこせし文、秋のはじめつかた、み侍て」と詞書した歌が掲げられている。(9)師の宗碩に従って周防に下っていた周桂が、博多から京都の三条西実隆のもとに手紙を

送っているのである。さらに、宇佐八幡宮に詣でて法楽の和歌連歌を詠んでいる[10]。周桂が山口を拠点[11]に大内義隆の保護を背景に北九州を巡歴していたことが知られる。師の宗碩も、享禄五年の春から夏にかけて北九州の諸地方を巡歴していた可能性も考えられるのである[12]。周桂は三条西実隆・宗碩に古典歌学を学び、宗碩没後は宗牧と併称され、紹巴の師として知られるが、天文十三年（一五四四）二月九日に没している。『実隆公記』を見ると、周桂は宗碩・宗牧とともに三条西家の家産関係その他、物心両面にわたって同家を支えており、かつ、それらのことを通じて自らの生活の資としていた面が看取される。宗碩・宗牧・周桂らの中国・九州[13]巡歴が単なる歌枕探訪に終わるものでないことは、宗牧の例に徴しても明らかである。

宗祇門下の宗碩・宗牧・周桂らの九州巡歴が、宗祇に続いて九州の連歌好士に刺激を与えたことは、残存史料で推定される以上のものがあったに違いない。宗牧が赴いた肥後における連歌の盛行は、相良家文書、八代日記、米田文書などを一見しただけでも十分に想望し得るところである。大内氏支配下の豊前における文芸享受は、清末氏など名主層において広く見られるところであった[14]。ここでは宗碩に関連して、太宰府天満宮の上座坊文書に収める次の杉興道書状を紹介しよう。

又宇佐羅漢可ㇾ有㆓御一見㆒候、然者於㆓水城㆒可ㇾ散㆓潤霧㆒候、愚詠発句備㆓高覧㆒候、恥入存候〳〵
肇年吉兆多喜候ニ、仰爾来申隔候、慮外候、有㆓貴書㆒之事候間、御遊歴忝存候、御句御床敷候、宗碩如ㇾ此候間、一句之望弥断絶候、次豊前国鈴壊寺御祈願所、為㆓貴方㆒経歴下向候、可ㇾ然儀憑存候、連歌執心候事候、期㆓後喜㆒候、恐々謹言

孟春中澣　　（杉勘解由左衛門尉）興道（花押）

上座御坊

御同宿中

大内義隆の被官杉勘解由左衛門尉興道が大宰府天満宮安楽寺の上座坊に送った書状である。前後の事情が不明な

ので文意が取り難いが、杉興道―上座坊の連歌執心と、山口―大宰府―豊前の連歌交流を伝える史料として貴重である。杉興道は『石清水文書』之二―五二五・享禄三、六月十九日箱田飛驒入道宛八幡奉行人書状案に大内氏奉行人として杉興重・飯田興秀とともに裏を封じており、豊前に関係していたことは、乙咩文書天文弐年（一五三三）九月廿六日乙咩右京進公康宛杉興道官途実名書出や、到津文書（天文三年）正月廿一日杉勘解由左衛門尉興道宛興重ら連署状、佐田文書（天文三年）十月十一日杉勘解由左衛門尉興道宛相良武任・杉興重奉書案、成恒文書天文四年十二月八日杉勘解由左衛門尉興道宛大内氏奉行人連署奉書案などで知られる。宗碩が再度山口に下向した享禄四年の八月十六日、善福寺における連歌会に宗碩と同席し、宗碩発句の年月日未詳百韻を張行している。[15]宗碩の山口下向は大内連歌に大きな影響を与えたが、大内連歌を支えている大内義隆の被官に与えた影響はとくに大きかったと思われる。杉興道はその代表的人物であった。三条西実隆は杉興道に直接手紙や和歌を送り、[16]白居易（白楽天）の琵琶行や長恨歌を送っている。[17]このような人物が大宰府天満宮安楽寺の文事にかかわっていたのである。

本書状の年次は必ずしも明らかではないが、「宗碩如レ此候間、一句之望弥断絶候」とあり、天文二年四月二十四日の宗碩の死かそれに類するものを感じさせるような表現である。そのことを含み込んで、天文元年から同三年正月中旬までが本書状の年次の目安になろう。ともあれ、本書状から、山口はもとより、筑前・豊前の連歌好士に与えた宗碩の影響の大きさを推しはかることは許されるだろう。

二　月次祈禱連歌

ところで、大宰府天満宮安楽寺は、前代に引き続いて九州文芸の淵叢的役割を果たしていた。大内義隆の同宮寺に対する文芸的関係を見てみよう。

満盛院文書に享禄二年（一五二九）頃かと思われる十月廿日満盛院宮師宛鬼村長直書状がある。鬼村長直は大内義隆の筑前守護代杉興長の被官である。同書状の内容は、鬼村長直が満盛院に対して天満宮領筑前国三笠郡下片野の安堵を約し、月次祈禱連歌を執行（出句・出費）するように申し送り、「山口への吹挙事、何時も可レ被レ進候」と述べたものである。大宰府天満宮安楽寺における月次連歌執行（出句・出費）と大内氏との関係がこれ以前にさかのぼることを示しているが、この関係を具体的に示しているのは次の史料である。

(1) 定月次連歌人数注文任二先結次第一

正月　当郡代
二月　当国役
三月　秋月伊予守
四月　千手治部少輔
五月　原田五郎
六月　麻生近江守
七月　吉賀江弾正忠
八月　殿
九月　麻生与次郎
十月　碓井駿河守
十一月　武藤松寿
十二月　土師宮内丞

天文四年十月七日　石見守〔飯田興秀〕（花押）

(2) 〔端裏書〕「月次奉書案□〔宮月次連歌事〕」

太宰府天満□〔宮月次連歌事〕、結番注文遂二披露一□〔候、彼人数銘々被レ申〕触一、如前々、厳密ニ執□〔沙汰可為肝要候、八月〕分事者、可レ被レ

仰レ付之旨□〔候、得被レ成二其心得一可レ被レ可〕調之由候、恐々謹言

□〔頼郷〕

二月四日

飯田石見守〔興秀〕殿

(3)天満宮月次連歌事、各□〔厳密被二申觸一〕可レ被レ遂二其節一之由、先度被二仰出一候、□〔若〕於二不懃方一者、可レ有レ注二進之一候、事々恐々謹言

八月二日　（裏花押〔飯田興秀〕）

〔吉見〕頼郷

〔弘中〕興勝

〔杉〕興重

飯田石見守〔興秀〕殿

(1)は小鳥居文書、(2)(3)は太宰府天満宮文書、欠字を福岡市博物館所蔵青柳種信資料で補ったものである。(1)は筑前守護大内義隆が大宰府天満宮安楽寺における月次連歌興行負担者を定めたものである。(2)は大内義隆の八月分の代行を飯田興秀に指示したもの。(3)は大内氏奉行人から月次連歌執行の完遂を命じたものである。大内義隆の命を奉じている飯田興秀は弘秀の子、初め大炊助、のち石見守、『大内氏実録』所収の「大内殿有名衆」によると大内義隆の時小座敷衆であったという。陶隆房に与して大内義長に仕えたため、『大内氏実録』は飯田興秀を反逆の列伝に入れている。弘秀は小笠原流の弓馬故実に通じ、飯田氏は大内氏きっての故実家であった。興秀が大内義興の代から奉行人として活躍していたことは「大内氏掟書」によって知られ、「興」の字も義興から与えられたものであろう。故実家としてとくに顕著な事績を残しており、米原正義『戦国武士と文芸の研究』第五章第四節四に詳述されている。同書で飯田興秀の武家故実が籠手田定経を中心にして肥前に伝播する経過が詳しく辿られているが、天文四年（一五三五）七月十七日、飯田興秀が大宰府岩屋城において「矢開の事」七十二カ条を籠手田定経に伝授

していることは注目される。[18]⑴は飯田興秀が大宰府岩屋城で手配したものであろう。興秀はどういう立場で天満宮安楽寺の月次連歌人数注文を書いたのであろうか。太宰府天満宮文書永禄二年（一五五九）八月角東北院信順置文に「郡役飯田石見守興秀」と記されていることと関係があろう。とすると、三笠郡代としてということになる。ちなみに大内氏の筑前支配の拠点である博多は飯田氏の被官山鹿氏の管掌下にあり、飯田氏は、大内氏中枢部において勢力を有し、博多はもとより筑前に種々の権限を有していた。これらに加うるに一流の故実家で文事に明るかったことが⑴を出さしめた一つの理由であることは確かである。

⑴に見える各人物について若干説明を加え、天満宮安楽寺の月次連歌興行負担の実態について見てみよう。正月の当（三笠）郡代は、先の信順置文から飯田興秀自身と考えられ、他にその徴証もある。[19]二月の当国役は筑前守護代杉興運のことである。大内氏にあっては、「国役」は守護代を意味していた。[20]三月の秋月伊予守は、平安時代以来の筑前の大族大蔵姓秋月氏の一流である。夜須郡を根拠としていた。享禄五年（一五三二）七月二十六日の草野文書に見える秋月伊予守と同一人物であろう。『大内氏実録土代』巻十五に「其境之儀、依諸篇御馳走、無為祝着至候」云々という五月四日付の大内政弘書状案があり、その充所は麻生近江守・秋月中務大輔・原田刑部少輔・千手治部少輔・宗像大宮司である。彼らが筑前の有力国人で、⑴のうちの四氏と関連がある。代は替わっているのであるが、千手・麻生は官途も同じである。秋月氏の文芸愛好についてはすでに述べている。

四月の千手治部少輔は、小鳥居文書卯月十五日大内氏奉行人連署書状に見える千手治部少輔興国と同一人物であろう。千手氏についてもすでに述べている。筑前嘉麻郡を根拠とする有力国人である。五月の原田五郎については『北肥戦誌』十所収（天文三年（一五三四））四月十二日の大内義隆感状案の充所として見える。秋月氏と同じく平安時代以来の筑前の大族大蔵氏でその本流的位置にあり、怡土郡を根拠としていた。『後鑑』巻百四十八（永享三年〔一四三一〕）二月廿五日原田刑部少輔宛将軍家御内書案によれば、大内盛見の「料国」筑前国経営の協力方をとくに依頼されているような存在であった。天文四年（一五三五）前後では、王丸文書（享禄四年頃ヵ）七月十五日杉興長挙状案・同文書十月十五日杉興長書状で原田隆種、福岡市青木真夫氏所蔵文書正月廿八日弘中正長書状で原田、同文書三月廿八日弘中正長・杉興重連署書状で原田禅正少弼などが知られる。

六月の麻生近江守、九月の麻生与次郎（『正任記』所見の家延子息与次郎ヵ）は同族であろう。麻生氏が遠賀川河口を扼し、その流域に勢力を振った有力国人で、室町幕府奉公衆で大内氏被官であったことについては別稿「室町幕府奉公衆筑前麻生氏について」（『九州史学』五七号、一九七五年七月、『九州中世史の研究』吉川弘文館、一九八三年三月）に詳述している。七月の吉賀江弾正忠については、ややさかのぼるが、『正任記』に関連史料がある。文明十年（一四七八）十月十三日、大内政弘は吉賀江肥後守盛通に杉原次郎左衛門尉跡筑前国早良郡比井郷内檜原村五町地・松山入道跡七町六段大内同郷内五町地を宛行っている。到津文書三五五宇佐宮領不知行地給主注文案に「口原吉賀江左馬允」とある。筑前国人と見てよかろうか。八月の「殿」は、大内義隆である。月次連歌興行負担者が三笠郡代・筑前守護代・「殿」以外はすべて筑前国人であり、大内義隆自らが負担者（出句）になっているというのは、一つには、それだけ義隆が天満宮安楽寺の連歌興行に熱心であったからだといえよう。

十月の碓井駿河守は、東大寺－観世音寺領嘉麻郡碓井庄を根拠とした国人である。筑前町村書上帳によると長享元年（一四八七）八月二十七日、大内政弘が豊田雅楽允に碓井十郎盛資跡の筑前国穂波郡平塚村内七町四段大を宛行ったことが見え、『正任記』には文明十年（一四七八）十月十三日、大内政弘が碓井駿河守資重に岡部彦五郎跡筑前国早良郡比井郷香原十町地を宛行ったことが見える。さらに清末文書には天文十八年（一五四九）七月四日碓井左衛門大夫武資書状が収められている。資を通字にしていたことが知られる。十一月の武藤松寿は、いわゆる少弐氏の分流であろう。この頃の武藤氏としては田村大宮司家文書十月廿八日杉宗長・隆輔連署書状、同文書十二月十四日長成書状に見える武藤日向守が知られる。武藤松寿がどこを根拠にしていたかは、不明。十二月の土師宮内丞は清末文書天文十八年（一五四九）七月四日碓井武資書状に土師庄領主として見える。天満宮安楽寺領穂波郡土師庄を根拠とした国人である。早く広島大学所蔵文書建武五年（一三三八）二月十六日少弐頼尚遵行状の充所に土師上総入道が見える。

八月の大内義隆は別として、天満宮安楽寺月次連歌興行の負担者が、防長に出自する筑前守護代・三笠郡代を除き他はほとんどすべて筑前国人であったことが判明した。しかも夜須郡・嘉麻郡・遠賀郡など、大内氏郡代の史料的所見のない所の国人が多い。大内義隆の連歌興行が、義隆の大宰府天満宮崇敬によることはいうまでもないが、月次連歌は大内義隆の政治的安泰の祈願でもあったろうから、大内氏の支配を宗教的に保証する側面を併有していたことはもちろんである。筑前の郡代は防長国人に出自するものであり、ここに見られる国人は筑前国人である。彼らに神祇・文芸の面から他国人に優越していることを具象する負担つまり権威を与え、郡代などに任じていないことに対する代償的意味を含ませたと見られる。すなわちこの注文は、大内義隆による国人支配の神祇・文芸的表現であったといえよう。この背景に、北九州支配をめぐる少弐・大友との対抗関係があったことはいうまでもない。注進者飯田興秀自身が少弐・大友に対して大宰府岩屋城に備えていたのであり、本注文の、いわば軍事的性格を見逃すことはできない[21]。

天満宮安楽寺と大内義隆との文芸的関係について付加しておきたい一事がある。それは太宰府天満宮の小鳥居家に梅月蒔絵文台一基が伝来していることである。縦三四・三センチ、横五八・一センチ、高さ一〇・〇センチ。総体黒漆塗で、甲板表には閑雅な趣を示す梅月の図がある。技法は桃山時代に盛行した高台寺蒔絵様式に近く、その先駆例として、また室町時代の数少ない基準作として貴重であるとされている[22]。重要文化財に指定されている。裏面に「信元（花押）」の銘がある。この銘は、小鳥居信元が太宰府天満宮文書（天文八年〔一五三九〕カ）五月一日信元書状・同文書十二月六日法眼信元書状で用いていた花押と同一の自筆銘である。信元の花押は大鳥居文書（天文十七年）正月十六日信元書状から変化するので、この文台は右書状以前の製作にかかるものである[23]。これは、いわゆる連歌文台で、「文和千句」とともに、小鳥居家では大切に伝持されてきたものである。なお、東京国立博物館には大鳥居信岡の銘をもつ蒔絵の文台がある。大鳥居信岡は小鳥居信元と同時代の人物で、太宰府天満宮文書（天文十六年）十一月十三日防城〔ママ〕（東坊城長淳）宛法印信岡書状・同文書十二月信岡ら七名連署書状案の史料が残っている。様式的には小鳥居家文台の方が製作時期が下るとみなされている。いずれにせよ、両者は、大宰府天満宮における連歌興行の遺品としても貴重である。

小鳥居信元は天文年間に活躍した人物である。太宰府天満宮文書七月廿九日杉宗長・吉見興滋連署書状によると、大破した天満宮安楽寺の修造に力を尽くし橋一所を造営している。大友氏勢力を背景とする大鳥居氏との対抗関係をもちながらも天満宮安楽寺の復興に尽力していたのである。連歌文台が信元によって造られたのか、誰かの寄進によるのか、不明である。時代的に、またその保護崇敬関係から大内義隆の寄進という可能性も皆無ではない。北野天満宮には大永六年（一五二六）正月、宗祇の門人である日向国の大蔵隈江によって奉納された連歌文台がある。(24)寄進の傍例に準ずるものといえよう。大内義隆による寄進の可能性を検討する一助として、天満宮安楽寺に対する大内義隆の事績を整理し、一覧表にしてみる。

大内義隆と大宰府天満宮安楽寺

年月日	事項	出典
享禄2（1529）・5・23	満盛院をして同院領赤間庄内段銭半済分から大日寺領段銭半済上納分を差し引き収納させる	満盛院文書
〃 8・16	筑前守護代杉興長、玄了をして筑前正覚寺領を支配させる	〃
12・22	満盛院領を安堵する	〃
3（1530）・4・7	大宰府天満宮の請いにより同宮造営料を寄進する	太宰府天満宮文書
〃 8・16	筑前守護代杉興長、満盛院に天満宮領三笠郡侍島・香薗両所を安堵する	満盛院文書
〃 9・14	満盛院、千葉胤勝知行の同宮司領筑前国早良郡戸栗・重富両所を	〃

	還付せられんことを同国守護大内義隆に請う。この日、これを退け、もとのように鞍手郡段銭を収納させる	
天文2（1533）・12・3	河津某に満盛院領段銭の未進を皆済させる	〃
3（1534）・11・15	天満宮に筑前志麻郡板持庄の地を寄進する	小鳥居文書
〃　12・23	大内義隆の臣沼間興国、天満宮領河津収納未進分などのことにつき、満盛院に報ずる	満盛院文書
4（1535）・4・18	天満宮小鳥居氏に、同宮留守職のことにつき参決させる	太宰府天満宮文書
〃　8・14	天満宮安楽寺留守職についての小鳥居信潤と大鳥居信渠との相論は長者家の沙汰を待って裁許すべきことを報ずる	太宰府天満宮文書
〃　10・7	天満宮月次連歌結番を定める	小鳥居文書 太宰府天満宮文書
6（1537）・12・13	天満宮正税社納の地三笠郡七町を飯田兵部丞秀範に宛行う	保坂潤治氏所蔵文書
7（1538）・2・6	小鳥居信元に筑前国桂昌院領六町地・大浦寺分田地一段二丈畠地一段半を還付する	小鳥居文書
8（1539）・3・20	大内義隆奉行人、筑前国三笠郡代多賀美作守高永に、満盛院領同郡長岡村二十四町内五町地について報ずる	福岡市博物館青柳資料
〃　3・26	筑前国大宰府天満宮に太刀・馬を寄進する	小鳥居文書
〃　5・20	満盛院領筑前国三笠郡長岡村を同院に還付する。この日、三笠郡代多賀高永、同地を同院に打渡す	満盛院文書
〃　6・12	満盛院に天満宮神輿修造について下した奉書を提出させ、またその費用を注進させる	〃

天文8(1539)・6・19	天満宮常修坊快喜を同社官に補す	太宰府天満宮文書
〃 7・17	満盛院領筑前国早良郡戸栗・重富の地を同院に還付する	満盛院文書
〃 9・15	天満宮領三笠郡柴村下作職を陶隆房の被官帆足新兵衛尉の押妨するを止めさす	太宰府天満宮文書
〃 11・17	天満宮に太刀・馬などを献じ、少弐冬尚撃破を報賽する	太宰府天満宮文書 観世音寺文書
〃 12・6	武長・興豊、天満宮常修坊領筑前国那珂郡内対馬公廨八町について杉豊後守に書を致す	満盛院文書
9(1540)・6・15	鎧を天満宮に寄進する	太宰府天満宮文書 上座坊文書
〃 9・8	長門国住吉社、筑前国大宰府安楽寺及び同国怡土郡霊鷲寺・博多承天寺に後奈良天皇の病気平癒を祈らせる	山田貴実氏所蔵文書 児玉韞採集文書 大内氏実録土代 承天寺文書
〃 12・13	天満宮上座坊に社家方のことなどにつき状する	上座坊文書
10(1541)・4・11	満盛院快闇、周防山口に至り、同院領筑前国早良郡戸栗・重富のことなどを訴える	満盛院文書
15(1546)・4・27	満盛院領筑前国早良郡戸栗・重富を借り、同国御牧郡土貢百石を同院に勘渡す	〃
〃 5・2	御料所筑前国野坂・赤馬土貢百石を満盛院に勘渡する	〃
16(1547)・4・15	満盛院領筑前国早良郡戸栗・重富守護不入諸役免除のことなどを	〃

	下知する	
〃　閏7・14	満盛院、同院領筑前国早良郡戸栗・重富半済のことを大内義隆に愁訴する	〃
〃　9・20	満盛院、大内義隆に絵莚二枚を献ずる	〃
〃　9・25	龍造寺胤栄に充行っていた満盛院領筑前国早良郡戸栗・重富の半済分を同院に還付する、この日、貞方筑後守に下地などを同院に打渡させる	〃
17（1548）・9・24	安楽寺祠官御供屋別当信興乗車のことを五条前大納言に申達する	太宰府天満宮文書
18（1549）・3・21	大内義隆奉行人、天満宮安楽寺所属の車誘の番匠が御供屋別当坊信興の乗車作りを難渋するならば博多津番匠に申し付けることを令する	福岡市博物館青柳資料
19（1550）・4・15	天満宮馬場頓宮などを再建する（この歳、天満宮炎上）	小鳥居文書
〃　5・13	快舜に筑前国糟屋郡小中庄三町の地を安堵する	満盛院文書
〃　10・26	太刀・馬を天満宮に献ず	小鳥居文書
〃　12・22	満盛院快誾に同院脇坊常修坊を裁判させる	満盛院文書
20（1551）・7・1	高山種重、書を満盛院に致す	〃

大内義隆は大宰府天満宮安楽寺に対して、所領の安堵・還付・寄進、馬・太刀・鎧などの寄進など、その事績の多くは保護行為である。しかし社官の補任、社納地の配下武士への宛行いなど、支配的・統制的な側面を併有していることも見逃せない。保護と支配が巧みに補い合っていることはいうまでもない。保護行為を含めて、その事績は天文年間前半に多い。天文三年（一五三四）大友氏の臣吉岡長増が大鳥居信渠に書を送ったのを始めとして、[25]と

くに天文十六年十一月二十六日、筑後守護大友義鑑が天満宮領段銭を免除して以来[26]、大友氏の天満宮安楽寺大鳥居に対する関係が密接になってくるのと無関係ではない。なお、天文五年五月、大内義隆が大宰大弐に任ぜられたことの天満宮安楽寺に対する意味も忘れられない。それまでの大内義隆の同宮寺に対するかかわり合いは筑前守護としてであった。任大弐以後、実態としては筑前守護としてであるが、名目的には大宰大弐として、「大宰府」に代位する天満宮安楽寺にかかわったと見られる。先の文台の製作など、天満宮安楽寺における伝来に大内義隆が直接関与していなかったにせよ、大内氏ゆかりの京都−山口と同宮寺との関連の中でそれは考えられるのであり、広い意味での大内文化の所産であったといえよう。

京都−山口−大宰府天満宮安楽寺の関係で、触れておきたい一人物がいる。東坊城長淳である。長淳は永正三年（一五〇六）和長の次男として生まれ、大内記・少納言・左大弁・権中納言などを経て、天文十三年（一五四四）五月大蔵卿に任じ、翌年正月従二位に叙している[27]。『言継卿記』天文元年七月五日条に「東坊城長淳朝臣、今日下二向豊後国一」とあり、同二年十一月八日条に「東坊城今日豊後へ下向云々、予愚見抄被レ借候間遣了」とある。長淳がなぜ豊後へ下ったのか、理由を明らかにしえない。長淳の九州下向で注目すべきは、天文十七年の天満宮安楽寺参詣である。太宰府天満宮文書（天文十六年）十一月十二日大鳥居法印信岡の長淳宛書状に、「来春当社御参詣之由被二仰下一候、尤目出存候」とある。『言継卿記』天文十七年四月廿七日条によると、同年三月二十一日周防を発ち大宰府に赴いている。山口の大内義隆のところに寄っていたようである。北九州市立自然史・歴史博物館所蔵（天文十七年）三月十六日広橋大納言宛大内義隆請文によると、大内義隆は大蔵卿東坊城長淳の安楽寺参詣を扶補すべき由の勅書を受けている[28]。三月十七日、菅氏長者菅原（東坊城）長淳は小鳥居信元を天満宮留守職に補している。長淳の天満宮安楽寺参詣の目的の一つは、天満宮留守職をめぐる大鳥居氏と小鳥居氏との争いに菅氏長者として結着をつけることにあったのであろう。『言継卿記』天文十七年四月廿七日条は、

東坊城大蔵卿長淳卿、三月廿一日立二防州一、宰府に被レ越、路次於二博多一同廿三日酔死之由雑談、言語道断之

儀也、筑前国箱崎別当五智輪院児方より注進云々

とあって、三月二十三日、博多において酔死したと伝えている。『尊卑分脈』菅原氏東坊城は「天文十七三廿三於二長州赤間関一頓死」と伝えており、死去の場所が博多なのか赤間関なのかはっきりしない。

大学頭・文章博士の東坊城長淳が大内義隆と交わりがあったことは確かで、義隆の学問研鑽や文芸享受に一定の影響を及ぼしていたことも推察に難くない。大内義隆が長淳の天満宮安楽寺参詣に手厚い扶助を加えたことは請文の通りであったろう。菅氏長者が天満宮安楽寺に直接参詣することは珍しいが、戦国乱世になって、大内氏を媒介に京都の菅氏と同宮寺との交渉は、むしろ緊密化した面があったろう。京都文化の同宮寺に対する影響を考える場合、東坊城長淳の事例は一つの典型であるといえよう。

三　筥崎宮の奉納和歌

大内義隆が九州で直接文芸関係の作品を残しているのは筑前の筥崎宮ぐらいである。天文六年（一五三七）十月十日の大内義隆の奉納和歌懐紙がそれである。早く『大内氏実録土代』巻十四に収められており、現在一巻に仕立てられて同宮に所蔵されている。昭和三十六年（一九六一）十月二十一日、福岡県文化財に指定。『筥崎宮史料』（筥崎宮、一九七〇年一〇月）三二一に、次のように翻刻されている。

冬日同詠松久友

和　哥

大宰大弐従四位上兼左兵衛権佐多々良（大内）朝臣義隆

苔のむす松の下枝によるなみのよるともつかず玉ぞみだる、

冬日陪二箱崎宮宝前一

同詠松久友和歌

正四位下行右中弁藤原〔万里小路〕朝臣惟房

跡とめしそのかみよりや松が枝の常盤をともと神も見るらし

冬日陪二箱崎宮宝前一同詠

松久友和歌

参議正三位藤原〔持明院〕朝臣基規

箱ざきや神代のむかししる人はおなじみどりの松にぞありける

冬日陪二箱崎宮神前一

同詠松久友和謌

従五位下行左衛門少尉多々〔冷泉〕良朝臣隆豊

箱ざきや松に千年をちぎり置て名をもの、ふのかずに祈らむ

詠松久友和歌

権僧正法印堯淵

ちぎれなをとしをかさねておひそふも神代のたねのはこざきの松

冬日陪二箱崎宮宝前一

同詠松久友和歌

従四位下行前安芸守大神朝臣景範

神代よりともにふりぬる影ぞとはみどりにしるし箱ざきの松

詠松久友和歌

権少僧都法眼胤秀

うらなみのかけていく代ぞ松の葉のちりうせぬ名を神のしるしに　平〔平賀〕朝臣隆宗

冬日同侍㆓筥崎社宝前㆒詠

松久友和謌

代々をふる神のしるしもあらはれて霜にかはらぬはこざきのまつ　大法師祐信

詠松久友和歌

よと、もに神やおさめし箱ざきのしるしひさしき松かげのみや　源朝臣興宗

〔端裏書〕「天文六年十月十日箱崎宮」

冬日陪㆓筥崎社宝前㆒同詠

松久友和歌

よろづ代の神ときみとのあひ生にさかゆく松やしるしなるらん

それぞれの作者については米原正義氏の詳細な叙述がある。[29]それを参照すると、冷泉隆豊・平賀隆宗・源興宗は大内氏の被官人。惟房は万里小路季房の子で、天文六年（一五三七）には京都から山口に下っていた。季房の娘は大内義隆の室で、天文十八年に離別している。権少僧都法眼胤秀は惟房の弟玉泉院権僧正のことで、天文十四年九月には周防にいた。持明院基規は儒学・和歌・書・蹴鞠・郢曲・笙など各分野に秀で、大内義隆に広範な影響を与えている。権僧正法印尭淵は下冷泉政為の子、仁和寺塔頭の皆明寺に住し、冷泉派の歌人飛鳥井雅俊とともに大内義隆の歌道の師であり、天文二年八月頃周防に下っていた。大神（山井）景範は笛の家―楽人で、天文六年には周防に下っていた。大法師祐信は後世にいう大内殿内連歌師である。以上のように筥崎宮奉納和歌の作者は、大内義

隆と交渉深い京都貴族及びその親縁者、京都の楽人、それに大内氏被官人・義隆側近の専門歌人らであった。天文六年十月にはこれら九名はすべて大内義隆の許にあり、筥崎宮に詣でて和歌を奉納したものと考えられる。

筥崎宮は古来多くの文芸関係の書に言及され、勅撰集その他多くの和歌が詠まれ、大江匡房が康和二年（一一〇〇）『筥崎宮記』を作るなど、文芸的素材として著名な神社である。文人の参詣は数知れない。筥崎宮所在の周辺の地は名勝の松原として『海東諸国紀』、『武備志』など朝鮮・中国の書にも紹介されている。しかし筥崎宮そのものには文芸作品はあまり残っていない。度々の回禄にも由っていよう。中世関係では、大内義隆らの和歌懐紙以外では「天正十五年六月十八日於箱崎松原御当座」とする、豊臣秀吉・小寺休夢・蜂屋頼隆・山名禅高・大村由己・津田宗及六人の和歌短冊が残っているぐらいである。天正十五年（一五八七）筥崎宮における豊臣秀吉の事績は『筑前国続風土記』巻之十八糟屋郡表の箱崎八幡宮の条が簡潔に伝えている。近世に入って、田村大宮司家に伝える連歌資料中の西山宗因自筆の百韻一巻は棚町知彌氏により「筥崎宮連歌（上）――宗因自筆百韻「手向には」」（『語文研究』一九、一九六五年二月）として紹介されている。

筥崎宮の中世文芸資料としては、直接には前記二資料ぐらいしか残っていないが、田村大宮司家文書文禄元年（一五九二）十二月廿一日山口宗永筥崎宮領配分状に惣高千石配分のうち「三石　御誕日連歌」、同文書同日山口宗永筥崎宮領配分状に「三石　正月十二日・十二月十四日御誕生会連歌」とあり、同宮で神事連歌が執行されていたことが知られる。

大内義隆は筑前・豊前の寺社に対して支配の主要施策として保護―統制を加えているが、その事績は筑前の大宰府天満宮・筥崎宮、豊前の宇佐宮に集中している。筥崎宮に対する事績は一々は挙示してないが、所領の安堵・還付、社領への守護使不入、段銭免除などを行い、銭・馬・太刀などの寄進はことに頻繁である。とくに同宮が享禄年中に炎上していたのを再建した功績は大きい。同時に社法を旧規に拠らしめたり、(30) 筥崎大宮司采女正に弘の一字を与えたり、(31) 統制的な側面があることはいうまでもない。大内義隆にとって、大宰府天満宮は大宰管内政教の中心として、尊重し保護を加え、かつ統制すべきものであった。それは大内義隆の尚古的気分にも合致した。とくに任大宰大弐以後、その傾向は強まったことと思われる。博多は大内氏の筑前支配の要であり対外交渉の拠点として重要である。大内義隆が博多東辺の筥崎宮の保護−統制に意を用いたのは当然である。同宮は文芸面でも古来著名な神社であり、その尊重−保護は僅かながら文芸資料を現在に残す結果となったのである。なお、豊前の宇佐宮に対して大内義隆は、一々史料を挙げることは省くが、所領の保護、段銭免除などの保護を行っているけれども、寄進行為は大宰府天満宮・筥崎宮と異なりほんの一、二例しか知られないし、文芸関係の直接史料も残っていない。

周知のように、大内義隆は家臣陶隆房（晴賢）の叛に遭い、天文二十年（一五五一）九月一日長門の大寧寺で自尽した。筑前・豊前を中心とする大内氏の北部九州支配（豊前守護帯任から言えば一七〇年ぐらい）は終わった。本書でも第七章から第十章までを費やして、大内氏を中心とする九州文化の展開について述べたのである。北九州の地から大内氏の勢力が消滅したあと、九州の天地は大友氏・島津氏・龍造寺氏の角逐となり、島津氏は大友氏を制圧して九州支配を実現しようとした。そして豊臣秀吉の九州統一となる。

註

（1）文政十年成・元治元年刊、松平定信『閑なるあまり』（日本随筆大成二期二）。
（2）米原正義『戦国武士と文芸の研究』（桜楓社、一九七六年一〇月）七二八頁。
（3）『群書類従』十一−一三二〇頁。
（4）『実隆公記』享禄三年（一五三〇）十二月廿四日条には「宗碩来、鹿子木〔親員〕源氏本祝着之由書状到来、千疋進レ之云々、自愛々々」と記している。
（5）木藤才蔵『連歌史論考』下、増補改訂版（明治書院、一九九三年五月）七一二頁。
（6）『実隆公記』享禄三年正月十八日、同二月九日、上司家文書（享禄三年）正月廿七日大内周防介（義隆）宛三条西実隆書状、同二月廿八日得富雅楽允・上司主殿允宛弘中正長書状。

（7) 註2所掲書六四八頁は、本状を永正十三年（一五一六）近衛尚通のものかとし、井上宗雄『中世歌壇史の研究室町後期』改訂新版（明治書院、一九八七年一二月）三二四頁は享禄四年（一五三一）三条西実隆のものかとする。今はしばらく後者に従う。
（8）註5所掲書、上・七一三頁。
（9）『実隆公記』天文元年（一五三二）十一月二日条に「宗碩返事、遣二周桂一書状等送二遣宗碩留守一了」とある。
（10）『実隆公記』天文元年十一月三日。
（11）享禄五年（一五三二）「正月十九日、富田別所ト云所於二竹林坊一興行」「於二富田（都濃郡）南湘院御会一　享禄五二月廿三日」というように連歌活動をしている（註2所掲書、六八二・六八五頁）。
（12）註5所掲書、六一二頁。
（13）『実隆公記』天文元年（一五三二）十一月三日条によると、周桂は宇佐八幡に法楽をしている。なお、周桂と肥前との関係については註5所掲書、七三〇頁。
（14）三木俊秋・桑波田興校訂『清末文書』三四・六三・七八、豊日史学会、一九六〇年二月。
（15）註2所掲書、六八四－八六頁。なお、杉武道の子かと推定（同上、六九三頁）。
（16）『再昌草』享禄五年（一五三二）二月廿四日。
（17）『実隆公記』天文二年（一五三三）正月廿四日、同二月十七日。
（18）尊経閣所蔵「聞書秘説」一奥書、註2所掲書、七六九頁。籠手田文書は『平戸市史』歴史史料編1（二〇〇一年三月）に収める。
（19）筑前国三笠郡五町地を末久雅楽允に打渡した末久文書天文六年五月十三日飯田興秀遵行状など。
（20）佐伯弘次「大内氏の筑前国守護代」（川添昭二編『九州中世史研究』第二輯、文献出版、一九八〇年一二月）。
（21）大鳥居文書の天文三－五年頃かと思われる六月十三日大友義鑑加判衆連署書状によると、大友氏は大宰府天満宮大鳥居氏の「御覚悟未断」の態度を問責し、大鳥居氏は大友氏方へ使僧を遣わし「於二向後一不レ可レ有二疎略一之由」を起請文を以て誓っている。具体的内容は知られないが、この関係が大内氏に緊張を与えるものであったことは確かであろう。田北学『増補訂正編年大友史料』一六－三四一号参照。
（22）『月刊文化財』二〇一号、一九八〇年六月、鈴木規夫「二つの梅月蒔絵文台」（『漆工史』三）に紹介。
（23）田鍋美智子氏の教示。
（24）竹内秀雄『天満宮』（吉川弘文館、一九六八年三月）六二頁。
（25）太宰府天満宮文書天文三年（一五三四）十一月廿八日大鳥居宛吉岡長増書状。
（26）太宰府天満宮文書天文十六年十一月廿六日豊饒大蔵少輔

宛大友義鑑書状。なお、太宰府天満宮所蔵文書における天満宮の対大内・大友関係については、竹内理三「太宰府天満宮の古文書――特に中世以前」(『菅原道真と太宰府天満宮』下巻、吉川弘文館、一九七五年二月)。

(27)『公卿補任』後奈良天皇。

(28) 太宰府天満宮文書天文十七年三月十六日小鳥居宛滝口貞国・三上兼照連署書状、太宰府天満宮文書三月十八日大鳥居宛慶存・兼照連署書状。大鳥居文書正月十六日大鳥居宛小鳥居信元書状。

(29) 註2所掲書、七二五―二六頁。

(30) 田村大宮司家文書九七、天文七年四月廿一日大宮司宛平隆宗奉書。

(31) 田村大宮司家文書一四〇、天文十八年七月廿七日筥崎大宮司釆女正宛大内義隆名字宛行状。

第十一章　高橋紹運・岩屋城合戦小考

一　研究史略説

天正十四年（一五八六）七月、龍造寺氏を屈伏させ、大友氏を連破しつつ北上した島津氏の大軍を、大友氏の一族被官高橋紹運（鎮種）が筑前国御笠郡岩屋城（太宰府市）に寡兵を以て迎え撃ち、二十七日討死した、いわゆる岩屋城合戦は、九州戦国末期史上周知の合戦である。しかし、概して北部九州の局地戦のように解されているように思われる。筆者の理解を概括していえば次のようである。九州戦国末期史を集約的に表示する合戦であり、大友氏の崩壊期の特質を示し、豊臣政権確立に伴う問題を考える際看過できない指標であり、柳河藩・三池藩成立の根拠となり、両藩史の展開の精神的な背景となっている、と。

研究史の面から岩屋城合戦を見る時、基本となることは、関係資料の問題である。大正四年（一九一五）五月発行の『筑紫史談』第五集所収の武谷水城「高橋紹運の義烈と岩屋城の遺址」は、その点で先駆的な論文である。竹内理三氏が『大宰府・太宰府天満宮・博多史料』続中世編七に同論「一　緒論」と共に「二　岩屋籠城に関する史料」の部分を転載しているのもうなずかれる。後者では「(イ)古文書、(ロ)記録（書籍）、(ハ)遺址、(ニ)遺物の各項を立てて説明している。岩屋城合戦の関係史料は(イ)(ロ)でほぼ尽くされ、現在の段階では『大宰府・太宰府天満宮史料』

巻十六（二〇〇〇年三月）におおむね網羅されており、数的に(ロ)の主体を成す軍記類の史的価値も、文書群と対比して検討できるようになっている。

武谷論文では(ロ)の内容を(a)当時従軍者の日記、聞見録などの如き記録類と、(b)この役のことを記した書冊、別言すれば軍記類、に分け、(a)は一も発見し得ぬ、としている。現在では『上井覚兼日記』をはじめ島津氏側の良質の記録などが知られ、『豊前覚書』、『浅川聞書』などが翻刻・復刊されている。近世初期には覚書・聞書の類が数多く書かれている。史料価値の高いものから参考史料程度のものまで多様であるが、日記と共に近世記録の重要部分を占めている。[1]『豊前覚書』[2]など同時代史料として岩屋城合戦理解のためには不可欠の史料であり、その他取りあげるべき家譜・雑記など少なくないが、武谷論文で述べている書冊、別言すれば軍記類が数多く書かれている。その検討を抜きにしては紹運・岩屋城合戦の総体的認識は得られない。

武谷論文では、岩屋城合戦関係の、いわゆる書冊について次のように述べている。

只此役の事を記した書冊は、其種類も少からぬのであるが、之は当時の書牘、感状の類とは違って、各書の記する処も彼此異同があって、固より一の参考史料たるに過ぎぬ。去りながら之を措ては外に此史実研究の土台と為るべきものは先ず無ひ。且此等の書物の記事が、局部に於てこそ異同があるが、其大体に於ては記事が一致して居る。只其中に就て之れが取捨を為すには、其書の成りし年代と、特には努めて其材料の出所と、編纂せし事情とを調査（之れ亦困難事たるは免かれぬなれども）するのが肝要であると思ふ。

軍記類が岩屋城合戦の史実研究の土台であるというのは一考を要するが、同合戦史料としての軍記類の取り扱い方についての注意は至当である。以下、同論文は『九州治乱記』、『高橋紹運記』、『九州軍記』、『豊薩軍記』、『九州記』、『薦野家譜』などの解題をし、『橘山遺事』、『岩屋完節録〔志〕』、『岩屋記』などに言及し、[3]『岩屋城史談』、『太宰府史鑑』で結んでいる。

以下、同論文は「三　岩屋築城」、「四　本戦役前九州之大勢」、「五　攻城防守の梗概」、「六　岩屋城址」、「七

結論」の順で記述をしている。明治四十年（一九〇七）六月の江島茂逸著・刊『高橋紹運岩屋城史談』のような専著は惜くとして、岩屋城合戦を全面的に検討した論文としては、種々の時代的制約はあるにせよ、現在に至るまで武谷論文がほとんど唯一といってよい。殊に『高橋紹運記』を読むのには[4]恰好の指針となる。ただ、「高橋紹運の節義の如きは、実に日本武士道の典型」であるという観点からの叙述であり、さらに、豊臣秀吉の九州征討を勅諚によるから王師・公戦であるとして、岩屋完節は南朝忠臣の楠木氏・菊池氏にも比すべきもの、少なくともそれに準ずべきもの、としていることは留意しておかねばならない。

高橋紹運・岩屋城合戦関係資料中、いわゆる軍記類の占める比率は高い。それらは、史実確定における有効性はともかく、史実確認の参考資料として、さらには、伝承等に媒介され、多くの人々の構想力に支えられ歴史として読まれてきた史料として一応の整理は必要であり、岩屋城合戦研究史の基礎作業の一つであることは確かである。戦国期を取り扱った近世期成立の近世軍記の研究は、軍記全体の研究の中では、まだ未開拓な部分が多い。[5] 九州関係では『庄内軍記』、『大友記』などが研究され、[6]『日向記』（宮崎県史叢書）が刊行され、『歴代鎮西要略』、『歴代鎮西志』、『北肥戦誌』などが復刊・影印刊行され解題が付されているが、やはり未だしの研究状況であり、史料研究・史学史研究に九州関係近世軍記をどのように位置付けるか、課題は極めて多い。研究を困難にしているのはいろいろ理由があるが、先の武谷論文が指摘している通りであり、未公刊のものがおびただしく、一つの主題に関するものを収集・整理するだけでも大きな労力を必要とするし、歴史研究の側から二次的なものとして見られていることが根底にある。高橋紹運・岩屋城合戦関係の、いわゆる軍記類については別述する。

二　岩屋城・宝満城・高橋紹運略説

大友氏の一族被官一万田氏の出身の鑑種が筑後国御原郡（三井郡大刀洗町）を根拠とする高橋氏の養子となり、

弘治三年（一五五七）四月―同四年九月の間頃に岩屋・宝満城督となった。[7]大内氏の長期にわたる筑前支配のあとを受けた大友氏の筑前支配の拠点となった。高橋鑑種は大友氏公権を槓桿に三笠郡を中心に支配を強化・拡大し、大友氏からの自立化の方向をとり、[8]中国の毛利氏と結んで反乱を起こし、結局は豊前小倉城に移される。

永禄十二年（一五六九）か元亀元年（一五七〇）[9]、大友氏の一族重臣吉弘鑑理の子が高橋鑑種のあとをうけて岩屋・宝満城督となった。高橋鎮種である。法号紹運で知られる。元亀二年、紹運の父吉弘鑑理と共に、大友氏の三老といわれた法名道雪で知られる戸次鑑連（『高橋記』四、他一人は臼杵鑑速）が筑前糟屋郡の立花城の西城督となり、志摩郡代・柑子岳（好士岳）城督をつとめる臼杵氏と合わせて大友氏の筑前支配の要となった。紹運の長子統虎（立花宗茂）は道雪の養嗣子となり、高橋・戸次両氏の結合はさらに増強された。毛利氏その他への与同の動きを含め北部九州における反大友氏の動きを封ずる強力な拠点となった。

紹運の事績は諸資料を総合してみると、やはり大友氏勢力の維持・挽回のための筑前・筑後にわたる軍事行動が中心である。殊に筑後でのそれが目立つ。紹運の権限行使は直接発給文書で知られる。管見に入っている約三十通程の発給文書は、(1)鎮種時代の書状二通を含め約三分の一が書状であり、[10]次に(2)戸次道雪との連署状が三分の一に近く、[11]さらに、(3)(イ)戸次道雪・戸次鎮連（道雪の甥）・朽網宗歴との連署状が六通、[12](ロ)戸次道雪、朽網宗歴との連署状[13]一通、(ハ)戸次道雪、立花統虎（宗茂）・高橋統増（統虎の弟）との父子四人の連署状三通があり、[14]これらが約三分の一である。検索を重ねればさらに増加するであろうが、右の数的傾向はあまり変わるまい。花押は変化している。

これから知られることは、何よりも、天正六年（一五七八）島津氏に大敗した日向耳川合戦後の大友氏勢力挽回を基本に種々の活動をしていることである。文書から知られる紹運の行動は、連署状の遺存からも知られるように、実子統虎が養子に入っていることもあり、戸次道雪との強い結合[15]のもとに、大友氏勢力の維持・挽回に尽力していることである。大宰府天満宮関係を含め三笠郡関係の遺存文書は乏しい。

横岳古文書「元亀弐年」三月二十五日高橋鎮種書状は鎮種時代の書状二通のうちであるが、大宰府横岳崇福寺に御笠郡大利村（大野城市）寺領分を来作から寺家の支配としたものである。平井文書所収の正月十一日・三月十八日紹運書状では平井市助の軍忠に対して所領の預け置き（一時的給付[16]）をしている。以上のように、僅かな史料であるが、紹運には安堵・預け置きなど城督としての権限行使が見られる。しかし紹運の権限行使は大友氏との関係で総体的に考察しなければならない。とくに軍事関係が重要である。

その点で注目されるのは、紹運に従って宝満・岩屋城に在城勤番し、所々において軍労を励んだ紹運配下の士に対して大友義統が感状を出し、知行宛行い[17]などをしていることである[18]。義統の感状発給は、三原（屋山）文書に見えるように、紹運からの「申す旨」、「申し越し」によるものである。紹運自身の表現に従えば、配下の軍忠は「必ず上聞に達」するのである[19]。これからのことは戸次道雪も同様であり、貞心を以て忠実にこの定則を守っている。紹運の安堵・預け置きなど独自の権限行使と見られる行為も、大友氏に対する紹運の従属性の埒を終始超えるものではない。この点が高橋鑑種と異なる点である。

ここで高橋紹運の配下つまり家臣（家中衆）について見ておかねばならない。同心・与力関係などには触れない。紹運の家臣としては、(1)豊後国東半島を根拠とした実家吉弘氏から付けられたもの、(2)豊後速見郡の竈門氏の例を参考として、大友義統から差し向けられたもの[20]、(3)高橋家累代の家臣、(4)その他が考えられるが、(1)はほとんど明証を得ない。(2)も想定の域を出ない。史料的に明らかなのは(3)である。

福岡市博物館所蔵文書宛名欠（北原鎮久宛）十一月二十五日大友宗麟書状は鎮種（紹運）に高橋家を継がせた時の史料であるが、殊に高橋家長臣屋山・伊藤・福田・村山・今村五人をよく取り立て岩屋・宝満両城を堅く守るように、という内容である。『高橋記』八の高橋家再興の条にもこの五人（『高橋記』の今泉は今村であろう）のことが見え、これらの文書を踏まえていることが知られる。三原（屋山）文書七月五日の大友義統書状の宛名は、北原進士允・屋山中務少輔・村山日向守・福田因幡入道・伊東〔藤〕兵部少輔である。大友義統が彼らに宛てた文書の宛名を数の多少で見ると、屋山中務少輔が最も多く、北原進士・村山日向守がこれに次ぎ、伊藤兵部少輔・福田民部少輔、さらに伊藤源右衛門・福田因幡入道の名前が見える。右以外では簗瀬三河入道・簗瀬新介宛のものがある。高橋越前守（竈門勘解由允）あてもある。(21)

紹運の高橋家迎え入れの中心人物北原鎮久をはじめ、屋山・伊藤・福田・村山・今村ら高橋家累代の重臣が紹運を支えていたのである。ところが天正八年（一五八〇）、大友一辺倒で時勢の変化に柔軟に対応しないと、紹運に批判的であった北原鎮久が秋月種実に通じて紹運に背き、誅殺される。鎮久が他の重臣らと姻戚関係を結び、(22)被官関係を強化し、高橋氏内部で強い勢力をもち、紹運迎え入れの功に誇って専権化が強かったことが背景にあろう。鎮久背反は紹運にとって大きな試練であった。鎮久誅殺によって、紹運は自分を制約していた批判的勢力を押さえ、大友氏支持の信念と方針のもとに家臣を結束させていった。鎮久誅殺は紹運の事績の画期を成すといってよい。紹運の配下は絶えず秋月・筑紫に通じて反紹運に転ずる危険性を内包していた。(23)紹運は大友氏への忠義を軸に配下を統一してゆく方向を強化した。

前述のように、前代の岩屋・宝満城督高橋鑑種は大友氏権力の公的代行から自専化・自立化に向かい、毛利氏と結んで反大友氏となった。このことを鑑戒として大友義統は高橋紹運に対し自専化・自立化を抑制する意図をもっていたろう。紹運はそのことを十分に心得て対応し、大友氏への忠義を媒介として家臣の結束を強化していった。多少味気ない表現であるが、これが、軍記類でもてはやされる紹運の大友氏に対する比類ない忠勇義烈の骨格をなすものである。この忠義は幕藩制下、紹運子孫が藩主である柳河藩・三池藩の徳川氏に対する忠義の範例としての意味をもった。

紹運の活動中問題となるのは、前述の紹運発給文書中の(3)の連署状類で知られる活動である。まず、(イ)・(ロ)の四人・三人連署状の形式からいえば大友氏の加判衆（年寄）連署状である。連署者のうち朽網宗歴（鑑康）は大友宗麟・義統の加判衆で豊後玖珠郡・筑後の方分、天正十四年（一五八六）末、島津氏に内応している。戸次鎮連は道雪の甥で養子、天正十一年道雪・紹運・宗歴らと筑後各地に転戦、のち大友氏に反している。戸次道雪は元亀二年（一五七一）立花城督となるまでは加判衆であった。以上のように見てくると、当時加判衆制が機能していたら高橋紹運が加判衆になっていたと見うる可能性はある。(イ)形式の鏡山文書「天正十一年」三月二十日の四人連署状を『大友宗麟資料集』第五巻一八三八は大友家加判衆連署状としている。[24]ただ耳川敗戦以後の大友氏の支配機構は解体状況[25]で加判衆や奉行人[26]のことは具体的には把握しがたい。(3)は通じて臨戦的な状況に応じての発給文書であり、(ハ)の父子四人の連署状に至ってはその極まった形といえよう。

高橋紹運は、大友氏の三老体制を担った大友氏一族の吉弘鑑理の子息であり、姉か妹は大友義統の妻で、『高橋記』が強調するように大友氏の「親戚」である。恒常的な臨戦態勢の中で、紹運は岩屋・宝満城督としてのみならず、大友氏の主柱である戸次道雪と共に、崩壊期の大友氏を、従前の加判衆ともいえるような重要な立場で忠実に支えていた。それはもとより紹運の軍事的な能力と活動に裏打ちされたものであった。

三　島津氏から見た岩屋城合戦

『高橋記』の高橋氏・紹運、殊に岩屋城合戦の書としての基本的欠陥は、攻撃した島津氏側からの検討を全く欠いていることである。紹運の勲功を述べ、忠臣（その家臣）の武名をあげるという述作の趣旨によるものであるが、島津氏側の資料を使い得なかった資料状況にもよる。慶安元年（一六四八）の島津久通編『島津世禄記』は岩屋城合戦の戦死者名を列挙しているが、参照しているのかどうか分からない。島津氏の側には『上井覚兼日記』はじめ『長谷場越前自記』、『樺山紹釼自記』、その他直接参戦者の日記・自記・覚書などがあり、岩屋城合戦史料としては部分的ではあるが、『高橋記』よりも史料的価値は高い。『高橋記』との相違などに注意しながら、それらから知られることがらに若干触れておこう。

日記・自記以外の文書で直接戦闘過程を書いたものに、長谷場文書天正十四年文月二十七日長谷場宗純外二名連署軍功覚書がある。内容は『長谷場越前自記』と重なる部分があり、『自記』の史料になったものかとも思われるが（逆に自記をもとにしたかもしれない）、いかにも覚書で、軍記色が濃く、史料として少し吟味が必要とも思われる。大鳥居文書によると、天正十四年の七月六日に島津氏の将新納忠元が肥後国合志郡内の大宰府天満宮領を安堵している。来たるべき大宰府攻略に備える面があったろう。また同文書によると、同年七月七日、大鳥居信寛は島津軍の中心にいた部将伊集院忠棟と島津忠長に祈禱巻数を贈っており、七月十一日、忠棟に鎗と銭貨を贈っている。そして、七月十六日、忠棟は信寛に対し陣夫四十人の合力を求めている。

『高橋記』三十四によると「七月十四日、坪柵ヲ構へ、矢合始マリ」として開戦を記しているが、『長谷場越前自記』では、武蔵（筑紫野市）に陣替した日である。上井覚兼は日州衆を率いて、七月二十二日岩屋陣より一里ばかりこなたの嘉麻郡長尾（筑穂町）に着き、続いて、明朝の岩屋下栫（城の一部）破却の談合に参加しており、翌日は雨で破却は延期となり、二十六日までには終わっている。覚兼は遅参していて二十二日以前のことは日記で知ることはできないが、十四日に開戦していた気配はない。日記の二十五日条によると、豊臣秀吉及び毛利氏の軍勢が近日来援するから岩屋城を固守せよとの密書を持った間諜が島津陣で捕殺されている。

同日記によると、二十七日の決戦は寅の刻（午前四時頃）に始まり、午未の刻（午後二時）に終わっている。それは記録によって多少異なるが、『高橋記』の記事は同様である。同日記によれば、約十時間にわたる激戦である。紹運方の戦死者数は『高橋記』からは分からないが、『筑前国続風土記』巻二十四古城古戦場は六百人、『北肥戦誌』三十は数百人、『岩屋物語』はおよそ八百七拾五人、島津氏側の『勝部兵右衛門聞書』は八百余騎、『島津世禄記』、『島津国史』は一千余人とする。武谷水城は『筑紫史談』五で七百六十余人としている。攻撃軍の総数は『高橋記』には見えないが、五万から十万といろいろに記されている。その戦傷死数について『高橋記』が「大将タル武士廿七騎、其外士卒九百余騎戦死ス、手負千五百人余」（三十五）としているのをはじめ、諸記述はそれぞれまちまちである。

戦闘そのものについて、『高橋記』三十五は「弓、鉄砲、石弩を以テ防ギ」とあり、もとより刀槍戦もあるが、『上井覚兼日記』、『勝部兵右衛門聞書』など島津側の記録は、石打ちに打たれて負傷する者が多かったことを記している。『高橋記』が強調する紹運勢の死力を尽くした応戦振りは、島津氏側の記録から見ても理解できるところである。なお、島津氏側の記録では、紹運は日向勢に討たれたとある。

『高橋記』二十八に大友宗麟の取り次ぎで、紹運・統虎父子が御朱印を以て秀吉の御家人になったと記されているが、『長谷場越前自記』に、

太閤〔秀吉〕様の御披〔ママ〕官と、年来之主人〔大友宗麟〕より御取立ニ預かりて、御着長を拝領して、類ひ少き事共を何の世ニかは可レ忘、御恩を忠ニて報んと、数か度の返事を秋月は申切たる志、唯　賢道を守らんとて、臣の法をぞ被レ立ける

とあり（前引の長谷場宗純外二名連署軍功覚書も同一記述）、『高橋記』と同一内容である。島津氏側は紹運・統虎の秀吉の直臣化を熟知していたのである。

『高橋記』三十四・三十五には、高橋紹運が島津氏側からの降伏勧告を断固拒否して徹底抗戦に出たことを記している。同記の中でも、いわば山場であり、紹運自害を含み、同書構成の核を成している。ところが『上井覚兼日記』七月二十六日条には次のような記事が見える。島津軍が岩屋下栫の破却を完了したが、岩屋城内は少しも騒ぐことがない、戦上手がよく揃っていると見えた、と記し、続いて、紹運が笠の陣まで出向いてきて、島津氏方に、城を明け渡さないことを条件に、もし許されれば自分が罷り出てもよい、と和を請うたが、島津方はこれを受け入れなかった、と記している。紹運の降伏勧告拒否・徹底抗戦、ひいては紹運の義烈の戦いという岩屋城合戦関係書で力をこめて書かれている、まさに共通の認識は、そのまま鵜呑みにはできないのである。そして岩屋城合戦関係書には、そのことは全く触れられていない。

『上井覚兼日記』は『薩藩旧記雑録後編』に収められており、これまでに利用できないことはなかったし、殊に

昭和三十二年（一九五七）六月、大日本古記録のうちとして刊行され、さらに、岩屋城合戦関係記録をも含んでいる『薩藩旧記雑録後編』２が鹿児島県史料のうちとして昭和五十七年（一九八二）一月に刊行されており、岩屋城合戦の実像構築のための史料の利用状況は格段によくなっているのである。これまで『上井覚兼日記』を使って岩屋城合戦を記述しているのは、大城美知信氏(27)や『筑後市史』（松崎英一氏執筆、一九九七年九月）などである。

終わりに、大鳥居文書で次のことを付記しておく。岩屋落城後の七月二十八日、大鳥居信寛は、使僧を島津氏の将島津忠長の許に遣わし、岩屋落城を祝い、八月八日、島津忠敦・伊集院忠棟に使者を遣わし、宝満落城を祝い、神領の安堵を請うている。なお、上井覚兼は帰国後しばらくは岩屋城合戦のことを物語っている。

四　小　結

天正六年（一五七八）十一月の日向耳川合戦で大友氏が島津氏に大敗すると、九州の政情は一変して大友・島津・龍造寺三氏の鼎立状況となるが、天正十二年三月龍造寺隆信が島津・有馬連合軍と肥前沖田畷（島原市）で戦い敗死し、大友氏の捲き返しが展開される。耳川敗戦後、宝満・岩屋で、いわば籠城体制をとって筑紫・秋月氏と抗争していた大友氏一族被官の高橋紹運は、大友氏の主柱・立花城督の戸次道雪らと共に大友氏反撃の主力として筑後経営に従った。天正十三年九月、その道雪が北野（三井郡北野町）の陣中で没した頃から島津氏の北上が本格化し、天正十四年（一五八六）七月の岩屋落城となる。翌年、豊臣秀吉が自ら出陣して、五月、島津義久を降伏させ、九州平定が成る(28)。

この推移の中で岩屋城合戦を位置付けてみると、高橋紹運が戸次道雪亡きあとの崩壊期大友氏の主柱として、島津氏の北上―九州経路を阻止しようとしたのは明らかである。豊臣秀吉は大友氏の救援依頼に応ずる形で、対朝鮮・明の問題を視野にいれつつ、大友氏の一族被官高橋紹運・立花統虎父子を直臣（御家人・被官）化し、紹運らを九州平定の在地における先兵とする。紹運は立花城の維持による抗戦継続を戦略とし、最後段階で和平交渉をしたようであるが受け入れられず、結局、寡兵で島津の大軍に応戦し、岩屋城玉砕となる。ともあれ、岩屋城合戦が秀吉の九州平定戦における前哨戦の役割りを担ったことは明らかである。ついでにいえば、島津氏の城攻めでの最後の勝利戦でもある。

　この推移の中で、高橋・戸次氏の大友氏支持の強固な結合の所産として豊臣大名立花氏が出現し、徳川幕藩体制下の柳河藩・三池藩となる。高橋紹運・戸次道雪は両藩形成の源である。従って両者への追遠と史的顕彰は、両藩の拠って立つ精神的根拠となる。[29]

註

（1）高柳光寿「近世初期に於ける史学の展開」（『高柳光寿史学論文集』下、吉川弘文館、一九七〇年一二月）。桑田忠親「御伽衆と近世古記録の成立」（『大名と御伽衆』有精堂、一九六九年六月）。

（2）川添昭二他校訂『筑前博多史料豊前覚書』文献出版、一九八〇年九月。

（3）『橘山遺事』の引用書目に拠っていると思われる。

（4）『高橋記』をめぐる諸問題については本書第十二章を参照。

（5）松林靖明「後記軍記研究史と課題」（『承久記・後記軍記の世界』汲古書院、一九九九年七月）。

（6）右同書、八三頁

（7）竹内理三・川添昭二編『大宰府・太宰府天満宮史料』巻十五には、永禄二年（一五五九）四月十日条に「大友義鎮、高橋鑑種を筑前国宝満・岩屋両城督となす」としながら、『大友記』、「大友家文書録」、松平頼寿氏文書を参照して本文のように推測している（八三頁）。

（8）木村忠夫「高橋鑑種考」（『日本歴史』二四〇号、一九六八年五月）。荒木清二「毛利氏の北九州経略と国人領主の動向――高橋鑑種の毛利氏一味をめぐって」（『九州史学』九八号、一九九〇年一二月）。本文で述べている城督の理解については木村論文を参考にしている。

（9）前註7・三二九頁。

(10) 天正十四年七月十日の源紹運願文が『竈門山宝満宮伝記』上や、『筑前国続風土記拾遺』五御笠郡一に引かれているが、にわかには信拠しがたい。

(11) 『五条家文書』三二二号天正八年十月二十四日の一つ書きの道雪・紹運連署起請文が初見であろう。耳川敗戦以後、分国中の諸侍が大友氏の厚恩を忘れ乱をなすこと言語に絶す、と記しており、両人の大友氏への忠誠と貞直な人柄が窺える。

(12) 久留米市高良大社鏡山文書で例示する。

御親父宗善〔保常〕・辺春薩摩守〔鎮信〕同前戦死之次第忠儀無二比類一候、就レ夫所々雖下被レ成二御裁許一候上、何茂差合申候之条、為二代所一、三池郡之内四ケ村拾弐町・三井郡鯵坂之庄之内六丁分六町・同郡之内三行拾町分・同郡鯵坂之庄之内清徳分八町・同郡之内五郎丸分廿町之事、可レ有二御知行一候、恐惶謹言

〔追筆〕「天正十一年」

三月廿日

〔朽網〕宗歴（花押）
〔戸次〕鎮連（花押）
〔高橋〕紹運（花押）
〔戸次〕道雪（花押）

鏡山大祝殿

(13) 宗崎文書（年未詳）正月二十五日高良社大宮司宛連署状は『筑後将士軍談』十五、『大日本史料』十一之十三補遺などは道雪・紹運・宗歴の三名連署状とするが、『太宰管内志』に従って鎮連を加え、四名連署状とする。懸紙・切封表示は省略。

(14) 『五条家文書』二六二号で例示する。

急度用二飛脚一候、仍貴国御勢衆至二其表一、乗陣ニ付而、御案内者役之御辛労奉レ察候、殊前之廿日黒木里城同籠屋輙被二討崩一、両水之手被二切留一之由候、各御粉骨之次第、難レ尽二紙面一候、倍無二御油断一被二仰談一、彼一城早々落去候様御才覚可二目出一候、紹運父子〔統増〕・道雪父子〔統虎〕之事茂、前之廿六致二出張一、於二三〔三〕笠表一、聢遂二在陣一、毎事不レ存二油断一候、何様節々可二申承一之条、書面不レ能レ祥〔詳〕候、恐々謹言

〔天正十二年〕七月廿八日

〔高橋〕紹運（花押）
〔戸次〕道雪（花押）
〔高橋〕統増（花押）
〔立花〕統虎（花押）

〔鎮盛〕津江殿
〔鎮実〕新田殿
清原殿
〔親信〕津江殿
五条殿
御陣所

(15) 立花文書（天正十二年）七月二十九日薦野増時宛高橋紹運書状中に「黒木城ハ近日落去之体にて候由申候、尤目出候、然者北目之様体、雪老（道雪）へ申二心見一候処、いつもの大なる目ヲはられ候間」とあり、紹運の道雪に対する敬愛の念が行間に垣間見られ、両者間の尊敬と信頼が窺い知られる。

(16) 三原文書天正七年正月十八日の屋山三介宛紹運書状は、秋月・筑紫両軍の攻撃を岩屋麓で防戦・勝利した功を賞し、大友氏に上進することを述べ、所領を進め置いたものである。『高橋記』十一所載。

(17) 簗瀬文書天正十一年十二月十三日簗瀬三河入道宛大友義統袖判宛行状、同文書（同年）同月二十日同人宛義統感状。

(18) 三原文書（天正八年）十月十二日屋山三介宛大友義統感状、同文書（天正十二年）十二月八日屋山中務少輔宛大友義統感状。

(19) 前註16文書。

(20) 大友家文書録（天正十三年）三月二日高橋主膳入道紹運宛大友義統書状は、竈門勘由解允が紹運に同心することを告げたもの。同心関係であるが参考として引く。

(21) いちいち出典をあげるのは省略する。

(22) 『高橋記』十三。同書は続群書類従二十三輯上所収本に拠る。

(23) 『高橋記』十一「筑紫殿領分ト岩屋麓ハ、境目入交リタル事ナレハ、双方ノ侍、里居住ヲスル者ハ、一家ノ者ノゴトクニ朝夕会交仕ル」とあり、『高橋記』二十六には、高橋家の重臣屋山中務少輔の親類が筑紫家に多いと記している。そのことは筑紫氏側の史料にも見える（福川一徳校訂『筑紫文書』（文献出版、一九九〇年五月）七四―七五頁）。『高橋記』十三には屋山中務は北原鎮久と「父子ノ契約」とあり、「屋山系図」では屋山氏は北原鎮久に仕えていたと記している（『筑紫国史』中巻、三七四頁）。

(24) 同書一八二六・一八三七号も大友家加判衆連署状とする。

(25) 木村忠夫「耳川合戦と大友政権」（『譜代藩の研究』八木書店、一九七二年八月）。木村忠夫編『九州大名の研究』（吉川弘文館、一九八三年一二月）に再録。

(26) 前註14・連署書状を『五条家文書』二六二号は大友家奉行人連署状（切紙）としているが、黒木方面での軍忠を賞し、高橋・戸次両親子（署判者）の三笠表の在陣を告げている。極めて軍事的なこの文書を、支配組織も定かに把握できない崩壊期大友氏にあって、右文書名とするのが妥当であるかどうか、検討を要する。

(27) 大城美知信・新藤東洋男『続三池・大牟田の歴史』（大牟田市・古雅書店、一九九三年一二月）四五―五三頁。

(28) 堀本一繁「戦国国盗風土記　福岡県」二三四―二三八頁参照。『歴史読本』四四巻一一号、一九九九年九月。

(29) 岩屋城合戦関係書は柳河藩で数多く編纂、漢訳されるが、それらのことは次章以下で述べる。

（初出、『政治経済史学』四〇〇号、一九九九年一二月）

第十二章　『高橋（紹運）記』をめぐる諸問題

一　書誌的問題

高橋氏、高橋紹運、岩屋城合戦について教本的位置を占めている書は『高橋（紹運）記』である。まず書誌的なことに若干触れ、内容の概要を述べ、問題点を整理しよう。

『高橋記』は『高橋紹運記』、『九州兵乱記』その他の別称があるが、『立花家之記』の別称は注意しておきたい。写本については『国書総目録』に紹介しており、付加するものもあるが、今は触れない。刊本としては慶安五年（一六五二）八月の年記をもつ改訂史籍集覧一五所収本（平仮名）と慶安四年八月の年記をもつ続群書類従第二十三輯上所収本（片仮名）とがある。[1] 両者の違いは年記と仮名の違いのほかに、一の「高橋家由来之事」が項目名は同じであるが、内容は相違していること、後者にある高橋紹運五十年忌の記事が前者の旧本にはなかったこと、後者の最後にある「紹運公御縁辺之事」も前者には元来なかったこと、などである。その他、字句に多少異同はあるが、内容は同一である。尊経閣文庫所蔵の『九州紹運記』（『九州兵乱記』）は寛文八年（一六六八）三月の写本で、写本としては古いが、年紀も「于レ時慶安五天壬辰八月良辰　藤原一蓑」とあり、最初の「一高橋家由来之事」は史籍集覧本と同一内容であり、続群書類従本の最後にある「紹運公御縁辺之事」を欠いており、紹運五十年忌の記事があることを除き、内容は（原）史籍集覧本と同一であるが、同書のように平仮名でなく、片仮名である。柳川古文書館所蔵安東家文書の『九州兵乱記』（架蔵番号一〇一四、書写年次なし）は、この尊経閣本と同一である。以下の記述は、続群書類従本により、適宜他写本を参照した。

『高橋記』の著者は慶安四年本・同五年本共に最奥に「伊藤源右衛門入道一蓑（簑にも作る）誌レ之」とある。一蓑は号である。柳河藩士笠間惟房の『梅岳公遺事』は引用書目の項の『高橋記』のところでその著者を「三池藩士伊藤一蓑」としており、『九州治乱記』の所で「高橋家（今立花氏とあらたむ）の臣伊藤源右衛門一蓑」、「一蓑は寛永正保の人」としている。帆足万里訳・岡弘道重訂の『橘山遺事』の引用書目の同書の箇所も同じ説明である。笠間惟房も岡弘道も三池藩と親縁の柳川藩士であるから拠るに足る。近代に入って『高橋記』について論及しているのは大正四年（一九一五）五月刊『筑紫史談』第五集所載の武谷水城「高橋紹運の義烈と岩屋城の遺址」で、「去れば年代から推測すれば、紹運の謀臣と同氏名なる三池の藩臣たる此書の編者は、多分其子か、若しくは今申しました巻末自署の記事の文意からすれば、或は其孫にてもあらんか。旧三池藩の伊藤氏にして今に血食しあらば明亮すべしと思ふ」と述べている。一蓑を三池藩士とするのは『橘山遺事』に拠るものであろう。後述のように、的確な見通しである。

さらに、『高橋記』の著者について具体的に述べているのは、平成元年（一九八九）五月・新人物往来社刊『三百藩家臣人名事典』三池藩（半田隆夫氏執筆）の「伊藤貞利」の項が唯一である。それには、源右衛門貞利は、伊藤家の五代目、三池藩家老、学問を好み、致仕後一簑と号し、「高橋盛衰記」、「玉峰記」を著した、とある（一二八頁）。伝習館文庫・柳川藩政史料所収の写本『玉峰記』（架蔵番号五四四五）の序文末尾によると、同書には万治二年（一六五九）十一月下旬、伊藤盛求、との奥書がある。今少し同書伝本調査の必要があるが、伊藤貞利を『玉峰記』（紹運次子統増の伝）の著者とするには難がある。さらに、『高橋盛衰記』を『高橋（紹運）記』と同書とするなら、『玉峰記』序文に、『高橋記』の著者は伊藤一蓑という人である、と記されており、『高橋記』の著者と『玉峰記』

の著者とは、近い関係にはあろうが、同一人ではない。

半田氏は大牟田市三池町の伊藤由井子文書を調査し、伊藤家歴代の事績を明らかにした上で右の記述をしており、『高橋記』の著者を考察するのに導きとなる記述である。詳細は『福岡県史』近世史料編柳河藩初期（下）（一九八八年九月）七七八－七九頁に述べられている。以下、右の伊藤家文書によって伊藤一蓑について考察を加える。ただし、原本は消失しているので、福岡県地域史研究所の高配による同所架蔵の写真版によった。

伊藤家文書所収の伊藤家の「系図」には、最初に伊藤源右衛門藤原種貞を掲げ、そのあとに正直・八郎・卜雪を配しているもの（A）と、その八郎のないもの（B）、一伊藤源右衛門藤原種貞、二同姓同名同氏卜雪、三同姓同名同氏貞広としてそれぞれ尻付を書き、貞広の横に伊藤次郎兵衛同姓正直として尻付を書いたメモ風のもの（C）がある。（A）は種貞について「於二朝鮮一戦死　正雲種貞居士　天正十九辛卯九月七日」と記し、（B）は「正雲種貞居士　天正十九辛卯九月七日」とし、（C）も同意の記事である。文禄の役は右没年の次年であるから、（A）が同役にかかわるとすれば、少し不審であるが、『高橋記』でその活動を縦横に記している伊藤源右衛門に当てても、年代に矛盾はない。同人は福岡市博物館所蔵文書十一月廿五日（北原鎮久宛）大友宗麟書状写、『高橋記』八、三原文書などによると、屋山・福田・村山・今村などと共に高橋家累代の重臣で、高橋紹運を支えた側近の士である。岩屋落城後、紹運次子の統増を切腹覚悟で守護し、統増が島津氏に捕えられた時も守護し続けた「忠臣」である。岩屋城合戦で戦死はしていないので、種貞と見てもさほど失当ではあるまい。

種貞の子として配されている正直は、母は筑前遠賀の山内（藤原）盛一の娘で、実父は筑紫常陸助である。母は種貞に再嫁している。三百二十石を領し、正保二年（一六四五）七月二十六日没、法号は松雄院一峰宗心居士である。正直の次に配されている八郎には「岩屋ニ而戦死」とある。『高橋記』の編成を考える時看過できない記事である。

種貞の子として配されている正直・八郎と並んで卜雪が掲げられており、「源右衛門一衮（蓑）卜号　好泰院梅

庵卜雪居士　万治三庚子二月二十一日」とある。そのままに見れば『高橋記』の著者伊藤一蓑ということになる。しかし、このところの解釈には若干問題がある。伊藤家文書中には筑後新田（佐田氏）関係の史料が入っており、その系図に、

義信―┬―義信―――女子
　　　│　（種氏か種貞か、筑後か―川添）
　　　├―義尚―――○○―――一蓑
　　　│　　　　　相続伊藤某一家　　伊藤入道
　　　└―氏景―――鎮実

とあり、新田文書中の系図とほぼ同一である。『筑後将士軍談』所収の佐田系図[2]には、右に相当する所を次のように記している。

┬―鎮景（初氏景）―――鎮実
├―義政―――筑後　母家女、近衛関白信基公ニ仕フ、伊藤氏ヲ賜リ、伊藤左兵衛卜改ム
└―義尚

問題があるのは前掲系図の○○の箇所である。新田文書中の系図には○○に相当する所を種氏としたものがある。『筑後将士軍談』では筑後に当たる。伊藤家の「系図」では、後述するように伊藤一蓑は伊藤源右衛門種貞の子の場所に配して書かれている。つまり、○○は種氏とも種貞とも筑後ともなる。ここでは仮に種貞―一蓑としておこう。

系図類なのでこまかい点では不審は残るが、新田（佐田氏）と伊藤氏とは密接な関係があり、伊藤一蓑は新田（佐田氏）の出身ということになる。とすると、前記の伊藤家の「系図」の卜雪の配列との関係が問題になる。一

蓑は新田（佐田）氏から伊藤氏を継いでいた父のあとを受けたのか、新田（佐田）氏から直接伊藤氏に入ったのか、などいろいろ考えられるが、確定的なことはいえない。なお、尊経閣本・史籍集覧本『高橋記』巻末の自署には「藤原一蓑」とあり、伊藤氏の本姓で記しているが、新田氏の本姓源でないことは、当然のことであろうが、留意しておきたい。

（B）のメモ風のものには貞広について「寛文七丁未極月十四日　松洞院万岳林省居士号」と没年月日と法号を記し、「実者次郎兵衛二男、源右衛門養子ト成ル」との説明を加えている。正直の次男で一蓑の養子になった、というのである。伊藤家文書の「系図」には早世した正直の次男権之助の次に加賀之助を掲げ、次のように記している。「後同苗源右衛門ノ養子、代々之通家老上座、知行四百五十石、源右衛門貞広ト□〔ヨメズ〕、名字号一佐ト改、寛文七丁未極月十四日卒、号㆓松洞院万岳林省居士㆒」。『高橋記』の最奥の著者の自書部分は、後述するが、同書編成の目的を述べており、それは「家嗣隼人佐貞広累年之素望」によるものだとしている。『高橋記』が伊藤家武功顕彰を柱の一つにしているのも当然である。

以上をまとめてみると、『高橋記』の著者伊藤一蓑は、「系図」所掲の卜雪で、『高橋記』でその活躍・武功が記されている伊藤源右衛門のあと（実父か養子か、別の同苗か不明）に配され、源右衛門種貞のあとを継いだ正直の子息貞広を養子とし、貞広の累年の望みに応じて『高橋記』を編成した、ということになろう。伊藤家二代の正直は初代種直の実子ではないし、一蓑自身も伊藤家の系譜の中では今少しはっきりしないところがあり、正直の子で養子にした貞広は伊藤家代々のとおり三池藩筆頭家老である、といった諸事情は『高橋記』の成立を考える際見逃せないことである。半田氏が一蓑に当てた伊藤家五代目貞利は、正直の子息で四代目の貞勝（三代貞正の弟）の養子である。

本書述作の目的経緯については本書最末の著者の自書に次のように書かれている。

右此書者、従㆓家嗣隼人佐貞広累年之素望㆒、雖㆑著㆑之、八十年以往之事、誰有㆓臆識㆒哉、故採㆓耆老《きろう》口語㆒、稽㆓

系譜古籍一、拠下今山定林寺存心和尚所二撰集一治乱記上著述焉、治乱記唯誌二九州之興廃一、闕二当家之祖業一、故以繕二胆之一、補二苴欠漏一、刊二除疑誤一、寔是雖レ似下忘二僭踰一掲中家醜上、且為レ策二紹運公之勲功一、且為レ挙二忠臣之武名一、不レ得レ已而以貽二後昆一者也

慶安四天辛卯八月良辰

伊藤源右衛門入道一簑誌レ之

述作の目的は、家嗣（養子）隼人佐貞広の累年の素望に応じたもので、当家の祖業つまり伊藤氏の主家高橋氏の歴史を記し、殊に高橋紹運の勲功を明らかにし、併せて忠臣の武名を挙揚することにあった。忠臣の武名には、岩屋合戦で戦死した人々、その後も引き続いて高橋氏のために働いた人々が含まれていることは当然であるが、前述のように、伊藤家の忠功の顕彰が意識されていた。述作の目的については後でまた再説しよう。なお、前記引用の著者自書中にいう「八十年以往」というのは、自書の文意をとる上に軽視できないし、武谷論文でも言及しているが、高橋紹運が高橋家を継いでから『高橋記』述作の年までの概略年数を記したものとすると、年数の解釈はつくが、同書が、高橋家の由来から起筆していることを忘れてはならない。

述作に当たっては、故老の語りを聞取り、系譜古籍の調査をし、殊に今山（大牟田市）定林寺存心の著作『九州治乱記』を参照した、というのである。存心については、『高橋記』三十五に、紹運の父吉弘鑑理《あきただ》の菩提寺曹洞宗龍峰寺の住職であったのを、高橋統増（立花直次）が三池郡を領した時存心を招いて定林寺の住職にした、存心には岩屋城落去の始終を書いたもの（『岩屋物語』）があり、写している、と述べている。以上によれば、『高橋記』の述作に当たっては『九州治乱記』を参照したことは明らかで、『岩屋物語』も参照したことになる。なお、『九州治乱記』の著者については友松玄益輯とする本があり、存心との関係については、明らめ得ていない。

二　『高橋記』の梗概

以下、『高橋記』の梗概を記そう。[3] 全体は五十三の項目から成り、末尾に高橋紹運と斎藤氏の婚姻にまつわる挿話を記した「紹運公御縁辺之事」と本書述作の目的・経緯を記した著者の自書が付せられている。まず高橋家の由来を述べ（一）、次いで豊後大友氏の一族一万田氏から親泰の子鑑種が高橋家に入り三笠郡を領し宝満・岩屋を守って威勢強く（二）、遂に大友氏に反して敗退し豊前に移されたこと（三・五）、北原鎮久ら高橋家累代の家臣らの懇請で大友氏の一族吉弘氏から鎮種（紹運）が高橋氏に入り三笠郡を領し岩屋・宝満両城を堅め、両高橋となったこと（八）、元亀二年（一五七一）戸次鑑連が立花城督となったこと（九）、天正六年（一五七八）島津氏との耳川（日向市）合戦のあとの筑紫・秋月氏と紹運との攻防（十・十一・十二）、北原鎮久の背反（十三）、紹運の長男統虎（立花宗茂）が戸次道雪の養子となったこと（十七）、さらには秋月・筑紫氏と紹運との攻防（十八・十九）、天正十二年（一五八四）紹運・道雪の筑後攻略（二十・二十一）、翌年の道雪死去（二十二）その他を述べ、天正十四年の記述に入る。紹運・筑紫広門・秋月種実三者鼎立の状況から紹運は子息統増と筑紫広門の娘との婚姻で筑紫との結束をはかり（二十六）、ために秋月種実は　摩島津氏と結んだ（二十七）、大友宗麟は豊臣秀吉の許に赴き、宗麟の取り次ぎで高橋紹運・統虎父子は秀吉の御家人となった（二十八）、紹運・統虎は秀吉の許に使者を派遣して出馬を要請（二十九）、島津軍は筑後に出陣（三十）、筑紫氏を攻め高（鷹）取城（佐賀県鳥栖市）を攻陥（三十一）、紹運方は宝満・岩屋・立花三城を根拠としていたが、立花城の統虎は紹運に兵を宝満に集中して島津氏に当たるべきことを提言したが、紹運は岩屋城で応戦する決意を述べ（三十二）、宝満は統増が指揮することとした、以後、島津氏の紹運に対する降伏勧告（三十四）、新納蔵人と紹運との詞闘、島津軍十万余の猛攻、紹運軍の寡兵を以ての死力を尽くしての応戦、そして紹運三十九歳での自決となる（三十五）。以後は岩屋城陥落後の記述である。統増らは島津軍の捕虜となって連れ去られ（三十六）、宝満・岩屋城には秋月が入り、島津軍は大宰府を引き払い、統虎は星野氏を討ち、宝満・岩屋城を奪還（三十七）、豊臣秀吉の九州動座となり（四十）、秋月氏・島津氏は降伏（四十四）、統増らは帰還し秀吉にまみえる（五十）。秀吉は箱崎松原を見物し（五十一）、バテレン追放令を出し（五十二）、九州の国割《くにわり》（国分《くにわけ》）を行う（五十三）。統虎は豊臣大名として筑後の三潴・山門・下妻三郡（事実は三池郡が加わる）を与えられ統増は三池郡を与えられた。以上で本文は終わる。

三　参考先行書

以下、『高橋記』の問題点を若干記しておきたい。まず参考先行書のことで気付いた点を二、三述べておこう。『九州治乱記』、『岩屋物語』のことは前述した。『高橋記』以前の著作で九州全体にわたる戦国史を叙述しているものに、慶長十二年（一六〇七）僧了円撰の『九州軍記』がある。『梅岳公遺事』の引用書目の『九州軍記』の項では、記述の多くは『九州治乱記』と合い、『九州治乱記』は東肥二豊に詳しく、『九州軍記』は二筑西肥に詳しいと述べている（『橘山遺事』も同意）。概略そうであるが、同一のことがらに即して両書を合わせみると、年月日・姓名その他相違するものはかなりある。『高橋記』述作に当たって『九州軍記』も参照しているのではないかと思われる。

『高橋記』十六と『九州軍記』八戸次道雪・高橋紹運出張穂浪同石坂軍事の類似を一つだけ挙げておこう。

元和元年（一六一五）二月の奥書で、筥崎座主旧家臣城戸清種が父豊前守知正の物語及び自らの行実見聞を記した『豊前覚書』（別称『清種弓箭物語』）である。父・本人の立花家に対する功績や城戸家の由緒を子孫に伝え、立花家（当時は柵倉時代）に認めてもらう意図のもとでの述作であろう。柳河藩士笠間惟房は城戸清種を「本藩の士」であるとしているが（『梅岳公遺事』、『橘山遺事』引用書目）、定かでない。『梅岳公遺事』引用書目『高橋記』の項には「藩祖（戸次道雪）の事ハ豊前覚書を取て出しものならん、高橋家の事ハ親く主家の事なるゆゑ尤詳なり、然共年月の誤多し」と記している。『橋山遺事』では「藩祖の事」が「本藩事」になっている。城戸父子が筥崎座主のもとで戸次道雪・統虎父子のために働いていることは事実であり、『豊前覚書』はその記録である。

『高橋記』が『豊前覚書』を利用していることは笠間惟房の指摘通りである。『高橋記』十九天正十二年甲申二月八日の「従二筑紫一岩屋城江忍ヲ入レ焼崩ス事」と『豊前覚書』天正拾壱年三月七日の記事とが、年月日は違うが内容が同じであることを、一つだけ挙げておく（四でも言及）。

ちなみに、寛永十二年（一六三七）の序のある杉谷宗重著『大友興廃記』[4]は大友宗麟・義統関係のことを詳述しているが、『高橋記』はこれを参照していないようである。

四　『高橋記』の文書利用

『高橋記』は高橋氏、殊に高橋紹運を中心にした、いわば実録的軍記であり、その実録性の度合は利用している史料の質にかかわる。先行軍記の利用について二、三述べてきたが、史料のうち信憑性の高い文書の利用について見てみよう。『高橋記』には原文の形で引用されているのが七通ある。

（1）『高橋記』十一天正七年正月十八日屋山三助宛（高橋）紹運書状
（2）同十九（天正十二年）二月十七日屋山中務少輔宛（大友）義統書状
（3）同二十天正十二年申九月十一日光行助右衛門尉宛（大友）義統書状
（4）同二十四（天正十三年）十一月廿八日屋山中務少輔宛（大友）義統書状
（5）同三十七（天正十四年）八月二十八日立花次郎兵衛宛（立花）統虎書状
（6）同五十二（同年日欠）吉利支丹制禁（追放令）
（7）同五十三（年月日欠）九州国割之次第（国分令）

（1）・（2）・（4）は三原文書にあり、（1）・（2）・（3）は大友家文書録にも収め、（3）は歴世古文書に収めている。（1）・（2）・（4）は屋山氏あて、『高橋記』では伊藤源右衛門・伊藤外記などと共にその活動ぶりが縦横に記されている。『玉峰記』によれば屋山氏は三池藩の重臣である。（1）―（5）は形式は書状であるが内容は感状であり、（1）・（5）には所領の宛行が併記されている。（5）の岩屋城落城後の統虎の活動――高取（鳥）居城取崩・星野中務討取り関係の史料はかなり残っているが日付はすべて二十七日付で、二十八日付はこの（5）だけである。（1）―（5）の年次配列は間違っていない。

（1）―（5）の感状類のうち（1）は、筑紫広門・秋月種実が岩屋城を攻撃した時、屋山三介がこれを敗退させた功績を賞したもので、筑後三原郡田中村（大刀洗町）の内十五町弁びに役職・板付（福岡市）の内四十町・穂波郡の内百六十町を宛行っている。注目すべきは、その防戦の忠を「必らず上聞に達すべく候」と記していることである。配下に直接恩賞を宛行いながら、その軍功は大友義統に上進していたのである。（2）・（3）・（4）は大友義統が紹運配下の士に直接出した感状である。いわば（1）に対応するものであり、この種のことは、ここに引くものだけに止まるものではない。ちなみに（3）の充所光行氏は筑後鯵坂庄（小郡市）を本拠とする士であろう。三池藩の『玉峰記』には二百石までの衆として光行介右衛門が見える。ところが、岩屋城落城後の（5）の統虎の段階では、立花次郎兵衛の軍功を賞し、莚田郡（福岡市）内の福光両免田・鐘〔金〕隈（福岡市博多区）役職を宛行っているが、上聞に達するという文言はない。統虎の大友氏に対する相対化の表れというべきであろうか。

（6）は天正十五年（一五八七）六月十九日の、いわゆるバテレン追放令である。六月十八日付朱印状（神宮文庫蔵『三方会合記録』巻二他）と共に多くの研究がある。六月十九日令は箱崎・博多市中に触れまわされているから、[5]『高橋記』の著者の同令披見は幾つかのルートが考えられるが、筆者城戸清種の立花家との関係からいっても、この追放令は『豊前覚書』から採っているのではないかと見られる。ただし、字句の異同など検討すべき点は残っている。従来の追放令研究では右のことは省みられていない。検討材料の一つではあろう。

（7）は、いわゆる九州国割《くにわり》（国分《くにわけ》）令で、豊臣秀吉の九州平定に伴う大名領知の画定、知行割を示したものである。普通知られているのは『九州御動座記』所載のものである。同記は著者不明。天正十五年（一五八七）秀吉が薩摩の島津氏征討のため九州に出陣した時の記録である。秀吉が三月一日大坂を発ち、七月十四日大坂に帰着するまでのことを記している。新城常三氏の校訂で尊経閣本が九州史料叢書41『近世初頭九州紀行記集』（一九六七年九月）に収められている。両者を掲げるが、こまかい比較は省く。概略いえることは、『高橋記』がやや詳細で、立花統虎・高橋統増の記事を入れていることである。秀吉の九州国分の全体像は関係史料を網羅して検討されねばならないが、[6] 管見に入らないものが掲記されている。諸家に伝わる関係史料を見て国分令として整理めいたことをしたのであろうか。ともあれ、『高橋記』所載のものは九州国分の史料として看過できないものである。

高橋記　続群書類従第二十三輯上

五十三　九州御国割之次第

肥後国ハ、佐々陸奥守ニ被レ下、同心之衆宇土、城、隈部、合志《カウシ》、阿蘇《アソ》、小代《シヤウタイ》、赤星、山鹿、有動《ウドウ》、辺春《ヘハル》、和仁、大津山、右何レモ五百丁、三百町、二百町宛、御朱印被レ下ト也

一相良《サカラ》本持ノ儘被二仰付一之事

一龍造寺本持ニ一郡御加増、仕合無二此類一事

一有馬、平戸、大村、五嶋、波多、草野、壱岐、対馬本持ノ儘被レ下也

一豊後国ヲハ、本持ノ儘大友殿拝領ス

一日向ノ内二郡、伊藤本国トテ被レ下也

一秋月種□〔実〕、高橋右近、日向国ニテ五百町宛拝領ス

一筑前国ヲ小早川隆景拝領也

一筑後国ノ内、三潴《ミツマ》、山門《ヤマド》、下妻三群、立花左近将監拝領ス、同心トシテ三池上総守ニ、百五十町被レ下被二相

添一也
一同国ノ内、上筑後ニテ三郡、小早川秀包拝領ス
一同国ノ内、上妻郡、筑紫上野守拝領ス、為二同心一、矢部七郎左衛門被二相付ケ一事
一同国ノ内三池郡ヲ、高橋彌七郎統増拝領ス、為二同心一蒲池兵庫被二相付一也
九州御動座記　○尊経閣本、『近世初頭九州紀行記集』九州史料叢書41参照
九州御国分之次第
一筑前、筑後両国をハ小早川左衛門督〔隆景〕ニ被二宛行一候事
一豊後一国をハ大友左兵衛佐〔義統〕ニ被二宛行一候事
一薩摩、大隅両国をハ島津父子ニ被二宛行一候、其上ニ日向之内一郡伊集院ニ被レ下候、是ハ今度主之命為レ可レ
助二捨一身一、中納言殿御陣取へ走入たる心中をかんじ被二思召一、一郡右衛門大夫ニ御扶助之事
一日向ノ中ニ而又一郡伊藤屋形〔祐兵〕ニ被レ下候、残郡には御代官を被二仰付一候事
一肥後国をハ佐々陸奥守〔成政〕ニ被二宛行一候事
一肥前国をハ龍造寺〔政家〕ニ宛行候事
一豊前国をハ三分二黒田官兵衛〔孝高〕、三分一森壱岐守〔吉成〕ニ被二宛行一事
右九ケ国ノ目録大方如レ此、但先方之侍共其々忠節之者にハ加増ヲ被二仰付一、其国に御朱印に而立被レ為レ置
候也
一壱岐国、対馬国其まゝ居城ニ本主ニ被レ下候、かうらい唐土へ舟通用可レ被二仰付一と相聞候、後戸、平戸も本
主ニ被レ下候キ

『高橋記』にはまるまるの文書引用ではないが、取意的な引用がある。たとえば、十三に秋月種実の計策状（書状か）のことが見える。紹運を高橋家に迎えた重臣北原鎮久が秋月種実に通じて紹運に反し、誅殺されたあと、種

実が鎮久の子進士兵衛を誘引した状である。進士兵衛は封を切らずに紹運に呈した、というものである。進士兵衛が種実の誘いに乗ったとみせて秋月勢を大敗させるという話柄が続く。紹運が高橋氏内部の不服従勢力を一掃した画期的な事件の中のことである。少異はあるが『九州軍記』に見える。さらに、同四十には、天正十五年春、九州に出馬するとの秀吉の命を受け、黒田孝高が、先陣として四国・中国の衆を催して罷り向かうので、必ず九月中旬には着陣するよう渡海あるべし、との触状を廻した、という箇所がある。

文書ではないが、『高橋記』三十二に引く、寛永十二年（一六三五）七月二十七日立花宗茂が高橋紹運の五十回忌を営んだ時の、妙心寺良堂（了堂）の拈香の偈も史料引用として注目される。前述のように『高橋記』末尾の「紹運公御縁辺之事」とこの箇所とを欠く『高橋記』があり、あるいは『原高橋記』ともいうべきものに付加された部分かとの推測をもたせる。さらに拈香法語にしては内容が極めて具体的で、特異ともいえる。少年屋山太郎の壮烈な戦死を述べるなど岩屋城合戦を目のあたりに見るように叙述している。殊に立花宗茂の活躍を叙することが、むしろ眼目となっている。宝満一城に結集して島津軍に応戦すべきことを父紹運に切言したこと、岩屋城落城後の活動を力をこめて叙述するなど、拈香法語というより小軍記というべきである。それだけに史料としての信憑性に多少の不安を覚えるが『高橋記』核心部分の述作の参考史料になっているのではあるまいか。ここに見える了堂について一言しておこう。良堂は了堂の宛字である。

富士谷家文書九月五日の立花宗茂書状には、毎年了堂和尚に丹波の焼壺一つを進呈していると書いており、立花家文書の九月二十三日立花忠茂宛宗茂書状には、明年七月は紹運の五十年忌であるが簡素に執り行うようにと指示し、了堂和尚は四・五月の頃から下向してくるだろうと記している。『高橋記』に符合する。了堂の事績については『増補妙心寺史』（思文閣出版、一九七五年四月）に見える。同書を参考し、略歴を述べておこう。

豊前の出身、筑前承天寺の鉄舟円般に随時習学すること八年。妙心寺に入って法友の愚堂・雲居らと天下叢林歴参を企て、下野宇都宮興禅寺の物外の室に入った。のち薩摩の文之玄昌（別号南甫）の門に寓すること六年。立花宗茂の帰依を受けて江戸崇呼山少林寺（勝林寺）の開山となり、のち妙心寺の歴代に列して専ら閲蔵（大蔵経閲読）に従った。美濃の大智寺に住して同寺中興の業を成し、自身開創の山城上狛村弘済寺で寛文元年（一六六一）三月十日、持戒禅者としての生涯を終えた。

『高橋記』の文書利用に関して付記しておきたいことがある。引用文書の数は少ないがその主要部分は屋山氏関係の感状である。『高橋記』の著者ゆかりの伊藤氏と屋山氏は、岩屋城合戦の戦友であり、子孫は共に三池藩の重臣の家であるところから、伊藤一蓑は屋山文書をどの文書よりも利用しやすかったと思われる。屋山氏に感状類が残っている理由について『高橋記』二十五に、感状は軍忠を抽んずるごとに出されていたけれども、宝満炎焼、岩屋落去で散失した。しかし屋山中務少輔の後室は岩屋落去の折感状の類を取集め守りにかけて脱出したため、今に子孫の手にある、と述べている。戦国在地武士の軍事活動推進に占める感状の役割の重さが確認され、前述の、高橋紹運とその配下の士と大友義統の間における感状の意味を改めて考えさせられる。なお、岩屋落城後の統虎（立花宗茂）の軍功について、豊臣秀吉が統虎に無類の感状を与えたと『高橋記』三十七の末に記している。その天正十四年九月十日安国寺恵瓊・黒田孝高・宮木堅甫宛秀吉朱印状は現に立花家文書中にあり、このことに関して宝永元年（一七〇四）福岡藩士立花増能の『薦野家譜』四には、次のように伝えている。

右の御称誉ハ、誠に立花家面目ある書面也、此御書黒田家に在しを、寛文年中（一六六一－七三）に立花飛弾〔驒〕守忠茂より黒田平左衛門を以て御所望ありしゆへ、〔黒田〕光之公これをつかハされし也

『筑前国続風土記』三十七古城古戦場にもほぼ同様のことが記されており、立花忠茂が黒田光之に度々所望し、黒田家では出したくなかったが立花家の所望も余儀なきこととして写を留め、本書を立花家に送った、と伝えている。いわば『高橋記』記事の後日談である。黒田家相伝の、いわゆる御感書（福岡市博物館蔵）に関する史料でもある。

五　『高橋記』の内在的な問題

以下、『高橋記』の内在的な問題を考えてみよう。まず、述作の背景・意図の問題がある。前述したように、端的には「紹運公の勲功を策し（書き）、かつは忠臣の武名を挙げんがため」（本文最末）であるが、本書の本文に即して今少し付言しておきたい。同書二十五は前述のように高橋氏配下諸士家の感状の散失と伝存のことを前半に書いているが、それに続けて「然バ択出ス三百余ノ騎射馳突ノ勇鋭ノ其姓名ヲ註スニ、先御籠城ノ間、方々所々ニテ尽二忠功一戦死ノ輩大概彰レ之」として人名を列挙している。長年にわたる岩屋・宝満籠城の間、方々で忠功を尽くし戦死した人々である。列挙に当たってはここでいうように感状などを参考にしたものであろう。続いて、右の外は岩屋落城のみぎり、一時（同時）に戦死を遂げた、それは、同書三十五に記している岩屋城の役所配り（防御分担割り）から紹運最後に至るまでにこれを彰わしている、と記し、続けて宝満山で統増を守護した勇士二十六名を列挙し、すべて六十一人なり、と記している。このほか抜群の勇健な士はあまたいるが略す、として、これらの人々は統増が三池郡を領するに至る（御出世）まで相続して勤仕している。中でも天正十五年（一五八七）の肥後隈部氏らの国人一揆の折、肥後の領主佐々成政への援軍出兵、高麗陣数カ年の間も軍忠を重ね戦死を遂げ功を子孫に伝えている。岩屋城での戦死者の子供たちは流浪していたが、統増の三池入部ののち方々から召し集められ君臣の重縁を結んでいる。このほか、労功器量を以て一身建立の士も多々いる。

以上が『高橋記』二十五後半の内容である。本書述作の意図はここに集約されているといえよう。つまり、長年にわたる岩屋・宝満籠城に伴う合戦忠死、岩屋落城の多数の同時戦死、統増の宝満在城・島津軍に捕われの折の守護奉公、肥後一揆、高麗陣への出兵等々、高橋家に仕えてきた人々の主家への忠功の顕彰が大きく伏在していたと見られる。『高橋記』述作の段階で、これらの人々の子や孫が三池藩士の重要部分を形成していた。柳河藩士にもなっている。これらの点が他のいわゆる軍記と『高橋記』を分かつゆえんである。殊に伊藤家の勲功が特筆されていることに留意したい。『高橋記』は紹運の勲功と共に高橋家忠臣の武名・功労を、忠臣有縁者の立場から主体的に合わせ書きなした顕彰軍記録であるといえよう。

『高橋記』は紹運の人となりを随所に称揚している。文武に通じ徳智謀達し、諸人に情深く忠賞も時宜に応じ、私欲はなく、古今稀なる名将であり、数百人の侍が岩屋城で共に戦死した理由もそこにある、と記している。婚約していた豊後斎藤氏の娘（のちの宗雲）が疱瘡で見苦しくなっても兼約通り結婚し、統虎・統増が生まれ、兄弟共に名将となった、という挿話（「紹運公御縁辺之事」）も紹運の人となりを示すものである。『高橋記』は紹運の人となりの根底を義においている。義に生き、義兵を以て義に死んだ、家中の勇も仁義の勇である（二十五）という。

しかし、このような紹運称揚の行間に紹運への批判が明記されていることは看過できない。それは三十五の紹運自害のあとに加えられた記述の中にある。次に引用しよう。紹運の人となりをまとめて称揚したあとの記事である。

古今稀ナル名将ナリト云共、未ダ御齢《よわい》〔四十歳〕比《ころ》ニモ充《みた》セ給ハネバ、其壮《さかん》ナルニ及テ、血気方ニ剛クマシ〳〵テ、臨機応変ノ謀計ヲモ兼ラレズ、難キヲ先ニスル本意ヲ守ラセ玉フニ依テ也

岩屋落城は、紹運が臨機応変の謀計を欠き難事を敢行した血気の戦略の悲惨な結果である、というのである。見方によっては同書の紹運称揚の全てを帳消しにするものである。紹運家臣の「忠死」に対する紹運家臣ゆかりの筆者の哀悼の深さの反映でもある。後世、紹運の岩屋落城を説く書、『高橋記』を踏まえて、紹運「義死」称賛の度を高めてゆくが、この批判は没却されている。

『高橋記』の著者による直接批判の形ではないが、同十三の北原鎮久の言も注意すべきである。鎮久は紹運に、耳川敗戦後の大友氏勢力の崩落の中で宝満・岩屋に取り籠められ諸方の敵を受け戦い続ける非を説き、柔軟に時勢に応ずべきだと献言したが、紹運は取りあわなかったという箇所で、次のような記述がある。

鎮久所存ニハ、吾家ニ帰リ、片化《へんか》ノ主君ニ同意シテハ、家モ継ズ名字モ断絶シテ口惜キ次第也、所詮加様ノ偏

頗ノ主人ニ随ハンヨリ、只見レ時不レ如トテ、秋月ニ云合、紹運公御父子ヲバ、豊州ノ如ク奉レ送、高橋一家ヲハ、別ニ可二取立一モノヲト思立ル、事コソ、天魔ノ所行無レ疑トハ、後ニゾ思合ケリ

十三の項は早く『九州軍記』に見え骨子は同じであるが、『高橋記』は文飾が多くなっている。北原鎮久は高橋家累代の重臣で、紹運を同家に迎えた中心人物である。高橋家の他の重臣とは姻戚関係などで結ばれていた。結局、秋月に通じ、紹運に討たれる。ここに見られる、紹運を時勢の変化に柔軟に対応せず大友氏の依頼にのみ答えようとする偏頗の主人とする批判は、重臣層の間に底在していたろう。紹運は鎮久を誅殺して家臣の結束を一挙に強化して大友氏支持という自己の信念・方針を貫き、岩屋落城の悲劇となる。鎮久の批判は、この悲劇を経て、前述の「臨機応変ノ謀計ヲモ兼ラレズ、難キヲ先ニスル本意ヲ守ラセ玉フ」という『高橋記』筆者の直接批判に対応している、と見るのは見当違いではあるまい。

『高橋記』の内在的な問題で注意すべきものとして、紹運（統虎）対大友氏・豊臣秀吉の問題がある。結論的にいえば「独り岩屋（紹運）・立花（統虎）父子、ひとえに親戚大友を仰ぎ」、「相国大閤（秀吉）に帰す」（三十二）ということに尽きるが、少し事を分けて述べよう。「紹運公ハ大友家ノ御親族ニテ、宝満・岩屋ヲ給リ」（十三）とあるように、『高橋記』は紹運を大友家の親戚と位置付けている。紹運の父鑑理《あきただ》は大友氏の一族の出身で加判衆（年寄）として大友氏権力の中枢にあり、三老の一人といわれていた。大友氏の一族で娘は大友義統の妻であり、重臣ではあるが、いってみれば、同族被官（家臣）であり、紹運も同様である。島津氏側の『長谷場略譜』には「宗麟の被官高橋紹運岩屋城に拠る」としている。『高橋記』は紹運の大友氏被官の面は、いわば捨象して一族の面を記しているのである。これは紹運と秀吉との関係についての表現と関係があろう。

天正十四年（一五八六）三月大友宗麟は上坂して、秀吉に謁し、島津氏の豊後侵入を訴え、その討伐を請うた。『高橋記』二十八には、この時宗麟の取り次ぎで紹運・統虎が御朱印を以て秀吉の御家人（直臣）になったと記している。島津氏側の『長谷場越前自記』には「太閤様の御被官」とある。続いて二十九には、秀吉の御家人になっ

たからには早く秀吉に申入れて九州出馬を請うべく両人から使者が派遣されたとある。続いて同三十四に、天正十四年七月十三日大宰府観世音寺に着陣した島津氏から使僧を以て宝満山を渡すように岩屋に申入れた時の返答を次のように記している。

サレバ統虎・紹運事、大友宗麟取合セヲ以、殿下御家人ニマカリ成候上ハ、宝満・岩屋・立花ハ、殿下ノ御城ニテ候間、下トシテ可二相渡一事、不レ及二信用一候条、殿下ノ御下知ヲ受ラレ、可レ然トゾ仰ラレケル

そして七月二十七日紹運は自害し岩屋は落城する。島津軍は立花城の統虎に降伏を誘うが、統虎は「忝モ関白公ノ御朱印ヲ頂戴仕リ、紹運、殿下ノ御為ニ腹ヲキラレ候間、立花ノ切岸ニテ紹運孝養ノタメニ矢一ツ仕リ、其後可二申談一」（三十七）と返答している。島津征討後筥崎八幡宮に本陣を構えた秀吉は高橋統増を引見するが、その時のことを『高橋記』五十は「就レ中、今度対二殿下一切腹大忠、深重ニ思召ル、トノ上意ニテ、一家ノ案堵此時ニ候事」と記している。そして同書本文の最後の項五十三の末に秀吉の大坂帰着を述べ、「千秋万歳万々歳楽」と結んでいる。

『高橋記』が大友氏を紹運の親戚とし、紹運・統虎が秀吉の御家人になったと記しているのは、事の表裏を成すものである。つまり紹運殊に統虎の大友氏・秀吉に対する両属性を示しながらも、同時に大友氏に対する自立性を示すものである。秀吉の九州国分を経て大友氏と立花氏は豊臣大名として同列の存在となり、『高橋記』述作の段階では立花氏はすでに堂々たる大名である。紹運・統虎を大友氏の単なる城督（大友氏権力の地域的代行者）と見ない認識が『高橋記』にはあった。紹運・統虎が実際にそのことを明確に意識していたかどうかは定かでない。

以上は、高橋紹運・統虎の側からの整理であるが、秀吉の側からいえば、戦国大名付属の一族被官を直臣化し、末期症状の主家と並列把握して九州支配の拠点作りをしたことになる。

『高橋記』の近世における利用について付記しておこう。牧園茅山の『岩屋義戦録』は同書末尾の文章で『高橋記』を利用していることが知られる。笠間惟房輯・岡弘道校の和文『岩屋完節志』は本文中引載の典拠名によって、

その利用が知られる。帆足万里の漢訳本も同様である。笠間惟房の和文『梅岳公遺事』、帆足万里漢訳の『井楼纂聞』、『橘山遺事』などは引用書目に『高橋記』が引かれ簡単な解題が付けられている。

右のほか、高橋統増（立花直次）の伝である『玉峰記』の序文の初め部分で『高橋記』のことを記し、「今に以て御家末流の亀鑑と成るものなり」と述べていることにも留意しておきたい。文中「惣而宝満御籠城御随身の侍六拾一人となり」とあるところなど、『高橋記』二十五に拠っていることは明らかである。元禄年間（元禄十四年十月以前）柳河藩儒安東省庵が三池藩主立花種明の依頼で「紹運公碑文」を書くが、『高橋記』を参照しているようである。

註

（1）『高橋紹運記』の刊本として、江島茂逸著・刊『高橋紹運岩屋城史談』（歴史図書社復刊、一九七八年三月）所収の平仮名本がある。所拠不明。

（2）『校訂筑後国史―筑後将士軍談』中巻（名著出版復刻版、一九七二年一〇月）三一―三二頁。

（3）『群書解題』（続群書類従完成会、一九六一年一二月）第十四所収「高橋記」一一四―一一六頁が要領よく梗概をまとめている。

（4）『大分県郷土史料集成』大分県郷土史料刊行会、一九三八年一一月。

（5）川添昭二他校訂『博多筑前史料豊前覚書』（以下『豊前覚書』と略記、文献出版、一九八〇年九月）五六頁。同書の奥書は元和元年二月であるが、慶長二十年は七月に元和と改元されている。元和元年二月は、いわゆる未来年号であり、疑問が残る。

（6）桑田和明「豊臣政権下における九州再国分について」（『九州史学』七八号、一九八三年一〇月）。

第十三章　岩屋城合戦関係軍記

一　『岩屋物語』と『岩屋軍記』

高橋紹運・岩屋城合戦を主題・書名とする著作のうち最も古いのは『岩屋物語』であろう。筆者が知り得ているのは、A伝習館文庫・柳河藩政史料（架蔵番号五七四五）とB同（架蔵番号五五八五）の二本である。『国書総目録』には写として東大・東大史料（柳河立花家蔵本写）とある。Aの奥には「享和元年辛酉十月写レ之」とある。A・Bの本文は、とりたてていうほどの異同はない。以下の記述は、主としてAを典拠とする。

内容は天正年中（一五七三—九二）筑前国高橋宗仙（鑑種、?—一五七九）のことから高橋紹雲の子息立花宗茂・直次（高橋統増）兄弟がそれぞれ柳河藩主・三池藩主になるところまでで、岩屋城合戦を中心に詳述し、その前後のことを併叙したものである。著者については、慶安四年（一六五一、あるいは慶安五年）の『高橋記』三十五に、岩屋落城後島津軍が敵味方亡霊供養に大施餓鬼を営んだことを記したあと、次のように記している。

龍峰寺ト申テ、紹運公御先考鑑理〔吉弘〕公ノ御菩提所ニ、存心和尚トテ曹洞宗ノ智識ヲハシマスガ、後ニハ統増〔高橋〕公三池郡御拝領ノ時如二此地一越山有テ、定林寺ニ入住御座ス、彼僧、岩屋落去ノ始終ヲヨク正シ明メ、被二記置一タル一冊有リ、則写レ之者也（1）

吉弘氏の菩提寺豊後龍峰寺の住職で、高橋統増（立花直次）に招かれて筑後三池郡定林寺の住職となった存心が岩屋城落去の始終を一冊の書にした、というのである。ここにいう『岩屋物語』のことをいっているのであろう。存心は『九州治乱記』の著者とされている。笠間葆光（惟房）の『梅岳公遺事』の引用書目の『岩屋物語』には、存心の撰『九州治乱記』に漏れた所を古老の旧聞を集めて録したものとしており、帆足万里漢訳・岡弘道重訂の『橘山遺事』の引用書目『巌屋物語』の項も同意である。

著作年代については、高橋統増が三池一万石を領したことが本書の終末に記されていること、右前引記事中に統増が三池郡拝領の時存心が同地に移って定林寺の住職になったとあること、慶長十九年（一六一四）に統増が常陸柿岡五千石の旗本になったことや元和三年（一六一七）に死去したことなどに触れていないことなどの諸点から、本書の著作年代は天正十五年（一五八七）を上限とし、それからあまり下らない時期ではないかと想定される。前述Aが享和元年（一八〇一）十月の写本であることから、著作年代がこの年を下ることはない。ちなみに、『梅岳公遺事』の引用書名『九州治乱記』の項には、存心禅師が定林寺にいたのは「元和の比なるにや」とし、『橘山遺事』の引用書目『九州治乱記』の項には、存心が定林寺にいたのは必ず元和年中に在る、と確定的に述べている。

あとで述べる『碩田叢史』所収の『岩屋軍記』には、『岩屋物語』を転載したあと、川波信成誌として、冒頭に、

　右岩屋落城〔岩屋物語〕の記、何人のあらハす所にや、文詞の拙陋なるを以是を思ふニ九州軍記の抜書ニもあらず、しかればみづから志有て記せる書なるべし

と記しており、同書の性格を簡潔に要約している。同書の著作動機について、自ら志有って記せる書としており、含蓄のある表現だが、具体的な理解は得にくい。中心になる高橋紹運についての記事に即して本文を見れば、智仁勇の三徳を兼ねた名将紹運が大友家の厚恩を忘れず「死を善道に守」った、というところが、いわゆる「志」に当たるだろうか。紹運の義死は、その主題岩屋城合戦に即した戦物語の形をとることによって世の広い理解がえられていったことは確かである。紹運らへの鎮魂は必ずしもあらわな表現をとってはいない。

『岩屋物語』は川波信成が記しているように、『九州軍記』の抜書きではない。『九州治乱記』と対比しても引用関係は確かめにくい。著者を存心とするならば、高橋統増その他直接関係者からの伝聞もあったろう。

『岩屋物語』を『高橋記』などと対比してみると、次のような点が目につく。最初の部分に高橋家の由来などは記しておらず、高橋宗仙（鑑種）が吉弘加兵衛（鑑理の誤まり）の二男（のちの紹運）を養子とした、というところから始まっており、かなりの誤記がある。『高橋記』は鑑種が高橋家を継ぐこと、大友宗麟の筑後出張、鑑種の豊前への国替、鑑種の再度の背反、北原鎮久らの高橋家再興、戸次道雪の立花城督就任と続いて天正六年（一五七八）の耳川敗戦となるが、『岩屋物語』は宗仙が紹運を養子としたというところからすぐに耳川合戦を記している。そして宗仙が耳川敗戦の原因をあげて紹運を謀反に誘い、紹運が拒絶し、宗仙・紹運父子が不和となったと記している。紹運は宗仙の養子などではない。

そしていきなり天正十四年（一五八六）の岩屋城合戦の記述に入る。しかもその主因として、紹運が秋月種実との約束を破り、筑紫広門の娘を次男統増の嫁にしたというところにおき、岩屋に赴く広門の娘の悲嘆、広門の臣帆足弾正の忠節ぶりなどを詳述し、いかにも「物語」に仕立てている。以下の岩屋城合戦の記述は類似書の記述と大同小異である。戦死者をおよそ八七五人としている。紹運のことを「大友家臣として旧恩を忘れず、二心なく忠義ニ死を遂られたり」、「智仁勇の三徳を兼て死を善道に守れる」と述べ、行年三十八歳とする。こまかい誤記など云々しても余り意味はない。

高橋紹運自害後の叙述では秋月種実関係の記事が大部分を占めている。秀吉の許に派遣された秋月の家臣惣利内蔵介が秀吉に属すべきを主張して遂に種実父子に切腹させられたくだり、種実の秀吉への降参に至る経緯がその柱である。主家の存続を願う知と忠に勝れた惣利内蔵介についての叙述は高橋紹運より悲劇的かもしれない。ともあれ、本書は書名のとおり「物語」性が濃厚である。

ちなみに太宰府天満宮には嘉永七年（一八五四）三月、御笠郡国分村の中嶌久四郎が書写した『岩谷軍記』が所蔵されている。内容は、これまで述べてきた『岩屋物語』であり、後に述べる川波信成編成の『岩屋軍記』前半部（『岩屋物語』に相当）の問題を考える際、無視できない一本である。ただ、惣利内蔵介が豊臣秀吉の許から帰国する箇所以後が脱落している。

なお、福岡県嘉穂郡頴田町の許斐家文書一〇六筑前叢書百六に、無題であるが、ここにいう『岩屋物語』が収まっている。御笠郡井手古賀村《いでのこがむら》（筑紫野市）の永田新右衛門が享和三年（一八〇三）七月中旬に写したものである。永田氏は観世音寺関係の史料等に散見する。[2]次項で述べるように、享和元年十月『岩屋物語』（伝習館文庫柳河藩政史料五七四五）が写された直後である。さらに、矢野一貞の『筑後将士軍談』が『岩屋物語』を多く引用していることを付記しておく。

『岩屋物語』に関連して述べなければならないものに『岩屋軍記』がある。ここでは『碩田叢史』所収本により、同書の史料的問題について述べる。内題には『岩屋記』とある。

『碩田叢史』は豊後の後藤碩田（一八〇五―八二、名は真守《まもり》）が生涯をかけて収集した、豊後を中心に九州その他に及ぶ歴史・地理その他の諸学に関する叢書で、殊に日本史研究に不可欠の貴重な資料を収めている。四五八冊に及ぶ書目は『国書総目録』第八巻にも収録しており、原本四五五冊が大分県立大分図書館に収められている。碩田の学問や人となりについては吾郷清彦『九州近世の先哲後藤碩田の偉業』（大分県人社、一九七六年一二月）に詳細である。今は、帆足万里に儒学を、渡辺重名・長瀬真幸に国学を、田能村竹田に詩・画を学んだという学問的系譜だけを述べておく。

この『岩屋軍記』には、

此一冊者筑前太宰府宮司満盛院所蔵本也、請二院主一謄写畢

天保十四年仲夏日　後藤碩田文庫

という奥書があり、天保十四年（一八四三）五月、太宰府満盛院所蔵本を謄写したものであることが知られる。原

本は不明。師の帆足万里の『岩屋完節志』の漢訳などと関係があるのだろうか。

本書は二つの部分から成っている。前半は前述の『岩屋物語』である。後半は貝原益軒の『筑前国続風土記』巻之二十四古城古戦場の御笠郡を中心とした岩屋城合戦関係の記事を適宜撰択配列したものである。字句の異同、数字の改変など看過できない問題もある。このような編成をしたことについて、前半部の終わりに編成者の川波信成が説明を書いている。冒頭の部分は前項で引用している。さらに後半部の末尾に、本文とは異筆の『岩谷軍記跋』が加えられており、両者の記述内容には異同があるけれども、二部編成をした理由についての説明は同趣旨である。跋文の方は、このような編成書を作った理由や高橋紹運観も知られるので、次に引載しよう。返り点は原文のまま。送り仮名は省略する。

忠惟可レ要レ無レ私也、義惟不レ悔レ亡レ頭也、茲可レ見二旧址之墳墓一、能可レ聞二勇武之功名一、特高橋紹運者徳行兼二備古今一、忠戦秀二逸近世一、既岩谷籠城之万卒一人而無二遁レ死者一、至哉其忠其義、及二卑賤之歩兵一、後世武将明鏡昭々日域傑然矣、其功以有二賞談一、有二誌記者一、間偽以失レ真、真以飾レ偽、却似レ損二其誠心一、因今欲レ糺レ之、則我国之儒長貝原篤信先生之所二編録一筑前古戦記、或拠二古実之証一、以岩谷・宝満・立花三所之事伝弁挙二類所之説一、方為レ弁レ之、巻首異説記、以改正

高橋紹運の忠義・勇武・徳行・忠戦について賞談・記述するものがあるが、「まま偽以て真を失い、真以て偽を飾り」かえって紹運の誠心を損っているともいえる、というのである。これは『岩屋物語』を転載したあとの川波信成誌と同一内容である。つまり「偽以て真を失い」云々というのは端的には『岩屋物語』の記述をさしているのである。そこで、我が国（筑前）の儒長貝原益軒の筑前古戦（場）記などによって真偽の判断に備える、というのである。つまり『岩屋物語』の誤りを『筑前国続風土記』と対比して明らかにしたのである。ただ、『岩屋物語』は全体の前半部だけを掲げている。『岩屋軍記』編成の目的は前半部で事足りるとしたのか、単純な脱落なのか、判断がつかない。ところで、貝原益軒の「古城古戦場」も、いってみれば二次的な記述であり、もとより第一等の

史料ではない。碩学益軒に対する絶対視が背景にある。

前半部の『岩屋物語』に相当する部分は、多少字句に異同があり、割注を付けている箇所もある。当初述べた『岩屋物語』には見えない増幅があり、ことに「岩屋籠城戦死之人数」が挿入されているのが目につく。宰府村民の所持しているもの、とあるが、すでに慶長十二年(一六〇七)の『九州軍記』巻十にはほぼ同内容のものが引載されている。

『岩屋軍記』の編成者については、前半部末尾に編成理由を述べている川波信成と見てよかろう。その文中に「予の賤祖も亦高橋の微臣」と記しており、同書引載の戦死者の中に川波甫月がいる。そのことが本書の編成を思い立った理由の一つでもあろう。さらに貝原益軒のことを「国儒」、「国の儒長」と記しており、原本が太宰府満盛院蔵であることなどからすると、川波信成は筑前の士であろう。福岡藩分限帳の類には軽輩の川波氏が散見するが、信成については明らかでない。ところで『岩屋軍記』の編成時期はいつ頃であろうか。本書の後半部は宝永六年(一七〇九)に全く成った『筑前国続風土記』によって編成されているが、その他・その後の筑前地誌類は使われていない。そして天保十四年(一八四三)に本書は謄写されている。従って、編成の時期はこの間のことになる。

幸い編成者のことが少し分かる資料がある。『神道大系』神社編四十八(神道大系編纂会、一九九一年三月)に、近世前期の大宰府天満宮、及び近隣にまつわる奇瑞譚を記した『天満宮奇瑞事録』が収められている。正徳五年(一七一五)九月下旬、川波信成・義夫が編述し大宰府天満宮に奉納したものである。川波信成は前述の川波信成と同一人であると見てよかろう。『岩屋軍記』の編成時期も正徳五年前後ではあるまいか。

二　牧園茅山『岩屋義戦録』

漢文で簡潔に岩屋城合戦そのものを主題として叙述したものに牧園茅山《ぼうざん》(3)(一七六七―一八三六)の『岩屋義戦録』

がある。茅山、字は豬、筑前国志麻郡師吉村《もろよし》（糸島郡志麻町）の生まれ、亀井南冥に学び、寛政十年（一七九八）柳河藩第八代藩主立花鑑寿《あきひさ》に取り立てられ、九代藩主立花鑑賢《あきかた》が藩校伝習館を創設すると助教に任ぜられ、文運隆盛の鑑賢時代を代表した。

伝習館文庫・柳河藩政史料の五五八六①（仮にAとする）・同②（B）・同五八二七（C）にいわゆる『岩屋義戦録』が収まっている。以下、これらを典拠として、同書の問題点を考えてみたい。Aの内題は「岩谷義戦録」となっており、B・Cは表題・内題共に「岩谷義戦録」となっている。Aは最末尾に「文化六年（一八〇九）己巳七月臣牧園豬謹録上」とあり、Bは表題こそAと異なるが、内容は最末尾までAと同じで、奥に「明治四拾四年四月写ㇾ之　石川恒季㊞」と記載された写本である。Cについては後に述べる。まずAに即して述べることとする。

Aに即して年表風にいえば、『岩屋義戦録』は、文化六年（一八〇九）七月、柳河藩儒牧園豬（号は茅山、以下茅山と略記する）によって書かれたものである。著述の経緯・典拠などについては本文のあとに付加されている文章に記されている。茅山は岩谷（屋）などのことについて草稿を作っていたが脱稿に至らなかった。東宮台（Cでは世子）の下命で藩中の諸生が岩谷懐古を賦すことになり、それがきっかけとなって本書を録上した、というのである。東宮台というのは、寛政十一年（一七九九）九月柳河藩第八代藩主立花鑑寿《あきひさ》の養子となり、のちに第九代藩主となった立花鑑賢のことであろう。以下、慶安年中（一六四八－五二）藤原（伊藤）一蓑所撰の『高橋紹運記』、存心の『岩谷記』、及び存心の著といわれる『九州治乱記』に触れ、両書成立の前後は分からない、としている。さらに安東守約《もりなり》（一六二二－一七〇一、号は省庵）所撰の「紹運公碑文」も参照したことを述べている。本文を見ると、『岩屋物語』（『岩谷記』）、『九州治乱記』、『九州軍記』、「紹運公碑文」を適宜利用しながら岩屋城合戦を叙述している。従って新しい記述は見られない。つまり本書は、岩屋城合戦についての要領を得た案内書ということになる。淡々とした叙述ではあるが、高橋紹運の忠勇義烈を顕彰する意図は汲みとれる。寛政六年（一七九四）、茅山が大宰府延寿王院に寓して諸生を教導していたことを（『茅山先生展墓記』）この思いの中に込めることは、あるいは許されることかもしれない。次にCに移ろう。

Cは「天正十四年七月嶋津義久・秋月種実陥二岩谷城一、〔高橋紹運〕天叟公死レ之」に始まり「文化六年己巳臣牧園豬謹録上」に終わる茅山の『岩屋（谷）義戦録』を本体とし、「臣笠間惟房誠惶誠懼謹言、先臣牧園豬嘗紀○改行天叟公死二節於巌谷一之事上、名曰二義戦録一」に始まり「天保壬寅陽月〔十三年十月〕五日○改行助教臣笠間惟房謹上牋」で終わる「進二義戦録一牋」を前に、「論曰」で始まり「天保壬寅首冬○改行笠間惟房謹撰」で終わる論を後にして編成した漢文の書である。

笠間惟房（一七七八―一八六五）は通称養左衛門、号は奥庵。文政七年（一八二四）藩校伝習館が創められた時訓導に補せられ、のち助教に任ぜられている。安東節庵・牧園茅山が相次いで没したあと柳河藩の学事を一身に担った。藩命を受けて『道雪公年譜』、『祖宗懋《ぼう》績録』などを著している。後で述べるように、柳河藩における岩屋城合戦関係研究における役割は大きい。

牋は柳河藩第十一代藩主立花鑑備《あきのぶ》に上った文の意である。「進二義戦録一牋」には、かつて牧園茅山が先々代鑑賢《あきかた》に『岩屋義戦録』を録上して政暇の観に備えたことを述べ、史の伝紀には論評を付けるのが常であるとし、論を加えてまた『岩屋義戦録』を進め、機務の暇に読まれんことを述べている。忠勇義烈の先祖に対する藩主の追遠に資そうとする含意もある。論は戦国末期の九州の政治的動向の中に戸次道雪・高橋紹運の活躍を位置付け、百世の下、紹運の英烈を聞くもの興起せざるはないことで結んでおり、長くはない文章であるが、論賛の体をなしている。茅山の『岩屋義戦録』は、笠間惟房が牋と論を加えることによって当代の概念に即した史書の体をとったともいえよう。

三　和文『岩屋完節志』

岩屋城合戦そのもの、つまり高橋紹運のことを主題として成書したものに和文と漢訳の『岩（巌）屋完節志』がある。和文のものから漢訳本へと説明を進めていこう。筆者が利用している和文のものは、福岡県立図書館の福岡県史資料編纂資料所収（架蔵番号は〇七四・一七〇一）のものである。表題には「巌屋完節志」とあり、内題は「岩屋完節志」で、その下に二行にわたって「笠間葆光　謹輯／岡弘道　謹校」とある。柳川古文書館寄託の甲木先生収集史料にも同一系統のものがある。以下『岩屋完節志』と表記する。

編輯者の笠間葆光《やすみつ》は前述の笠間惟房の別名である。岡弘道からは「友人笠子恭」と呼ばれている（『橘山遺事』天保十五年三月岡弘道序文）。校訂者の岡弘道は、『橘山遺事』弘化三年（一八四六）二月の安積信（艮斎《ごんさい》）の序文には「柳河藩士岡子毅」とある。岩波書店『国書人名辞典』第一巻には岡紫陰で立項し、「漢学者〔生没〕文化十四年（一八一七）生、没年未詳。〔名号〕名、弘道。字、子毅。通称、直次郎・直輔。号、紫陰。〔経歴〕筑後柳川の人。帆足万里の門に入って儒を学び、大阪で子弟に教授した。〔著作〕橘山遺事校〔安政二年刊〕」と説明している。

内容は、天正十三年（一五八五）冬、豊臣秀吉が使者を豊後に派遣したという『九州治乱記』そのままの記事から始まり、天正十五年の秀吉の九州平定、高橋統増（立花直次）が一万石を賜わったことで本文を終わり、最後に笠間葆光（惟房）の結言を付している。岩屋城合戦が中心であり、高橋紹運の完節を述べたものであることはいうまでもない。記述に当たっては、本文でいちいち典拠を記しており、本書が何によって編輯されているか、明瞭に知ることができる。それらの典拠のうち引用回数が多いのは『九州治乱記』、『高橋記』、『九州軍記』で、『豊前覚書』、『鷹野家譜』、さらに『島津世禄記』、『巌屋物語』、『立花懐覧記』と続き、『九州記』、『浅川聞書』、『十時相模物語』、『立花戦功録』が三回程度、『立斎旧聞記』、『狩野源内兵衛覚書』、『吉田家留書』が二回程度見え、あと、『大友興廃記』、『翁物語』、『小野氏系譜』が見える。同一箇所で一つの典拠を複数使っていることもあるので、回数は厳密には表現しにくい。

典拠に柳河藩関係のものが目につく反面、攻めた側の島津氏関係が極端に少ない。後者は本書だけに限ることではない。これもまた本書に限ることではないが、本文の編輯は、これらの、いわゆる軍記物といってよいものを中心に、覚書・聞書・家譜などの類を使ってなされている。戦死者の数を戦死録によって改めたりしているが、そんなのは稀である。文書の利用も見られるが、先行類似書の二次的利用である。従って本文の記事そのものに新味はない。

問題にされるのは、本文中しばしば挿入されている笠間葆光（惟房）の按文である。同一箇所で「按ずるに」が二回出ている所もあるが、和文では二十四回程按文が見られる。もちろん、「按ずるに」はなくても、按文と同様なものはある。按文は、ほとんど典拠の記事を是非したものや、関連のことなどを述べて本文を敷衍したものである。ただ二次的史料の対比是非であり、実証的であろうとはしているが、相対的な段階に止まっていて、根本史料で是非するところまでは至っていない。当時の史料状況では無理からぬことであるが、『大日本史』編纂のような程度には比すべくもない。按文に史論的なものは見られない。今述べたような実証性保持の姿勢からくるものであろうか。

本書は、柳川藩士の「謹輯」、「謹校」であり、本書の漢訳本の結言が「臣葆光曰」とあるところから明らかなように笠間惟房が柳河藩主に上ったものである。和文『岩屋完節志』の成立年次は明確にしえないが、漢訳本と同じ『橘山遺事』五を収める同書の岡弘道の序文は天保十五年（一八四四）三月である。和文のものはこれをあまり遡るまい。だとすると和文のものは第十一代藩主立花鑑備《あきのぶ》（天保四年七月襲封）の時代ということになる。遡っても第九代・第十代藩主立花鑑賢《あきかた》・鑑広の時代であろう。あるいは藩命を受けての編輯かもしれない。本書編輯の趣旨と意義を述べている笠間葆光（惟房）の結言も、当然、このことと表裏している。結言の意を取れば次のようになる。

戸次道雪は筑前糟屋郡の立花城を固く守って没し、高橋紹運は岩屋城を守り、百戦屈せず薩摩の精鋭を数多く討取って潔く忠死した。立花統虎（宗茂、紹運の実子、道雪の嗣子）は道雪・紹運の遺策をうけ、立花城によって大敵に当たり、遂に薩摩が九州を併することを止め、大友氏の地位を保全した。立花・岩屋の二城なく、薩摩勢が豊府を攻めたら大友家は滅亡したろう。岩屋城の義戦をたとえれば、中国唐代の張巡が睢陽城を死守したのに似ているが、紹運が初めから死を決して宗国（大友氏）を全うしたのは、張巡が敵手に捕えられて死に至るまで敵を罵ったのとは比べられない。子孫たるもの二公の恩恵を思うべきである。

四　岩屋城合戦関係書の漢訳をめぐる問題

和文『岩屋完節志』の漢訳者は帆足万里（一七七八―一八五二）である。字は鵬卿《ほうきょう》、号は愚亭。豊後日出藩士。家老となっている。少年期に脇愚山に師事、大坂の中井竹山、京都の皆川淇園、豊後日田の広瀬淡窓、福岡の亀井南冥を歴訪して教えを受け、豊後の先学三浦梅園の学問に深く影響を受けた。家塾を開き多くの子弟を教育した。学問の幅は広く天文・医術・経済・蘭学その他の諸学に通じ、その業績は『帆足万里全集』上・下巻（帆足記念図書館、一九二六年六月、ぺりかん社より復刻版刊行、一九八八年七月）などで見られる。

漢訳の『岩屋完節志』は『橘山遺事』巻五として版行されているが、『帆足万里全集』上巻に『井楼纂聞』巻四の後に『巌屋完節志』として収められている。漢訳文『岩屋完節志』の成立の背景・推移を簡単に述べよう。こまかな考証は省く。

『井楼纂聞』（『帆足万里全集』上巻）は天保十二年（一八四一）十二月の帆足万里（以下、万里と略記）の序文によると、柳河藩士で万里の門人である岡弘道が、同藩士笠間子恭（惟房・葆光）が編集した『先侯遺事』数巻（『梅岳公遺事』《戸次道雪》五巻であろう）を示したので、漢訳修辞の手本にと門弟一、二と謀って漢訳し、巌屋の事（笠間子恭輯『巌屋完節志』）一巻は別に訳してその後に付した、とある。井楼は戸次道雪・立花統虎（宗茂）の立花城のある山の名である。『先侯遺事』数巻について帆足図南次『帆足万里』四〇頁（吉川弘文館、一九六六年五月）は天保八年（一八三七）笠間子恭が輯《あつ》めたものとする。

『井楼纂聞』一―四巻は戸次道雪の伝である『梅岳公遺事』五巻の漢訳である。両者の内容関係については、『岩屋完節志』における和文と漢訳との関係と、基本的には同じである。伝習館文庫（対山館文庫七－一九）の三巻三冊本『梅岳公遺事』には天保十五年（一八四四）七月の日出・米良倉（号は東嶠、万里十哲の一人）の序文がある。『梅岳公遺事』、『井楼纂聞』には笠間葆光の凡例（発題）と引用書目がある。引用書目によって二書を構成している典拠が知られ、岩屋城関係の書を調べる時の程良い資料解題となっている。

ところで前引の『橘山遺事』一－四巻は、『井楼纂聞』四巻（つまり『梅岳公遺事』）と同一内容である。もちろん序文その他若干の相違はある。『橘山遺事』巻一には「日出　帆足万里鵬卿　訳〇改行門人　岡弘道子毅重訂」とあるが、『井楼纂聞』巻一は「日出　帆足万里鵬卿訳」だけである。また、『橘山遺事』には、篠崎弼（号は小竹）の「与㆓柳河岡子毅㆒書」や弘化三年（一八四六）二月の安積信の序文、天保十五年三月の岡弘道の序文がある。これらの序文によって、中井竹山（一七三〇－一八〇四）の『逸史』（寛政十一年（一七九九）刊）の、戸次道雪のことについての誤謬を正すことを、同書の纂録補輯の大きな目的としていることが知られる。

万里による『井楼纂聞』漢訳の作業は柳河藩の委嘱によるものといわれており[4]、『岩屋完節志』漢訳も同様ということになろう。漢訳の実際の作業は門人がして、万里は校閲程度であったようであるが、万里はその著『修辞通』によっても知られるように、古典修得によって古文を学習させ儒教の理解に資そうとしており、前記の漢訳作業は万里にとっても意義あることであった。それは、近世における漢文法研究の進展の中で考えてもよいことである。万里は晩年には、和訳がわが国の教化、人材の育成に緊要事であることを痛感して、それを子弟に説いていることも[5]併考すべきである。

『岩屋完節志』の漢訳に限らず『井楼纂聞』（『橘山遺事』）全体についていえることであるが、冗長とも思える和文の文脈を整理し、提示の事実を簡潔・的確に把握・叙述している。達意の漢訳というべきである。漢訳では按文は和文よりも整理されて十五カ所程つけられている。岡弘道の重訂がどの程度のものであったかは分からない。『橘山遺事』五最後の天正十五年（一五八七）三月条の標注に「臣弘道按」とあるのが目につくぐらいである。この記事によって『岩屋完節志』と同じ同書の版行が柳河藩の意向によるものであることが察せられる。

『岩屋完節志』の漢訳は万里にあって門弟への漢文誦習指導の意味をもったのであるが、歴史書といわれるものを書いていない万里にとって問題としてよい作業である。その作業を進める力になったものに戸次道雪・高橋紹運の大友家に対する忠義への感奮があったことは否めない（『井楼纂聞』序）。

註

（1）『続群書類従』第二十三輯上、一五三頁。
（2）『太宰府市史　近世資料編』（太宰府市、一九九六年三月）七頁下、四一七頁下、六一〇頁下。
（3）牧園茅山については岡茂政『柳川史話〔全〕』（青潮社、一九八四年九月）に詳細な叙述がある。
（4）帆足図南次『帆足万里』（吉川弘文館、一九六六年五月）一五〇－五一頁。
（5）日本思想大系47『近世後期儒家集』（岩波書店、一九七一年三月）五三九頁。

第十四章　貝原益軒の菅原道真・太宰府天満宮研究

一　太宰府天満宮文庫の創建と貝原益軒

貝原益軒の菅原道真・太宰府天満宮研究は貞享元年（一六八四）八月、五十五歳の時の著『太宰府天満宮故実』に結実しているといってよい。春山育次郎編『益軒全集』巻之五（益軒全集刊行会、一九一一年二月）、『北野誌北野文叢下人』（国學院大学出版部、一九一〇年七月）、『修養文庫賢哲伝上』（修養文庫刊行会、一九一九年六月）、『神道大系神社編四十八太宰府』（神道大系編纂会、一九九一年二月）に収載刊行されており、かなり多くの研究者が菅神への崇敬・信仰の歴史を叙述する中で触れている。殊に筑紫豊「太宰府天満宮故実」（『飛梅』二号、一九六九年六月）「太宰府天満宮と貝原益軒」（『神道史研究』一七巻五・六号、一九六九年一一月）で要を得た説明がなされている。これらの先行論著を参照しながら、益軒の菅原道真・太宰府天満宮研究について見ていこう。

この問題については、もとより益軒の巨大な学問体系の中で考えねばならない。益軒の学問の全容については『福岡県史通史編福岡藩文化(上)』第一章総説で略述しているが、要約すれば次のようなことである。朱子学・陽明学兼用の立場から、京都遊学を経て朱子学徒として学問的姿勢を固め、晩年には朱子学内部からの朱子学批判の書『大疑録』を書き、修正朱子学と評されている。益軒は、学問の要は経学と史学で、道を明らかにする経学を本とし、経学のいとまに事に達し古の事を知る史学を末として学べ（『文訓』）と述べているが、その学問は人文・科学の両面にわたり、民生有用の実学を主張し、膨大な著作を著している。「日本の歴史の中で、彼ほど長く、しかも大衆的といってよいほど広範な影響を保っている思想家は稀である[1]」と評されている。『太宰府天満宮故実』（以下『故実』と略記）は、菅原道真・太宰府天満宮研究には今日でも必読の文献である。

益軒が『故実』を著すに至る経緯、あるいはその前提ともいうべきことについて、まず述べておこう。

益軒の儒学者としてのもとからの菅神崇敬、太宰府天満宮が全国的崇敬を受けていたこと、益軒が同宮所在地の藩儒であること、同宮が、海内の宿儒といわれた益軒の述作を望んでいたであろうことなどが背景にあることはいうまでもない。益軒が『故実』を著し奉納した時の同宮の別当は大鳥居信兼で、益軒より一歳上である。「信兼筆記」、『司務別当大鳥居家々略譜』（以下『略譜』と略記）によると、万治元年（一六五八）福岡藩主黒田光之の命で歌学修業（里村家従学）のために上洛している。益軒も京都遊学の命を受けて在洛中であり、『損軒日記略』万治二年七月八日と同三年三月二十五日条など、信兼の帰国と再度入京を記していて、藩命による内地留学者同志の交流を窺わせる。大鳥居氏は福岡城で行われる正月の連歌会（「松御会」、「松連歌会」）の中心で、幕府における里村家にあたる役割をしており、信兼の京都遊学は藩公用であり、大鳥居氏は黒田家お抱え連歌師の役を兼ねていたのである[2]。太宰府天満宮は如水以来、厚い保護を受け、筑前国内抜群の社領を保障され、その連歌によって藩主・藩及び幕府の安泰を祈禱した。

信兼の別当在任中の延宝四年（一六七六）、検校坊快鎮が「文学に志あらん人のたよりにもなれかし」（『故実』、『筑前国続風土記』巻之八）とて天満宮神殿の西北のほとりに文庫を創立した。『故実』では古代の大宰府学に対応させ、その廃退のあとの創建で、衆力をからずして成り、やがて各方面からの図書の寄贈により「いみじき神宝なるべし」（『筑前国続風土記』もほぼ同文）と記している。ところが、明治時代作成の「太宰府神社明細書」（前掲筑紫論文）には、

文庫　宝形造　土蔵

此建坪　七坪弐合

延宝八年建築、宝暦年間修繕、寛政二年修繕、弘化三年修繕、由緒不詳

とあり、創建年次について不審が残る。太宰府天満宮には延宝四丙辰年の『天満宮御文庫書籍寄進帳』（以下『寄進帳』と略記）があり、延宝四年は文庫の発起か創建の年ではあろう。『寄進帳』は元文四年（一七三九）六月三日分まで書かれている。『寄進帳』については筑紫論文に詳細な解説があり指針となる。ここでは益軒中心に、草創期の延宝四年に即し書籍寄進者を中心に特徴的なことを述べておこう。

『寄進帳』は最初に創建者の検校坊快鎮の寄贈書をあげている。大鳥居信兼をはじめ小鳥居・満盛院・勾当坊・連歌屋、江戸亀戸天満宮の菅原信祐など太宰府天満宮関係者、さらには東坊城（恒長か）・五条（長義か）・高辻（豊長か）など同宮有縁の京都貴族など同宮関係者が多く見えるのは当然であろう。殊に目をひくのは、福岡藩関係者が多数見えることである。福岡藩主黒田光之の母養照院、光之の後嗣肥前守綱政、上州前橋藩主酒井河内守忠明（のち忠挙《ただたか》）の妻（黒田光之の娘）、酒井氏家臣、讃岐丸亀藩主京極備中守高豊の妻（光之外孫）など藩主光之関係者である。さらに黒田三左衛門（一任名儀か）・同御内政、黒田平左衛門（立花重種）、鎌田九郎兵衛（昌信）などの家老級の者をはじめ山口孫右衛門（常直、八百石）・佐藤武大夫（五百石）・根来角大夫（直良、三百石）・細江甚左衛門（二五〇石）・辻作十郎（二百石）・島村源之丞（久景、二百石）などの諸士、明石次郎左衛門（二十石九人扶持）のような軽輩の士もいる。石高は主として、「元禄分限帳」による。そのほか妙心寺や北野の僧をはじめ、京都・大坂などの版元も見える。

寄進者が福岡藩主黒田光之関係者が多いのと並んで目をひくのは、益軒一門の存在である。益軒をはじめ、同人妻（東軒夫人）・同息市之進（甥好古）・同息猪之助・貝原元端（益軒の兄存斎）・同姓善太夫（益軒の兄義質）などがそうである。益軒の官長・従学者立花勘左衛門増弘の家臣三名も益軒関係と見うる。益軒と交わり深い蔵書家として

知られる京都の松下見林の存在も見逃せない。のちに水戸光圀が『扶桑拾葉集』を寄進するが、『大日本史』編纂のための史料探訪で佐々助三郎宗淳が貞享二年（一六八五）来福して益軒が世話をしたのが機縁で益軒は光圀と関係するようになり、同書の寄進ともなったのである。ともあれ、書籍寄進者の多くは福岡藩の藩主関係者・重臣・藩士をはじめ何らかの形で益軒と関係ある者であった。

太宰府天満宮文庫は、同宮関係者の主体的な動きと福岡藩の藩主関係者・重臣級をはじめとする藩士たちの寄進・後援、殊に益軒一門、版元その他の支持などによって基礎が作られ、年毎に各地各階層からの寄進がなされ充実していった。書籍の内容は『寄進帳』や『天満宮文庫書籍目録』(3)によって知ることができる。和漢・神仏の基本的な図書は備えられている。

二 『太宰府天満宮故実』以前の貝原益軒の神道学習

『故実』理解の前提として、益軒が同書述作以前にどのような神道関係の書籍を閲読していたかを見てみよう。菅原道真関係は四の『故実』の引用書で述べる。それには益軒の読書目録である『玩古目録』（『益軒資料』七）が恰好の史料である。年次順に掲げよう。括弧内は筆者の注記である。

幼学より寛文四年（一六六四）まで　『神社考』（林羅山『本朝神社考』か）、『惺窩文集』、『陽復記』（度会〔出口〕延佳、慶安三年〔一六五〇〕冬著）、『神道大意』（鎌倉末期の慈編の著か、文明末年の吉田〔卜部〕兼倶著か、熊沢蕃山著か、他者著か）、『中臣祓抄』

寛文五年（一六六五）三十六歳　『羅山集』百五十巻六十冊

寛文十年（一六七〇）四十一歳　『神風記』三冊（匹田以正、寛文八年序、五巻か）

寛文十一年（一六七一）四十二歳　『神社啓蒙』八冊（白井宗因、寛文七年序）

延宝元年（一六七三）四十四歳　『宝基本記』一冊（『造伊勢二所太神宮宝基本記』、永仁四年〔一二九六〕以前、外宮神官作、神道五部書の一つ）

延宝二年（一六七四）四十五歳　『六根清浄大祓集記』二冊（匹田以正『六根清浄大祓集説』二巻か）

延宝三年（一六七五）四十六歳　『神代長篇』好書也、一冊（未詳）、『神宮秘伝問答』一冊（度会〔出口〕延佳、万治三年著）、『天神行状』（後述）

延宝七年（一六七九）五十歳　『神令』一冊（応仁三年一条兼良の奥書を付して行われ、江戸期偽書群の一つといわれる）

延宝八年（一六八〇）五十一歳　『一宮記』一冊（別称『大日本一宮記』他、卜部吉田家に伝書、吉田兼熙〔一三四八—一四〇二〕原作、その後増訂、江戸初期に現在の形に固定、という）、『諸神根源抄』二冊（文明五年吉田兼倶写他の『諸神根元抄』か）『八幡愚童記』（鎌倉期成立の『八幡大菩薩愚童訓』）

天和二年（一六八二）五十三歳　『梅城録』一冊（呆庵〔天章澄彧〕、応永三十二年作、渡宋天神の伝賛）、『彦山霊験巻』二冊（『彦山権現霊験記』の類か）

天和三年（一六八三）五十四歳　『続神宮秘伝問答』一冊（度会〔出口〕延佳、天和二年著「神宮続秘伝問答」一巻、同人万治三年著『神宮秘伝問答』の続編）、『伊勢両宮末社記』一冊、『宗像記』一冊（著者不詳、『編輯地誌備用典籍解題』所載、宗像社・同大宮司の事実を輯む、あるいは蒙古襲来の影響下に成立した『宗像記』か）

右の『玩古目録』と合わせて参考になるのは益軒の『家蔵書目録』八神書の部である。益軒晩年のもので『故実』以後も含むが、『益軒資料』七によって仮に番号を付け掲げてみる。配列順は上—下左行と解され、13と16、22と25の間一行は空きになっている。

1古語拾遺一　2神社考六
3神社便覧一　4陽復記一

5中臣祓抄一
6神代巻抄五
7神代直指抄三
8宝基本記一
9神令一
10神代巻新板二
11新板旧事本紀五
12新板古事本紀三
13伊勢末社記一
14神代口訣五
15神代講述五
16神社啓蒙八
17中臣祓瑞穂抄一
18写本太神宮御鎮座伝記一
19同豊葦原本記
20同阿波羅波記一
21同神代系図一
22神皇系図
23同大成経破文
24諸神根原抄
25葬書
26神宮秘傳問答
27二十一社記
28写三社託宣抄
29諸神記一

右について、『玩古目録』と重複するものもあるが、分かるものについて簡単な注記を付けておく。

1は斎部広成の著、大同二年（八〇七）完成。朝廷の祭祀の由来・変遷を主題とし、祭祀における忌部の役割の重要性を強調している。2は寛永末年頃から正保二年（一六四五）までの間に成立の林羅山著『本朝神社考』であろう。『玩古目録』所収。3は白井宗因の著、寛文四年（一六六四）の自跋をもつ。二十二社以下漢文で簡潔な説明をしており、2と共に神社史研究に重要な文献。著者は神儒一致の立場から仏教・道教を批判している。4は豊受太神宮権禰宜度会（出口）延佳の著、慶安四年（一六五一）刊、惟神《かんながら》の道を経とし陰陽五行易理を緯として神道説を展開している。5は同書名のものがかなりあり、誰の著か不明。吉田（卜部）兼倶あたりのものであろうか。『玩古目録』所収。6は『日本書紀』神代巻関係の書であるが、誰の著か不明。7・10・14・15は関連の書。7は吉田兼倶の著に擬せられている『神代巻直指鈔』に関係があろうか。

8は永仁四年（一二九六）以前、外宮神官によって作られた『造伊勢二所太神宮宝基本紀』（神道五部書の一つ）の略称。伊勢両宮の造営、殿舎の形などについて神儒仏老習合の思想で解釈。『玩古目録』所収。9には応仁三年（一四六九）一条兼良書写の奥書、寛文八年（一六六八）白井宗因奥書、寛文九年松下見林書写のものその他がある。全編五十一条、倫理的・教化的に君臣父子などの心得を説く。偽書ともいう。『玩古目録』所収。11は神代から推古天皇までを編年体に記した部分を主とする『先代旧事本紀』の略称。中世伊勢神道・吉田神道で尊重されたが、近世に入り偽書視された。度会延佳の校注本などがある。12は不明。13は『玩古目録』所収の『伊勢両宮末社記』と同一か。14は『日本書紀』神代巻上下二巻注釈書で忌部神道の根本経典とされる貞治六年（一三六七）忌部正通著『神代巻口訣』であろう。15は寛文十二年（一六七二）刊、度会延佳述『神代講述鈔』五巻であろうか。16は寛文七年自序、同十年刊行の白井宗因著。2の『神社便覧』をさらに詳述した神社考究・啓蒙の書。林羅山の『本朝神社考』にまさるともいわれている。『玩古目録』所収。17は万治二年（一六五九）度会延佳自跋の著。

18は伊勢（度会）神道の経典とされた鎌倉時代の神道五部書の一つで、神鏡の祭祀を中心に伊勢神宮の歴史を記した『伊勢二所皇太神御鎮座伝記』のことであろう。19は鎌倉時代の天台僧慈遍の著。20は神道五部書の一つ『天照坐《あまてらします》伊勢二所皇太神宮御鎮座次第記』のこと。内外両宮の祭神の神格と、両宮の伊勢鎮座に至るまでのことを述べている。21は寛永十八年（一六四一）の林羅山のものであろうか。22は具体的なことは不明。『旧事本紀玄義』にしきりに引いている。(4) 23は『先代旧事本紀大成経破文』の別称。ここでは度会延佳の著『大成経破文』か。24、『国書総目録』は文明五年（一四七三）卜部兼倶写その他の写本をあげている。『玩古目録』所収。25は不明。熊沢蕃山に寛文七年（一六六七）刊の『葬祭弁論』（『増訂蕃山全集』五）があるが、もとより関係はなかろう。26は度会延佳の万治三年（一六六〇）の著。『玩古目録』所収。27は北畠親房の著。朝廷から奉幣にあずかった二十二社の由緒を記している。複数の神社由緒の総合的解説書の最初と評されており、林羅山・白井宗因などの神社史研究へと展開する。28、伊勢・八幡（石清水）・春日三社の託宣（神のお告げ）を記したものを三社託宣といい、吉田兼倶が普及させたという。内容は神・儒・仏三教融合思想に基づき、正直・清浄・慈悲観を強調している。三社託宣に関する書は多い。慶安三年（一六五〇）刊の松本清房著『三社託宣鈔』であろうか。29、卜部兼敦（一三六八－一四〇八）の『諸神記』（別称『諸社根元記』）か、あるいは他者の同書名の書であろうか。いずれにせよ吉田神道ゆかりの書である。

『家蔵書目録』は益軒晩年のものであるが、多くは『故実』以前の成書で、『故実』以前にすべて読んでいるとはいえないが、多くを閲読していたろう。『玩古目録』をもとに『家蔵書目録』を参考にしながら、益軒の『故実』以前における神道学習をまとめると、以下のようになろう。もとより益軒の神道学習は二資料に尽きるものではない。

第一に、中世から近世にかけての基本的な神道書はひとわたり学習していることがあげられる。中世では神道五部書を読んでいたことは確かで、両目録から見て、慈遍・北畠親房・忌部正通・吉田兼煕・卜部（吉田）兼敦・吉田（卜部）兼倶のものなど（あるいはそのうちの幾つか）も読んでいたと見られる。『梅城録』閲読から、菅神が径山（中国浙江省杭州府臨安県）の無準師範に参禅したという渡唐（宋）天神信仰関係の代表的書籍も早くから読んでいたことが知られる。

近世初期のものとしては藤原惺窩の文集の閲読から、その神儒一致の神道観を学んでいたと思われるが、やはり林羅山からの影響は大きかったとみられる。『玩古目録』には『羅山集』、『神社考』が見え、『家蔵書目録』には『神社考』、『神代系図』が掲げられている。『神社考』は神儒一致の立場から二十二社の由来・沿革・諸国名社の縁起、神道ゆかりの人物・遺跡を明らかにした、羅山の神社研究の成果の集成で、著述の目的は序文に明らかである。

神仏習合の宗教状況を、正確な神典に基づいて諸社の縁起を洗い直し、神道の正路を顕現して国を上代淳直の世に復帰させ、民族に内外清浄を致させるというものであった。近世の神道研究が神社研究から歩を進めた理由が自ずから明らかである。[5] 益軒やその門流の神社研究もこの研究展開の上にある。

益軒が『故実』以前に書籍を通して学んだことの分かる神道家としては、度会（出口）延佳・匹田以正・白井宗因などがいる。度会延佳は外宮権禰宜《ごんのねぎ》で伊勢神道を再興した度会神道の創始者。延佳らの豊宮崎文庫（林崎文庫）の創設は太宰府天満宮文庫の創設と無関係であろうか。延佳は『陽復記』以下の著述で、神道を仏教の習合から解放し、神道を普遍的な理の立場から万人が理解するように組み立て、神道を祠官儀礼を主とした道としてではなく、正直・清浄の心を以て五倫の道を尽くし自分の職分を勤める日常実践の道とすべきことを儒教理論を活用しながら説いており、伊勢神道の近世化に大きな役割を果たした。[6]『玩古目録』に延佳の主著のほとんどは見えており、益軒への影響は少なくなかったと考えられる。

匹（疋）田以正の『神風記』は神国の風俗の意である。『六根清浄大祓集記』が以正の『六根清浄大祓集説』と同じ書とするなら、後者の刊行は延宝八年（一六八〇）であり、写本ででも見たことになろうか。吉田神道の系列で理解される神道家である。白井宗因は医師で、神道学の師承関係など不明。『玩古目録』には『神社便覧』をさらに詳述した『神社啓蒙』を掲げ、『家蔵書目録』には両書を掲げている。神儒一致の立場から仏教排除の考えを打ち出している。林羅山の『本朝神社考』に続いて神社史研究上注目すべき成果である。以上、益軒の神道、殊に神社史研究について、近世初期の神道関係学者としては林羅山・度会延佳は留意すべき存在である。

益軒は中世から近世初期にかけての神道を万遍なく学んでおり、伊勢神道、山王神道、吉田神道、儒家神道の先駆とも見られている忌部神道、度会神道などを学んでいた。それらを背景に林羅山などの儒家神道に列なっていると見られる。なお、益軒は『故実』以前に幕府神道方・吉川神道の創始者吉川惟足と交わりがあり、その吉川惟足に学んで垂加流神道を唱えた山崎闇斎の講説を聴いている。『故実』以後の益軒の神道学習における吉川惟足の存

在は注意すべきであろう。惟足は儒学殊に宋学理論を重視し、君臣の道としての神道を強調した。〔補註〕

三 『太宰府天満宮故実』以前の益軒の縁起制作

益軒の『故実』述作理解のためには、益軒の神道学習と共に、背景となる福岡藩の寺社政策について一考しておかねばならない。この点については森山みどり「黒田家の神仏崇敬と寺社外護について」、廣渡正利「福岡藩の寺社支配の一考察」(7)などの研究で大要は示されている。それらを参考に結論的に述べておこう。黒田如水をはじめとして長政以下忠之・光之と、神仏崇敬・寺社保護は篤かった。もとより藩支配と不可分である。忠之は福岡藩歴代藩主の中でもとりわけ神仏崇敬の心篤く、桜井神社・東照宮・源光院を創建し、真言宗の東長寺を再興、大乗寺・東光院を真言宗に改宗させ、祖母・生母の菩提所である浄土宗の少林寺・円応寺、曹洞宗の明光寺を外護している。栗山大膳事件を介しての幕府への配慮、各宗本山からのそれぞれの要請もあったろうが、忠之の寺社保護は寺社各般にわたっており、福岡藩における寺社保護の基礎はおおむね忠之の代につくられている。

光之は忠之に続いて寺社領の寄進をしていて父忠之の寺社保護をさらに補完しているが、香椎宮・宗像社・住吉社・宇美八幡宮・高倉社など古い由緒の神社に社領を寄進し外護を加えているのが目立つ。殊に忠之創建の志摩郡桜井神社に対して、寛文十二年(一六七二)神社境内の仏堂を悉く取り壊し、吉田流の唯一神道による祭式執行を徹底化させた。もとより幕府の吉田家に対する免許状発行許可など神社管理の大綱に対応するものであった。いずれにせよ、光之の代の寺社政策は、神社重視に明らかに転換している。貝原益軒・好古ら益軒一門の相次ぐ神社縁起の制作は、これらの動向を背景とするものであり、神社縁起の範疇で考えてよい『故実』の著作もこの動向の中にあった。以下、それらのことについて述べよう。

貝原好古編の「益軒先生年譜」には、益軒は延宝七年(一六七九)『伊野太神宮縁起』と『増福院祭田記』を著したと記している。前者は福岡藩家老黒田一貫の依頼によるという。[8]今我々が利用しうるのは「元禄辛未（四年・一六九一）正月霊辰　貝原篤信敬記　貝原日休欽書」の奥書をもつもので、転写本であるという。二本の関係については、元禄四年本を一応改訂本としておこう。[9]元禄四年の『糟屋郡伊野邑天照太神宮縁起』は、まず天照大神をまつった伊勢神宮のいわれから、伊勢神宮のいわば代参宮の一つとしての同宮鎮座の由緒を説明し、終わり三分の一ぐらいは益軒の神道論の要約説示に当てられている。「穢き心をすて、清きこゝろを以て、あけくれ天道神明をつゝしみおそれて、神の御こゝろにかなふべし」とし、そのためには父母への孝、君への忠、兄弟妻子の和睦、撫民につとめよ、というのである。延宝七年本の存在を知り得ないので何ともいえないのであるが、存在を想定すれば、元禄四年本は、殊に神道論の箇所が洗練されているように想像される。黒田光之は天和三年（一六八三）同宮に山林一万八千坪を寄付し、以後、外護の度を強めてゆく。益軒の同宮縁起の作成・改訂と相関関係にあろう。

『増福院祭田記』も右縁起と同年の延宝七年に作られたというが、『宗像郡誌』中編所収本は「延宝九年十月十三日　紫陽後学貝原篤信記　筆者野婦江崎氏謹書」とある。原本は同院に所蔵し、まぎれもなく益軒の妻・東軒の書である。ちなみに延宝九年は、九月二十九日に天和と改元している。延宝七年とするのは年譜の誤りなのか、延宝九年本は延宝七年本の改訂あるいは浄書本なのか、今のところ不明。宗像市山田の増福院は、ほぼ天文末年頃、宗像大宮司氏貞が開基となり、その家臣によって謀殺された先代氏男の妻菊姫とその母（先々代正氏の妻）及び侍女四人の怨霊を鎮めるために創建した曹洞宗の寺院である。初めは増福庵といったが、のちに増福院と改称。氏貞の奉納と伝える六体の地蔵尊がまつられ、「山田の地蔵さん」として知られている。益軒の『増福院祭田記』は宗像氏の由来から、戦国末期の大宮司後嗣をめぐる内紛、それにまつわる強烈な怨霊譚を、まさに見てきたように書きなしたものである。宗像遺臣らの追遠の志に感じ、怨霊鎮魂のために書いたという。『玩古目録』天和三年（一六八三）条に『宗像記』が見えることに留意しておきたい。

『筑前国続風土記拾遺』によると、天和三年（一六八三）三月、藩主光之が山林三千坪を同院に寄進したという。

延宝二年（一六七四）以来、光之は田嶋社（宗像社）に参詣、社領寄進等外護を重ねるが、それに関連しているかもしれないし、益軒の右の行為もあるいは関連しているかもしれない。注意しておきたいのは、神儒一致、仏教批判を建前とする益軒が、宗像氏・宗像社ゆかりとはいえ、曹洞宗寺院のために縁起を書いてやっていることである。益軒の仏教観について全面的に立ち入る余裕はないが、この行為も、益軒の仏教に対するゆるやかな対応の一齣と解しておこう。

『故実』以前に益軒が寺社の縁起を書いていることが知られ、窺われるのは右の二例である。益軒とその甥好古は数多くの神社縁起を書いているが、それはほとんど『故実』以後である。益軒の神社縁起制作に占める『故実』の位置は明らかである。ところで益軒は延宝五年（一六七七）『天神行状』を改め（「益軒先生年譜」）、天和二年『菅神故実』を著したという[10]。『故実』の上巻菅原道真伝に当たるものであろうか。延宝四年、太宰府天満宮文庫創建に協力した益軒は、『故実』作成の準備を進めていった。太宰府天満宮文書所収の益軒書状によると、同宮に神殿創建、中門・廻廊の造作、神事の始まりその他宮史関係のことを問い合わせている（『益軒資料』五―一五七頁）。

四　『太宰府天満宮故実』について

概要・背景・意図・序文

『故実』の書誌について、写本・版本類は『国書総目録』に網羅的に掲げられており、基本的なことは筑紫論文に触れられている。以下の行論は『神道体系神社編四十八太宰府』（一九九一年二月）に拠り、頁数を付ける。同本の書誌については同書や筑紫論文に説明されているので省略する。『国書総目録』未載の写本に宝暦八年寅二月廿五日の太田順三氏所蔵本（前間恭作氏旧蔵）がある。

『故実』は人見鶴山の序文と上巻・下巻から成る。上巻巻首には「此巻にはまづ、菅公の御先祖の事を記し、菅公御誕生より以来、太宰府にて薨じ給ひし時までの事をのせたり」（二五頁）、下巻巻首には「此巻には、菅公薨じて神とならせ給ひしよりこのかた、ちかき比まで、御身の後の事を記せり」（四六頁）と、それぞれの内容を平易適切に要約している。端的にいえば、上巻は道真伝、下巻は菅神信仰と太宰府天満宮社記を中心としている。

まず、『故実』執筆の福岡藩レベルの背景について、前述のことを踏まえながら述べておこう。藩主黒田光之は藩祖如水以来の寺社保護を受けつつ、殊に神社重視政策のもと、これまた如水以来の太宰府天満宮崇敬を受けて、境内施設の改修、絵馬寄進等を行っており、大鳥居信兼を歌学学習のため上洛させているのをはじめとして、折々宰府参詣・信兼邸宿泊を重ねている。延宝四年（一六七六）の天満宮文庫の創立には、間接的ながら光之の賛助の意向が反映していると見られる。

益軒の『故実』執筆の意図には、如水・長政らの崇敬・保護を善因善果の応報観に基づきながら顕彰し、暗に忠之・光之のそれをも含意させていたと推察される。益軒の『故実』執筆の意図は、直接には「州の太宰府天満宮、古より祭祀の礼盛んにして今に及んで猶然るなり。僕之を尊崇して其の故実を記さんと欲すること既に久し」（人見鶴山序、原漢文、二三頁）、「たまく〳〵其国に生れて、此御神の威徳いかめしくて」（六〇頁）というところにあった。以下、人見鶴山の序文、本文の上・下巻の内容・特色などについて見ていこう。

人見鶴山、本姓は小野、修姓は野、名は節、京都の生まれ。幼少にして林羅山に学び、徳川家綱の近侍として出仕、学士となり、剃髪して友元と称した。「損軒日記略」、「益軒先生年譜」によると、天和二年（一六八二）十二月、益軒は上野国厩橋（前橋）藩主酒井忠明（のち忠挙《ただたか》、夫人は黒田光之の娘）に招かれた時初めて人見友元と会っている。益軒が鶴山（友元）に『故実』の序文を依頼したのは、初会以来親交があったこと、鶴山が幕府儒臣として林鵞峰主催の『続本朝通鑑』編纂の要員であり、『武徳大成記』の編纂にもかかわるなど当代学界で重きをなしていたことがある。しかし何よりも儒者として神道観を同じくし、また同様に確かな学的根拠に立つ菅神崇敬者であったことである。それはさらに鶴山が序文を引き受けた理由にもなる。鶴山の序文は、以下に述べるように、序文を書いた理由書のようなものである。菅神没後の、諸災を後人は神怒・神誅とするが、菅神の忠誠からして、そのようなことがあるはずはなく、まさに蒙昧の言である。林羅山はかつて、「火雷神弁」を作ってその流伝の誤りを糾《ただ》している。『故実』は菅神の世系からその生涯、太宰府天満宮関係の諸事を精細に叙述しており、殊に巻末（下巻の半ば、五四－五六頁）の「神（道真）のために冤（無実の罪）を洗ふの一章有り。此に到つて巻を措《お》いて嘆賞す」と述べ、林羅山の論と符を合わせたようであるとしている。鶴山は『菅神年譜略』を作っており、このこと（冤を洗う）を弁ぜんと欲していたが、『故実』は自分の蓄思を伸ぶるものであるといっている。ちなみに『菅神年譜略』は『続本朝通鑑』の道真関係を適宜取捨し補って編んだもので。[11]「蓄思」は述べられていない。鶴山の序文は次の文章で終わっている。

翁は海内の宿儒にして、学業を興すに志有り。本朝の儒宗を尊崇して、其の遺事を編み、之を後世に顕《あらわ》す。嘉尚せずんばあるべからず。漫《みだ》りに鄙詞を綴りて以て其の巻端に題すと。

『太宰府天満宮故実』の引用書

『故実』の全体にかかわる問題として、どういう資料を使って書いたのか、ということがある。割注の形で典拠を示しているのもあり、本文の叙述から典拠の知られるものもある。典拠をあげているものを記載順に羅列してみる。序文は除く。上巻には下巻の頁数も並記する。

上巻、『続日本紀』二六・五四頁、古伝二六頁、『歴代編年』二六・四〇・四四頁、『拾遺集』二八・三八（二カ所）・四一頁、『三代実録』二九頁、『扶桑略記』二九・三二頁、『文章』（『菅家文草』）三〇・三二・三三頁、『古今集』三二頁、『菅家後集』三四・四〇・四二－四四頁、『愚管抄』三六・三九頁、『江談抄』三七・四五・四九頁、『大鏡』三八・四〇・四一頁、『源氏物語』須磨の巻四〇頁、『新古今集』四一・四二・四七頁、『菅家金玉抄』四二頁、『古今著聞集』四五・四九頁。

下巻、『聖廟記』四八頁、『続本朝文粋』五一頁、『元亨釈書』五二頁、『東鑑』五二頁、『公事根元〔源〕』五三頁、『天神受衣記』五八頁。

右にあげた典拠は、筆者が把握できる範囲内の、おおむね著名なものなので、説明を要すると思われるもの若干について述べる。古伝というは天神縁起の類と見られるが、具体的には分からない。『歴代編年』は『歴代編年集成』すなわち南北朝期成立の『帝王編年記』が想起されるが、道真の墓所についての説明の箇所（四四頁）は合うが二六頁・四〇頁のそれは該当箇所を見出しえない。『菅家金玉抄』は、道真の詠歌を、四季・羇旅・恋・雑・俳諧・神祇・釈教に分類して集め注釈を加えたもの。室町期の成立であろうが著者は不明。『玩古目録』延宝五年（一六七七）条には『菅家御詠集』一冊、『家蔵書目録』には『菅家御集』と道真の和歌集が見え、『玩古目録』天和二年（一六八二）条には『菅家文集』十二冊、『家蔵書目録』には『菅家文草』十二、『菅家後集』一が見える。益軒はこれらを座右に備えて『故実』を書いたのである。

下巻には正暦四年（九九三）道真が正一位太政大臣を贈られた時の怪異談を『聖廟記』（四八頁）から引いて「事をこのむもののなせるならん」としている。事柄はそうであるが、ここの記述は年次も人名も混同や誤記がある。ここの『聖廟記』は縁起類の一種であろうが、寛文十二年（一六七二）東坊城知長（恒長）の『菅家聖廟記』（『閲史筌蹄』所載）なのかどうか、後日の調査を期そう。東坊城家は天神信仰伝播に重要な役割をしている。

下巻の終わり近く渡唐天神信仰を批判し、「此説始て、天神受（ママ）衣記と言文に出たり」（五八頁）としている。『天神受衣記』は『群書類従』第一輯・『北野誌』所収の『菅神入宋授衣記』のことである。天神が宋に渡り径山（中国浙江省杭州府臨安県）の無準師範に参禅した、というのが渡唐（宋）天神信仰で、渡唐天神画像が数多く作られ、広く流布した信仰である。仏教・儒教・神祇ないし道教の一致習合の思想・信仰である。同信仰の伝播に博多・太宰府の聖一派の禅宗僧侶・寺院が果たした役割は大きい。『菅神入宋授衣記』は、室町中期あるいは末期の成立かと見られ、太宰府の霊岩神護山光明蔵神寺の流記（由緒）と瑞渓周鳳の『臥雲夢語集』の抄録及び「或記」から成っている。渡唐天神信仰関係文献として重要である。光明寺の由緒は渡唐天神信仰によって支えられており、近世まで太宰府天満宮の社家の一つで、同宮僧俗の菩提寺でもあった。益軒は、渡唐天神信仰を批判する『故実』を書きながら、光明寺の存在をどのように考えていたのであろうか。

先に掲げた『故実』の引用書を、益軒がすべて一次的に使ったのか、いわゆる孫引きもあったのか、いちいち知ることはできない。以上、益軒がどのような資料を使って『故実』を書いたのか、分かりやすい引用書の問題から見てみたが、引用の書名はなくとも、書かれている内容から典拠を知り得るものもある。現在の段階ではすべてを尽くしてはいない。

益軒が『故実』上巻で道真伝を年譜風にまとめるについては、道真伝としては正確だといわれる『北野天神御伝』や『菅家御伝記』は見ていたのかもしれないが、確かめにくい。天神縁起の類を見ていたことは確かである（一二六―一二八頁、一三〇頁など）。地元の太宰府天満宮所蔵の元和本『天神縁起絵巻』は見ていたのかもしれないが、確言はできない。元禄本『天神縁起絵巻』は、年次から言っても、見てはいない。

書名をあげてはいないが、所拠を知ることができるものの例として渡唐天神の伝賛『梅城録』がある。著者は呆庵とあり、冒頭に自らの出生を書いている。加賀国（石川県）江沼郡の檜屋天神社祠官の家の出身。永和五年（一三七九）の生まれ、没年未詳。京都相国寺の空谷明応に参じ、絶海中津に学び詩文を能くした天章澄彧《てんしょうちょういく》である。[12]成立は応永三十二年（一四二五）といわれる。内容は全二十五章、毎章七言絶句一首を掲げ、注を付けてその意を釈し、道真存世中の閲歴、没後の神威について詳述している。禅徒の天神信仰を如実に示す早い例である（『群書解題』による）。『玩古目録』によると、益軒は『梅城録』一冊を天和二年（一六八二）に読んでいる。

『故実』上巻の末尾近くに、道真が白楽天の詩を好み、その詩体が似ていることをあげ、「元和・長慶の風、又今日に見つと、みな人思へりけるとぞ」（四五頁）と記しているが、『梅城録』に「遺文復見二元和体一」（『群書類従』一一七二五頁）とあるのが想い合わされる。元和・長慶は唐代の年号で、白楽天（白居易）活躍の時代である。『故実』

下巻に「此御神の御事は、我日の本にいちじるきのミならず、他の国まで聞へさせ給ひ、もろこしの人も、此神の事を作りける詩あり、大明の洪序（恕）も、天神の賛を作れり」（四七－四八頁）としてその詩を引いているが、これは『梅城録』（『群書類従』一－七三九頁）に見える。ただしその後の明の薩天錫の詩は所拠不明。益軒の『家蔵書目録』四詩文に見える「写明二十四家詩定抄」に見えるのかもしれない。

『故実』下巻に、朝廷から道真に正一位・太政大臣が追贈された時のことを記し、「又聖廟記にいはく、詔書をよみ終ける時、瑞石忽あらはれて玉版のごとし、文字あざやかにみへたり」（四八頁）と『聖廟記』を引いているが、これは『梅城録』の記述と同じであり、『故実』は『梅城録』の孫引きをしているのかもしれない。『聖廟記』なるものは前述のように、天神縁起の類の一種であろうが、具体的なことは分からない。いわゆる『聖廟記』を益軒は見ていない可能性がある。ここの贈位贈官の箇所は正暦四年（九九三）のことであるが、正暦元年と誤記しており、人名なども誤記が見られる。誤記といえば、前引のように、渡唐天神信仰のことは『天神受衣記』（『管神入宋授衣記』）が初めだとしているが（五八頁）、現在の研究では花山院長親著『両聖記』（応永元年・一三九四秋冬頃成立、『群書類従』第一輯）が最古である。益軒は『故実』著述後の元禄十二年（一六九九）に『両聖記』を読んでいる（『玩古目録』）。

上巻に「杜子美が猶憐終南山、回レ頭渭水浜」とあるのは『杜詩』第一冊（鈴木虎雄訳注、岩波文庫）に見え、「なお終南山に未練が残り、清らかな渭水の岸辺を振り返ります[13]」の意である。同じく上巻の楚の屈原（前三四〇－前二七八）のことは『楚辞』六卜居によっており、『家蔵書目録』四詩文にも見える。このような形での所拠の抽出作業は尽くし得てはいない。

『太宰府天満宮故実』述作の基調・記事内容

『故実』で肝心なことは、そこに見られる益軒の菅神（道真）観である。それは、上巻を中心とする生前の道真に関する神秘化された諸伝説の洗い落としと、下巻を中心とする道真没後における道真怨霊の祟《たた》り伝説（咎崇《きゅうすう》譚）の全面的否定から成っている。事を分けて若干例示しよう。まず前者である。巻頭の菅神への崇敬、菅原氏のことなどの序論のあと、道真の出自についての化現伝説を「古伝にいはく、……、此説、歴代編年に見へたり」（二六頁）として引き、「おもふに、菅公の凡人ならずして、非常の才おはしけるゆへ、かくあやしく云伝へけるにや、野史小説の信じがたき、此事のみにかぎるべからず」（二七頁）と、怪誕として退けている。縁起類のほとんどに記されており、原資料というべきものはあったのであろう。

寛平七年（八九五）、道真が東宮敦仁親王（醍醐天皇）のもとに宿直し、作詩した時の話（『菅家文草』巻五、四〇一）のあとに、都良香関係の詩話を記している（三一頁）。良香が羅城門のほとりを過ぎて「気霽れては風新柳の髪を櫛《くしけず》る」と詠んだが次の句を得ず沈思していたところ、空中に声あって「氷消えては浪旧苔の鬚《ひげ》を洗う」と下の句を付けた。良香は佳対を得たということで道真の品評を乞うたところ、「うしろめくこそ」といわれた、というのである。この話の原拠は『菅家文草』巻二・詩題や『三代実録』元慶二年（八七八）一月二十日条の内宴の記事などで、大江匡房の話を集めた『江談抄』の第四や匡房撰といわれる『本朝神仙伝』で知られ、詩は『和漢朗詠集』巻上にも収められている。話柄は『選集抄』巻八にもあるが、同時代の『十訓抄』下で、右に引いたような話になっている。益軒は延宝三年（一六七五）に『十訓抄』を読んでいるが（『玩古目録』）、直接には漢文の『梅城録』引載の同話（『群書類従』一―七二七頁）をそのまま和文にしているのである。問題は同話についての論評で、

甚あやし、恐くは、良香の佳対を、菅公感賞し給ひ、下の句は、人の作れる語にあらじ、鬼神の句ならんとほめさせ給ひけるを、世の人聞て、かくいひなしけるにや、いぶかし（三一頁）

と、古代では神仙的に中世では教訓性を含んで受けとめていた話を、益軒は合理的・現実的な次元で、道真をとらえ直している。

益軒が『故実』でとくに力をこめて書いているのは、下巻での道真没後の、いわゆる咎崇譚《きゅうすうたん》の否定である。藤原

時平、その一族、保明親王その他多くの廷臣の死、清涼殿への落雷、侍臣の落雷死、禁裡炎上、諸大寺火災などを、道真の怨霊のなせるわざと、世には言い伝えられている（五四頁）。これらのことに対し、次のように批判・否定する。君に忠あり国にさいわいする聖賢（菅公）が、君をさまたげ国に災いをなすはずはない。昌泰三年（九〇〇）重陽の内宴に侍して「秋思」の詩篇を詠じたことにちなむ「九月十日」（『菅家後集』）の「思賜の御衣今此に在り」の詩を見ても、忠誠の心は詞の外に表れ、まのあたりにその人となりを見る思いである。道真は聖の道に明らかであるばかりでなく、仏のおしえにも悟達している。怨霊の祟り云々はすべてその神威をたたえんために作り成した妄説である。それに世をあげて雷同し、言い伝えあやまっている。道真にとっては甚しい不幸である（五五頁）と。

益軒はさらに続けて、讒人たちが災死したのは、道真の精誠に感応した天が下した天誅である、とし（五六頁）、「神をあなどり、人をそこなふものは、終に神明のせめをかうむる事、必然の理なり」（五七頁）と因果応報観で説明し、天の神道の常にも違わない、と述べている。

柘榴天神・渡唐天神の伝説・信仰を否定することはもとよりである。前者は、道真の霊が祈禱で名声高い第十三世天台座主法性房尊意の所に現れ、古くからの怨みをはらしたいが師の法力で私を調伏しないでほしいと頼み、帝の詔をうけたら断れないといわれ、杯榴をかみくだいて吐き、それが炎となったが、尊意の瀉水の印で消えた、というものである（五七―五八頁）。益軒は「道理のなき事」、「菅公をあがめん迚、かへりて邪神となす事、いとあさましき事になん」（五八頁）という。太宰府天満宮の元和本『天神縁起絵巻』はこのことをかなり詳述しているが、『故実』とは少し相違している。

渡唐天神信仰については前に概略触れた。『故実』下巻では、円爾（聖一国師）が宋から帰朝して博多の承天寺にいた時、天神が弟子になりたいといったので、自分の師・中国の仏鑑禅師（無準師範）に参ずるようにいったところ、神通力でその日また天神が円爾にまみえ、仏鑑禅師から許された法衣を伝法の証として示した、と記している（五八頁）。渡唐天神像のことも述べているが、益軒は博多・太宰府の禅寺で同像を見る機会はあったろう。益軒は同信仰について「菅公、本朝の俊傑なる事、世にかくれなければ、其名をかりて、其法を人にほこりかゞやかさんとて、神を誣て無下に言なしたるにや」（五八頁）と解している。

以上、益軒は、道真を崇敬するために神秘化・妄誕化したものを、合理的・現実的な次元で洗い落とし、儒教を土台とする神儒一致の立場から、神仏習合を排し、儒教倫理に即して道真の威徳を顕彰したのである。それは多少の差はあっても近世初頭以来の儒家神道の系譜に立ち、以後の規範ともなるものであった。

『故実』下巻は人見鶴山を賛嘆させた菅神観があり、そのことについて述べてきたが、記述のあらかたは太宰府天満宮の歴史（社記）である。叙述は同宮の草創から黒田如水・長政の保護に及んでいる。この歴史の中に京都・北野神社の草創を記述している（五三頁）。年次的にも、事実としても自然のことではあるが、太宰府天満宮の歴史の中で叙述していることに、地域性が感じられる。また、古代大宰府の府学のことから（五三頁）、延宝四年（一六六七）の太宰府天満宮文庫の創立のことを特筆し、「やがて四方の国より、経史其外もろ〳〵のふみども、おふ〔多〕く爰《ここ》に納め奉れり、いみじき神宝なるべし」（五四頁）と記しているのは注目される。益軒自身、文庫の創立・充実に協力して、学問的側面から現実に神徳を顕彰していたことが背景にあろう。『故実』の作成は文庫創建協力の延長線上にあるといえる。

社記の記述の中で目につくのは、同宮発展に尽くした大宰権師大江匡房の事績が詳述されていることである。事実としてもそうであるし、益軒が学儒として、恐らくは道真に次いで尊敬していたからであろう。『故実』で紹介しているのは、勅を受けての満盛院の造立、四度の宴の励行、長大な詩による同宮（菅神）信仰の披瀝などであるが、殊に康和三年（一一〇一）八月の夢想による神幸式の始行については紙面の多くを費やしている。益軒自身が自ら参会しての実見を基にしていると思われる祭りの実態描写は、まさに活写といってよい（四九－五〇頁）。匡房は安楽寺内宴の詩序（『本朝続文粋』巻八詩序上）で、歴代相次ぐ菅家門下の末流（累葉廊下之末弟）という意識から道真を文学の本主、国家を支えた昔の臣（風月本主、社稷《しゃしょく》昔臣）とたたえているが、益軒の同じ思いを重ねることもできよう。

匡房関係の記事に続いて、太宰府天満宮の社司・神領を要領よく概括している（五二頁）。社記を小早川隆景の社殿再建、殊に黒田如水・長政の保護をたたえて終わりとしているが、その中に、豊臣秀吉の征西、小早川秀秋期の神領神事廃退が記されている。これは『故実』以後に書かれる貝原益軒・好古の神社縁起の定型となっている。あとで触れよう。

『故実』についてあと二点述べておきたい。一つは、『故実』が漢詩漢文の引用のほかは国字（平仮名）で書かれている点である。益軒の「篤信編輯著述目録」によると、「国字」による著述の最初に印行『菅丞相故実　二巻』（『益軒資料』（七－二頁）を掲げ、次に元禄四年（一六九一）著・同七年刊の『筑前名寄』を掲げている。これ以前の『黒田家譜』や『増福院祭田記』なども国字で書いており、益軒にとって『故実』を国字で書いたことの意味が大きかったことを示していると見られる。明治初年、聖書の最初の翻訳に際して、益軒の和文が模範にされたというが[14]、たしかに益軒の啓蒙家としての特色を示すものであり、今風にいえば研究の社会への還元である。益軒の願う道真像・太宰府天満宮への認識は、和文による京都書店からの出版で広い範囲に及んだろう。そして今日の我々もその学恩を享受している。

『故実』の平易さは仮名書きを第一とし、割注の形で文中の語句を分かりやすく説明するという手法から来ている。上・下のそれぞれの巻頭に上・下巻の内容を簡約して示していること、伝承をほどほどに書き入れていることも（三九・五三頁）、平易・啓蒙の次元で受けとめられることである。ただ、前述の因果応報観などは（五六－五七頁）、少し通俗に落ちたおもむきがある。さらに、咎崇観への合理的批判もさることながら、民衆の心のうちに広く底在する信仰を否定するだけでは、近世儒家の形式的合理主義でしかないといわれても仕方あるまい。さらに付け加えておくならば、『故実』は一見平易であるが、これまで述べてきたように、和漢の古典の引用や翻案がふんだんに込められており、益軒の意は、古人が自分と同じ考えを述べた詩文がすでにあれば、それを用いればよしとするところにあったが、(15)やはり学者臭を完全に脱脚した啓蒙性ではない。

今一つは、太宰府天満宮が、見所多い景勝の地太宰府に立地した、どこの神社よりもすぐれた佳境で、そのために参詣者・例祭はもとより日々跡を断たない、と述べている点である（四七頁）。大江匡房の同趣旨の言を意識していると思われるが、同宮を中心とした「古都」太宰府の再認識・強調・喧伝に果たした益軒の存在の大きさが知られる。誦すべき名文でもあるので、その箇所を引用しよう（四七頁）。

凡此御社は南にむかへり、かまど山東に聳へ、天判山西にむかひ、染川前にあり、石踏川北にながれ、西にめぐりて思ひ川となる、四王院、城の山、北にそばたち、蘆城の駅南にあり、西に観音寺あり、都府楼のあともそのあとにつらなれり、山川村里のけしき、はやしの木立までうるはしく、見所多くて、いづこの宮所よりも、殊に勝たる佳境なり、鎮西府、今はなくて、谷ふかき山ふところなれど、御社のおはします故、今も猶人寰多くいらかをならべたり、かゝる霊所に、おのづから、宮柱のふとしく立しも、神徳のいとすぐれさせ給へる故なるべし、されば、あめが下の人、たかきもいやしきも、此神を尊みうやまはざるはなし、おちかた〔遠方〕の人も、一たび、御やしろにまうでむ事をねがえり、ここをもて、春秋の祭り、月々の念五〔二十五日〕の日のみならず、日ごとにまうで来る人、くびすをつぎ、袖をつらねずといふ事なし

『太宰府天満宮故実』以後

益軒は元禄元年（一六八八）五十九歳の時、地誌編纂の許可（藩主は黒田光之）を受け、同十六年七十四歳の時編了し、その後改訂を加え、全く成ったのは、宝永六年（一七〇九）八十歳の時で、藩主綱政に上ったのはその翌年である。『筑前国続風土記』である。『黒田家譜』と共に大事業であり、この地誌・家譜の編纂はその後の福岡藩のそれの模範となる。その『筑前国続風土記』巻之八御笠郡中天満宮の条は、『故実』と、もとより全同ではないが、同一文の箇所が数多くあり、『続風土記』の編成に『故実』が利用されていることは明らかである。このことは、

貝原益軒、その甥好古の数多い神社縁起の作成を考える時、看過できないことである。

益軒は『故実』作成以後、次のように数多く神社縁起を作成した。元禄三年（一六九〇）『香椎宮記事』、『宗像三神記』、元禄四年『筑前国糟屋郡伊野邑天照皇太神宮縁起』（延宝七年著の再訂か）、同年『宇美宮縁起』（実際には好古著）、元禄六年『磯光神社縁起』、宝永元年（一七〇四）『宗像三社縁起並附録』、宝永四年『遠賀郡熊手村岡田神社縁起』序、正徳元年（一七一一）『岡湊三神之御縁起』。六十一歳から八十二歳に及んでいる。

このうち元禄四年の『宇美宮縁起』は、作成の命を受け、好古に作成させたものである（『損軒日記略』）。『閲史筌蹄』によると、好古は天和三年（一六八三）二十歳の時『志賀宮故実攷略』を著したようであるが、元禄二年（一六八九）二十六歳で『八幡宮本紀』を著して以来、以下のように、次々に筑前各地の神社の縁起を作成した。元禄四年『筑前国怡土郡高祖社縁起』、同年『糟屋郡旅石村八幡宮縁起』、同年『宇美宮縁起』、同年『若宮大明神縁起』、同年『八幡五所別宮第一大分宮縁起』、元禄五年『鞍手郡吉川郷下村山王社縁起』、同年『若杉山大祖神社縁起』、元禄六年『筑前国糟屋郡宇瀰八幡宮縁起』、元禄八年『佐々礼石神社縁起』、同年『糟屋郡蒲田村八幡宮縁起』、同年『遠賀郡山鹿邑狩尾大明神縁起』、同年『高倉神社縁起』、同年『筑前国糟屋郡山田邑斎宮縁起』、元禄十年『美奈宜神社考証』（村山正知と共著）、元禄十一年『筑前国夜須郡中屋郷砥上神社縁起』、以上。

好古には『大和事始』、『和爾雅』、『諺草』など叔父譲りの啓蒙的著作があり、版を重ねている。また『黒田記略』、『黒田三代記』その他の著も知られ、まさに益軒の片腕としてその業を助けた。益軒の兄義質（楽軒）の長男、通称市之進、号は恥軒。元禄十三年（一七〇〇）五月二十三日、三十七歳で没した。益軒は『居家日記』にその死を「好古下世」（『益軒資料』（三―九頁）とのみ記しているが、福岡県立図書館所蔵（元禄十三年）七月十九日竹田定直宛の書状では痛歎している。益軒・好古の筑前神社縁起の作成について、特徴的なことを述べておこう。

まず第一に益軒・好古の筑前神社縁起の作成は、好古の生前、元禄期に集中していることである。このような集中的著作は福岡藩全期を通して、前後に比較を絶している。それは前述のように、福岡藩の寺社政策が神社重視にあり、由緒ある神社の成り立ちが検証され、保護を加えられたことにある。それはもちろん神社による藩体制の宗教的擁護が期待されてのことであった。そのことに最も適合した書き手がいたことの意味は大きい。好古は益軒の儒者の立場に立つ神儒一致の神道観、縁起作成の理念・方法をそっくり継承していた。好古は益軒の意を体して神社縁起の述作に励んだのである。益軒は好古の叙述に全面的な信頼をおいていた。『宇美宮縁起』作成の君命を受けた益軒が直ちに好古に代作させたことに象徴的に表れている。

第二に、益軒・好古らの神社縁起作成が、すべてとは言い切れないが、多く『筑前国続風土記』の編集とかかわっていたことを挙げる。元禄八年（一六九五）、好古は遠賀郡『高倉神社縁起』（岡垣町高倉）を著すが、その中で、「やつがれひととせ国君の命をうけ、叔父篤信（益軒）とともに、国中の村落のこらず経歴し、風土記を続撰する事侍し折から、此御社にまうでて、むかしより語りつぎ云ひつぎしふる事を聞、何くれとしるせる文書などを見、感慨をおこしぬ[16]」とし、同社の立地状況を叙し、最後に、神威による天下泰平・国君如意安全などを念じて筆をおいている。元禄十年（一六九七）十二月の村山正知・貝原好古共著の下座郡『美奈宜神社考証』には、『続風土記』編修の折、藩主黒田光之は、益軒・好古・正知らに郡村を廻らせ事実を考定させた、三人相議し、旧記に明験があり、当社（甘木市寺内美奈宜神社）を以て美奈宜神社だと確定した、今年（元禄十年）幕府は諸国に命じて方城の図を献上させた、福岡藩では好古がそのことにあずかり、筑前十一社式内の神美奈宜神社として当社を図中に載せた、あとでそしるものはあるまい、と記しており（『益軒全集』巻之五－九一〇－一一頁）、福岡藩における『続風土記』編修－神社の由緒考訂－益軒らの神社縁起の作成と幕府の国絵図改正令（『徳川実記』、『黒田新続家譜』）とが相互に関連していることが知られる。これらのことがまた福岡藩の神社政策推進の基礎作業となっているのである。

益軒・好古らの神社縁起作成は、藩命を背景にしたものばかりではない。個人あるいは地域の人の要請に応じたものもある。前述のように、益軒の『伊野太神宮縁起』は福岡藩家老黒田一貫の依頼によるものという。元禄八年、好古著『筑前国糟屋郡山田邑斎宮縁起』は、益軒の後叙によると、藩主綱政から山田村（久山町山田）を知行地として賜った月成重元の依頼で作成した、とある。月成重元は益軒の従学者で（『益軒資料』三―一三四頁）、益軒は後叙でその人となりを称揚している。中老二千石の月成氏かその一門であろう。いずれも、知行支配と不可分であることはもとよりである。同じく元禄八年八月、好古著『遠賀郡山鹿邑狩尾大明神縁起』（芦屋町大字山鹿）は父義質（楽軒）の後叙によると、「狩尾社の祠官及び山鹿邑の民長のともがら、賎息（好古）に請ひて、其社の事を記さしむ」とある。地域の人々の要請による縁起作成の例である。

さらに、縁起が書かれている神社は郡郷の惣社が多い。高倉神社が遠賀郡鎮守の惣社、高祖社は怡土郡鎮守の社、遠賀郡山鹿の狩尾大明神は島郷十八村の総社、鞍手郡吉川郷下村山王社は吉川郷の惣社である。縁起作成が福岡藩の神社保護の基準作りの資料になったという側面に対応するものである。内容面では八幡関係では、当然のことながら神功皇后伝説に多く筆を費やし、「この皇后は、わが国よりひとの国に武威をかゞやかし、日本万世のために、異敵の侵掠をとゞめ給ふ」（元禄十一年・好古『筑前国夜須郡中屋郷砥上神社縁起』）とする。

益軒・好古らの筑前神社縁起作成で殊に注目したいのは、豊臣秀吉・小早川隆景・小早川秀秋の神社に対する処置についての論評である。小早川隆景については、筑前神社の再興に力を致したことを共通に称揚している。秀吉については、「かく厳重なりし祭祀神事も秀吉公の時より絶て」（元禄四年五月、好古著『筑前国怡土郡高祖社縁起』）、「猶祭田は残り侍りしを、天正十五年、豊臣秀吉公九州征伐の時、残らず没収せられける」（元禄六年十二月、好古著『筑前国糟屋郡宇瀰八幡宮縁起』）、「秀吉公の時、神領没収」（元禄八年七月、好古著『佐々礼石神社縁起』）、「天正十五年、豊臣秀吉公征西ありて、九国をしづめ給ふ時、古例をやぶり、大社の神領をも皆没収」（元禄八年八月、好古著『高倉神社縁起』）と書いている。益軒は、元禄八年、柳成龍の『懲毖録』が京都の書店から刊行された時に序を寄せており、秀吉の朝鮮出兵について、君子が用いる義兵ではなく、貧兵に驕兵・忿兵を兼ねたものであると批判していることも想い合わされる。

秀吉の養子で小早川隆景の養子となり筑前を領した小早川秀秋については、「又（神領を）残らず収納有しかば、御廟もいよ〳〵おとろへ、神事祭礼も絶て行はざる事のみ多く成にける」（前掲『宇瀰八幡宮縁起』）、「隆景私として当社へも多く神領をそへられしを、養子中納言秀秋の代に至り、又皆没収せられしかば、神職の輩も四方へ流浪し、又は土民となりぬ」（前掲『高倉神社縁起』）と書いている。秀吉・秀秋の神領没収に対比して、黒田長政・光之らの神社保護がたたえられている（前掲『高倉神社縁起』）。

註

（1）横山俊夫編『貝原益軒天地和楽の文明学』（平凡社、一九九五年一二月）一〇頁。
（2）棚町知彌「福城松連歌―近世太宰府天満宮連歌史・序説」（『近世文芸資料と考証』四号、一九六五年二月）。
（3）福岡市博物館所蔵青柳資料六八一、寛政十年九月十一日青柳勝次種満奉納。『寄進帳』と共に『太宰府天満宮連歌史資料と研究』Ⅳ（太宰府天満宮文化研究所、一九八七年三月）に棚町知彌氏の校訂で収めている。
（4）日本思想大系19『中世神道論』岩波書店、一九七七年五月。
（5）日本思想大系39『近世神道論　前期国学』（岩波書店、一九七二年七月）五一一―一二二頁。
（6）右同書、五二八―四一頁。
（7）『福岡県史近世研究編福岡藩（三）』一九七七年一二月。
（8）『伊野皇太神宮誌』（千年書房、一九九七年一二月）二九頁。
（9）右同書、二九頁。
（10）井上忠『貝原益軒』（吉川弘文館、一九六三年四月）三五五頁。
（11）真壁俊信『天神信仰史の研究』続群書類従完成会、一九九四年三月。
（12）玉村竹二『五山禅僧伝記集成』（講談社、一九八三年五月）四九二―九三頁。
（13）黒川洋一編『杜甫詩選』（岩波文庫、一九九一年二月）三三三頁。
（14）前註10・二四八―四九頁。
（15）前註1・二六頁。
（16）『神道大系神社編四十四筑前・筑後・豊前・豊後国』（神道大

系編纂会、一九八二年一〇月）一四七頁。本章所引の神社縁起は主として同書による。

［補記］貝原益軒は、本文で述べたような神道学習を土台として神儒一致を説き、仏教の出生間性を批判する『神儒併行不相悖論』や『神祇訓』を書いている。

本章では「大宰府」・「太宰府」の表記を、おおむね「太宰府」に統一した。

なお、本章で使用した井上忠編『益軒資料』（全七冊、一九五五―六一年）は九州史料刊行会の九州史料叢書本による。今は亡き井上忠氏（一九一五―二〇〇二）の校訂の労を多とする。福岡市博物館の前身である福岡市歴史資料館の時代、筆者は井上氏に添って益軒関係資料の購入鑑定にかかわり、同氏の益軒研究を導きとし、『黒田家譜』の校訂などを介して益軒研究に心を配ってきた。本章が井上氏への学恩報謝の一端になれば幸いである。春山育次郎・井上忠氏の業績を土台に新たに益軒全集が編まれることを希求している。

あとがき

日本における地方文化の展開、殊に中世九州における宗教・文芸などの展開に関心をもつようになってから随分と時が経った。少し具体的にいえば、政治と文化の相互媒介的な把握による地域歴史像の構成、日本中世史における中央と地方、権力と文化の問題の解明などである。とくに九州の場合、対外的契機の占める度合は高い。ちなみに、一九八一年六月に刊行した『中世九州の政治と文化』(文献出版)は、そのような構想で中世九州文化の展開を総観したものであり、一九九四年四月刊行の『九州の中世世界』(海鳥社)には、古代・中世の大宰府文化の展開を概観した章を収めている。

中世九州における宗教・文芸の展開について、それぞれ幾つかの論稿を書いてきたが、宗教については、中世九州全体を通観した形にまではまとまっていない。文芸については一応の成書をし、さらに論稿を加えてきた。それらを整理したのが本書である。その内容構成のあらましや叙述の方法などについては序章で述べている。

本書の序章—第十章は一九八二年一月、平凡社から『中世文芸の地方史』という書名で刊行したものである。第十一—第十四章はその増補部分で、『大宰府・太宰府天満宮史料』巻十五—十七(太宰府天満宮刊)や『太宰府市史』編纂の所産である。

平凡社の了解のもとに、両者を合わせて新たに一書とするに当たり、序章—第十章については、『中世文芸の地方史』刊行以後に見出した関係史料や研究成果を取り入れて加除した。ただ、中世史・中世文芸研究の進展、細分化は著しく、見落しがありはしないかとおそれている。大幅な増補改訂を機に書名を改めた。

ともあれ、文芸を中心に、政治・宗教と不離な形で、中世を中心とする平安期から江戸初期に至る九州文化史の展開に一応の筋道を通すよう努めたつもりである。

本書が主な対象としている太宰府天満宮は、昨年御神忌一千百年を迎えた。本書の刊行が遅ればせながら、筆者なりの慶讃になることをよろこびとしている。

本書を成すに当たっては、海鳥社の西俊明社長、別府大悟編集長に格別の御高配を頂いた。深く感謝申し上げる。

平成十五年（二〇〇三）年三月十三日　金婚の日に

川添昭二

九州戦国合戦記　吉永正春

守護勢力と新興武将，そして一族・身内を分けた戦い。門司合戦，沖田畷の戦いなど，覇を求め，生き残りをかけて繰り広げられた戦いの諸相に，綿密な考証で迫る。戦いに勝利する条件とは何か！

四六判／328ページ／並製／３刷　1650円

九州戦国の武将たち　吉永正春

下克上の時代に活躍した戦国武将20人の足跡を活写，同時代の九州全体を俯瞰するための恰好の史書。人の絆，人間愛，死生観，処世訓など，時代を超えて人間の生き方を探った吉永戦国史30年目の金字塔。

Ａ５判／294ページ／上製／２刷　2300円

筑前戦国争乱　吉永正春

一大貿易港である博多，古代から文化・政治の中心であった太宰府。この筑前をめぐり，大内・大友・少弐・宗像・麻生，さらに毛利・龍造寺・島津などが争奪戦を繰り広げた120年に及ぶ戦国期を活写する。

Ａ５判／278ページ／上製　2300円

筑後争乱記　蒲池一族の興亡　河村哲夫

蒲池一族の滅亡を図る肥前の熊・龍造寺隆信の攻撃を，柳川城に籠った蒲池氏は300日もの間防ぐ。しかし，一族は次々に滅ぼされていった。筑後の雄・蒲池一族の1000年に及ぶ興亡を描き，筑後の戦国期を総覧する。

Ａ５判／246ページ／上製　2200円

太宰府発見　歴史と万葉の旅　森　弘子

再建されていた大宰府政庁，風水を取り入れた都市設計，筑紫万葉歌に込められた古人の想い……最新の調査・研究の成果を踏まえ，「遠の朝廷」の全貌を鮮やかに描き出す。“太宰府の語り部”による決定版案内。

四六判／222ページ／並製／２刷　1600円

悲運の藩主　黒田長溥《ながひろ》　柳　猛直

薩摩藩主・島津重豪の第九子として生まれ，12歳で筑前黒田家に入った長溥は，種痘の採用，精煉所の設置，軍制の近代化などに取り組む。幕末期，尊王攘夷と佐幕の渦の中で苦悩する福岡藩とその藩主。

四六判／232ページ／上製　2000円

＊価格は税別

川添昭二（かわぞえ・しょうじ） 1927年3月10日，佐賀県に生まれる。1952年3月，九州大学文学部史学科（国史）卒業。1969年1月，九州大学文学部助教授。1975年8月，九州大学文学部教授。1990年4月，福岡大学人文学部教授（1997年3月まで）。現在，九州大学名誉教授，文学博士。
主な著書に，『今川了俊』（吉川弘文館），『菊池武光』（人物往来社），『九州大学五十年史』（九州大学），『嘉穂地方史　古代中世編』（元野木書店），『注解元寇防塁編年史料——異国警固番役史料の研究』（福岡市教育委員会），『元の襲来』（ポプラ社），『蒙古襲来研究史論』（雄山閣出版），『中世九州の政治と文化』（文献出版），『中世文芸の地方史』（平凡社），『九州中世史の研究』（吉川弘文館），『九州史跡見学』（岩波書店），『九州の中世世界』（海鳥社），『対外関係の史的展開』（文献出版），『中世九州地域史料の研究』（法政大学出版局），『解題・序跋集　回顧・略年譜・著作目録』（櫂歌書房），『日蓮とその時代』（山喜房仏書林），『北条時宗』（吉川弘文館），『日蓮と鎌倉文化』（平楽寺書店），その他，編著，中世・近世の史料校訂，研究論文など多数。

中世九州《ちゅうせいきゅうしゅう》の政治《せいじ》・文化史《ぶんかし》

■

2003年7月18日　第1刷発行

■

著者　川添昭二

発行者　西　俊明

発行所　有限会社海鳥社

〒810-0074 福岡市中央区大手門3丁目6番13号

電話092(771)0132　FAX092(771)2546

http://www.kaichosha-f.co.jp

印刷　有限会社九州コンピュータ印刷

製本　日宝綜合製本株式会社

ISBN 4-87415-448-4

［定価は表紙カバーに表示］

総　索　引

あ

青木庄(筑前国)　62, 63, 69, 70
青表紙本(源氏物語)　83, 96, 97
青柳種信　41
明石次郎左衛門　355
赤橋(北条)英時　49
赤橋家　49
赤星九郎重規　230
赤馬(筑前国)　294
赤間関(下関)　209, 211, 217, 244, 297
赤間関奉行　244
赤間庄(筑前国)　252, 253, 292
阿川淡路守(勝康)　254, 255
阿川治部丞武基　261
秋月伊予守　287, 289
秋月小太郎弘種　207
秋月種実　310, 325, 328-330, 341, 346
秋月種朝　207, 208, 231
秋月中務大輔　219, 289
秋月中務種朝　207
安積信(艮斎)　347, 350
浅川聞書　306, 347
朝倉貞景　190
朝倉孝景　190
朝山出雲守大伴師綱　172, 174
朝山出雲守師綱　172, 176
朝山前出雲守師綱　171
朝山重綱　6, 172, 176-179
朝山梵灯　6, 73, 117, 129, 165-182
足利高氏　48
足利尊氏　83, 102
足利直冬　103
足利直義　83, 138
足利基氏　159
足利義詮　77, 89, 102
足利義尹(義稙)　247, 248
足利義満　92, 126, 160, 166-169, 172, 174-176, 178, 179, 192
足利義持　160, 168, 169, 175, 176, 187
蘆城　374
蘆城山　211
鯵坂庄(筑後国)　328
蘆屋(筑前国)　206, 211, 226, 260, 261
蘆屋釜　217
飛鳥井栄雅　269, 270
飛鳥井雅親　278
飛鳥井雅綱　199, 282
飛鳥井雅俊　251, 281, 299
飛鳥井雅康　251, 257, 264
飛鳥井雅縁詠三十首和歌　264
麻生家延　290
麻生近江守　219, 287, 289, 290
麻生興春　274
麻生兵部大輔興春　274
麻生上総介弘家　274
麻生上総入道弘家　220
麻生刑部少輔　220
麻生氏　217, 244, 274
麻生兵部大輔家延　219, 220, 226
麻生弘国　220
麻生与次郎　220, 287, 290
阿蘇山(肥後国)　283
阿蘇大宮司惟家　202
阿曾沼近江守　254
篤信編輯著述目録　373
敦仁親王(醍醐天皇)　370
東鑑　367
吾妻問答　92
阿波羅波記　358

阿仏尼　149
油役諸公事　183
安倍貞行　18
安倍宗行　18
天草七党　270
天照坐伊勢二所皇太神宮御鎮座次第記 359
阿弥陀寺(長門国) 192, 217
あや杉　283
荒武藤兵衛尉　255, 277
有馬尚平　271
安国寺恵瓊　332
安東重綱　48
安東省庵　337
安東節庵　346
安東守約(省庵) 345
安徳天皇　31, 192
安能　19, 32
安楽寺　40, 41, 112, 157, 198, 222, 223, 226, 372
安楽寺宮司検校坊快鎮　41
安楽寺上座坊　252
安楽寺神託詩歌　102
安楽寺聖廟　9, 22
安楽寺託宣　23
安楽寺託宣連歌　33, 50
安楽寺別当松寿　36
安楽寺法楽　107, 187
安楽寺法楽和歌　251

い

飯田興秀　255, 286-289, 291
飯田秀家　195
飯田秀範　191, 293
飯田弘秀　215, 241, 288
飯田昌秀　185
家延(麻生) 226
いきの松原(筑前国) 45
生の松原　61, 194, 196, 198, 211
伊倉(肥後国) 227
池上藤兵衛尉安之　255
池田正種　190
異国警固　59, 70, 196
異国警固番役　59, 61, 65, 66
異国降伏　5, 55, 56, 58, 59, 61, 64, 66
異国降伏祈禱　41, 64, 66
異国降伏の祈禱　68
異国征伐　68
異国征罰　68
伊作久逸　239, 269, 278
伊作善久　268
以参周省　213
石井中務丞　256
石打ち　313
石川恒季　345
石築地築造　61
石踏川(筑前国) 374
伊集院忠棟　312
惟肖得巌　166, 168
和泉三河守豊房　256
伊勢公卿勅使　54
伊勢重氏　252
伊勢(度会)神道　359, 361
伊勢大神宮参詣記　133
伊勢二所皇太神御鎮座伝記　359
伊勢末社記　358
伊勢物語　113, 114, 121, 155
伊勢物語抄　155
伊勢物語注(註) 121, 155
伊勢両宮末社記　357, 359
磯光神社縁起　375
板付(筑前国) 328
板持庄(筑前国) 293
一条兼良　232, 272, 357, 359
一宮　59
一宮記　357
一万句連歌　186, 187
一万句連歌会　262
逸史　350
一色範氏　99, 100, 105, 151
一色範光　87

一峯明一　134
伊都(部ヵ)佐範　254
伊藤一蓑　320-323, 332
伊藤源右衛門　310, 321, 323, 328
伊藤源右衛門入道一簔　324
伊藤源右衛門種貞　321, 323
伊藤外記　328
伊藤貞利　320, 323
伊藤貞広　323, 324
伊藤祐兵　330
伊東相州(祐梁)　255
伊東兵部少輔　309, 310
伊藤正直　321, 323
伊東民部大輔　235
伊藤盛求　320
伊藤由井子文書　321
田舎人　126-128
ゐ中連歌　122
田舎連歌　123
稲津安芸守　255
猪苗代兼載　224
犬追物　77, 273, 274, 277
伊野太神宮縁起　362, 376
今鏡　196
今川氏兼　109, 146
今川大双紙　160
今川壁書　143
今川家譜　146
今川記　144, 146
今川(陸奥守)貞臣　109, 111
今川状　73, 143, 144, 161
今川直忠　109, 110
今川仲秋　108, 112, 143
今川範国　74-77, 96, 130, 146, 148
今川播磨守　172
今川満範　115
今川基氏　74, 96
今川義忠　146, 190
今川義範　109, 110, 115
今川了俊　5, 6, 73-165, 167, 169, 172, 173, 179
今川了俊一座千句連歌第五百韻　162
今川了俊一座の千句連歌　108
今川了俊書札礼　131
今川了俊談議聞書　155
今川了俊の遺詠　149
今津(筑前国)　57
今山(筑後国)　323, 324
惟明東堂　202, 206
伊予切　156
伊予三島社縁起　65
入来院重豊　239
入部庄(筑前国)　19, 252
石清水八幡宮　40
石清水霊験　56
岩田庄(筑後国)　99
岩門城(筑前国)　248
岩淵内秣田(筑前国)　252
岩屋・宝満城督　308, 310, 311
岩屋・宝満籠城　333
岩屋完節志　336, 343, 346, 348, 349
巌屋完節志　347
岩屋完節録　306
岩屋記　306
岩屋義戦録　336, 344-346
岩屋軍記　339, 340, 342-344
岩谷軍記　341
岩屋城(筑前国)　248, 288, 289, 291, 305, 325, 328, 333
岩屋城合戦　8, 305-317, 331, 339-351
岩屋城史談　306, 307
岩屋物語　312, 324, 326, 339, 341-344
巌屋物語　340, 347
胤秀　298, 299
忌部神道　359, 361
忌部正通　359, 360
斎部広成　358

う

上御使　170, 173, 177

宇佐御許山(豊前国) 37
宇佐宮 32, 192, 197, 300, 301
宇佐宮安門坊 255
宇佐宮祝大夫 202
宇佐郡代 255
宇佐大宮司公見 202
宇佐大宮司公通 32
宇佐使 34, 35
宇佐八幡宮(豊前国) 10, 285
宇佐羅漢(豊前国) 285
碓井駿河守資重 290
碓井駿河守 287, 290
碓井左衛門大夫武資 290
碓井庄(筑前国) 290
碓井十郎盛資 290
臼杵鑑速 308
歌言 139, 140
歌枕 118, 198
内浦浜(筑前国) 211
宇都宮歌壇 5, 49
宇都宮大明神代々奇瑞之事 65
鵜戸別当坊 255
卯野弥三 254
味酒安籌 249
味酒安行 9, 249
宇美宮縁起 375, 376
宇美宮社務 202
宇美宮前社務房精 203
宇美八幡宮(筑前国) 196, 362
宇瀰八幡宮縁起 378
宇良葉 235, 257
卜部兼敦 360
卜部兼倶 359
卜部兼熙 86, 87
上井覚兼日記 187, 306, 311, 313, 314

え

英因(固)法眼 223, 224
詠哥大概 112
詠歌大がい 121
詠哥一躰 112
詠歌の一体 121
永泉寺(筑前国) 189, 202, 241
江島茂逸 307, 337
枝次刑部少輔 256
恵珍 138
益軒先生年譜 362
閲史筌蹄 375
絵筵 294
縁起絵 59
延喜天暦の御代 180
宴曲(早歌) 50, 55, 56, 67
宴曲抄 55
延寿王院 345
奄世 260
円爾(聖一国師) 42, 43, 371
円仁 20
円応寺(筑前国) 362
円融天皇 10

お

奥義抄 140
応仁・文明の大乱 201
大内氏掟書 202, 208, 209, 218, 244, 288
大内教弘 7, 157, 183-193, 195, 197, 199, 201, 205, 211, 219, 221
大内教幸(道頓) 201, 220
大内政弘 201-226, 234, 241, 262, 290
大内持世 183, 194, 203, 204, 214
大内盛見 289, 183
大内義興 7, 189, 202, 247-255, 262, 274, 276, 277, 281, 288
大内義興承天寺住持職補任 205
大内義隆 8, 204, 281-303
大内義長 288
大内義弘 107, 183, 192
大浦寺 293
大江匡衡 18, 29
大江匡房 12, 16, 22, 23, 25, 35-39, 300, 370, 372, 374

大神朝臣景範　298
大鏡　366
大蔵隈江　292
大蔵(宮道)武種　270
大隅八幡宮　256
大塔物語　116
大友記　307
大友興廃記　327, 347
大友江州禅門(貞宗)　46
大友貞宗　48, 206
大友宗麟　310, 313, 325, 327, 335, 341
大友親繁　200, 207
大友親治　273
大友親安(後名義鑑)　255
大友太郎時親　47
大伴家持　27
大友政親　228
大友義鑑　296
大友義長　273, 274
大友義統　309-311, 327, 328, 330, 335
大友頼泰　54
大鳥居信寛　312, 314
大鳥居信渠　27, 293, 295
大鳥居信堯　198
大鳥居信闇　259, 278
大鳥居信顕　7, 27, 183, 184, 185
大鳥居信兼　354, 355, 365
大鳥居信高　102
大鳥居信岡　291, 292
大鳥居法印信岡　296
大鳥居信祐　41
大村由己　300
大利村(筑前国)　309
大脇掃部助　255
小笠原元長　274
小笠原元宗　273, 274
緒方惟義　32
岡湊三神之御縁起　375
岡弘道　320, 336, 340, 347-350
岡部彦五郎　290
小神野勝悦　242
雄城氏　270
沖田畷(肥前国)　314
翁物語　347
興浜(博多)　206
奥堂左衛門大夫　183, 248
落合河内守　255
落合藤五　255
小中庄(筑前国)　17, 295
鬼村左馬允長直　253
鬼村長直　286, 287
小野掃部助　116
小野氏系譜　347
小野好古　11, 12, 14, 24, 34
小浜(若狭国)　236, 239
飫肥院(日向国)　275, 240
尾和武親　206, 209
遠賀郡熊手村岡田神社縁起　375
遠賀郡山鹿邑狩尾大明神縁起　375, 377
温室　18

か

廻国雑記　217
快厳　110, 111
懐紙式　133
快舜　295
会所人丸　194, 195, 250
快真　252, 253
海蔵寺(遠江国)　162
海東諸国紀　200, 227
貝原篤信　363
貝原猪之助　355
貝原益軒　8, 11, 105, 343, 344, 353-379
貝原元端(益軒の兄存斎)　355
貝原日休　363
貝原義質(楽軒)　375, 377
貝原市之進(好古)　355
貝原好古　362, 373, 375-377
貝原善太夫(益軒の兄義質)　355
海陸吟　188

快隆手日記　253
臥雲日件録　227
臥雲夢語集　367
替詞　85, 86, 150
花宴　12-14, 25
河海抄　15, 86, 141
加賀守平（仁保）195
鏡山（豊前国）200
覚阿　110, 111
覚隠永本　189
笠懸　77, 274
笠間惟房　320, 326, 327, 336, 337, 346, 348
笠間子恭（惟房・葆光）349
笠間葆光（惟房）340, 347, 348, 350
花山院長親　369
香椎（筑前国）62, 206
香椎宮（筑前国）211, 362
香椎宮記事　375
香椎宮法楽　283
香椎社　203
加治木忠敏　239
樫村内蔵助　254
柏原四郎左衛門貞盛　256
糟屋郡伊野邑天照太神宮縁起　363
糟屋郡蒲田村八幡宮縁起　375
糟屋郡旅石村八幡宮縁起　375
家蔵書目録　357, 360, 361, 367, 369
堅粕薬師（筑前国）205, 242
勝田備前入道　113, 114, 146
勝部兵右衛門聞書　312, 313
勝部昌綱　166
勝間田長清　114, 146
勘解由小路在宗　210
兼仲卿記　60
鐘隈（筑前国）328
兼煕卿記　86, 93
懐良親王　5, 102, 104, 179
狩野源内兵衛覚書　347
鹿子木三河入道寂心息　284
鹿子木親員　282-284
鹿子木親貞　259
鹿子木親俊　284
鹿子木三河守（親員）282, 283
樺山紹釼自記　311
加判衆　310, 311, 335
鎌倉公方　159
鎌倉年代記裏書　62
嘉麻郡長尾（筑前国）215
鎌田九郎兵衛（昌信）355
蒲池兵庫　330
竈門勘由解允　317
竈門氏　309
かまど山　374
竈門神社（筑前国）193, 200
神風　54, 59, 60, 63, 67
上冷泉為広　251
亀井南冥　345, 349
亀山院の祈願　58
亀山上皇　55
亀山天皇　56
亀山八幡宮（長門国）255
火雷神弁　366
唐糸　268
狩尾大明神（筑前国）377
歌林　140, 143
刈萱の関（筑前国）217
刈萱関　218
河上社座主弁髪解状　60
河北庄（筑後国）272
河越小太郎重房　32
河内本源氏物語　191
河津　293
河津弘業　248
川波信成　340-344
川波甫月　344
勧学会　22
菅家御集　367
菅家金玉抄　366, 367
菅家後集　24, 366, 367, 371
菅家御詠集　367

菅家御伝記　29, 368
菅家文集　367
菅家文草　15, 16, 18, 20, 366, 367, 370
菅公説話　35
玩古目録　356-361, 368, 370
神埼郡(肥前国)　202, 214,
神埼郡代　241
干珠・満珠　70, 107
感状　332, 333
菅丞相故実　373
菅神故実　364
閑塵集　224
菅家聖廟記　367
菅神入宋授衣記　367, 368
菅神年譜略　366
勧進聖　193, 203
巻数請取　185, 186
観世音寺(筑前国)　10, 118, 211, 261, 336
観世音寺留守房顕　202
関東御祈禱所　69
関東祗候の廷臣　75
関東評定伝　39
観音寺(観世音寺)　260, 374
看聞日記　69
甘露寺元長　240

き

喜悦　110
基円　18, 22
祇園会(博多)　195
祇園社　204
木上大炊助　255
聞書秘説　302
菊池重朝　227, 228-231, 233, 262
菊池武朝　108
菊池武尚　228
菊池為邦　227, 228, 244, 262
菊池持朝　198
菊の高浜(豊前国)　211
菊姫　363
季材明育　207, 228, 245
騎射秘抄　274
器之為璠　191
北里高房　230
北野会所奉行　187, 188
北野誌　353, 367
北野社(京都)　62, 224
北野社(筑前国)　63
北野社宝成院明充　208
北野信仰　23, 33, 104, 152
北野天神縁起　32
北野天神御伝　368
北野天神根本縁起　29
北野天満宮(京都)　292
北野天満宮(筑後国)　272
北野庄(筑後国)　272, 273
北畠親房　360
北畠教具　190
北原鎮久　309, 310, 317, 321, 325, 330, 331, 334, 335, 341
北原進士　310
北原進士允　309
北原進士兵衛　331
吉続記　63
橘山遺事　306, 320, 326, 327, 340, 348-350
祈禱連歌　7, 184, 186
城戸清種　326, 328
甲筑前守長秀　270
木野了幸(筑後守護代)　184
吉備津宮(備中国)　254
肝付兼久　269
肝付三郎五郎　256
肝付二郎左衛門尉　237
逆風　60
玖阿　110, 111
九州記　306, 347
九州国分　336
九州国割之次第　327
九州国割(国分)　329
九州軍記　204, 306, 326, 331, 335, 341, 344,

345, 347
九州御合戦記　130
九州御動座記　329
九州紹運記　319
九州征伐　377
九州探題　4-6, 73, 74, 89, 95, 99, 103, 120-123, 129-132, 135, 136, 159, 165, 169, 172, 173, 179, 205-207
九州探題奉行人　111
九州治乱記　306, 320, 324, 326, 340, 341, 345, 347
九州の官領　131
九州兵乱記　319, 320
九州問答　107, 108, 122-127, 132, 170
咎崇観　373
咎崇譚　370
救済　42, 90-92, 103, 105, 106, 108, 129, 153, 226
九仏(坂)　133
堯淵　281, 298, 299
狂言記　122
京極備中守高豊　355
京極為兼　75, 79-80, 207
京極派　49
堯尋　139
胸中抄　284
京都　7, 44, 45, 48, 115, 126, 187, 226, 241, 249, 262-265, 272, 273, 276, 284, 299, 353, 354, 356, 368
鏡本坊　267
居家日記　375
玉崗慶琳　189, 241
曲水宴　11, 12, 24, 25, 38, 39
玉峰記　320, 328, 337
京極為兼　67, 75, 80, 135
清末氏　285
清末文書　302
清原頼元　228
吉利支丹制禁　327
径山　194, 360, 367
近習　6, 165, 166-175, 177-179
近代秀歌　157
金有成　39, 40

く

空海　195
空谷明応　368
愚管抄　366
公卿勅使　57
草野重永　272, 273
公事根元　367
櫛田宮(博多)　204
櫛田宮祇園祭　204
櫛田宮内祇園社造営奉加帳　203
旧事本紀　358
旧事本紀玄義　359
櫛間院(日向国)　240, 256, 275
櫛間城(日向国)　256
朽網宗歴(鑑康)　308, 310, 311
口原(筑前国)　290
屈原　369
国絵図改正令　376
邦高親王(伏見宮)　250, 251
国割(国分)　326
窪田氏光　209
隈江筑後入道　266
隈江匡久　256
求麻外史　234, 258
熊沢蕃山　359
熊野権現　61
隈庄(肥後国)　258, 261
熊野神　61
隈部上総守親氏　259
隈部氏　333
隈部城(肥後国)　108
隈部内蔵助武秀　259
隈部忠直　228, 229, 231-233, 245
隈村(筑前国)　253
隈本(肥後国)　284
鞍手郡段銭　293

鞍手郡吉川郷下村山王社縁起　375
栗山大膳事件　362
黒田一貫　363, 376
黒田家譜　373, 374, 379
黒田記略　375
黒田三左衛門　355
黒田三代記　375
黒田如水　362, 365, 372, 373
黒田忠之　362
黒田綱政　41, 355, 376
黒田長政　362, 365, 372, 373, 378
黒田平左衛門（立花重種）　332, 355
黒田光之　332, 353-355, 362-365, 374, 376, 378
黒田孝高　330-332
黒貫寺　255
郡代　212, 214, 277
軍忠状　64-66, 70, 71

け

桂庵玄樹　207, 231, 232, 239, 262
慶運　83
計索状　330
桂昌院（筑前院）　293
撃蒙抄　93, 105
花台坊（天満宮安楽寺）　215, 260
月閑之記　267
闕疑抄　156
月村斎宗碩　254
月村抜句　253-261, 267
厳羽　135
玄慧　138
源右衛門種貞　323
玄久（島津氏久）　171, 172
検校坊　249
検校坊快鎮　354, 355
兼好　45, 83, 84
元寇　67, 71
源光院（筑前国）　362
顕孝寺（筑前国）　46, 202, 206
元亨釈書　367
元弘の変　57
兼好法師家集　45
源語秘訣　224
兼載　7, 225, 238, 244, 266, 271
兼載句艸　225, 226
源氏物語　83, 121, 141-143, 156, 224, 255, 272, 282, 366
源氏六帖抄　97, 141, 150, 156
元真　12, 13
玄清　238, 266, 267, 271
原正泉　135
元千　110
顕宗天皇　11
顕注密勘　121, 155
遣唐使駅　242
源平盛衰記　31, 32
元妙寺（備中国）　254
遣明使　231
遣明船　240
玄了　292

こ

豪阿　110, 111
弘安四年日記抄　54
香雲院　74-76, 78
香雲院清菴　96
江家次第　37
光厳院　82, 88
翺之恵鳳　191, 227
柑子岳（好士岳, 筑前国）城督　308
孔子堂　262
高柔　39, 40
神代興綱　253
神代貞賢　209
神代紀伊守（貞綱）　225, 226, 276
庚申待　20
光瑞千句　225
香薗（筑前国）　292
光台寺（日向国）　255

江談抄　16, 29, 36, 38, 39, 366, 370
上妻民部丞　257
上妻文書　278
勾当坊(天満宮安楽寺)　249
江帥集　13, 37
高師直　83
紅梅殿祈禱和歌　249
香原(筑前国)　290
光明寺(大宰府)　367, 368
光明寺(出羽国)　175
空也　151
高野(紀伊国)　235
高野山聖無動院(紀伊国)　235, 240
高良(筑後国)　62
高良山座主坊(筑後国)　259
高良神社(筑後国)　69
興隆寺(周防国)　202
後柏原天皇　250, 264
御感書　332
古今集　148, 266, 366
古今説奥書　155
古今伝授　276
古今連談集　105, 106
古今和歌集古聞　266
古今和歌集註　145, 154
谷阿　195
国人文化　268
国人領主制　6, 7
国分寺　59
後愚昧記　102
国役　287, 289
御供屋別当信興(天満宮安楽寺)　295
後光厳院　102
古語拾遺　357
後小松天皇　147, 204
古今著聞集　22, 29, 32, 36, 37, 39, 366
後嵯峨院　57
後嵯峨法皇　56
後嵯峨天皇　56
固山一鞏　228
甑島(薩摩国)　63
五時講　18, 19, 28
故実学　130, 131
古事本紀　358
五条　355
五条頼治(左馬頭)　179
五節供　16, 17, 21, 25
後撰和歌集　12, 83
後醍醐天皇　57
五代帝王物語　56, 58
籠手田定経　288
籠手田文書　302
小寺休夢　300
後藤碩田　342
後藤基綱　39
「古都」太宰府　374
後鳥羽院　44, 120
後鳥羽院御口伝　78
後鳥羽上皇　64
後鳥羽天皇　57
小鳥居信元　291-293, 296
小鳥居信潤　293
諺草　375
後奈良天皇　294
近衛稙家　269, 282
近衛尚通　254, 268-270, 282, 284, 302
近衛政家　238
木葉連歌　40, 41
許斐家文書　342
小早川左衛門督　330
小早川隆景　329, 373, 377, 378
小早川秀秋　373, 377, 378
小早川秀包　330
小番衆(室町幕府)　235
後深草・亀山両院　57
後深草　56
後法興院政家記　238
後堀河天皇　56
狛犬　200
薦野家譜　306, 332, 347

薦野増時　317
木屋瀬(筑前国)　211, 212
御霊会　25
惟房(万里小路)　299
惟康親王　68
金光寺(和泉国)　190
言塵集　78, 120, 136, 140, 141, 145
金台寺(筑前国)　206
金春九郎直氏　210
金林寺(日向国)　255, 256

さ

才阿　210
西行　81, 82, 96, 140
西行上人談抄　81, 158
西宮記　20, 34
西公談抄　81
西郷兵庫(助)尚善　270
在国司　166, 167
再昌草　263, 270, 282
在中中淹　175
最鎮記文　26
斎藤明真　110
斎藤妙椿　190
斎藤基明　48
斎藤基夏　48
宰府　108
西府作　37
堺　197, 240, 266, 273, 275, 276
酒井河内守忠明　355
酒井忠明　365
三条実香　251
酒殿(筑前国)　14
相良近江入道立阿(前頼)　172
相良小次郎　233
相良武任　286
相良正任　191, 201, 213, 234, 262
相良為続　223, 233, 234, 262, 275
相良遠江守　210
相良長続　227, 244
相良長毎　233, 258, 275, 276
相良長祇　257, 258
相良弘恒　233
前佐渡守親康　33
桜井神社(筑前国)　362
柘榴天神　371
佐々木道誉(高氏)　87, 90, 106
佐々礼石神社縁起　375, 377
貞敦親王　251
貞方筑後守　295
佐田系図　322
佐田大膳亮泰景　255
薩隅日地理纂考　62, 238
佐々陸奥守(成政)　329, 330, 333
佐々助三郎宗淳　356
薩藩旧記雑録後編　314
薩摩国分寺　187
薩摩福昌寺　189
佐藤武大夫　355
里村昌陸　41
讃岐入道法世　145
実隆公記　262, 263, 282, 284, 285
侍所　89
侍所頭人　73, 87, 168, 169
「三韓征伐」　56, 64, 65, 68
残菊　11
残菊宴　14, 15, 25, 34
三社託宣　360
三社託宣抄　358, 360
三条公敦　223
三条公忠　102
三条実香　251
三条西実隆　235, 256, 263-270, 282, 284-286
三代実録　366, 370
三代集　121, 142
三代集口伝　118
山王神道　361
三宝院光済　89
三宝絵詞　18, 21
三老体制　311

し

思円上人(叡尊) 61, 64
四王院 374
慈円 33, 140
慈恩(遠)寺(種子島) 257
志賀海神社(筑前国) 194
志賀島(筑前国) 194, 211
志賀島宮司祖慶 202, 203
志賀島大明神 203
志賀島文殊 194, 200
志賀宮故実攷略 375
直阿 111
食堂(天満宮安楽寺) 18
識鷹秘訣集 279
竺心慶仙 189
重之集 21
地下連歌 92, 93
示現五時講 18
志自岐兵部少輔縁定 270
時衆 95, 111, 175, 178, 206
時宗 95, 110, 114, 117, 151
時衆過去帳 110, 175
時宗道場 117
四条天皇 56
詩人玉屑 135
使節 6, 178
師説自見集 95, 118, 129, 140, 141, 150, 160
下草 92, 93, 120, 124-126, 128, 129, 132
侍中群要 20
慈鎮(慈円) 140
十訓抄 34, 38, 39, 370
侍島(筑前国) 251, 292
四度宴 11, 25, 26
四度の宴 372
篠崎弼(小竹) 350
篠原大輔 142
斯波氏経 102, 103
斯波義種 133
斯波義将 116, 174
渋川教直 206, 207
渋川満頼 205
慈遍 356, 359, 360
志摩郡代(筑前国) 308
島津氏久 172, 242
島津修理大夫(勝久) 269, 270
島津玄久 171
島津国史 312
島津伊久 168, 171
島津氏 115
島津下馬助久盛 256
島津世禄(録)記 311, 312, 347
島津忠廉 235, 239, 240, 269, 275
島津忠国 186-188
島津忠隆 256, 269, 270, 277
島津又六郎(忠隆) 269
島津豊後守忠朝 256
島津豊後守(忠朝) 269
島津忠朝 275, 276
島津忠長 312
島津忠治 256, 279
島津忠秀 48
島津忠昌 232, 237-239, 246, 269, 270, 275
島津忠好(忠廉) 197
島津修理亮入道忠好 197, 240
島津庄(薩摩国) 187, 238
島津豊州 255
島津又八郎 256
島津又三郎(元久) 168, 170, 172
島津義久 346
島村源之丞(久景) 355
清水城(薩摩国) 269
持明院基規 281, 298, 299
司務別当大鳥居家々略譜 354
紫明抄 141
下片野(筑前国) 253, 287
下村山王社(筑前国) 377
下冷泉政為 251, 299
謝国明 204
射策 25, 28

拾塵和歌集　190, 223
沙石集　32, 35
沙弥洞然(相良長国)長状　257
写明二十四家詩定抄　369
珠阿　114, 116, 117, 157
周阿　91, 92, 101, 103, 107, 108, 124, 125, 153, 226
拾遺和歌集　12, 46, 83, 151, 366
十王図　205, 242
従隗西堂　204
拾玉集　33
周桂　254, 267, 270, 284, 285, 302
修辞通　350
「秋思」の詩篇　371
袖中抄　140, 197
周能　135
自由の言　126
十仏(坂)　90
周孟仁　135
儒家神道　361
執行坊第三十世信誠(天満宮安楽寺)　41
寿慶　266
珠玄　256, 269, 272
守護・国人　128
珠光　231
守護所　195
守護領国文化　6
珠全(高城)　268, 269
珠長(高城)　195, 256, 269
出陣(勝軍)連歌　128
寿琳　272
順覚　90-92
殉国の祈願　57
俊成　140
舜田　237
順徳天皇　141
春夢草　270, 271
乗阿　110, 113, 114
聖一派　368
紹運公碑文　337, 345
定快　19
正覚寺　292
松下集　189, 190, 192-199, 240, 275
松花和歌集　46, 48, 49
聖観寺(肥後国)　231
正観寺(肥後国)　229, 245
承久記　53
承久の乱　53, 57, 64
常行堂(天満宮安楽寺)　10
小京都化　7, 204
将軍家文道師範　104
将軍家奉公　219, 220
将軍家奉公の麻生氏兄弟　217
招月庵　189
性光　110
正広　7, 183-200, 211, 275, 240
正広日記　190
相国寺供養記　166, 169, 172, 174, 181
上座坊(天満宮安楽寺)　252, 285, 286, 294
松寿　17
常修坊　294, 295
常修坊快喜　294
貞治六年中殿御会記　97
正任記　201-210, 290
城為冬　228
城越前守親賢　229
正徹　85, 162, 188-191, 197
正徹物語　45, 120
正伝寺(京都)　40, 54
承天寺　43, 204, 205, 228, 246, 294, 331, 371
唱導　59
唱導化　63, 64
聖無動院　235, 240
城督　248, 315, 336
浄土寺(備後国尾道)　116
庄内軍記　307
少弐貞経　48
少弐高経　247
少弐入道覚恵(資能)　54
少弐冬資　104, 131

少弐冬尚　294
少弐政資　247, 248, 251
少弐政尚(政資)　201
紹巴　285
松梅院　41
肖柏　267, 271, 272
正風連歌　94, 128, 129
正福寺(日向国)　256
正福寺(周防国)　254
聖福寺(博多)　201, 204
聖福寺継光庵　201
承平・天慶の乱　12
浄弁　45, 46, 48, 49
称名寺(博多)　114, 206
浄妙寺(榎寺, 大宰府)　22, 23
聖母神　193
聖母神像　69
逍遙院(三条西実隆)　269, 270, 282
逍遙散人堯空　283
勝楽寺(筥崎社神宮寺)　216
城料所　183
少林寺(筑前国)　362
少林寺(勝林寺, 江戸)　332
定林寺(筑後国)　324, 339, 340
続現葉和歌集　46, 51
続草庵集　45, 89
続日本紀　20, 366
続門葉和歌集　55
諸社根元記　360
諸神記　358, 360
初心求詠集　107, 108, 123, 173, 187
初心講　122
諸神根源抄　357, 358
白井宗因　356, 358-361
沈　236, 241, 264
信快　21
真観　44
神祇訓　379
新儀式　21
真曲抄　55
神功皇后　64, 68, 69, 71, 107, 118, 193, 196
神功皇后伝説　377
神宮続秘伝問答　357
神宮秘伝問答　357, 358
神軍　59, 60, 63
心敬　91, 153, 165, 169, 186, 187, 222
信兼筆記　354
信弘　135
信岡　292
沈香　267
神幸祭　17, 25
神幸式　22, 37, 372
神幸式大祭　23
新古今和歌集　32, 38, 149, 366, 413
神国　59, 63
神国思想　66, 70
新後拾遺和歌集　88
神社啓蒙　356, 358, 361
神社考　356, 357, 360
神社便覧　357, 359, 361
神儒一致　358, 360, 364, 372, 379
新拾遺和歌集　87, 102
神儒併行不相悖論　379
信昭　90
新続古今和歌集　88
神戦　58-61, 63, 66
新撰菟玖波集　209, 223, 224, 233, 234, 262, 271
真存　255, 256, 265-267, 270
神孫君臨　63
神代口訣　358
神代系図　358, 360
神代講述　358
神代講述鈔　359
神代三陸志　63
神代直指抄　358
神代長篇　357
神代巻直指鈔　359
神代巻抄　358
神代巻新板　358

神代巻口訣　359
神託詩歌　4, 102
神託連歌　4, 35
神託和歌　4, 35
新玉津島社歌合　88
新注学　232
信哲　104
神道五部書　359, 360
神道大意　356
神皇系図　358
神王面　62, 63, 69
神風記　356, 361
神仏分離　10
信誉　110, 111
神令　357, 358
神領興行法　64, 71

す

瑞渓周鳳　367
崇尼観算　17
陶興房　249, 251, 252, 288
陶尾張守弘護　213, 271
陶隆房(晴賢)　294, 301
陶(右田)弘詮　212, 215, 218, 243, 254, 255
陶弘護　201, 202, 204, 212-214
陶弘護肖像讃　242
陶弘護像　213
末久雅楽允　302
菅原在宣　41
菅原定義　22
菅原信祐　355
菅原輔正　23, 35, 36
菅原為長　39
菅原豊長　41
菅原長貞　34, 35
菅原長綱　101
菅原長遠　101
菅原長成　57
菅原長衡　104, 111
菅原長義　41
菅原秀長　101
菅原道真　7-12, 16, 18, 20, 22-24, 26, 36, 39, 102, 249, 272, 353-379
菅原道真の子淳茂　26
菅原道真崇拝　23
杉興運　289
杉興重　286, 288, 290
杉興長　205, 251-253, 260, 261, 287, 292
杉興道　285, 286
杉孫三郎興頼　261
杉勘解由左衛門　208
杉伯耆守重清　277
杉重道　202, 208, 216
杉武明　255, 277
杉弘相　215, 216, 218
杉次郎左衛門尉弘相　212
杉杢助弘信　255
杉杢助弘依　206, 255
杉豊後守　294
杉正安　184
杉谷宗重　327
杉本坊　283
崇光法皇　116
角東北院信順　27, 278, 289
住吉社(筑前国)　196, 197, 200, 203, 211, 362
住吉社(長門国)　200, 294
住吉社法楽　196, 197
住吉新神主満若　202
住吉神社(筑前国)　196
諏訪神社(薩摩国)　187
諏訪大明神　65

せ

井蛙抄　45
惺窩文集　356
清源寺(肥後国)　207, 228
清源老人(季材明育)　245
聖書　373
醒睡笑　249

征西将軍　5, 102, 179
聖廟記　367, 369
西府作　37
清林坊　260, 261
井楼纂聞　337, 349, 350, 351
石屋真梁　189
関口掃部助　145
関口修理亮　145
石城遺聞　210, 215, 216
釈奠　231
碩田叢史　340, 342
絶海中津　368
雪玉集　278
雪渓忠好　239, 246
雪舟　191, 231
脊振山政所坊　202
脊振山霊験　50
仙賀　110, 111
仙覚　95, 120
千句連歌　108, 114
千句連歌興行　109
千句連歌第五百韻　100
先侯遺事　349
善哉坊　255
選集抄　370
善心　222
善神捨国　70
千手弥太郎正景　218
千手右馬允盛景　219
千手越前守　218
千手越前入道道吽　218
千手蔵人入道　218
千手氏　218, 219
千手治部少輔　212, 218, 287, 289
千手治部少輔興国　289
千手城（筑前国）　218
千手治部大輔弘友　260
千手弘友　261
先代旧事本紀　359
先代旧事本紀大成経破文　359
闡提正具　46
善導寺（博多）　132, 205
善阿　90, 106
専念寺（長門国）　255
善福寺（長門国）　254, 286
宣陽門院所領目録　194

そ

草庵集　102, 103
草庵和歌集　84
造伊勢二所太神宮宝基本記　357, 359
宗尹　190
宗雲　334
早歌（宴曲）　67
宗祇　4, 7, 92, 190, 194, 195, 198, 201-246, 254, 255, 257, 266, 271, 272, 275, 292
宗久　115-117, 133, 154
宗金　200
宗倶　135
草根集　188, 190, 191
葬祭弁論　359
宗作　216, 238
相実　19
惣社　377
葬書　358
宗訊　266
宗砌　108, 187, 188
宗砌句集　186, 187
宗碩　7, 253-262, 266-268, 270, 271, 277, 282-286, 302
草創日記　14-18, 21, 26, 34
宗長　254, 282
宗哲　267
宗忍　262
増福院祭田記　362, 363, 373
崇福寺（大宰府）　202, 309
宗牧　254, 270, 281-285
宗牧発句　283
宗盛俊　210
宗利　282

惣利内蔵介　341, 342
滄浪詩話　135
曾我美濃入道　133
続神宮秘伝問答　357
続本朝往生伝　37
続本朝通鑑　365, 366
続本朝文粋（本朝続文粋）　367
楚辞　369
素寂　141
袖下集　173
袖湊（博多）　50
袖の湊　197
袖のみなと　225
彼杵庄（肥前国）　51
園塵　224, 225
染川（大宰府）　374
尊意　371
損軒日記略　354
尊光　255, 277
存心　324, 339, 340, 345
尊明　81

た

大休正念　43
大興寺（博多）　283
醍醐天皇　370
第五の百韻一巻　108
大師堂（博多）　195
大慈寺（日向国）　114, 177
大慈八景詩歌　115, 133
大慈八景詩歌集叙　115, 134
大乗寺（博多）　362
太神宮御鎮座伝記　358
大成経破文　358, 359
大蔵経　136
大通寺（豊前国）　255
大弐高遠集　12, 13
大日寺（筑前国）　292
大にのみたち　21
大日本一宮記　357
大日本史　348, 356
大寧寺（長門国）　191, 301
大分の社（筑前国）　118
太平記　53, 54, 67, 71, 130, 137, 138
太平寺（筑前国）　189
泰平寺（日向国）　255
平賢兼　255
平清盛　19, 31
平（大友）貞宗　48, 49
平重相　267, 268
平重衡　31
平（渋谷）重棟　48, 49
平（渋谷）重棟女　48
平朝臣隆宗　298
平忠度　32
平経正　32
平経盛　32
平知盛　31
平（下広田）久義　48, 49
平宗盛　31
平守時朝臣女　48, 49
高木弘季　143
高倉社（筑前国）　362
高倉神社　377
高倉神社縁起　375-378
高崎城（豊後国）　115
高階積善　23, 29, 36
鷹島合戦（肥前国）　71
高祖社（筑前国）　377
高瀬（肥後国）　227
高瀬武教　227
多賀高家　293
多賀美作守高永　293
高辻　355
高辻国長　102
高辻前大納言豊長　41
高辻前大納言菅原豊長　222
高鳥居城（筑前国）　195, 199, 209
高取（鳥）居城　328
高橋鑑種　307, 308, 310, 315

高橋越前守(竈門勘解由允)　310
高橋(紹運)記　319, 337
高橋記　319-337, 339, 341, 347
高橋鎮種　308-310
高橋紹運　305-317, 320, 324-327, 331, 334-336, 339-341, 343, 346, 348, 349, 351
高橋紹運記　8, 306, 307, 345
高橋盛衰記　320
高橋宗仙(鑑種)　339, 341
高橋統増(立花直次)　308, 321, 324, 326, 329, 330, 333, 334, 336, 337, 339-341, 347
高弘(大内)　277
高山宗砌　105
高山民部入道宗砌　186
高山種重　295
高城珠全　232, 256, 269, 272
託宣連歌　31
竹内僧正良鎮　223, 224
竹内門跡　224
竹崎季長　65
武田国信　246
竹田山城守　256
建部尊重　263
武谷水城　305, 312, 320
竹屋美作守　255
他国の調伏　61
太宰管内志　250
大宰少弐頼忠(政資)　193
大宰府　5, 9, 10, 32, 40, 104, 111, 125, 193, 201, 221, 248, 249, 260, 261, 281, 286, 291, 296, 371, 372
大宰府安楽寺　32, 33, 42, 43, 224, 294
大宰府安楽寺神託詩歌　102
大宰府安楽寺法楽百首和歌　250
大宰府学　354, 372
大宰府官人　4, 5, 9, 10, 14, 17, 23-25
太宰府史鑑　188, 306
大宰府守護所　40
太宰府神社明細書　354
大宰府天満宮　7, 198, 222
太宰府天満宮　353, 373, 374
大宰府天満宮安楽寺　3, 4, 7, 8, 9, 31, 99, 102-104, 108, 183, 184, 191, 221, 281, 285-288, 295
太宰府天満宮境内古図　250
太宰府天満宮故実　11, 19, 26, 27, 105, 353-356, 362, 364-375
太宰府天満宮蔵書目録　100
太宰府天満宮文庫　353, 356, 361, 364, 365, 372
田嶋右京亮重実　257, 258
田嶋重実　258
田嶋社(宗像社, 筑前国)　364
田島村(筥崎宮領, 筑前国)　202, 249
唯言　139, 140
正任(相良)　210
忠治(島津)　256
多々良(大内教弘)　114
多々良高弘　255
多々良朝臣(冷泉)隆豊　298, 299
立花鑑賢　345, 346, 348
立花鑑備　346, 348
立花鑑寿　345
立花鑑広　348
立花懐覧記　347
立花勘左衛門増弘　355
立花家之記　319
立花城(筑前国)　308, 315, 325, 348, 349
立花城督　311, 314, 325, 341
立花次郎兵衛　327, 328
立花戦功録　347
立花忠茂　332
立花種明　337
立花増能　332
立花宗茂　325, 331, 332, 339
立花統虎(宗茂)　308, 314, 329, 334, 336, 348, 349
橘成季　36, 39
橘広相　39
伊達範宗　146

七夕　11
七夕宴　16
谷山院(薩摩国)　269
種子島河内守　257
種子島忠時　235, 257, 261
田能村竹田　342
他宝坊　61
他宝坊願文　60, 63, 196
玉島(肥前国)　119
為兼卿和歌抄　80, 135
為家卿和歌之書　157
田守主計助　254
田原貞成(博多代官)　200
短冊一揆　178
たんじやく一揆　177
段銭　183, 252, 293, 296
段銭半済　292
段銭免除　300, 301
探題持範注進状写　69

ち

竹園抄　148
筑後大鳥居天満宮　259
筑後守護職　228
筑後守護代　184
筑後将士軍談　342
筑紫史談　305
筑紫弓　244
筑前国衙職　41
筑前守護　6, 8, 51, 184, 185, 189, 201, 212, 253
筑前守護代　7, 185, 192, 195, 197, 204, 205, 212, 214, 215, 226, 252, 276, 289, 291, 292
筑前守護代(杉)興長　253, 260, 261, 287, 292
筑前守護代杉興運　289
筑前守護代陶弘護　204
筑前守護代右田(陶)弘詮　214
筑前名寄　373
筑前国怡土郡高祖社縁起　377
筑前国怡土郡高祖神社縁起　375
筑前国糟屋郡伊野邑天照皇太神宮縁起 375
筑前国糟屋郡宇瀰八幡宮縁起　375, 377, 378
筑前国糟屋郡山田邑斎宮縁起　375, 376,
筑前国衙目代職　102
筑前国続風土記　312, 343, 374, 376,
筑前国続風土記拾遺　41, 188, 248, 250, 363
筑前国御笠郡　253
筑前国夜須郡中屋郷砥上神社縁起　375, 377
竹林寺(肥後国)　228
知識　174
千々石尚員　270
竹居清事　191, 227
千葉胤勝　292
中殿御会　88, 89
中右記　78
長阿　110, 111
長講堂(京都)　194
長州府中二宮大宮司(竹中弘国)　255, 261
長短抄　129
懲毖録　377
長福寺(長門国)　192
朝西　208, 210
趙良弼　57
長六文　101
勅願所　205
塵塚物語　84
知連抄　91, 107
鎮延　10, 11
鎮懐石　118
鎮西管領　99, 100, 102, 151
鎮西探題　4, 5, 46, 48-50, 68, 71, 103
鎮西探題歌壇　44, 71
鎮西探題府　5
鎮西府　78, 374

つ

通海　55

月次祈禱連歌　286, 287
月次祈禱連歌料所　253
月次講会　100
月次講演　104, 105
月次連歌　186, 253, 288, 289, 291
月次連歌結番　293
月次連歌人数注文　7, 287, 289
月成重元　377
筑紫上野守　330
筑紫下野守　252
筑紫常陸助　321
筑紫広門　325, 328
筑紫広門の娘　341
筑紫道記　4, 194, 195, 198, 208, 211, 212, 220-222, 224, 226, 246, 271
筑紫豊　353
菟玖波集　33, 35, 41, 90, 91, 93, 94, 105, 106, 257
付合　92
辻作十郎　355
対馬公廨（筑前国） 294
津田宗及　300
津々良七郎長宣　255
津役日原殿　215, 216
徒然草　83, 84

て

帝王編年記　29, 367
貞盛法印　263
鉄舟円般　331
天隠龍沢　207, 229, 242, 245
天開図画楼記　231
点者　125, 126, 128
伝習館　345
伝習館文庫　339, 350
天章澄彧　357, 368
天神縁起絵巻　368, 371
天神行状　357, 364
天神受衣記　367, 369
天神信仰　187, 193, 251
天満宮安楽寺　4, 5, 9, 19, 24, 25, 32, 34, 35, 37, 39, 41, 42, 100, 104-106, 109, 111, 184, 188, 193, 222, 223, 226, 248, 250, 251, 261, 290-292, 296, 297
天満宮安楽寺草創日記　11
天満宮安楽寺和歌所　99, 100
天満宮縁起　40, 41, 222, 250
天満宮会所和歌所料田　195
天満宮会所和歌料田　184, 185
天満宮奇瑞事録　344
天満宮境内古図　194
天満宮御文庫書籍寄進帳　355, 356
天満宮文庫書籍目録　356
天満宮法楽　198
天満宮法楽百首　199
天満宮領秣田　252
天与清啓　191, 231

と

土居道場（称名寺, 博多） 110, 114, 206, 242
土居之御道場　114
灯庵主袖集　101
島隠漁唱　207, 231, 239
等運　254, 267, 284
道恵　47
東海璚華集　167, 168
東巌慧安　40, 54
東軒（貝原益軒夫人） 355, 363
道堅　263
東郷重理　239
東国紀行　282
東照宮（筑前国） 362
堂上連歌　93
遠田式部丞兼相　248
東長寺（博多） 195, 362
東福寺（京都） 51, 135, 228
十時相模物語　347
土岐満貞　133
徳川家綱　365
独笑禅師　231

徳政　253
得宗被官　209
徳大寺実淳　251
所々返答　169, 186
杜詩　369
杜子美　369
渡宋天神　357
渡唐天神　371
渡唐(宋)天神信仰　43, 360, 367-369, 371
飛梅　249, 250
飛梅伝説　4, 32, 35, 39, 50, 186, 247, 250
都府楼(大宰府)　374
豊葦原本記　358
豊受太神宮　358
豊田雅楽允　290
豊臣秀吉　8, 300, 312, 314, 325, 326, 329, 332, 335, 336, 347, 373, 377, 378
豊松(筑前国宇美宮)　203
豊宮崎文庫　361
鳥川又七郎　256
頓阿　45, 83, 84, 86, 89, 102-104, 139, 158
頓阿弥　116

な

内宴　11, 14-16, 372
内藤下野守盛世　205
内藤孫七護道　213, 271
内藤道行　195
内藤護道　213, 243, 254, 255, 271
内藤盛世　205, 206
直輔(今川ヵ)　109, 110
直助(今川ヵ)　109, 110
直藤(今川ヵ)　109, 110
中井竹山　350
長尾(筑前国)　211
長岡村(筑前国)　293
長岡助八盛実　248
那珂郡(筑前国)　248
長崎氏　61
中嶌久四郎　341
長瀬尾張守　109
長瀬真幸　342
永田新右衛門　342
長門守護代　213, 271
中臣祓抄　356, 358
中臣祓瑞穂抄　358
長野隠岐守運旨　259
長野備前守運貞　259
仲政(今川ヵ)　109, 110
永松新左衛門尉長永　255
中御門経任　54
中御門宗忠　78
永嶺兵部丞　255
中村新右衛門尉　255
浪江(隈江)筑前守匡久　256
名和顕忠　222, 223
名和伯耆次郎大郎武顕　257
名和武顕　258
名和長年　223
南山和尚行実　43
南山士雲　43, 50
難太平記　67, 74, 96, 130, 134, 136-138
南北朝の内乱　53

に

仁比山(肥前国)　202
新納忠元　312
二階堂行朝　48
二季勧学会　16, 17, 21, 22
二言抄　138-140, 145, 146
西山宗因　300
二十一社記　358
二条摂政　113
二条為明　88, 102, 103
二条為定　103
二条為遠　89, 104
二条為世　45, 46, 80, 102, 207
二条派　49, 73, 102, 103, 281
二条良基　33, 42, 58, 73, 87, 90-95, 101, 102, 105-108, 115, 120, 122-129, 135, 158, 168-

170
二尊精舎(筑後国)　231
日叡　42
日別供　19,252
新田(佐田)氏　322,323
日蓮　70
新田神社(薩摩国)　42,62,69
新田文書　322
新田八幡神社　63
入唐求法巡礼行記　20
二八明題和歌集　148
仁保加賀守盛安　7,192
仁保常陸介隆慰　244
仁保弘名　206
仁保盛安　184,185,192,195-198,202
日本紀略　18,29
日本書紀　359
『日本書紀』神代巻　359
日本書紀和歌決釈　87
如円上人　61
忍誓　188

ぬ

貫越中守武助　274
沼間興国　293

ね

根来角大夫　355
禰寝郡司庶家角氏　265
禰寝尊重　263-268
禰寝堯重　264,265
禰寝文書　263
年中行事　11
年中行事歌合　88
年中行事秘抄　15

の

能誉　45
能古(筑前国)　111
野坂(筑前国)　294
野坂浦(肥後国)　119
野辺克盛　256
野辺将監盛貞跡　256
野辺盛季　256
野間掃部頭　254
野間筑前守　257
野守鏡　4,55,70,180

は

梅岳公遺事　320,326,337,340,349,350
梅月蒔絵文台　291,302
梅城録　357,360,368-370
廃仏毀釈　10
博多　5,7,108,109,111,195-197,201,202,204-206,210,211,221,225,260,261,273,281,283,284,289,296,297,300,301,328,371,372
覇家台　195
博多祇園会　195
博多下代官　261
博多下代官山鹿氏　215,226
博多代官　200
博多津　203
博多津下代官　215
博多津番匠　295
博多津要録　195
博多百韻　210,215
博多町衆　195
博多山笠行事　204
白楽天(白居易)　368
筥崎(筑前国)　62
箱崎　108,193,225,328
筥崎宮(筑前国)　107,202,203,211,297,298,300,301
筥崎宮油神人奥堂右馬大夫　202
筥崎宮油役諸公事　248
筥崎宮記　300
筥崎宮留守　202
筥崎宮連歌　300
筥崎地下　203

筥崎神人　248
筥崎社　195
筥崎社神宮寺　216
箱崎執行所　47
筥崎大宮司釆女正　300
箱崎の松　190
箱崎のまつ　191, 195
箱崎の松　191
筥崎八幡　64
筥崎八幡宮　106, 193, 336
箱崎別当　297
筥崎留守佐渡守為寿　202
箱田飛驒入道　286
土師上総入道　290
土師宮内丞　287, 290
土師庄(筑前国)　14, 290
馬上集　153, 222, 223
走衆　202
長谷場越前自記　311-313, 335
長谷場宗純外二名連署軍功覚書　312
長谷場略譜　335
畠山基国　133
畠山義統　190
八代集　80
八幡宇佐宮御託宣集　64
八幡宮本紀　375
八幡愚童記　357
八幡愚童訓　56, 60, 67
八幡愚童訓甲本　5, 53, 54, 61, 63-66, 68, 70, 71
八幡五所別宮第一大分宮縁起　375
八幡古表神社(豊前国)　69
蜂屋頼隆　300
バテレン追放令　326, 328
花尾城(筑前国)　220, 226
花園院　82
花園天皇　62
花園天皇宸記　61, 63
花宴→かえん
埴生弥六郎盛景　202
林鵞峰　365
林羅山　356, 358-361, 365, 366
林崎文庫　361
原田刑部少輔　219, 289
原田五郎　287
原田隆種　290
原田弾正少弼　290
原山衆徒(筑前国)　184
晴気城(肥前国)　247
春山育次郎　353
晴富宿禰記　229
坂士仏　133
範助　110
半済　153, 295
半済地　252

ひ

日置治部少輔真久　256
東坊城　355
東坊城茂長　62
東坊城知長(恒長)　367
東坊城長淳　292, 296, 297
氷上別当坊　254
匹(疋)田以正　356, 357, 361
引付衆　51
引付頭人　73, 168, 169
肥後一揆　333
彦五郎殿　142
彦山権現霊験記　357
彦山座主　202
肥後八代　223
菱刈忠氏　239
秘事口伝　155
比志島時範　71
飛泉亭　191
日田郡大肥庄(豊後国)　99
日田永敏　100
人丸法楽　194
人見鶴山　364-366, 372
日野時光　89

檜原村(筑前国)　290
姫方庄(肥前国)　252
兵庫丞忠秋　256
評定衆　51
兵法　77
平井市助　309
平賀隆宗　299
平田美濃守有増　256
平田兼宗　237
平塚四郎伊恒　248
平塚村(筑前国)　290
平松次郎左衛門盛治　256
平山寺(筑前国)　205
領巾振山(肥前国)　195
広瀬淡窓　349
広津彦三郎　225
広津駿河守弘本　255, 277
凞利五十番連歌合　187
弘中興勝　288
弘中武長　276
弘中正長　290

ふ

風雅和歌集　75, 76, 79, 81, 82, 86, 87
風月之本主　24, 38, 372
深江(筑前国)　118
深野淡路守　215
深野図書允重親　215
深野筑後守重貞　215
深野筑前守　214
福昌寺(薩摩国)　237
福田因幡入道　309, 310
福田民部少輔　310
福部社(大宰府天満宮)　100
伏見院領　197
伏見院領住吉社(筑前国)　203
伏見殿御領住吉社　203
伏見宮　251
ふぢ河の記　217
藤崎宮霊鐘記　229, 232
藤崎八幡宮(肥後国)　229, 262, 282, 284
藤沢(相模国)　94
藤沢清浄光寺(相模国)　110, 175
藤原有国　15
藤原一蓑　319-324, 345
藤原貞千　48
藤原(少弐)貞経　49
藤原実兼　36
藤原実成　12, 25
藤原重尹　21
藤原重永(草野)　273
藤原俊成　95, 120
藤原佐忠　19, 20
藤原佐理　15
藤原惺窩　360
藤原高遠　12
藤原武員　243, 262
藤原(伊東)尹祐　255
藤原忠平　23
藤原為家　112
藤原為氏　54
藤原為基　78-83, 85, 135
藤原為基入道玄誓　75
藤原親員(鹿子木, 参川守)　282
藤原親康　33
藤原経通　16, 21, 22, 28
藤原定家　135, 140
藤原時平　370
藤原(斎藤)利尚　48, 49
藤原利永　188
藤原(勝田または勝間田)長清　141
藤原光章　48
藤原(飯河)光兼　48
藤原光経集　44
藤原(葉室)光俊　44
藤原光政　48
藤原師輔　23, 24
藤原能秀　187, 234, 243, 262
無準師範　43, 360, 367
豊前覚書　306, 315, 326-328, 337, 347

豊前守護　6, 189, 197, 201, 301
扶桑拾葉集　356
扶桑略記　21, 29, 366
仏海禅師　134
覆勘状　65, 71
仏鑑禅師(無準師範)　371
仏乗院快厳　250
仏満禅師(大喜法忻)　77, 134
武徳大成記　365
小鳥居信尊　278
夫木和歌抄　114, 141, 146
古山珠阿　133
古山珠阿弥　116
古山珠阿弥あミだ仏　116
古山十郎満藤　116
文引　227
文永・弘安の役　67
豊後国図田帳　51
豊後日田氏　152
文之玄昌　331
文道之祖　24
文和千句　101, 152, 291
分葉　233
文禄・慶長の役　8

へ

平家物語　31, 32, 42, 53, 54, 67
平治物語　15
平忠　26
僻連抄　93, 106, 123
戸栗・重富(筑前国)　252, 253, 292, 294, 295
戸次鑑連(道雪)　308, 325
戸次鎮連　308, 310
戸次道雪　309, 311, 314, 325, 326, 341, 346, 348, 349, 351
戸次時親　47, 48, 51
戸次太郎時頼　51
遍智院　208

ほ

帆足新兵衛尉　294
帆足万里　320, 337, 340, 342, 343, 349-351
補庵京華前集　231
呆庵　368
宝基本記　357, 358
奉公衆(室町幕府)　165, 168, 179, 181, 190, 219, 220, 241, 244, 274, 290
奉公衆麻生氏　220, 241
奉公衆体制　165, 179
豊薩軍記　306
法助　110
北条(名越)朝時　33
北条貞時　43
北条氏得宗貞時　50
北条実政　49
北条氏重時流被官　39
北条高時　50
北条時宗　40, 47
北条時村　40
北条英時　5, 43, 46, 48, 51
北条政顕　49
北条守時女　48, 49
坊津(薩摩国)　273
坊の津の商人　273
方分　310
宝満・岩屋城(筑前国)　309, 326
宝満宮(筑前国)　193
宝満宮勧進聖　193
宝満宮法楽　193, 194
宝満宮法楽二十首　193
宝満山　336
坊門信清の女　33
法楽連歌　31
北肥戦誌　307
彦山霊験巻　357
細江甚左衛門　355
細川勝元　201
細川清氏　138
細川相模守　138
細川満春　133

細川頼元　133
細川頼之　73, 129, 133, 167
牡丹花肖柏　266, 270, 271
法華経　21
法華会　17, 18
法華千部会　19
北絹　238, 268
北郷誼久　115
本庄伊賀守右述　255
本朝神社考　356, 358, 359, 361
本朝神仙伝　37, 370
本朝続文粋　12, 16, 22, 38, 39, 372
本朝文粋　14, 15, 18, 22, 24
本朝麗藻　23, 29
梵灯庵主袖集　101
梵灯庵主返答書　91, 105, 107, 108, 166-170, 174-177, 180, 181
梵灯庵袖下集　101, 182

ま

前田仲右衛門尉　253
牧園茅山　336, 344, 346, 351
龍造寺　330
雅俊（飛鳥井）　251
増鏡　54, 57, 58, 61
町野掃部頭（弘風）　254
松御会（松連歌会）　354
松崎天神（長門国）　193
松崎天満宮（長門国）　284
松下見林　41, 356, 359
松田豊後守　254
松本清房　360
松浦飯田左近将監集　99, 151
松浦佐用姫（肥前国）　95, 119, 271
万里小路惟房　281, 298, 299
万里小路季房　299
満願院（天満宮安楽寺）　37
万句連歌　229, 230
曼殊院（北野社別当寺）　224
万寿寺（豊後国）　231
万寿丸　206
満盛院（天満宮安楽寺）　214, 215, 221, 249, 251, 252, 260, 292-295, 342, 372
満盛院快誾　250, 294, 295
満誓　118
万葉時代考　95
万葉集　94, 95, 113, 119-121, 154
万葉集時代考　120

み

三池上総介親照　259
三池郡（筑後国）　339
三池藩（筑後国）　305, 310, 315, 323
三浦梅園　349
三笠郡代　215, 287, 289, 291
御笠山（宝満山，筑前国）　107
水分神　193
三くわの酒　136
御佐山祭　187
水鏡　68
水城（筑前国）　285
水田天満宮（筑後国）　259
水田庄（筑後国）　109
道ゆきぶり　115, 132, 149, 162
光行介右衛門　328
光行助右衛門尉　327
水戸光圀　356
皆川淇園　349
皆木河内守満徳　259
美奈宜神社考証　375, 376
水俣瑞光　272
源（土岐）直氏　102
源（名和）伯耆守源顕忠　222, 223
源俊頼　140
源興宗　299
源貞世　88
源実朝　33, 44
源相規　14, 15, 28, 36
源経信　78
源俊頼　79

源道輔　223
源基盛　232
御墓寺(天満宮安楽寺)　9, 10
御牧郡(筑前国)　294
耳川合戦(日向国)　308, 314, 317, 325, 341
耳川敗戦　311, 314, 316, 341
宮方深重　137, 138
宮木堅甫　332
都のつと　115
都良香　370
宮崎政延　203
宮地(路)浦(肥後国)　270
宮司満盛院快闇　250
宮師律師　112
宮盛親　210
明光寺(筑前国)　362
名主　4, 129
名主層　285
明真(斎藤)　110
妙心寺良堂(了堂)　331
明猷　208
妙楽寺(博多)　202, 206, 242
三善縫殿助幸宗　254
弥勒寺(宇佐宮)　10

む

無学祖元　43
武藤松寿　287, 290
武藤資能　40
武藤日向守　290
武藤楽阿　86, 87
宗像氏男　363
宗像大宮司氏貞　363
宗像氏長　48, 49
宗像記　357, 363
宗像三社縁起並附録　375
宗像三神記　375
宗像社(筑前国)　362, 364
宗像大宮司　219, 289
宗像大宮司氏定　202
棟別銭　230
宗尊親王　44
宗親　208-210
村田左京進経辰　256
村田経秀　237
村田経安　236-241
村山日向守　309, 310
村山正知　376

め

命松丸　84, 121
米良倉(東嶠)　350

も

毛冠　39, 40
蒙古　40
蒙古襲来　5, 39-41, 53-72
蒙古襲来絵詞　65
蒙古使御書　70
蒙古の牒状　57
蒙古来牒　58
黙雲藁　207, 229, 231, 244
黙雲集　242
藻塩草　143, 157
門司(豊前国)　261
門司助左衛門家親　243
門司氏研究　243
門司城番　244
門司宗忍　243
門司関(豊前国)　217
門司の関　260
文字関(豊前国)　283
門司宝寿寺・門司等妙寺　202
門司能秀　209, 216, 217
門司与三興俊　243
盛貞(野辺)　256
護道(内藤内蔵助)　271
森壱岐守　330
諸井須蔵人　145, 154
師成親王　157, 191

師吉村（筑前国） 345
文人 27, 28, 34

や

薬王密寺東光院 205
薬師信仰 205
役所配り 333
矢口開 77, 159
八雲御集 265
八雲御抄 141, 146
保明親王 371
安富掃部助定範 203
八十島道除 144
矢田の備前守 260
矢田備前守 261
八代（肥後国） 234
八代日記 275
八代庄（肥後国） 276
柳河藩 305, 310, 315, 317, 350, 351
柳ケ浦（豊前国） 211
柳原資定 281
梁瀬加賀守宗徳 256
簗瀬新介 310
簗瀬三河入道 310
矢野一貞 342
耶馬渓羅漢寺（豊前国） 255
矢開 288
矢部七郎左衛門 330
山鹿壱岐守 215
山鹿氏 215, 289
山鹿壱岐守秀宗 260
山鹿秀宗 261
山口 7, 183, 190, 192, 193, 195, 202, 210, 211, 213, 216, 225, 226, 244, 261, 283-287, 294, 299
山口孫右衛門（常直） 355
山口宗永 300
山崎闇斎 361
山崎藤四郎 210
山城守護 169
山城守護代 276
山田聖栄自記 176
山田の地蔵さん（筑前国） 363
山田村（筑前国） 376
大和事始 375
大和猿楽 210
大和物語 12
山中長俊 100
山名禅高 300
山名満幸 133
山上憶良 118
山之口礼銭 204
屋山三介 317, 328
屋山三助 327
屋山太郎 331
屋山中務 317
屋山中務少輔 309, 310, 317, 327
屋山中務少輔の後室 332

ゆ

由阿 94, 95, 120
幽月斎珠全 256
友山士偲 134, 135
友山録 134, 135
祐信 299
熊峰蘭若 231
湯郷（江）式部少輔頼種 230
湯治源右衛門尉 255
湯山三吟 101

よ

栄西 204
養松 284
養照院 355
陽復記 356, 357, 361
横地氏 146
吉岡新右衛門尉祐栄 255
吉岡長増 295
義興（大内） 247, 274
吉賀江左馬允 290

吉賀江弾正忠　287, 290
吉賀江肥後守盛通　290
吉川惟足　361
慶滋保胤　24
吉田〔卜部〕兼倶　356, 357, 359, 360
吉田兼熙　87, 357, 360
吉田家留書　347
吉田神道　359-361
吉田孝清　239, 240, 246, 268, 269
吉田位清　268, 269
吉田兵兵衛尉(正種)　254
良成親王　179
吉弘鑑理　308, 311, 324, 335, 339
吉弘氏輔(一曇)　171, 172
吉弘加兵衛　341
吉弘土佐入道　171
吉見信頼　214
吉見頼郷　288
義持(足利)　160, 168, 176
四辻善成　86, 141
与平　110
寄合　92

ら

来阿　110, 111
頼有法印　202
羅漢寺(豊前国)　192, 197, 199
落書露顕　76, 84, 85, 93, 107, 121, 126, 140, 146-148, 153, 159, 175
楽得別符(筑後国)　21
羅山集　356, 360
羅扇　268

り

李花集　157, 191
理達法師　47
龍宮寺(博多)　195, 215
立斎旧聞記　347
笠直阿　110
龍造寺　314
龍造寺隆信　314
龍造寺胤栄　295
龍峰寺(豊後国)　324, 339, 340
良阿　90
良守　110
霊鷲寺　294
了俊一子伝　80, 140, 142, 152, 174
了俊大草子　77, 130, 131, 159
了俊歌学書　45, 79, 80, 119, 126, 129, 140, 142, 160
了俊日記　140, 145-147, 149
了俊弁要抄　142, 174
梁塵秘抄　18
了誓　272
両聖記　369
良鎮(竹内僧正)　223, 224
了堂　331
臨永和歌集　43, 46, 48, 49, 51
林下　176

る

累葉廊下之末弟　16, 372

れ

冷泉隆豊　298, 299
冷泉為相　42, 48, 75, 106, 142, 146, 149, 161, 207
冷泉為秀　75, 79, 82-89, 94, 95, 97, 104, 112, 114, 120, 135, 145, 146, 155, 157, 169
冷泉為尹　139, 142, 149
冷泉派　49, 73, 149
鈴堺寺(豊前国)　285
歴代鎮西志　307
歴代鎮西要略　307
歴代編年(歴代編年集成)　366, 367, 370
連歌十様　92, 123, 133
連歌神　102, 221
連歌新式　91
連歌説話　4, 41, 222
連歌文台　291, 292

連歌屋　250
連証集　42, 50
連理秘抄　93, 122, 123

ろ

鹿苑院殿　167
鹿苑院殿厳島詣記　116, 133
六庚申　17, 19, 20, 21, 25
六根清浄大祓集記　357, 361
六根清浄大祓集説　357, 361
六帖歌合　146, 149
六代勝事記　56
六度寺（大宰府）111
六波羅（探題）歌壇　5
六波羅二郎左衛門（湯浅宗業）39

わ

隈府（肥後国）229, 262
隈府万句　259
和歌詠進状　103
和歌会所（天満宮安楽寺）100, 250
若狭　239
和歌集心躰抄抽肝要　106, 153
若杉山大祖神社縁起　375
和歌所不審条々　139
和歌秘抄　108, 112, 120, 126, 157, 191
和歌秘々（近代秀歌）112, 121, 158
若松の浦（筑前国）211, 217, 219, 220
若宮御領（筑前国）205
若宮大明神縁起（筑前国）375
和歌料所　100
和漢朗詠集　13, 20, 24, 36, 370
脇愚山　349
和爾雅　375
渡辺重名　342
度会神道　361
度会（出口）延佳　356-359, 361